Pela Mão de Alice.
O Social e o Político
na Pós -Modernidade

BOAVENTURA DE SOUSA SANTOS

Pela Mão de Alice.
O Social e o Político
na Pós-Modernidade

2018
Reimpressão

PELA MÃO DE ALICE. O SOCIAL
E O POLÍTICO NA PÓS-MODERNIDADE
AUTOR
Boaventura de Sousa Santos
EDITOR
EDIÇÕES ALMEDINA, S.A.
Rua Fernandes Tomás, n.os 76-80 – 3000-167 Coimbra
Tel.: 239 851 904 · Fax: 239 851 901
www.almedina.net · editora@almedina.net
DESIGN DE CAPA
FBA.
PAGINAÇÃO
EDIÇÕES ALMEDINA, S.A.
IMPRESSÃO E ACABAMENTO
PAPELMUNDE

Setembro, 2018
DEPÓSITO LEGAL
360154/13

Os dados e as opiniões inseridos na presente publicação são da exclusiva responsabilidade do(s) seu(s) autor(es).
Toda a reprodução desta obra, por fotocópia ou outro qualquer processo, sem prévia autorização escrita do Editor, é ilícita e passível de procedimento judicial contra o infrator.

 | GRUPOALMEDINA

BIBLIOTECA NACIONAL DE PORTUGAL – CATALOGAÇÃO NA PUBLICAÇÃO

SANTOS, Boaventura de Sousa, 1940-

Pela Mão de Alice. O Social e o Político na Pós-Modernidade
ISBN 978-972-40-5108-6

CDU 316
   141

ÍNDICE

PREFÁCIO	9
PREFÁCIO DA PRIMEIRA EDIÇÃO	17

PRIMEIRA PARTE
REFERÊNCIAS

CAPÍTULO 1

Cinco desafios à imaginação Sociológica	25
Oitenta/Noventa	25
Entre a auto-teoria e a auto-realidade	26
Das perplexidades aos desafios	27

CAPÍTULO 2

Tudo o que é Sólido se Desfaz no Ar: O Marxismo Também?	33
Uma história para todos	34
1890-1920	34
Os anos trinta e quarenta	36
Dos anos cinquenta aos anos setenta	36
Os anos oitenta	39
Um futuro para todos	43
Processos de determinação social	46
Acção colectiva e identidade	50
Direcção da transformação social	53

SEGUNDA PARTE
CONDIÇÕES DE INTELIGIBILIDADE

CAPÍTULO 3

Onze Teses por Ocasião de Mais Uma Descoberta de Portugal	59

CAPÍTULO 4

O Social e o Político na Transição Pós-Moderna	81
O moderno e o pós-moderno nos países capitalistas centrais	82
O primeiro período	86
O segundo período	90
O terceiro período	93
Portugal e o desafio da pós-modernidade	100
Para uma política pós-moderna: as mini-racionalidades e a resistência	109

CAPÍTULO 5
O Estado e os Modos de Produção de Poder Social 121
Introdução 121
A distinção Estado/ sociedade civil 123
As raízes contraditórias da distinção 123
As funções latentes da distinção Estado/sociedade civil 127
Para a construção de uma alternativa conceptual 129
As várias sociedades civis 129
As formas de poder social 130
Hipóteses sobre as formas de poder social em Portugal 134

CAPÍTULO 6
Modernidade, Identidade e Cultura de Fronteira 139
Introdução 139
A descontextualização da identidade na modernidade 140
As contestações romântica e marxista 144
O regresso das identidades 148
Os desafios da semiperiferia 152
A cultura de fronteira 155

TERCEIRA PARTE
CIDADANIA, EMANCIPAÇÃO E UTOPIA

CAPÍTULO 7
A Sociologia dos Tribunais e a Democratização da Justiça 165
Condições sociais e teóricas da sociologia dos tribunais 165
Temas da sociologia dos tribunais 171
O acesso à justiça 171
A administração da justiça enquanto instituição política e profissional 177
Os conflitos sociais e os mecanismos da sua resolução 179
Para uma nova política judiciária 182

CAPÍTULO 8
Subjectividade, Cidadania e Emancipação 187
Introdução 187
Subjectividade e cidadania na teoria política liberal 188
Subjectividade e cidadania no marxismo 193
A emergência da cidadania social 196
Subjectividade e cidadania em Marcuse e Foucault 198
A crise da cidadania social 200
As duas últimas décadas: experimentação e contradição 203

As respostas do capital: difusão social da produção e isolamento
político do trabalho 203
Os novos movimentos sociais 209
Subjectividade e cidadania dos novos movimentos sociais 215
Os NMSs e o sistema mundial: Brasil, África e Portugal 219
Os anos noventa 223
Para uma nova teoria da democracia 225
Para uma nova teoria da emancipação 231

CAPÍTULO 9
O Norte, o Sul e a Utopia 235
Introdução 235
Os problemas fundamentais nos diferentes espaços-tempo 238
    O espaço-tempo mundial 238
       A explosão demográfica 241
       A globalização da economia 243
       A degradação ambiental 250
    O espaço-tempo-doméstico 256
    O espaço-tempo da produção 262
    O espaço-tempo da cidadania 270
As dificuldades fundamentais 276
A utopia e os conflitos paradigmáticos 279
    Conhecimento e subjectividade 285
    Padrões de transformação social 293
    Poder e política 299

QUARTA PARTE
**O GRANDE DESAFIO: A UNIVERSIDADE NA TRANSIÇÃO
PARADIGMÁTICA**

CAPÍTULO 10
Da ideia de Universidade à Universidade de Ideias 309
Fins sem fim 309
A crise da hegemonia 315
    Alta cultura – cultura popular 315
    Educação – Trabalho 318
    Teoria – prática 321
    A universidade e a produtividade 323
    A universidade e a comunidade 328
A crise da legitimidade 334

A crise institucional 337
   A avaliação do desempenho universitário 339
Para uma universidade de ideias 346
   Teses para uma universidade pautada pela ciência pós-moderna 347
   Disposições transitórias e ilustrações 350

CAPÍTULO 11
**A Universidade no Século XXI: Para uma Reforma Democrática
e Emancipatória da Universidade** 357
Introdução 357
   Os últimos vinte anos 357
   A descapitalização da universidade pública 362
   A transnacionalização do mercado universitário 366
   Do conhecimento universitário ao conhecimento pluriversitário 373
   O fim do projecto de país? 377
   Da fala ao écran 379
   Que fazer? 380
   Enfrentar o novo com o novo 384
      Lutar pela definição da crise 385
      Lutar pela definição de universidade 386
      Reconquistar a legitimidade 387
      Criar uma nova institucionalidade 400
   Regular o sector universitário privado 408
   Conclusão 412

CAPÍTULO 12
A Encruzilhada da Universidade Europeia 415
   Perguntas fortes 416
   O presente como o passado do futuro 422

PREFÁCIO

Este livro foi escrito em meados da década de 1990 e a aceitação que conheceu junto do público ao longo dos anos é talvez o melhor testemunho da actualidade dos temas que nele são abordados[1]. Trata-se de um livro muito especial, entre todos os que escrevi, pelo seu carácter seminal. Nele se encontram os fundamentos de grande parte do trabalho que viria a desenvolver em anos posteriores e até mesmo ao presente. Marca as minhas primeiras tentativas de articulação da reflexão epistemológica com a teoria social que viria posteriormente a desenvolver em língua portuguesa com *A Crítica da Razão Indolente: Contra o Desperdício da Experiência* (Porto: Afrontamento, 2000) e *A Gramática do Tempo. Para uma Nova Cultura Política* (Porto: Afrontamento, 2006). No primeiro procedo a uma análise crítica dos dois motores da racionalidade moderna, a ciência e o direito apontando para a necessidade de considerar a existência de outras racionalidades alternativas a partir de experiências sociais, políticas e culturais do que designei por Sul global, experiências que, como procuro demonstrar neste trabalho, estavam a ser desperdiçadas pela razão indolente do Norte global. Em *A Gramática do Tempo* procurei lançar os fundamentos de uma nova cultura política capaz de voltar a pensar e a querer a transformação social emancipatória, ou seja, o conjunto dos processos económicos, sociais, políticos e culturais que tenham por objectivo transformar as relações de poder desigual em relações de autoridade partilhada.

Em *Pela Mão de Alice* procedo à crítica do dualismo Estado/sociedade civil e inicio um esforço de reconstrução teórica que constituiu o primeiro passo para a criação de um novo senso comum, político, jurídico e epistemológico que viria a desenvolver nos dois trabalhos já citados.

Também aquilo a que chamo "Epistemologias do Sul"[2] e que tem vindo a constituir-se ao longo dos anos como um dos pontos fulcrais do meu trabalho

---

[1] Foi publicado em Portugal em 1994 e no Brasil em 1995. As sucessivas edições do volume incluem um prefácio que detalha os conteúdos dos vários capítulos. Para não repetir o que disse então, e que continua válido para esta edição, reproduzo a seguir esse prefácio.

[2] Anteriormente havia publicado *Um Discurso sobre as Ciências* (Porto: Edições Afrontamento, 1988, actualmente na 15.ª edição; também publicado no Brasil por Editora Cortez e atualmente

conhece aqui a sua primeira formulação que conduziria à publicação (em co-autoria com Maria Paula Meneses) de *Epistemologias do Sul* (Coimbra: Edições Almedina, 2009, 2ª edição em 2011), em que procuro dar resposta ao porquê do domínio, nos últimos três séculos, de uma epistemologia sobre outras disponíveis ou possíveis, refletindo sobre as consequências deste domínio e o papel do colonialismo e do capitalismo na sua sustentação. O Sul é aqui concebido como metáfora do sofrimento humano, injusto e sistémico, causado pelo capitalismo e pelo colonialismo modernos. Esta conceção do Sul só em parte se sobrepõe com o Sul geográfico, o conjunto de países e regiões do mundo que foram submetidos ao colonialismo europeu e que, com exceções (por exemplo, a Austrália e a Nova Zelândia), não atingiram níveis de desenvolvimento económico semelhantes ao do Norte global (Europa e América do Norte). No sentido que lhe é atribuído nas epistemologias do sul, o Sul também existe no interior do Norte geográfico sob a forma dos grupos sociais discriminados, vítimas do racismo e da xenofobia. Paralelamente no interior do Sul geográfico houve sempre pequenos Nortes, as 'pequenas Europas', constituídas pelas elites locais que beneficiaram da dominação capitalista e colonial e que, depois das independências, continuaram a exercê-la , por suas próprias mãos, contra as classes e grupos sociais subordinados. A ideia central é que o colonialismo, para além de todas as dominações injustas e violentas, foi também uma dominação epistemológica, uma relação extremamente desigual de saber-poder que conduziu à supressão de muitas formas de saber próprias dos povos e/ou nações colonizados. Dessa reflexão parto para a exploração de novas epistemologias, convencido de que não existem epistemologias neutras e de que as que reclamam sê-lo são as menos neutras. As epistemologias do Sul apelam ao conjunto de intervenções epistemológicas que visam valorizar os saberes que resistiram com êxito à monocultura do conhecimento científico e investigam as condições para um diálogo mais horizontal entre conhecimentos. Chamo a esse diálogo a ecologias de saberes.

Outra questão que tem vindo a ser objecto de uma reflexão aturada, se bem que nem sempre pacífica pela própria natureza do seu objecto, foi a sociedade portuguesa no seu sentido mais amplo. Acompanhei a evolução da situação económica, social, cultural e política portuguesa ao longo de inúmeras intervenções nos órgãos de comunicação social que posteriormente resultaram numa colectânea intitulada *A Cor do Tempo Quando Foge*. O primeiro volume, publi-

em 7ª edição) e *Introdução a uma ciência pós-moderna* (Porto: Edições Afrontamento, 1989, atualmente em 6ª edição; também publicado no Brasil por Graal, atualmente em 5ª reimpressão).

cado em 2001, pela Editora Afrontamento, abrange os anos de 1985 a 2000 e o segundo, publicado em 2012 sob a chancela da Editora Almedina, os anos de 2001 a 2011[3]. A vertigem das mudanças que tem afectado Portugal nos últimos anos foram também alvo de uma investigação sistemática realizada por mim e por outros, de que refiro apenas as duas obras mais recentes *Portugal. Ensaio contra a autoflagelação* (Almedina 2011, atualmente em 2ª edição) da minha autoria e o *Dicionário das Crises e das Alternativas*, Almedina/CES, 2012, iniciativa conjunta dos investigadores do Centro de Estudos Sociais.

As onze teses para a sociedade portuguesa, apresentadas no terceiro capítulo deste volume, mereceram da parte de Luís Mourão[4] o seguinte comentário "o que é sintomático neste enunciado não é tanto o seu valor de verdade (discutível, como sempre em ciências humanas), mas o facto de ele vir a cena, disputando a primazia do diagnóstico "literário" – que em bom rigor nem primazia era, apenas solidão epistemológica, ou seja, condenação ao solilóquio".

A hipótese de trabalho para a caracterização da identidade portuguesa que propus no capítulo sexto seria objecto de um estudo aturado no âmbito de um projecto de investigação, que dirigi com Maria Paula Meneses, intitulado "Identidades, colonizadores e colonizados – Portugal e Moçambique"[5], e que estaria na origem de diversas publicações entre as quais destaco *Entre Próspero e Caliban: Colonialismo, Pós-Colonialismo e Inter-Identidade*[6] e "Portugal: Tales of Being and not Being", (*Portuguese Literary & Cultural Studies*, 19/20, 399-443). Desse estudo, que privilegiou a análise social do último século de Portugal em África, resultou uma imagem contraditória de Portugal, simultaneamente centro de um vasto império e colónia informal de Inglaterra. Esta representação, plena de duplicidades e de ambiguidades, resulta do lugar semiperiférico de Portugal no contexto europeu e mundial.

A terceira parte deste livro representa o ponto fulcral nas investigações na área da sociologia do direito e do Estado que viria a desenvolver ao longo dos anos em diversos projectos realizados em diferentes continentes e também no âmbito do Observatório Português da Justiça do Centro de Estudos Sociais da

---

[3] A versão brasileira destes dois volumes, condensada num só volume, será publicada em 2013 pela Editora Cortez.

[4] Mourão, Luís (2011). "Algumas imagens de Portugal na ficção do pós 25 de Abril" in Rocha, Clara; Buescu, Helena Carvalhão; Goulart, Rosa Maria (org.) *Literatura e Cidadania no Século XX*, Lisboa: INCM, 419-438.

[5] Financiado pela FCT, POCTI/41280/SOC/2001

[6] *A Gramática do Tempo. Para uma Nova Cultura Política*. Porto: Afrontamento, 2006, 211-255.

Universidade de Coimbra. A identificação de alternativas jurídicas, políticas e epistemológicas a partir do Sul e a reflexão sobre elas, orientada desde meados da década de 1970[7], pela ideia da busca de um "novo senso comum" conduziu-me a uma polifonia de estudos e trabalhos de que destaco apenas alguns: (com Conceição Gomes) *Macau: O Pequeníssimo Dragão* (Porto: Afrontamento, 1998); (com Mauricio García Villegas), *El caleidoscopio de las justicias en Colombia* (Bogotá: Siglo del Hombre Editores y Ediciones Uniandes, 2001); *Toward a New Legal Common Sense* (Londres: Butterworths, 2002, com tradução em espanhol *Sociología jurídica crítica: Para un nuevo sentido común en el derecho*, Madrid: Trotta e ILSA, 2009); (com João Carlos Trindade) *Conflito e transformação social: uma paisagem das justiças em Moçambique* (Porto: Afrontamento, 2003); *Para uma revolução democrática da justiça* (São Paulo: Editora Cortez, 2007, 3ª edição em 2012)[8]; *Refundación del Estado en América Latina: Perspectivas desde una epistemología del Sur* (Bogotá: Siglo del Hombre Editores, Universidad de los Andes y Siglo XXI Editores, 2010) e mais recentemente (com José Octávio Van-Dúnem) *Sociedade e Estado em construção: desafios do direito e da democracia em Angola. Luanda e justiça: pluralismo jurídico numa sociedade em transformação* (Coimbra: Almedina, 2012) e também (Jose Luis Exeni) *Justicia Indígena, Plurinacionalidad e Interculturalidad en Bolivia* (Quito: Abya Yala e Fundación Rosa Luxemburg, 2012) e (com Agustin Grijalva) *Justicia Indígena, Plurinacionalidad e Interculturalidad en Ecuador* (Quito: Abya Yala y Fundación Rosa Luxemburg, 2012).

Nestes estudos, a centralidade do Estado moderno está patente, num persistente diálogo com outras realidades sociojurídicas, que resultaram na proposta do 'Estado heterogéneo', que tenho vindo a desenvolver. As investigações que tenho levado a cabo mostram que o Sul global pode ajudar-nos a repensar ou a compreender mais profundamente a crise do Estado moderno, a crise do direito e a crise dos direitos humanos e de cidadania.

Nos três últimos capítulos procedo a uma análise crítica da posição da universidade nas sociedades contemporâneas e do seu papel na transição paradigmática. Reúno neste volume os estudos que dediquei a um assunto que me tem vindo a ocupar ao longo dos anos. A universidade moderna é uma das mais importantes instituições da modernidade. Ao longo dos últimos dois séculos, ela foi o centro privilegiado da produção e reprodução da razão indolente,

---

[7] The Law of the Oppressed: The Construction and Reproduction of Legality in Pasargada Law", *Law and Society Review*, 12 (1977), 5-126.

[8] Este livro será publicado em Portugal em 2013 pela Editora Almedina.

das monoculturas do saber científico, da escala dominante, da naturalização das diferenças e da hierarquia entre elas, do tempo linear e da produtividade capitalista. Assim se bloquearam, em meu entender, muitas possibilidades de emancipação social. Mas, apesar disso, as contradições sociais e culturais que estão na base da construção da universidade moderna permitiram que ela fosse também um centro de pensamento crítico e independente, muitas vezes em conflito com o poder político autoritário. Longe de conceber a universidade como irreformável, considero antes que deve transformar-se para se abrir aos novos processos e agentes de produção e de difusão de conhecimento. O conhecimento científico é tanto mais importante quanto mais se reconhece como parte de uma vasta constelação de saberes que compõem a experiência do mundo. Neste sentido, a reflexão sobre a universidade, iniciada na primeira edição com o atual capítulo dez, é agora complementada com dois novos capítulos. Neles apresento propostas concretas para enfrentar a crise que a universidade atravessa e que se agravou consideravelmente desde que escrevi o capítulo dez, com a crescente pressão para a transformação da universidade numa empresa como qualquer outra e do conhecimento universitário numa mercadoria como qualquer outra. Talvez porque desprovida de alguns privilégios que teve no passado, a universidade tem agora a oportunidade de se soltar das monoculturas do saber em que durante tanto tempo se barricou e de criar aliados na sociedade que lhe permitam neutralizar a pressão mercantilizadora e continuar a afirmar o valor da aventura do saber para além do valor de mercado dos conhecimentos em que eventualmente se traduz.

Fora deste livro está uma outra serie de textos sobre a universidade que escrevi a partir de 2003[9]. Enquanto os textos incluídos neste livro interpelam a universidade em sua institucionalidade dominante e convencional e procuram transformá-la sem alterar radicalmente a matriz em que assenta, os outros textos são propostas para criar uma outra institucionalidade universitária vinculada de raiz à educação popular, seguindo e ampliando a luminosa lição de Paulo Freire. Trata-se da Universidade Popular dos Movimentos Sociais por mim proposta no Fórum Social Mundial de 2003, uma iniciativa hoje em pleno desenvolvimento com objetivo central de aproximar o conhecimento académico de outros conhecimentos existentes na sociedade e de aprofundar o conhecimento reciproco entre os diferentes movimentos sociais que nas mais diversas partes do mundo lutam, a partir de diferentes universos culturais e de diferentes saberes e sabe-

---

[9] Podem ser consultados em http://www.universidadepopular.org/pages/pt/inicio.php

dorias, por uma sociedade mais justa e mais equilibrada nas suas relações com a natureza.

O tema transversal a todo o volume é o esgotamento das gramáticas de emancipação social constituídas pela modernidade ocidental e a consequente necessidade de as reinventar a partir das experiências sociais dos povos e grupos sociais que sofreram a exclusão, a dominação e a destruição provocadas pelos instrumentos que a modernidade ocidental utilizou para se impor ao mundo, ou seja, o capitalismo e o colonialismo. Neste livro o capitalismo tem uma presença marcante. O colonialismo está presente no cerne da reflexão epistemológica, na distinção entre conhecimento regulação e conhecimento emancipação. A nível analítico encontram-se aqui as primeiras reflexões que dediquei à especificidade do colonialismo português, colonialismo de um país de desenvolvimento intermédio, centro do império europeu mais vasto e de maior duração histórica, pese o facto de, durante muito tempo ter sido ele mesmo uma colónia informal da Inglaterra, o país imperial hegemónico da segunda modernidade.

O tema da reinvenção da emancipação social continuou nos anos seguintes a ocupar uma posição de destaque no meu trabalho. A partir de 1999 desenvolvi um vasto projecto internacional sobre este tema que incluiu, para além de Portugal, Colômbia, Brasil, Índia, África do Sul e Moçambique[10]. Hoje, na senda deste projecto, mas trilhando novos caminhos, dirijo o projecto ALICE – *Espelhos estranhos, lições imprevistas: definindo para a Europa um novo modo de partilhar as experiências do mundo*, financiado pelo European Research Council. O objectivo deste projecto é desenvolver novos paradigmas teóricos e de transformação social para as sociedades contemporâneas a partir da partilha transnacional de experiências e de conhecimentos. Mais especificamente, pretende-se investigar em que medida a Europa pode aprender com o mundo extra-europeu em quatro áreas principais: a democratização da democracia; o constitucionalismo transformador, interculturalidade e a reforma do Estado; as economias não-

---

[10] Estes livros encontram-se publicados na Coleção "Reinventar a emancipação social: para novos manifestos", pelas Edições Afrontamento, Porto. Em 2003, foram publicados: *Democratizar a Democracia: os Caminhos da Democracia Participativa* e *Produzir Para Viver: os Caminhos da Produção Não Capitalista*. Os três volumes seguintes foram publicados em 2004: *Reconhecer para Libertar: os Caminhos do Cosmopolitismo Cultural*; *Semear outras soluções: os Caminhos da Biodiversidade e dos Conhecimentos Rivais*; *Trabalhar o Mundo: os Caminhos do Novo Internacionalismo Operário*. O sexto volume *As Vozes do Mundo*, foi publicado em 2008 encontrando-se o sétimo e último em preparação.

-capitalistas; os direitos humanos (com especial incidência no direito à saúde) e outras gramáticas de dignidade humana.

Last but not least, procedo neste livro a um acerto pessoal de contas com as perspetivas marxistas , que influenciaram (e influenciam) o meu pensamento de modo determinante, constituindo um tópico que não voltei a abordar de modo directo no meu trabalho, ou antes, a que voltei (e volto) constantemente sem sequer o mencionar.

Pela Mão de Alice, em conjunto com outro livro que publiquei quase em simultâneo *Toward a New Common Sense: Law, Science and Politics in the Paradigmatic Transition* (Nova York: Routledge, 1995) constituiu uma semente que germinaria no meu itinerário intelectual e político posterior. Passados quase vinte anos sobre a primeira edição percorro com gosto as páginas deste livro, tanto pela actualidade da digressão analítica que efectua pelas últimas décadas do século passado, como pelo significado profundo que teve e tem na minha vida como cidadão peregrino para quem se foi tornando cada vez mais claro que a compreensão do mundo é muito mais ampla que a compreensão ocidental do mundo. Afinal, o que vem depois só nos move na medida em que esteve antes sob outras formas de estar e não estar.

Devo um agradecimento especial à minha assistente Margarida Gomes que, com o profissionalismo e a dedicação a que me habituou, reviu todo o manuscrito e o preparou para esta edição.

PREFÁCIO DA PRIMEIRA EDIÇÃO

Nas últimas páginas do livro *Introdução a uma Ciência Pós-Moderna* (Afrontamento, 1989) afirmava eu que a reflexão nele feita sobre a transição entre paradigmas epistemológicos – entre a ciência moderna e a ciência pós-moderna – deveria ser completada por uma reflexão sobre a transição entre paradigmas societais, isto é, entre diferentes modos básicos de organizar e viver a vida em sociedade. Dado que, como defendia nesse livro, as diferentes formas de conhecimento têm uma vinculação específica a diferentes práticas sociais, a ideia era, pois, que uma transformação profunda nos modos de conhecer deveria estar relacionada, de uma maneira ou doutra, com uma transformação igualmente profunda nos modos de organizar a sociedade.

Dizia ainda que, enquanto a transição epistemológica me parecia relativamente clara e a minha reflexão sobre ela relativamente consolidada, a transição societal era muito mais problemática e a minha reflexão sobre ela, incipiente. Por outro lado, enquanto a transição epistemológica podia e devia ser discutida em geral, a transição societal, podendo igualmente ser discutida em geral, não poderia deixar de tomar em conta a extrema diversidade das sociedades nacionais e, especificamente, a sociedade portuguesa.

Nos últimos cinco anos dediquei-me prioritariamente à reflexão sobre a transição entre paradigmas societais e sobre o lugar e as vicissitudes da sociedade portuguesa em tal transição. Essa reflexão está ainda em curso, mas os resultados a que cheguei até agora, apesar de fragmentários, têm alguma consistência global e por isso decidi reuni-los neste livro. Tenho em preparação uma análise sistemática e integrada dos diferentes problemas suscitados pela transição paradigmática, tanto societal como epistemológica. Contudo, como tal análise dificilmente se compreenderá sem a investigação e a reflexão que foram sendo feitas ao longos dos últimos anos, mais uma razão para trazer a público os resultados provisórios a que cheguei até agora.

A maioria dos textos aqui reunidos foram escritos nos últimos cinco anos. Dois deles são inéditos (segundo e décimo capítulos[11]) e os restantes foram publicados em Portugal e no estrangeiro em revistas ou livros nem sempre de

[11] Na 9ª edição o capítulo décimo passou a capítulo nono.

fácil acesso. Todos os textos já publicados foram extensamente revistos para inclusão neste livro. Escritos ao longo de vários anos, não é de esperar que a consistência entre eles seja total. Por um lado, diferentes vibrações sociais ao tempo da escrita, diferentes auditórios e diferentes contextos de escrita originaram, por certo, diferenças de estilo e de ênfase analítica. Por outro lado, as minhas preocupações mais permanentes, algumas delas obsessivas, acabaram por se traduzir em repetições que nem sempre foi possível eliminar.

Este livro está dividido em três partes. Na primeira parte, faço uma reflexão sobre algumas das referências teóricas que têm pautado a minha investigação. No primeiro capítulo formulo algumas das minhas perplexidades analíticas perante as transformações sociais neste final de século e enuncio as vias por que se podem traduzir em motivos de criatividade sociológica.

No segundo capítulo procedo a uma avaliação do marxismo enquanto tradição teórica da sociologia com o objectivo de distinguir as áreas ou dimensões em que continua actual, e eventualmente mais actual do que nunca, daquelas em que está desactualizado e deve, por isso, ser profundamente revisto, se não mesmo abandonado.

Na segunda parte centro-me na análise de alguns dos aspectos da crise da modernidade enquanto paradigma societal. A referência à sociedade portuguesa tem nesta parte um lugar preponderante e as análises são feitas à luz de um quadro teórico suficientemente amplo para localizar a nossa sociedade, tanto no paradigma da modernidade, como na sua crise. Apresento algumas hipóteses de trabalho sobre a sociedade portuguesa que entretanto foram objecto de investigação sistemática realizada por mim e por outros, e nomeadamente pelos investigadores do Centro de Estudos Sociais, cujo trabalho mais recente pode ser consultado em *Portugal: Um Retrato Singular* (Porto: Afrontamento, 1993) por mim organizado, e também nos vários livros publicados na colecção *Saber Imaginar o Social* das Edições Afrontamento.

No terceiro capítulo apresento onzes teses sobre a sociedade portuguesa, em jeito de manifesto contra o discurso mítico que, em suas múltiplas versões, tem dominado a análise da identidade nacional.

No quarto capítulo descrevo, muito em geral, o paradigma sociocultural da modernidade e a sua trajectória histórica ao longo dos diferentes períodos do capitalismo. Identifico os sinais mais inequívocos da crise final em que parece mergulhado e enuncio alguns dos *topoi* retóricos com base nos quais é possível argumentar em favor de uma pós-modernidade inquietante ou de oposição. Sendo certo que a sociedade portuguesa é uma das sociedades europeias em que

PREFÁCIO DA PRIMEIRA EDIÇÃO 19

menos promessas da modernidade foram cumpridas, interrogo-me ainda neste capítulo sobre o sentido de discutir entre nós a pós-modernidade.

No quinto capítulo apresento os traços gerais de uma proposta teórica sobre os modos de produção do poder social. Esta proposta, que teve uma primeira formulação no texto "On Modes of Production of Social Power and Law" (*International Journal of Sociology of Law*, 13 [1985]: 299-336), será objecto de um tratamento mais aprofundado em próximo trabalho. Neste capítulo, centro-me na crítica da distinção entre Estado e sociedade civil e formulo, em esboço grosso, uma alternativa teórica orientada para contextualizar o poder estatal no conjunto das formas de poder que circulam na sociedade. Apresento ainda algumas hipóteses sobre as relações entre as diferentes formas de poder na sociedade portuguesa.

No sexto capítulo analiso as identidades de raiz sexual, étnica e cultural à luz do processo histórico que as pretendeu suprimir – aliás sem êxito, como agora se verifica –, referindo-me a propósito às contestações romântica e marxista do reducionismo operado pela modernidade na sua versão hegemónica. Trato em especial da questão da identidade da cultura portuguesa e proponho uma hipótese de trabalho sobre a sua caracterização.

Na terceira parte a análise combina-se com a prospectiva, e quer numa quer noutra é mínima a consideração específica da sociedade portuguesa. No sétimo capítulo faço uma resenha dos estudos sociológicos sobre a administração da justiça e identifico o contributo possível destes estudos para a definição de uma nova política judiciária atenta ao imperativo político de democratização da justiça e do acesso ao direito.

No oitavo capítulo procedo a uma análise crítica da posição da Universidade nas sociedades contemporâneas. Duplamente desafiada pela sociedade e pelo Estado, a Universidade confronta-se com a eventualidade, cada vez mais próxima, de profundas mudanças estruturais. Em face da rigidez funcional e organizacional que tem caracterizado a instituição universitária, pergunto-me sobre como se irá adaptar às novas condições. Proponho, como solução radical, a passagem da ideia de universidade à universidade de ideias, para o que formulo um conjunto de teses e respectivas disposições transitórias.

No nono capítulo retomo algumas das questões abordadas nos quarto e sexto capítulos a respeito do paradigma da modernidade. O excesso de regulação e o consequente *déficit* de emancipação em que se traduziu historicamente o paradigma da modernidade truncaram, de diferentes formas, a articulação entre subjectividade e cidadania e deixaram as sociedades capitalistas contemporâneas à beira de um bloqueio global das alternativas emancipatórias. Daí o meu apelo à formulação de uma nova teoria da democracia e da emancipação social.

No décimo capítulo a necessidade de ultrapassar o bloqueio das alternativas é reforçada à luz dos problemas globais com que nos defrontamos neste fim de século, da fome e da guerra à explosão demográfica, das assimetrias entre países ricos e países pobres à degradação ambiental à escala planetária. O excesso de regulação modernista faz com que tal bloqueio só possa ser ultrapassado por via do pensamento utópico, aliás uma das tradições suprimidas da modernidade que urge recuperar.

O desenvolvimento das minhas ideias beneficiou muito do debate com os meus colegas do Centro de Estudos Sociais, a quem, por isso, agradeço colectivamente. A preparação final do manuscrito deve-se a duas pessoas, ao meu assistente de investigação, Hermes Augusto Costa, que reviu vezes sem conta e a pente fino o manuscrito, e à Lassalete Simões, que introduziu no computador as sucessivas versões dos diferentes capítulos. Cada um em seu domínio revelou uma competência profissional, um zelo e uma dedicação que, sem me surpreender, me deixou sensibilizado. São, por isso, credores de um agradecimento muito especial.

Gostaria ainda de agradecer às editoras das revistas e livros onde foram publicados, noutras versões, alguns dos capítulos, bem como às entidades que organizaram os eventos onde foram apresentados os capítulos inéditos. Assim, o primeiro capítulo foi publicado nas Actas do 2º Congresso da Associação Portuguesa de Sociologia (*Estruturas Sociais e Desenvolvimento*, 1º volume. Lisboa, Editorial Fragmentos, 1993: 62-68). O segundo capítulo, inédito, é baseado no texto da comunicação apresentada no 8º Encontro de Filosofia organizado pela Associação de Professores de Filosofia, realizado em Coimbra de 10 a 12 de Março de 1992. O terceiro capítulo foi publicado em *Via Latina*, 1991: 58-64; *Novos Estudos CEBRAP*, 34 (1992): 136-155; *Luso-Brazilian Review*, 29 (1992): 97-113. O quarto capítulo foi publicado em versões muito diferentes em *Oficinas do CES*, 1 (1988) e 8 (1989); *Oñati Proceedings*, 1 (1989): 113-123; *Doxa*, 6 (1989): 223-263; *Revue d'Études Interdisciplinaires*, 24 (1990): 77-118; *Sociologia del Diritto*, 17 (1990), 3: 5-34; Austin Sarat and T. Kearns (orgs.) *The Fate of Law*, Ann Harbor: University of Michigan Press, 1991: 79-118; *Lua Nova*, 31 (1993): 181-207. O quinto capítulo foi publicado em *Oficina do CES*, 7 (1989); Actas do Iº Congresso da Associação Portuguesa de Sociologia (*A Sociologia e a Sociedade Portuguesa na Viragem do Século*, volume 2. Lisboa, Editorial Fragmentos, 1990: 649-666). O sexto capítulo foi publicado em *Revista Crítica de Ciências Sociais*, 38 (1993): 11-39.

PREFÁCIO DA PRIMEIRA EDIÇÃO   21

O sétimo capítulo foi publicado na *Revista de Processo*, 37 (1985): 121-139; *Revista Uruguaya de Derecho Procesal*, 1 (1985): 21-35; *Revista Crítica de Ciências Sociais*, 21 (1986): 11-37; José E. Faria (org.), *Direito e Justiça*, São Paulo, Ática, 1989: 39-65. O oitavo capítulo foi publicado em *Revista Crítica de Ciências Sociais*, 27/28 (1989): 11-62. O nono capítulo foi publicado em *Revista Crítica de Ciências Sociais*, 32 (1991): 135-191. O décimo capítulo é inédito e é uma versão muito ampliada da comunicação apresentada nas Primeiras Jornadas da Faculdade de Economia da Universidade de Coimbra realizadas em 28 e 29 de Abril de 1993.

Dois agradecimentos mais e muito especiais. A Maria Irene Ramalho, por cuja mesa de trabalho passou todo o manuscrito, partes deles, várias vezes, docilmente sujeito a um inexcedível rigor analítico e estilístico. Ao meu editor, em particular ao José Sousa Ribeiro, pelo incentivo que me deu à publicação desta colectânea. Sem ele este livro talvez nunca visse a luz do dia.

Primeira Parte

Referências

CAPÍTULO 1
CINCO DESAFIOS À IMAGINAÇÃO SOCIOLÓGICA

Os desafios, quaisquer que eles sejam, nascem sempre de perplexidades produtivas. Tal como Descartes exercitou a dúvida sem a sofrer julgo ser hoje necessário exercitar a perplexidade sem a sofrer. Se quisermos, como devemos, ser sociólogos da nossa circunstância deveremos começar pelo contexto sócio-temporal de que emergem as nossas perplexidades.

Oitenta/Noventa

Do ponto de vista sociológico, a década de oitenta será uma década para esquecer? Está na tradição da sociologia preocupar-se com a "questão social", com as desigualdades sociais, com a ordem/desordem autoritária e a opressão social que parecem ir de par com o desenvolvimento capitalista. À luz desta tradição, a década de oitenta é sem dúvida uma década para esquecer. No seu decurso, aprofundou-se, nos países centrais, a crise do Estado-Providência que já vinha da década anterior e com ela agravaram-se as desigualdades sociais e os processos de exclusão social (30% dos americanos estão excluídos de qualquer esquema de segurança social) e de tal modo que estes países assumiram algumas características que pareciam ser típicas dos países periféricos. Daí, o falar-se do terceiro mundo interior. Nos países periféricos o agravamento das condições sociais, já de si tão precárias, foi brutal. A dívida externa, a desvalorização internacional dos produtos que colocam no mercado mundial e o decréscimo da ajuda externa, levou alguns destes países à beira do colapso. Na década de oitenta morreram de fome em África mais pessoas que em todas as décadas anteriores do século. Se as assimetrias sociais aumentaram no interior de cada país, elas, aumentaram ainda mais entre o conjunto dos países do Norte e o conjunto dos países do Sul. Esta situação, que alguns festejaram ou toleraram como a dor necessária do parto de uma ordem económica finalmente natural e verdadeira, isto é, neoliberal, foi denunciada por outros como uma desordem selvática a necessitar ser substituída por uma nova ordem económica internacional. A arrogância dos primeiros e impotência dos segundos põe a sociologia decididamente de candeias às avessas com a década de oitenta.

Decididamente, sim, mas também incondicionalmente? O outro pilar da tradição intelectual da sociologia é a preocupação com a participação social e política dos cidadãos e dos grupos sociais, com o desenvolvimento comunitário e a acção colectiva, com os movimentos sociais. À luz desta outra tradição, o mínimo que se pode dizer é que a década de oitenta se reabilitou de maneira surpreendente e mesmo brilhante. Foi a década dos movimentos sociais e da democracia, do fim do comunismo autoritário e do apartheid, do fim do conflito Leste-Oeste e de um certo abrandamento (momentâneo?) da ameaça nuclear.

É este o claro-escuro da década precedente. Temos com ela uma relação de amor-ódio. Não a podemos esquecer. Tão pouco a queremos repetir. Evidentemente que as décadas só existem na nossa imaginação temporal. As transformações ocorridas no final da década de oitenta entraram de rompante na década de noventa e estão-nos agora em casa. Que fazer delas? Por que transformações estão a passar as transformações? Que desafios colocam à sociologia, e às ciências sociais e humanidades em geral? De que modo nos vão afectar? De que modo as podemos afectar? Não é fácil responder e estas questões tanto mais que elas pressupõem como não problemática uma postura epistemológica que o é cada vez mais. Pressupõem a separação sujeito-objecto: nós, aqui, as transformações, lá fora. Quando na verdade as transformações não são mais que nós todos, todos os cientistas sociais e todos os não cientistas sociais deste mundo a transformarmo-nos.

Entre a auto-teoria e a auto-realidade

Contudo, é próprio da sociologia reivindicar um ângulo de observação e de análise, um ângulo que, não estando fora do que observa ou analisa, não se dissolve completamente nele. Qual é, pois, esse ângulo e como mantê-lo nas condições presentes e próximas futuras? A rapidez, a profundidade e a imprevisibilidade de algumas transformações recentes conferem ao tempo presente uma característica nova: a realidade parece ter tomado definitivamente a dianteira sobre a teoria. Com isto, a realidade torna-se hiper-real e parece teorizar-se a si mesma. Esta auto-teorização da realidade é o outro lado da dificuldade das nossas teorias em darem conta do que se passa e em última instância da dificuldade em serem diferentes da realidade que supostamente teorizam. Esta condição é, no entanto, internamente contraditória. A rapidez e a intensidade com que tudo tem acontecido se, por um lado, torna a realidade hiper-real, por outro lado, trivializa-a, banaliza-a, uma realidade sem capacidade para nos surpreender ou empolgar. Uma realidade assim torna-se afinal fácil de teorizar, tão fácil que a banalidade do referente quase nos faz crer que a teoria é a própria realidade com outro nome, isto é, que a teoria se auto-realiza.

Vivemos assim uma condição complexa: um excesso de realidade que se parece com um défice de realidade; uma auto-teorização da realidade que mal se distingue da auto-realização da teoria. Numa condição deste tipo é difícil reivindicar um ângulo de análise e muito mais, mantê-lo. Não está na tradição da sociologia desistir dessa reivindicação e valha a verdade alguns factores correm a favor do seu sucesso. O conflito Leste-Oeste foi um dos grandes responsáveis por que durante todo o século XX a sociologia tivesse sido feita com os conceitos e teorias que nos foram legados pelo século XIX. O fim do conflito Leste-Oeste cria uma oportunidade única para a criatividade teórica e para a transgressão metodológica e epistemológica e essa oportunidade só será desperdiçada se nos esquecermos que o fim do conflito Leste-Oeste corre de par com o agravamento do conflito Norte-Sul. E será igualmente desperdiçada se a liberdade criada pela ausência dos dogmas teórico-políticos for asfixiada pelos sempre velhos e sempre novos dogmas institucionais-fácticos.

A tradição da sociologia é neste domínio ambígua. Tem oscilado entre a distância crítica em relação ao poder instituído e o comprometimento orgânico com ele, entre o guiar e o servir. Os desafios que nos são colocados exigem de nós que saiamos deste pêndulo. Nem guiar nem servir. Em vez de distância crítica, a proximidade crítica. Em vez de compromisso orgânico, o envolvimento livre. Em vez de serenidade autocomplacente, a capacidade de espanto e de revolta.

Das perplexidades aos desafios

Quais são, pois, os desafios? Como disse no início, os desafios começam sempre por se manifestar como perplexidades produtivas. Saliento as cinco seguintes que, ouso prever, nos vão ocupar nos próximos anos.

1. A primeira perplexidade consiste no seguinte: um relance pelas agendas políticas de diferentes países revela-nos que os problemas mais absorventes são, como nunca, problemas de natureza económica: inflação, desemprego, taxas de juro, déficit orçamental, crise financeira do Estado-Providência, dívida externa, política económica em geral. E o mesmo se passa se, em vez de relancear a política nacional, relancearmos a política internacional: integração regional, (UE, CEI, EUA, Canadá, México, Cone Sul, Sudeste Asiático), proteccionismo, (Uruguai round, Fortaleza Europa), ajuda externa, etc. Contudo, e em aparente contradição com isto, a teoria e a análise sociológica dos últimos dez anos têm vindo a desvalorizar o económico, em detrimento do político, do cultural e do simbólico têm vindo a desvalorizar os modos de produção em detrimento dos modos de vida. Podemos mesmo dizer que a crítica que tem vindo a ser feita ao marxismo assenta, em parte, na desvalorização do económico. Será esta contradição não apenas aparente mas também real? E se assim for, estaremos a falhar o alvo analítico e a cavar a nossa própria marginalidade? Ou será, pelo contrário, que estes diferentes factores e conceitos e as distinções em que assentam (economia, política, cultura), todas legadas pelo século XIX, estão hoje superados e exigem uma reconstrução teórica radical? E neste caso, como fazê-la?

2. A segunda perplexidade pode ser formulada assim: nos últimos dez anos assistimos a uma dramática intensificação das práticas transnacionais, da internacionalização da economia à translocalização maciça de pessoas como migrantes ou turistas, das redes planetárias de informação e de comunicação à transnacionalização da lógica do consumismo destas transformações. A marginalização do Estado-Nacional, a perda da sua autonomia e da sua capacidade de regulação social tem sido considerada como principal consequência. Contudo, no nosso quotidiano raramente somos confrontados com o sistema mundial e ao contrário, somos obsessivamente confrontados com o Estado, que ocupa as páginas dos nossos jornais e os noticiários das nossas rádios e televisão, que tanto regulamenta a nossa vida para a regulamentar como para a desregulamentar. Será então o Estado-Nacional uma unidade de análise em vias de extinção, ou pelo contrário, é hoje mais central do que nunca ainda que sob a forma ardilosa da sua descentração? Quais são as responsabilidades específicas da sociologia, uma disciplina que floresceu com o intervencionismo social do Estado? Será que o intervencionismo social do Estado vai assumir nos próximos anos a forma de intervencionismo não estatal? Será que o Estado vai criar a sociedade civil à sua imagem e semelhança? Será que a sociologia é parte da armadilha ou parte do mecanismo que a permite desarmar?

3. A terceira perplexidade ou desafio é a seguinte: os últimos dez anos marcaram decididamente o regresso do indivíduo. O esgotamento do estruturalismo trouxe consigo a revalorização das práticas e dos processos e, nuns e noutros, a revalorização dos indivíduos que os protagonizam. Foram os anos da análise da vida privada, do consumismo e do narcisismo, dos modos e estilos de vida, do espectador activo da televisão, das biografias e trajectórias de vida, análises servidas pelo regresso do interaccionismo, da fenomenologia, do micro em detrimento do macro. Contudo, em aparente contradição com isto, o indivíduo parece hoje menos individual do que nunca, a sua vida íntima nunca foi tão pública, a sua vida sexual nunca foi tão codificada, a sua liberdade de expressão nunca foi tão inaudível e tão sujeita a critérios de correcção política, a sua liberdade de escolha nunca foi tão derivada das escolhas feitas por outros antes dele. Será tão-só aparente esta contradição? Será que a distinção indivíduo-sociedade é outro legado oitocentista de que nos devemos libertar? Será que, pelo contrário, nos libertámos cedo demais do conceito de alienação? Como fazer vingar a preocupação tradicional da sociologia com a participação e a criatividade sociais numa situação em que toda a espontaneidade do minuto um se transforma no minuto dois em artefacto mediático ou mercantil de si mesma?

4. A quarta perplexidade pode ser formulada assim: iniciámos o século com clivagens sócio-políticas muito profundas, entre socialismo e capitalismo, entre revolução e reforma, clivagens que, por tão importantes, se inscreveram na tradição das ciências sociais. Chegámos, no entanto, ao fim do século com um surpreendente desaparecimento ou atenuação dessas clivagens e com a sua substituição por um não menos surpreendente consenso a respeito de um dos grandes paradigmas sócio-políticos da modernidade: a democracia. A década anterior, não só viveu muitos processos de democratização, como instituições insuspeitas a esse respeito abraçaram publicamente o credo democrático. O Banco Mundial, através do princípio da "political conditionality", faz defender a concessão de crédito da vigência da democracia no país creditado, ao mesmo tempo que a Agência Internacional para o Desenvolvimento, dos EUA, promove em larga escala "democracy initiatives", com o mesmo objectivo de vincular o desenvolvimento à democracia. Contudo, em aparente contradição com isto, ocorrem dois fenómenos, um mais visível do que outro. Por um lado, se a democracia é hoje menos questionada do que nunca, todos os seus conceitos satélites têm vindo a ser questionados e declarados em crise: a patologia da participação, sob a forma do conformismo, do abstencionismo e da apatia política; a patologia da representação, sob a forma da distância entre eleitores e eleitos, do ensimesmamento dos parlamentares, da marginalização e governamentalização dos parlamentos, etc. Por outro lado, se atentarmos na história Europeia desde meados do século XIX, verificamos que a democracia e o liberalismo económico foram sempre má companhia um para o outro. Quando o liberalismo económico prosperou a democracia sofreu e vice-versa. Contudo, surpreendentemente hoje a promoção da democracia a nível internacional é feita conjuntamente com o neoliberalismo e de facto em dependência dele. Haverá aqui alguma incongruência ou armadilha? Alguém está a tramar alguém? Será que o triunfo

30   BOAVENTURA DE SOUSA SANTOS

da democracia, que liquidou o conflito Leste-Oeste, se articula com o triunfo do neo-liberalismo de que resultará o agravamento do conflito Norte-Sul? Será que estes dois triunfos conjuntos vão criar novos conflitos Norte-Sul tanto dentro do Norte como dentro do Sul? Como vamos analisar as sociedades que são o Sul do Norte (por exemplo, Portugal) ou o Norte do Sul (por exemplo, o Brasil)?

5. A quinta e última perplexidade pode formular-se do seguinte modo: a intensificação da interdependência transnacional e das interacções globais, já referida, faz com que as relações sociais pareçam hoje cada vez mais desterritorializadas, ultrapassando as fronteiras até agora policiadas pelos costumes, o nacionalismo, a língua, a ideologia e, muitas vezes, por tudo isto ao mesmo tempo. Contudo, e aparentemente em contradição com esta tendência, assiste-se a um desabrochar de novas identidades regionais e locais alicerçadas numa revalorização do direito às raízes (em contraposição com o direito à escolha). Este localismo, simultaneamente novo e antigo, outrora considerado pré-moderno e hoje em dia reclassificado como pós-moderno, é com frequência adoptado por grupos de indivíduos "translocalizados" (Shiks em Londres, fundamentalistas islâmicos em Paris), não podendo por isso ser explicado por um *genius loci*, isto é, por um sentido de lugar específico. Contudo, assenta sempre na ideia de território, seja ele imaginário ou simbólico, real ou hiper-real. Semelhantemente, o aumento da mobilidade transnacional inclui fenómenos muito diferentes e contraditórios: por um lado, a mobilidade de quem tem a iniciativa dos processos transnacionais que criam a mobilidade, seja ele ou ela o executivo da grande firma multinacional, o cientista entre congressos, ou o turista; por outro, a mobilidade de quem sofre esses processos, seja ele ou ela o refugiado, o emigrante, o índio ou o nativo deslocado do seu território ancestral. Acresce que a mobilidade transnacional e a aculturação global de uns grupos sociais parece correr de par com o aprisionamento e a fixação de outros grupos sociais. Os camponeses da Bolívia e da Colômbia contribuem, ao cultivar a coca, para o desenvolvimento da cultura transnacional da droga e dos modos de vida desterritorializados que lhe são próprios, mas eles, camponeses, estão presos, talvez mais do que nunca, aos seus lugares de nascimento e de trabalho.

Será que esta dialéctica de territorialização/desterritorialização faz esquecer as velhas opressões? E será que a velha opressão de classe — de que a sociologia internacional corre o risco de se esquecer prematuramente —, porque transnacionalizável, faz esquecer, ela própria, a presença ou até o agravamento de velhas e novas opressões locais, de origem sexual, racial ou étnica?

O exercício das nossas perplexidades é fundamental para identificar os desafios a que merece a pena responder. Afinal todas as perplexidades e desafios resumem-se num só: em condições de aceleração da história como as que hoje vivemos é possível pôr a realidade no seu lugar sem correr o risco de criar conceitos e teorias fora do lugar?

CAPÍTULO 2
TUDO O QUE É SÓLIDO SE DESFAZ NO AR:
O MARXISMO TAMBÉM?

Com a expressão "tudo o que é sólido se desfaz no ar", usada no *Manifesto Comunista* de 1848, Marx e Engels pretendiam caracterizar o carácter revolucionário das transformações operadas pela modernidade e pelo capitalismo nos mais diferentes sectores da vida social. O âmbito, o ritmo e a intensidade de tais transformações abalavam a tal ponto modos de vida ancestrais, lealdades até então inquestionadas, processos de regulação económica, social e política julgados, mais que legítimos, insubstituíveis, práticas sociais tidas por naturais de tão confirmadas histórica e vivencialmente que a sociedade do século XIX parecia perder toda a sua solidez, evaporada, juntamente com os seus fundamentos, numa vertigem aérea. Tratava-se de afirmar a radicalidade do capitalismo, a mesma que levou Bertold Brécht a afirmar mais tarde que "o que é radical é o capitalismo, não o comunismo". A radicalidade do capitalismo residia em que ele, longe de ser apenas um novo modo de produção, era a manifestação epocal de um novo e muito mais amplo processo civilizatório, a modernidade, e, como tal, significava uma mudança societal global, uma mudança paradigmática. O uso abundante do adjectivo "moderno" ao longo do Manifesto é testemunho disso mesmo. A grande complexidade, se não mesmo ambiguidade, do Manifesto está em que nele se condena o capitalismo na mesma estratégia discursiva em que se celebra a modernidade. Enquanto capitalismo, a modernidade é um projecto necessariamente incompleto. A ciência e o progresso, a liberdade e a igualdade, a racionalidade e a autonomia só podem ser plenamente cumpridas para além do capitalismo, e todo o projecto político, científico e filosófico de Marx consiste em conceber e promover esse passo.

Por esta razão, Marx estava plenamente consciente que, ao mesmo tempo que a solidez antiga, pré-capitalista, se desfazia no ar, uma outra solidez se instalava, instantaneamente rígida e resistente, a lei de ferro das relações de produção capitalista, cuja superação ou evaporação estaria a cargo do movimento operário, um movimento, por sua vez, suficientemente sólido e resistente para se medir eficazmente pela ordem que pretendia suplantar.

Marx sempre imaginou a sua produção teórica como parte integrante da solidez do movimento operário comunista e, coerentemente, verberou, por falta de solidez, outros movimentos e teorias socialistas, pela mesma razão, apodados de utópicos, isto é, dissolúveis no ar pela força da lógica capitalista que inepta-mente pretendiam afrontar. A simetria antagónica da solidez do capitalismo e do marxismo e a história das estratégias de cada um deles para dissolver o outro no ar constituem uma das narrativas centrais da modernidade no nosso século, e nela, a narrativa sociológica é uma das mais apaixonantes.

Uma história para todos
1890-1920

As duas primeiras décadas do século XX, a culminar na Revolução de Outubro, pareceram testemunhar que a força revolucionária do marxismo seria capaz de desfazer no ar, a curto prazo, o capitalismo. No plano da produção teórica e sociológica, este período, iniciado, de facto, na última década do século XIX, pode ser considerado a idade de ouro do marxismo[12]. A recepção do marxismo nas ciências sociais ocorreu quase desde a primeira hora destas, e a tal ponto que Marx é justamente considerado um dos fundadores da sociologia. Assim, no primeiro congresso de sociologia de 1894, vários sociólogos (Tönnies, Ferri, etc.) discutiram as teorias de Marx, e o congresso de 1900 foi inteiramente dedi-cado à discussão do materialismo histórico. Na última década do século XIX, o marxismo começou a ser estudado em algumas universidades, na Universidade de Viena por Carl Grünberg, que viria mais tarde a ser o primeiro director do *Institut für Soziale Forschung* onde se formou a celebrada Escola de Frankfurt, e também na Universidade de Roma por Antonio Labriola. É este o período de fundação de importantes revistas marxistas de análise política e reflexão teórica, tais como: *Die Neue Zeit* dirigida por Karl Kautsky, *Le Devenir Social* dirigido por Georges Sorel, *Der Kampf* dirigido por Otto Bauer e o *Archiv für die Geschichte des Sozialismus und der Arbeiterbewegung* dirigida por Carl Grünberg, já referido.

Inicia-se então um dos debates paradigmáticos da sociologia contemporâ-nea, entre a teoria de Marx e a teoria de Max Weber, outro grande fundador da sociologia, um debate sobre as origens do capitalismo, sobre o papel da economia na vida social e política, sobre as classes sociais e outras formas de desigualdade social, sobre as leis de transformação social e, em suma, sobre o socialismo. A riqueza da reflexão marxista tem obviamente a ver com a pujança do movimento socialista neste período e esta é também responsável por duas grandes cisões nessa reflexão, uma, de carácter predominantemente político e outra, de carácter predominantemente epistemológico, que se prolongaram até

---

[12] Sobre este período consulte Bottomore (1983: 110).

PELA MÃO DE ALICE. O SOCIAL E O POLÍTICO NA PÓS-MODERNIDADE   35

aos nossos dias. A primeira, que podemos designar por "controvérsia revisionista" foi deflagrada pelos artigos de Eduard Bernstein em *Die Neue Zeit* a partir de 1896. O argumento de Bernstein é por demais conhecido: se o marxismo é uma ciência tem de se submeter à prova dos factos e os factos não vão no sentido previsto por Marx: a miséria não tem aumentado, antes pelo contrário; as classes não se têm polarizado e, pelo contrário, crescem as classes médias; o capitalismo parece dispor de energias sempre renovadas para superar as suas crises e estas são cada vez menos severas, ao contrário do que previra Marx. Sendo estes os factos, o marxismo tem de ser profundamente revisto (Bernstein, 1965). As respostas de Kautsky, Rosa Luxemburgo, Labriola, dos austro-marxistas e de Lenine são igualmente conhecidas[13]. Importante é reter que depois desta cisão o pensamento marxista não voltou a ser o mesmo.

A segunda cisão, de recorte epistemológico, é a que ocorre com os austro--marxistas: Max Adler, Otto Bauer, Rudolf Hilferding e Karl Renner. Inspirados pelo neokantismo e pelo positivismo de Ernst Mach procuraram transformar o marxismo numa ciência empírica, numa sociologia das sociedades capitalistas, concebida de resto em termos muito diferentes dos de Bernstein (este último, muito influenciado pelo marginalismo económico). Combinando, como ninguém depois deles, o activismo político e a reflexão teórica, os austro-marxistas produziram as análises mais inovadoras das sociedades do seu tempo e algumas das suas reflexões, sobretudo no domínio do Estado e do direito, do nacionalismo, da ideologia e da cultura, não foram até hoje superadas em agudeza e profundidade[14]. No entanto, sobretudo depois de 1917, esta concepção cientista e sociologizante do marxismo foi fortemente contestada por teóricos tão diversos como Karl Korsch (1923 *vide* 1966), Luckacs (1923 *vide* 1971) e Gramsci (1929-35 *vide* 1971)[15].

Convergiam estes pensadores na ideia de que a conversão do marxismo numa ciência positiva desarmava o seu potencial revolucionário. As raízes do marxismo

[13] Sobre o debate suscitado por Bernstein consulte, entre outros, Peter Gay (1952).

[14] São particularmente importantes as contribuições de Max Adler para a teoria do Estado publicada em 1922 (Adler, 1922), de Otto Bauer para a teoria do nacionalismo publicada em 1907 (Bauer, 1924), de Hilferding para a teoria do capitalismo organizado, a que voltarei no capítulo 4, publicada em 1910 (Hilferding, 1981) e de Karl Renner para a sociologia do direito, publicada em 1904 (Renner, 1976). Em geral, sobre a contribuição dos austro-marxistas consulte Bottomore e Goode (1978).

[15] Entre as redescobertas recentes dos austro-marxistas consulte, em particular, Albers *et al* (1979).

eram hegelianas e faziam dele uma filosofia crítica, uma filosofia da praxis, mais virada para a construção de uma visão libertadora e emancipadora do mundo do que para uma análise sistemática e objectiva da sociedade capitalista. A tensão que assim se criou no interior do pensamento marxista não mais deixou de o habitar, como o demonstram ainda hoje, de modo antagónico, correntes tão importantes como a Escola de Frankfurt, de um lado, e mais recentemente o chamado marxismo analítico, do outro.

Os anos trinta e quarenta
As duas décadas seguintes, os anos trinta e quarenta, foram um período negro para o marxismo. Desta vez, foram o capitalismo imperialista e o fascismo que pareceram ter força suficiente para desfazer o marxismo no ar. Por vias muito diversas, tanto a retracção do movimento socialista na Europa ocidental, como o pesadelo estalinista foram os sinais disso mesmo. Quanto a este último, a reflexão teórica terminou com a liquidação de Plekanov, Bukharin, Riazanov, Trotsky para nunca mais renascer e, nesta medida, pode dizer-se que o estalinismo durou até ao colapso final do regime soviético no final da última década. Na Europa ocidental, a reflexão austro-marxista e a da Escola de Frankfurt sobreviveram a custo nas condições difíceis da clandestinidade e do exílio.

Dos anos cinquenta aos anos setenta
A partir dos anos cinquenta o pensamento marxista renasce com vigor, iniciando uma fase brilhante que se prolonga até final da década de setenta. Profundamente transformada, a solidez radical do marxismo afirma-se de novo capaz de desfazer o capitalismo no ar, se não o capitalismo central, pelo menos o capitalismo periférico. Sustentam essa arrogância a revolução chinesa, os movimentos de descolonização e a abrupta criação de novos países, muitos deles liderados por políticos com formação marxista, a revolução cubana, e já em países capitalistas centrais da Europa e da América do Norte, o movimento estudantil de finais da década de sessenta, princípios da década de setenta e, apenas nas democracias europeias, a emergência de fortes partidos socialistas e comunistas.

A diversíssima natureza destes processos de transformação social e a sua dispersão pelos diferentes espaços do sistema mundial tinham por força de suscitar profundas revisões no pensamento marxista. A partir da revolução chinesa, o pensamento de Mao correu os países periféricos e acabou por produzir uma cisão no movimento comunista mundial. Por sua vez, a situação pós-colonial pouco se compaginava com o marxismo europeu e, em verdade, contradizia muito do que Marx tinha escrito sobre o colonialismo, nomeadamente sobre o colonialismo britânico na Índia[16]. A originalidade do contexto colonial suscitava a originalidade teórica e ninguém viu isso melhor que Frantz Fanon. Em *Les damnés de la terre* diz Fanon: "a originalidade do contexto colonial reside em que a base económica é também a superestrutura ... É-se rico porque se é branco e é-se branco porque se é rico. É por esta razão que a análise marxista deveria ser um pouco alargada sempre que trata do problema colonial" (1974: 9). Por sua vez, o subdesenvolvimento dos países há muito saídos do colonialismo, sobretudo na América Latina, e com relações económicas cada vez mais intensas com os países desenvolvidos, levou a uma revisão profunda da análise marxista da economia mundial e do imperialismo, de que são melhores exemplos a teoria da dependência desenvolvida por cientistas sociais latino-americanos (Fernando Henrique Cardoso *et al.* 1979) e a teoria do sistema mundial elaborada por I. Wallerstein (1974; 1979). Por último, na Europa, o renascimento do marxismo, em geral designado por "marxismo ocidental", está ligado à descoberta de manuscritos de Marx até então desconhecidos – como, por exemplo, os *Manuscritos Económicos e Filosóficos* de 1844 e os *Grundrisse* de 1857-58 – e assume duas grandes orientações: por um lado, a teoria crítica da Escola de Frankfurt, de novo sediada em Frankfurt a partir de 1953 sob a direcção de Adorno e Horkheimer, a que se foi juntando uma nova geração de teóricos críticos, o mais proeminente dos quais é Jürgen Habermas, responsável, aliás, por conferir mais consistência sociológica – de uma sociologia antipositivista – à teoria crítica[17]; por outro lado, o marxismo estruturalista francês, devedor da reflexão filosófica de Althusser (1965, 1970, 1972) e da antropologia de Levi-Strauss (1965, 1967), mas também com contributos importantes de Maurice Godelier (1974, 1984) e Lucien Goldmann (1970).

Foi perante um período de grande criatividade teórica, em que se produziram análises críticas sofisticadas do Estado Capitalista – Habermas (1973), Offe (1972; 1984; 1985a), C. W. Mills (1956), Poulantzas (1968; 1978) e Miliband (1977a; 1977b; 1983) –, das classes e conflitos sociais nos países capitalistas avançados – Poulantzas (1968), Touraine (1965; 1973) e, no fim da década de setenta, Erik O. Wright (1978) e Therborn (1978) –, e do papel crescente da cultura e da ideologia – Marcuse (1970), Bourdieu (1970), Raymond Williams

---

[16] Consulte os escritos de Marx sobre o colonialismo em Avineri (1969).

[17] Alguns dos textos mais importantes do debate metodológico suscitado pela Escola de Frankfurt podem ler-se em Horkheimer e Adorno (1969), Adorno *et al.* (1972), em Habermas (1971a, 1971b) e em Wellmer (1971). Consulte também Kolakowski (1978: Vol. III) e Jay (1973).

(1958; 1977), Therborn (1982). Desenvolveu-se, assim, uma sociologia marxista de muitos matizes e, ao lado dela, uma historiografia brilhante de inspiração marxista de Fernand Braudel (1983; 1992) a Eric Hobsbawm (1979; 1982) e E. P. Thompson (1968), e entre ambas, investigação sociológica histórica de grande criatividade, como a de Barrington Moore (1966) e Immanuel Wallerstein (1974). Se para alguns autores, a obra de Marx, sujeita muitas vezes a exercícios de exegese escolástica, era o ponto de partida e o ponto de chegada da análise (Poulantzas e Wright, por exemplo), para outros, era apenas o ponto de partida (Bourdieu, Habermas, Gouldner, Giddens) e para outros ainda não era sequer o ponto de partida, embora a sua investigação só fosse inteligível contra um pano de fundo em que abundava o marxismo, como é o caso, o mais notável, de Foucault. Travaram-se debates encarniçados (como, por exemplo, entre althusserianos e antialthusserianos e entre estruturalistas e fenomenologistas), aos quais subjaziam quase sempre divergências estratégicas sobre o movimento socialista, sobre a sua composição e a sua viabilidade, sobre o papel nele desempenhado pela classe operária, sobre a relevância dos novos actores sociais e das novas agendas emancipatórias, debates a que o movimento estudantil tinha conferido uma nova urgência.

Pode dizer-se que neste período foi a solidez do marxismo que de algum modo se virou contra ele próprio e o desfez no ar. Os sinais de força transmutaram-se em sinais de fraqueza. Um dos factores sociológicos de tal transformação foi, por certo, a crescente discrepância entre o vigor e a sofisticação dos debates intelectuais e a mediocridade real do movimento socialista desertado por uma classe operária muito diferente da que fizera a história do marxismo e estrangulado entre partidos comunistas que só muito tardia e incompletamente descobriram as virtualidades dos regimes democráticos europeus e partidos socialistas que preferiam a gestão do capitalismo à transformação do capitalismo e, do mesmo passo e com alguma coerência, dispensam, por anacrónica, a referência matricial ao marxismo.

Se para quase todos os cientistas sociais era claro que Marx se equivocara nas suas previsões acerca da evolução das sociedades capitalistas, o mais importante era, no entanto, reconhecer que estas sociedades se tinham transformado a tal ponto desde meados do século XIX que, qualquer que tivesse sido o mérito analítico de Marx no estudo da sociedade do seu tempo, as suas teorias só com profundas revisões teriam alguma utilidade analítica no presente. Cada um à sua maneira, Alain Touraine (1974) e Daniel Bell (1965; 1973) viram neste presente uma ruptura radical com o passado; designaram-no por sociedade pós-industrial, uma nova solidez que desfizera no ar, tanto o capitalismo industrial, como a sua melhor consciência crítica, o marxismo. Dessa leitura, retirou Bell, como consequência, o fim das ideologias e Touraine, a necessidade de repensar profundamente os actores e a acção social. A partir de meados da década de setenta, as revisões mais ou menos globais do marxismo não se fizeram esperar. Em 1978 Habermas publica *Para uma Reconstrução do Materialismo Histórico* (1978). E em 1981 vêm a lume *Uma Crítica Contemporânea do Materialismo Histórico* de Anthony Giddens (1981) e *A Crise do Materialismo Histórico"* de Stanley Aaronowitz (1981).

Os anos oitenta

A década de oitenta é, sob diferentes formas, a década do pós-marxismo. Mais do que em nenhum período anterior, a solidez e a radicalidade do capitalismo ganhou ímpeto para desfazer o marxismo no ar e desta vez para o desfazer aparentemente com grande facilidade e para sempre. A ascensão de partidos conservadores na Europa e nos EUA; o isolamento progressivo dos partidos comunistas e a descaracterização política dos partidos socialistas; a transnacionalização da economia e a sujeição férrea dos países periféricos e semi-periféricos às exigências do capitalismo multinacional e das suas instituições de suporte, o Banco Mundial e o Fundo Monetário Internacional; a consagração mundial da lógica económica capitalista sob a forma neo-liberal e a consequente apologia do mercado, da livre iniciativa, do Estado mínimo, e da mercantilização das relações sociais; o fortalecimento sem precedentes da cultura de massas e a celebração nela de estilos de vida e de imaginários sociais individualistas, privatistas e consumistas, militantemente relapsos a pensar a possibilidade de uma sociedade alternativa ao capitalismo ou sequer a exercitar a solidariedade, a compaixão ou a revolta perante a injustiça social; a queda consentida de governos de orientação socialista às mãos do jogo democrático antes julgado burguês na Nicarágua, em Cabo Verde e outros países; e, finalmente, o rotundo e quase inacreditável colapso dos regimes comunistas no Leste europeu – todos estes factores foram convergindo para transformar o marxismo, aos olhos de muitos, como pouco mais que um anacronismo.

É esta a condição em que nos encontramos. Antes de a analisar com mais detalhe e ao futuro que ela contém ou não, é necessário referir que a interface entre marxismo e sociologia foi na década de oitenta e, apesar de tudo, muito complexa. À medida que se multiplicaram, as "grandes revisões" do marxismo perderam o acúmen polémico, trivializaram-se de algum modo e abriram espaço para cada um construir à sua maneira o seu marxismo ou o seu pós-marxismo.

As revisões da tradição marxista criaram a sua própria tradição e alguns dos debates em que se traduziram enriqueceram decididamente o património da sociologia. Quatro desses debates merecem referência especial, todos eles de recorte pós-marxista, mas em que a herança de Marx é um factor estruturante decisivo.

O primeiro debate é sobre os processos de regulação social nas sociedades capitalistas avançadas, os períodos de estabilidade e de crise na acumulação de capital e na relação salarial e os papéis que neles desempenham os interesses organizados do capital e do trabalho e, acima de tudo, o próprio Estado. A teoria da regulação em França e a teoria da estrutura social da acumulação nos EUA são os frutos mais interessantes deste debate (Aglietta, 1976; Aglietta e Brender, 1984; Boyer, 1988a e 1988b). *O segundo debate* prende-se com os processos de formação e de estruturação das classes nas sociedades capitalistas, com a teoria do valor-trabalho em que Marx fez assentar a sua concepção da exploração, com as novas classes e os lugares contraditórios de classe, um debate de que Erik O. Wright tem sido um dos animadores principais (Wright *et al.,* 1989). *O terceiro debate* é sobre a primazia ou não da economia, das relações de produção ou das classes na explicação dos processos de transformação social. Tal primazia, anteriormente considerada intocável no campo marxista, vinha a ser questionada desde a década anterior sobretudo por aqueles que viam o papel do Estado e dos factores políticos em geral como demasiado importante para poder ser considerado um mero epifenómeno da economia. Offe (1984, 1985) na Alemanha, Michael Mann (1987) e Nicos Mouzelis (1986) na Inglaterra e Theda Sckopol (1979) e Peter Evans (1979), entre outros, nos EUA animaram este debate[18]. *O quarto debate* é sobre a natureza das transformações culturais do capitalismo – da cultura de massas à comunicação multimediática, da realidade informacional à realidade virtual, dos fundamentalismos manifestos e estigmatizados aos fundamentalismos ocultos e estigmatizadores, de Roy Lichtenstein à arquitectura pós-moderna – e o seu impacto na transformação da modernidade ou na emergência da pós-modernidade, um debate em que Fredric Jameson (1988; Kellner, 1989) tem sido a figura central. *O quinto debate*, menos abstracto e mais político, tem a ver com a avaliação do desempenho político dos partidos socialistas e comunistas e do movimento operário em geral na Europa. Se para alguns a luta de classes democrática trouxe ganhos inestimáveis à classe operária (Walter Korpi, 1982), para outros ela tornou claro que uma verdadeira

---

[18] Ver também Evans, Rueschemeyer e Skocpol (orgs.) 1985.

opção socialista, a ser possível, seria muito pouco atractiva para o operariado, já que significaria a troca de uma perda certa e imediata por um ganho incerto e mediato (Przeworski, 1985).

Fora dos países centrais, a dissolução do marxismo no ar foi talvez menos pronunciada e a sociologia de inspiração marxista continuou a produzir reflexões e análises valiosas. A título de exemplo, refiram-se os estudos sobre os novos movimentos sociais e sobre os processos de transição democrática na América Latina e os estudos de sociologia histórica sobre o contexto colonial e pós-colonial da Índia, sobretudo os que R. Guha tem vindo a publicar na impressionante colecção de *Subaltern Studies*, por último, (Guha, org., 1989).

O perfil pós-marxista da década de oitenta tem um traço fundamental: é anti-reducionista, anti-determinista e processualista. A atribuição da primazia explicativa aos factores económicos (a economia, as classes sociais), o chamado reducionismo economicista, é fortemente criticado, quer porque se considera o determinismo em geral insustentável, quer porque se considera errada a versão marxista do determinismo, uma versão que torna impossível conceptualizar nos seus próprios termos, tanto os factores políticos, como os factores culturais, a que, entretanto, se atribui crescente importância nos processos de estruturação e de transformação social. Por outro lado, o pós-marxismo da década anterior é pós-estruturalista e neste domínio é fortemente tributário de Foucault e da reflexão teórica na linguística, na semiótica, na teoria literária e mesmo na psicanálise.

Dura já há muito o debate no interior da teoria marxista sobre a tensão ou equilíbrio entre estrutura e acção, entre, por um lado, os constrangimentos e as possibilidades sociais que preexistem à acção dos indivíduos e grupos sociais e a condicionam de modo mais ou menos decisivo; e, por outro lado, a autonomia, a criatividade e a capacidade dos mesmos indivíduos e grupos de, por via da sua acção e prática, mudarem as estruturas e transformarem a sociedade. Esta tensão não é obviamente específica do marxismo. Percorre toda a tradição sociológica, a qual pode ser lida como uma controvérsia continuada entre os que privilegiam a acção e as práticas (a sociologia fenomenológica, interaccionista) e os que privilegiam as estruturas (a tradição parsoniana). Mas no marxismo esta controvérsia assume uma tonalidade específica que lhe advém da necessidade de caracterizar a acção revolucionária e especificamente de definir a composição e a estratégia do movimento socialista. Se o período anterior, sobretudo a década de sessenta, privilegiou uma leitura estrutural, a década de oitenta privilegiou uma leitura antiestrutural. Uma das reconstruções mais recentes e ambiciosas do marxismo, o marxismo analítico (Elster, 1985)[19], privilegia distintamente a acção, e mesmo a acção individual, em detrimento das estruturas.

Independentemente de julgar se o marxismo analítico é realmente um pós--marxismo, entre outros, podem identificar-se neste último dois modos distintos de questionar a articulação acção-estrutura tal como ela se foi constituindo e transformando na tradição marxista. O primeiro questionamento é o dos que, sem contestarem, em princípio, o quadro conceptual da dualidade acção-estrutura, questionam o modo como a acção foi concebida na tradição marxista. E neste domínio a crítica mais aguda e mais inovadora veio da sociologia feminista. Voltarei a ela adiante. Por agora basta referir que o feminismo veio questionar o privilegiamento no marxismo da acção, das práticas, das identidades e do poder de classe, em detrimento de outras formas de construção da subjectividade social e nomeadamente a assente na identidade e na discriminação sexuais. A chamada de atenção para a importância e a especificidade da exploração do trabalho e da identidade femininas, não só no espaço da produção capitalista, como também no espaço doméstico e na esfera pública em geral, constituiu o contributo mais importante para a sociologia dos anos oitenta.

O segundo questionamento da dualidade acção-estrutura é, de algum modo, mais radical que o anterior, porque põe em causa essa dualidade no seu todo. Uma das posições mais influentes da década é a de Ernesto Laclau e Chantal de Mouffe (1985). Para eles, a sociedade não tem essência, não tem identidade estrutural. É um conjunto de práticas discursivas que se articulam de modos diferentes. O perfil da acção social deriva da articulação específica que lhe subjaz e muda com a mudança de articulação. As práticas sociais não têm, pois, a sustentá-las nenhum esqueleto estrutural nem é possível distinguir nelas compartimentos reificados como, por exemplo, a economia, a política, a cultura. Pela mesma razão, não há actores sociais privilegiados, sejam eles o operariado ou quaisquer outros. Uma posição, portanto, radicalmente pós-marxista.

A década de oitenta foi, pois, uma década em que o marxismo pareceu desfazer-se definitivamente no ar, uma metáfora que no final da década adquiriu a verosimilhança própria da literalidade na evaporação dos regimes comunistas do Leste europeu. Trata-se, pois, de saber se terminou aí o futuro do marxismo. É disso que me ocuparei na segunda parte deste capítulo.

---

[19] Uma das mais sofisticadas reconstruções do marxismo pode ler-ser em G. A. Cohen (1978).

Um futuro para todos

O breve excurso pela tradição teórica marxista que acabei de fazer teve por função significar que, quando hoje se avaliam as muitas, as poucas ou as nenhumas virtualidades futuras do marxismo, tal avaliação tem de ser feita no encaixe de um passado de reflexão teórica e análise sociológica que é bem mais longo e bem mais rico do que vulgarmente se julga. Não estamos, pois, perante uma moda teórica dos anos sessenta que, como muitas outras modas do mesmo período, não é moda estarem agora em moda. Estamos antes perante um dos pilares das ciências sociais da modernidade e tudo o que nele ocorrer não pode deixar de se repercutir no conjunto destas. E, reciprocamente, as transformações por que as ciências sociais houverem de passar nos próximos anos não pode deixar de produzir abalos mais ou menos profundos nos seus pilares.

Tais transformações decorrerão, como sempre aconteceu no passado, da novidade dos problemas e dos desafios com que se confrontam os cientistas sociais de uma dada época. Em última instância, é a condição do presente quem põe condições ao pensamento pensado do presente e o impele a despensar-se e a repensar-se. É à luz dela que devemos avaliar os limites e as virtualidades da tradição marxista. Tudo o que desta for avaliado negativamente desfazer-se-á no ar.

Antes de passar a tal avaliação duas notas gerais se impõem. A primeira é que não há um cânon marxista. Não há uma versão ou interpretação autorizada do que Marx verdadeiramente disse ou quis dizer. Não há uma ortodoxia a que se tenha de prestar lealdade incondicional, nem inversamente fazem muito sentido protestos de renegação ou de abjuração. Marx deve ser posto no mesmo pé que os demais fundadores da sociologia moderna, nomeadamente Max Weber e Durkheim. Nunca nenhum destes autores foi objecto de canonização ou de ortodoxia nos mesmos termos em que o foi Marx. Numa pincelada de sociologia do marxismo pode dizer-se que canonização e ortodoxia são próprios de universos de conhecimento que se pretendem directamente conformadores da prática social como, é o caso, por exemplo, da teologia ou da psicanálise. Na medida em que Marx pretendeu colocar, no mesmo plano gnoseológico, a compreensão da sociedade capitalista tal como ela existe e a sua transformação futura, tornou--se vulnerável aos processos de canonização e de ortodoxia e à consequente inversão dos processos de verificação: em vez do teste da prática à teoria que, se falhado, conduz à falsificação da teoria, o teste da teoria à prática que, se falhado, conduz à condenação e à ostracização da prática. Marx teve um vislumbre dessa vulnerabilidade quando, como refere Engels em carta a Bernstein, confrontado com a simplificação das suas ideias pelos seus seguidores franceses, protestou que não era marxista (Marx e Engels, 1973: 388).

A segunda nota, relacionada com a anterior, é que o campo gnoseológico da compreensão e da explicação da sociedade do presente é distinto do campo gnoseológico da direcção da transformação desta. As ciências sociais da modernidade sempre tenderam a confundir os dois campos. Apesar de se guardarem de uma tradução organizada das suas ideias em processos de transformação social, Max Weber e Durkheim não se coibiram de fazer previsões e de apontar direcções desejáveis ou indesejáveis de transformação social. O que os distingue de Marx é, neste domínio, o facto de as suas previsões se manterem dentro do quadro do capitalismo, enquanto as de Marx pretenderam ir para além dele. Porque se limitaram a prever variações do presente, Max Weber e Durkheim falharam menos estrondosamente que Marx nas suas previsões. Mas, por outro lado, ao tentar prever mais longe e mais radicalmente, Marx apresentou, talvez contra a sua vontade, uma das últimas grandes utopias da modernidade: é hoje claro que todo o socialismo é utópico ou não é socialismo. É, pois, necessário assumir plenamente o carácter utópico da proposta transformadora de Marx, e do que se trata agora é de saber se, em finais do século, podemos dispensar as utopias e, em caso negativo, se a utopia de Marx ainda nos serve ou se a devemos substituir integral ou parcialmente por outra.

Qual é, pois, a condição do presente e que contributo podemos esperar do marxismo para a compreender e para a transformar?

Tenho vindo a afirmar que nos encontramos numa fase de transição paradigmática, entre o paradigma da modernidade, cujos sinais de crise me parecem evidentes, e um novo paradigma com um perfil vagamente descortinável, ainda sem nome e cuja ausência de nome se designa por pós-modernidade. Tenho mantido que essa transição é sobretudo evidente no domínio epistemológico: por de baixo de um brilho aparente, a ciência moderna, que o projecto da modernidade considerou ser a solução privilegiada para a progressiva e global racionalização da vida social e individual, tem-se vindo a converter, ela própria, num problema sem solução, gerador de recorrentes irracionalidades. Penso hoje que esta transição paradigmática, longe de se confinar ao domínio epistemológico, ocorre no plano societal global: o processo civilizatório instaurado com a conjunção da modernidade com o capitalismo e, portanto, com a redução das possibilidades da modernidade às possibilidades do capitalismo entrou, tudo leva a crer, num período final. Voltarei a este tema adiante. Por agora, referirei apenas dois dos sintomas do esgotamento desse processo civilizatório.

Por um lado, a conversão do progresso em acumulação capitalista transformou a natureza em mera condição de produção. Os limites desta transformação começam hoje a ser evidentes e os riscos e perversidades que acarreta, alarmantes, bem demonstrados nos perigos cada vez mais iminentes de catástrofe ecológica. Por outro lado, sempre que o capitalismo teve de confrontar-se com as suas endémicas crises de acumulação, fê-lo ampliando a mercadorização da vida, estendendo-a a novos bens e serviços e a novas relações sociais e fazendo-a chegar a pontos do globo até então não integrados na economia mundial. Por uma e outra via, tal processo de expansão e ampliação parece estar a atingir limites inultrapassáveis. A mercadorização e mercantilização de bens e serviços até agora livres começa hoje a envolver, com a biogenética, o próprio corpo humano, e quando isso suceder não será possível ir mais longe. Quanto à integração do planeta terra na economia capitalista mundial, as duas últimas décadas de transnacionalização da economia parecem ter concluído definitivamente o processo histórico que se iniciou na época das descobertas.

Sendo este a traço muito grosso o quadro geral da condição do presente, o que tem o marxismo a contribuir para a sua compreensão e superação? À primeira vista, muito pouco. O marxismo é uma das mais brilhantes reflexões teóricas da modernidade, um dos seus produtos culturais e políticos mais genuínos. Se a modernidade se torna hoje mais do que nunca problemática, o marxismo será mais parte do problema que defrontamos do que da solução que pretendemos encontrar. No entanto, há que distinguir. No plano epistemológico, o marxismo pouco pode contribuir para nos ajudar a trilhar a transição paradigmática. Marx demonstrou uma fé incondicional na ciência moderna e no progresso e racionalidade que ela podia gerar. Pensou mesmo que o governo e a evolução da sociedade podiam estar sujeitos a leis tão rigorosas quanto as que supostamente regem a natureza, numa antecipação do sonho, mais tarde articulado pelo positivismo, da ciência unificada. A crítica epistemológica da ciência moderna não pode assim deixar de envolver o marxismo.

No plano sócio-político as coisas são ou podem ser diferentes. A transição paradigmática tem vindo a ser entendida de dois modos antagónicos. Por um lado, há os que pensam que a transição paradigmática reside numa dupla verificação: em primeiro lugar, que as promessas da modernidade, depois que esta deixou reduzir as suas possibilidades às do capitalismo, não foram nem podem ser cumpridas; e, em segundo lugar, que depois de dois séculos de promiscuidade entre modernidade e capitalismo tais promessas, muitas delas emancipatórias, não podem ser cumpridas em termos modernos nem segundo os mecanismos desenhados pela modernidade. O que é verdadeiramente característico do tempo presente é que, pela primeira vez neste século, a crise de regulação social corre de par com a crise de emancipação social. Esta versão da transição paradigmática é o que designo por pós-modernismo inquietante ou de oposição. A segunda versão da transição é a dos que pensam que o que está em crise final é precisamente a ideia moderna de que há promessas, objectivos trans-históricos a cumprir e, ainda mais, a ideia de que o capitalismo pode ser um obstáculo à realização de algo que o transcende. As sociedades não têm de cumprir nada que esteja para além delas, e as práticas sociais que as compõem não têm, por natureza, alternativa nem podem ser avaliadas pelo que não são. Esta versão da transição paradigmática é o que designo por pós-modernismo reconfortante ou de celebração.

Para esta última versão, que é hoje maioritária nos países centrais, o marxismo nada tem a contribuir. Já o mesmo não sucede com a primeira versão, que é a que tenho vindo a defender[20]. Para esta versão, é essencial a ideia de uma alternativa radical à sociedade actual, e Marx formulou, mais coerentemente que ninguém, uma tal alternativa. A questão está, pois, em saber em que medida a alternativa de Marx, que é tão radicalmente anticapitalista quanto é moderna, pode contribuir para a construção de uma alternativa assumidamente pós-moderna. A resposta não pode ser genérica. Genérica é apenas a prevenção, já feita acima, de que a coerência necessária entre a compreensão da condição presente e a ideia de uma alternativa radical a ela não implica que ambas as demarches intelectuais ocorram no mesmo plano gnoseológico. A sociologia de Marx é, em geral, coerente com a utopia de Marx, mas não se confunde com ela. Procurarei determinar a seguir o contributo de Marx nas seguintes três áreas temáticas: processos de determinação social e autonomia do político; acção colectiva e identidade; direcção da transformação social.

Processos de determinação social
Um dos grandes méritos de Marx é o ter-se centrado na análise de transformações macro-sociais. Como diz um sociólogo não-marxista, Anthony Giddens: "A análise dos mecanismos da produção capitalista feita por Marx ... permanece o núcleo necessário de qualquer tentativa para compreender as transformações maciças que têm varrido o mundo desde o século XVIII" (1981: 1). Mas Marx não se limitou a apresentar uma macro-análise do capitalismo; formulou, ainda que

---

[20] Ver adiante o capítulo 4.

PELA MÃO DE ALICE. O SOCIAL E O POLÍTICO NA PÓS-MODERNIDADE 47

de modo não sistemático, uma nova teoria da história, o materialismo histórico, nos termos da qual as sociedades evoluem necessária e deterministicamente ao longo de várias fases, segundo leis que muito sumariamente podem ser formuladas do seguinte modo: o nível de desenvolvimento das forças produtivas (o nível de desenvolvimento tecnológico e da produtividade do trabalho, etc.) determina e explica o conjunto das relações sociais de produção, ou seja, a estrutura económica da sociedade; por sua vez, a estrutura económica da sociedade, a chamada "base económica", determina e explica as formas políticas, jurídicas e culturais que dominam na sociedade, ou seja, a "superestrutura". São poucos os que hoje aceitam, nesta versão, o materialismo histórico. As críticas que lhe têm sido feitas incidem, por um lado, no seu determinismo e evolucionismo e, por outro, no seu reducionismo economicista. Tal como acontecerá com as demais temáticas, avaliarei o materialismo histórico à luz da nossa condição presente. Deixo, por agora, de lado as objecções epistemológicas e metateóricas a uma concepção determinista e evolucionista da sociedade já que o determinismo de Marx não se pode analisar fora do contexto intelectual e epocal em que ele viveu e escreveu.

O determinismo possibilitou a Marx desenvolver uma série de conceitos (forças produtivas, relações de produção, modo de produção) que lhe permitiram proceder a uma análise global da sociedade capitalista e definir a direcção da sua transformação futura. Essa análise, apesar de incompleta, continua hoje a ser valiosa, e os conceitos que Marx desenvolveu para a efectuar continuam a ter um grande valor heurístico. O que não tem hoje validade é o facto de Marx, fiel às premissas culturais da modernidade no seu tempo, não ter podido pôr a questão da direcção da transformação social fora de um quadro legal de necessidades evolucionistas, convertendo assim a questão da necessidade da direcção na questão da direcção necessária. É hoje evidente que Marx falhou estrondosamente no modo como pôs esta questão e na resposta que lhe deu. A análise do presente e do passado, por mais profunda que seja, não pode fornecer mais do que um horizonte de possibilidades, um leque de futuros possíveis; a conversão de um deles em realidade é fruto da utopia e da contingência. Mas se é assim, em geral, é-o muito mais num período de transição paradigmática como o que atravessamos. Em tais períodos, os processos sociais são tão fluidos e turbulentos que o que resulta das interacções entre eles é, em grande medida, uma incógnita. Para utilizar o conceito de Prigogine, estamos numa situação de "bifurcação" em que a menor mudança no sistema pode produzir um desvio de largas proporções. Estamos numa época em que a contingência parece sobrepujar a determinação.

Isto não significa contudo que a sociedade seja totalmente contingente ou indeterminada, como querem Laclau e Mouffe. Entre um determinismo fechado e a total indeterminação, vários autores têm vindo a propor versões fracas do materialismo histórico como, por exemplo, E. O. Wright, A. Levine e Sober (1992), por um lado, e Nicos Mouzelis (1990), por outro. A proposta de Wright, Levine e Sober é particularmente sofisticada. Nos seus termos, é ainda a correspondência ou a contradição entre forças produtivas e relações de produção que cria as condições necessárias e a direcção da transformação social, bem como os meios desta (a luta de classes); mas, ao contrário do que reivindica o materialismo histórico ortodoxo, tal proposta não cria as condições suficientes e, por essa razão, limita-se a definir um "mapa histórico" de possibilidades.

Em minha opinião, e tendo em conta o que disse atrás sobre a transição paradigmática, esta versão fraca do materialismo histórico é ainda demasiado forte, como resultará claro da minha posição sobre o segundo traço da teoria da história de Marx, o reducionismo económico. As máximas teóricas de Marx a este respeito – nomeadamente a metáfora base-superstrutura – são insustentáveis, e, de facto, nem Marx as sustentou integralmente nos seus estudos históricos. Tanto ele como Engels, à medida que os anos passaram, foram dedicando um interesse crescente às interacções recíprocas entre a base e a superstrutura, mais do que à influência unilateral da primeira sobre a segunda.

A insustentabilidade do reducionismo económico assenta em duas razões principais. A primeira é que a explicação pela estrutura económica tende a transformar os fenómenos políticos e os fenómenos culturais em epifenómenos, sem vida nem dinâmica próprias, e como tal não permite pensá-los, autonomamente, nos seus próprios termos, e segundo categorias que identifiquem a sua especificidade e a especificidade da sua interacção com processos sociais mais globais. Esta limitação tem-se vindo a agravar à medida que avançamos no nosso século em decorrência da crescente intervenção do Estado na vida económica e social, da politização dos interesses sectoriais mais importantes e, sobretudo, nas últimas décadas, do desenvolvimento dramático da cultura de massas e das indústrias culturais. Mas a insustentabilidade do reducionismo económico resulta acima de tudo do facto de, à medida que avançamos na transição paradigmática, ser cada vez mais difícil distinguir entre o económico, o político e o cultural. Cada vez mais, os fenómenos mais importantes são simultaneamente económicos, políticos e culturais, sem que seja fácil ou adequado tentar destrinçar estas diferentes dimensões. Estas são produto das ciências sociais oitocentistas e

PELA MÃO DE ALICE. O SOCIAL E O POLÍTICO NA PÓS-MODERNIDADE   49

revelam-se hoje muito pouco adequadas, sendo tarefa urgente dos cientistas sociais descobrir outras categorias que as substituam.

Como vimos, o materialismo histórico fraco de Erik O. Wright, Levine e Sober é ainda demasiado reducionista, mesmo descontando que na análise metodológica das explicações causais tal reducionismo é substancialmente atenuado, um tema que aqui não posso desenvolver, ainda que a ele volte brevemente a seguir. A insustentabilidade do reducionismo económico não significa que a estrutura económica não tenha um valor crucial. Significa apenas que tal valor não pode ser determinado a priori e que, tendo de ser aferido empiricamente, pode variar de processo histórico para processo histórico. Por outro lado, significa que a análise das interacções recíprocas entre o económico, o político e o cultural – na medida em que continuar a ser possível distinguir entre eles – pressupõe que cada um deles seja construído conceptualmente com autonomia. Esta construção não tem sido fácil no campo marxista, sendo por isso mesmo uma preocupação central no campo dito pós-marxista. As soluções apresentadas por Bourdieu são particularmente inovadoras. Recentemente Nicos Mouzelis propõe o conceito de modo de dominação política, de raiz weberiana, para emparelhar com o conceito de modo de produção económica. As tentativas multiplicam-se. Por minha parte, tenho vindo a desenvolver o conceito de espaços estruturais e de modos de produção do poder para dar conta das estruturas mais importantes que estabelecem os parâmetros e, portanto, também os limites da contingência, ou seja, os horizontes de possibilidades[21]. Se é verdade que o marxismo procura um equilíbrio estável entre estrutura e acção, penso que hoje, sendo incorrecto abandonar de todo a ideia de estrutura, é necessário pluralizar as estruturas a fim de desenvolver teorias que privilegiem a abertura dos horizontes de possibilidades e a criatividade da acção.

A promoção da criatividade da acção é uma tarefa crucial do tempo presente. Porque na fase de transição paradigmática o sistema social entra em desequilíbrio acrescido, o aumento da contingência tende a criar situações de caos. O caos, que a ordem e o progresso da modernidade pareceram ter atirado para o lixo da história, regressa hoje, tanto na epistemologia, como nos processos sociais. Longe de ser por essência negativo, o caos é um horizonte dramaticamente ampliado de possibilidades e, como tal, compreende, como nenhum outro, possibilidades progressivas e possibilidades regressivas. Pouco tempo antes de morrer, Felix Guattari incitava-nos a distinguir entre o caos democrático e o caos

[21] Sobre este tema, ver Santos (1985) e também o capítulo 5.

autoritário. Para isso são necessárias duas condições: por um lado, a discriminação entre várias formas de poder, a ampliação do político e a sua conceptualização autónoma e, por outro, uma reflexão centrada na promoção da criatividade da acção individual e colectiva. As deficiências da tradição marxista em qualquer destas condições são conhecidas. Mas no que respeita à segunda condição é bem mais complexa. Isto me conduz à segunda área temática em que a avaliação do marxismo à luz da condição do presente se impõe com particular acuidade: a questão da acção colectiva e das identidades sociais.

Acção colectiva e identidade
Já referi, embora isso seja controverso, que em minha opinião, a obra de Marx no seu todo procura obter um equilíbrio, embora instável, entre estrutura e acção: os homens e as mulheres não são mais produtos da história do que são seus produtores. Mais do que isso, Marx, ao contrário dos outros fundadores da sociologia, atribui aos homens e às mulheres, enquanto classe operária, não só o interesse, mas também a capacidade de transformar por inteiro a sociedade capitalista através da acção revolucionária. Constituídas no seio das relações sociais de produção e, portanto, na base económica da sociedade, as classes e as lutas de classes têm, não só a primazia explicativa da sociedade capitalista, como a primazia da transformação desta. A divisão da sociedade em classes com interesses antagónicos, não sendo originária de Marx, tem em Marx a formulação mais sofisticada e constitui um dos patrimónios da sociologia contemporânea, marxista ou não-marxista. No entanto, os termos precisos desta formulação são hoje, curiosamente, um dos pontos mais problemáticos da tradição marxista.

Em primeiro lugar, a evolução das classes nas sociedades capitalistas não seguiu o trilho que Marx lhe traçou. Nos países centrais, a proletarização foi muito mais sinuosa, os camponeses não desapareceram tão rapidamente quanto previsto, a classe operária tornou-se mais heterogénea em vez de mais homogénea, o que de resto sucedeu também com a burguesia, surgiram significativas classes médias, tornaram-se evidentes outras formas de opressão não directamente atribuíveis a posições de classe. Nos países periféricos, o campesinato permaneceu por muito tempo um grande mar social ponteado por algumas ilhas – os centros urbanos – de classes sociais propriamente capitalistas, a integração em relações sociais capitalistas foi muitas vezes considerada menos opressiva do que a exclusão delas e, finalmente, as formas de opressão e dominação assentes na raça, na etnia, na religião e no sexo afirmaram-se pelo menos tão importantes quanto as assentes na classe.

PELA MÃO DE ALICE. O SOCIAL E O POLÍTICO NA PÓS-MODERNIDADE   51

Em segundo lugar, surgiram, sobretudo nas duas últimas décadas, poderosas fracções de classe sem uma base nacional determinada, classes transnacionais que de algum modo inverteram a previsão de Marx: o capital está hoje, mais do que nunca, unido a nível mundial, enquanto o trabalho está cada vez mais sitiado, já que, mesmo a chamada "livre circulação de pessoas" tende sempre a excluí-lo. Em terceiro lugar, as lutas de classe assumiram formas insuspeitadas por Marx. As revoluções operárias não ocorreram nos países centrais, e nos países periféricos e semiperiféricos onde houve revoluções de orientação socialista, a participação do operariado, quando existente, foi problemática. Se o operariado teve forte participação na revolução russa, perdeu o controlo desta pouco depois e logo em 1918 falhou na tentativa revolucionária na Alemanha para nunca mais recuperar. Na China, a classe revolucionária foram os camponeses, na África foram os movimentos de libertação de composição muito heterogénea, e na América Latina os processos revolucionários, exemplarmente o de Cuba, contaram quase sempre com a oposição dos partidos comunistas supostamente representantes do operariado industrial.

Por outro lado, nos países centrais, as lutas de classe deram paulatinamente lugar a compromissos de classe, à concertação social, ao compromisso histórico, à institucionalização dos conflitos, ao neocorporativismo, enfim, às formas políticas da social democracia, ao Estado-Providência e à regulação social fordista. Por último, sobretudo nas últimas três décadas, os movimentos e as lutas políticas mais importantes nos países centrais e mesmo nos países periféricos e semiperiféricos foram protagonizadas por grupos sociais congregados por identidades não directamente classistas, por estudantes, por mulheres, por grupos étnicos e religiosos, por grupos pacifistas, por grupos ecológicos, etc., etc.

Em face disto, não surpreende que tanto a primazia explicativa, como a primazia transformadora das classes estejam hoje a ser radicalmente questionadas. As duas atribuições de primazia são autónomas no plano teórico, ainda que interligadas. Por minha parte, penso que a primazia explicativa das classes é muito mais defensável que a primazia transformadora. Quanto a esta última, a prova histórica parece ser por demais concludente quanto à sua indefensibilidade. Dando de barato que é fácil definir e delimitar a classe operária, é muito duvidoso que ela tenha interesse no tipo de transformação socialista que lhe foi atribuído pelo marxismo e, mesmo admitindo que tenha esse interesse, é ainda mais duvidoso que ela tenha capacidade para o concretizar. Esta verificação, que parece hoje indiscutível, tem levado muitos a concluir pela impossibilidade ou pela indesejabilidade de uma alternativa socialista. Voltarei a este tema adiante.

Quanto à primazia explicativa, a importância causal privilegiada das classes e dos conflitos de classe nos processos sociais capitalistas tem estado intimamente ligada ao materialismo histórico: a formação das classes tem lugar na estrutura económica e partilha, por isso, com esta, a eficácia determinante sobre os processos sociais. Formulada assim, a primazia explicativa foi na década de oitenta muito criticada. A crítica mais profunda e consequente veio da sociologia feminista. Não cabe aqui dilucidar a grande variedade de perspectivas que a sociologia feminista envolve. Em geral, o feminismo veio demonstrar que a opressão tem muitas faces, para usar uma expressão de Iris Young (1990), uma das quais é a opressão das mulheres por via da discriminação sexual. Ao privilegiar a opressão de classe, o marxismo secundarizou e, no fundo, ocultou a opressão sexual e, nessa medida, o seu projecto emancipatório ficou irremediavelmente truncado. Perante isto, não admira que a relação entre o feminismo e o marxismo tenha sido, sobretudo desde o início da década de oitenta, muito problematizada – a começar com o livro de Michele Barrett (1980) –, e que as feministas tenham buscado as suas referências teóricas noutras correntes de pensamento não-marxista, nomeadamente em Foucault, Derrida e Freud. Se para as feministas marxistas, a primazia explicativa das classes é admissível desde que seja articulada com o poder e a política sexual, para a maioria das correntes feministas não é possível estabelecer, em geral, a primazia das classes sobre o sexo ou sobre outro factor de poder e de desigualdade e algumas feministas radicais atribuem mesmo a primazia explicativa ao poder sexual.

Se tivermos em mente o que disse acima sobre a emergência nos finais da década de setenta de análises sociológicas que conferem ao Estado e à política a primazia explicativa sobre as classes, pode concluir-se que a década de oitenta foi dominada pela concorrência entre classe, Estado e sexo enquanto factores explicativos das estruturas e das práticas sociais, tendo nós agora que acrescentar a etnia e a religião. Dentro do campo marxista, procurou-se manter a primazia das classes ainda que sob forma limitada. No marxismo analítico a proposta mais saliente é a de Erik Wright, Levine e Sober: partindo do conceito de assimetrias causais, estes autores propõem que a primazia explicativa das classes só pode ser estabelecida em presença e em função dos objectos de explicação (os *explananda*). Não cabe aqui referir os problemas que esta proposta suscita. Limito-me a referir a minha própria conclusão do debate gerado por esta proposta. Em primeiro lugar, as classes são um factor de primeira importância na explicação dos processos sociais, mas tal importância só é aferível em análises concretas e não necessita, para se sustentar, da estipulação abstracta da primazia explicativa. Em segundo lugar, é erróneo reduzir a identificação, formação e estruturação das classes à estrutura económica da sociedade. As classes são uma forma de poder e todo o poder é político. O valor explicativo das classes depende das constelações de diferentes formas de poder nas práticas sociais concretas. Uma família operária da periferia de Lisboa sofre simultaneamente o poder de classe, o poder sexual, o poder estatal e até, se forem imigrantes africanos, o poder étnico. Verdadeiramente, só a constelação desses poderes é política. Esta questão conduz-me a uma referência breve e final sobre a terceira grande área temática através da qual a condição do presente interpela o marxismo: a direcção da transformação social.

Direcção da transformação social
Um dos maiores méritos de Marx foi o de tentar articular uma análise exigente da sociedade capitalista com a construção de uma vontade política radical de a transformar e superar numa sociedade mais livre, mais igual, mais justa e afinal mais humana. Referi já que a coerência entre a análise do presente e a construção da vontade do futuro não é um acto científico, dado que os dois procedimentos têm lugar em planos gnoseológicos distintos. É um acto político que articula a análise científica com o pensamento utópico. Referi também que Marx atribuiu a construção da vontade de transformação à classe operária em quem também viu capacidade para tal e que a história se recusou a confirmar a expectativa de Marx. Em vista disto, trata-se agora de saber se, uma vez que o sujeito histórico de Marx falhou à história, pelo menos até agora, falhou com ele a utopia de transformação que lhe era atribuída. Trata-se, além disso, e ainda mais radicalmente, de saber se esta averiguação tem hoje algum interesse.

A esta segunda questão já respondi acima. Para quem, como eu, pense que estamos a entrar num período de transição paradigmática, a utopia é mais necessária do que nunca. A crise final de um determinado sistema social reside em que a crise de regulação social ocorre simultaneamente com a crise de emancipação. A acumulação das irracionalidades no perigo iminente de catástrofe ecológica, na miséria e na fome a que é sujeita uma grande parte da população mundial – quando há recursos disponíveis para lhes proporcionar uma vida decente e uma pequena minoria da população vive numa sociedade de desperdício e morre de abundância[22] –, na destruição pela guerra de populações e comunidades em nome de princípios étnicos e religiosos que a modernidade

---

[22] Ver adiante o capítulo 9.

parecia ter descartado para sempre, na droga e na medicalização da vida como solução para um quotidiano alienado, asfixiante e sem solução – todas estas e muitas outras irracionalidades se acumulam ao mesmo tempo que se aprofunda a crise das soluções que a modernidade propôs, entre elas o socialismo e o seu máximo de consciência teórica possível, o marxismo. As irracionalidades parecem racionalizadas pela mera repetição.

Julgo, pois, que precisamos da utopia como do pão para a boca. Marx ensinou-nos a ler o real existente segundo uma hermenêutica de suspeição e ensinou-nos a ler os sinais de futuro segundo uma hermenêutica de adesão. O primeiro ensinamento continua hoje a ser precioso, o segundo tornou-se perigoso. Marx acreditou, sem reservas, no desenvolvimento neutro e infinito das forças produtivas, no progresso como processo de racionalização científica e técnica da vida, na exploração sem limites da natureza para atender às necessidades de uma sociedade de abundância para todos. Em suma, a utopia de Marx é, em tudo, um produto da modernidade e, nessa medida, não é suficientemente radical para nos guiar num período de transição paradigmática. Devido a um desequilíbrio, criado pela ciência moderna entre a capacidade de acção, que é cada vez maior, e a capacidade de previsão, que é cada vez menor, o futuro é hoje para nós, ao contrário do que foi para Marx, simultaneamente mais próximo e mais imprescrutável. Nunca esteve tanto nas nossas mãos, mas as nossas mãos nunca foram tão ignorantes sobre se afagam uma pomba ou uma bomba. Por esta razão, e tal como acontece em geral com a modernidade, devemos ir buscar a Marx muito para defrontar os nossos problemas, muito excepto a solução.

No final do século a única utopia realista é a utopia ecológica e democrática. É realista, porque assenta num princípio de realidade que é crescentemente partilhado e que, portanto, tem as virtualidades que Gramsci achava imprescindíveis na construção de ideias hegemónicas. Esse princípio de realidade consiste na contradição crescente entre o ecosistema do planeta terra, que é finito, e a acumulação de capital, que é tendencialmente infinita. Por outro lado, a utopia ecológica é utópica, porque a sua realização pressupõe a transformação global, não só dos modos de produção, mas também do conhecimento científico, dos quadros de vida, das formas de sociabilidade e dos universos simbólicos e pressupõe, acima de tudo, uma nova relação paradigmática com a natureza, que substitua a relação paradigmática moderna. É uma utopia democrática porque a transformação a que aspira pressupõe a repolitização da realidade e o exercício radical da cidadania individual e colectiva, incluindo nela a carta dos direitos humanos da natureza. É uma utopia caótica porque não tem um sujeito histórico privilegiado. Os seus protagonistas são todos os que, nas diferentes constelações de poder que constituem as práticas sociais, têm consciência de que a sua vida é mais condicionada pelo poder que outros exercem sobre eles do que pelo poder que exercem sobre outrem. Foi a partir da consciência da opressão que nas últimas três décadas se formaram os novos movimentos sociais.

Os nomes das utopias são sempre semicegos porque só vêem por onde se caminha e não para onde se caminha. Por mim, chamo a esta utopia socialismo, esperando que, sendo embora uma designação semicega, seja também, e pelo menos, uma designação semividente. Sendo esta a utopia, que tipo de coerência ou articulação suscita com a análise sociológica do presente? Na resposta a esta questão – que, como se notará, é a inversa da que Marx formulou – Marx volta a ser importante enquanto poderoso e imprescindível ponto de partida. A ideia de Marx de que a sociedade se transforma pelo desenvolvimento de contradições é essencial para compreender a sociedade contemporânea, e a análise que fez da contradição que assegura a exploração do trabalho nas sociedades capitalistas continua a ser genericamente válida. O que Marx não viu foi a articulação entre a exploração do trabalho e a destruição da natureza e, portanto, a articulação entre as contradições que produzem uma e outra.

Inspirado em James O'Connor (1991a e 1991b) e Karl Polany (1944), considero que o capitalismo é constituído, não por uma, mas por duas contradições. A primeira contradição, formulada por Marx, e simbolizada na taxa de exploração, exprime o poder social e político do capital sobre o trabalho e também a tendência do capital para as crises de sobre-produção. A segunda contradição envolve as chamadas condições de produção, ou seja, tudo o que é tratado como mercadoria apesar de não ter sido produzido como mercadoria, por exemplo, a natureza. A segunda contradição consiste na tendência do capital para destruir as suas próprias condições de produção sempre que, confrontado com uma crise de custos, procura reduzir estes últimos para sobreviver na concorrência. À luz desta dupla contradição, o capital tende a apropriar-se de modo autodestrutivo, tanto da força do trabalho, como do espaço, da natureza e do meio ambiente em geral. A importância desta reconceptualização do capitalismo, cujos detalhes não é possível apresentar aqui, reside em que ela torna claro que a subjectivização do trabalho pretendida pela utopia não é possível sem a subjectivização da natureza.

Esta reconceptualização ilustra bem como as mesmas condições que, nas nossas sociedades, de fim de século, reclamam uma hermenêutica de suspeição do tipo da que Marx empreendeu, reclamam igualmente uma profunda revisão e transformação do marxismo tal como o conhecemos. A solidez do marxismo reside essencialmente em necessitarmos dessa hermenêutica de suspeição para decidir sobre o que do marxismo deve ser desfeito no ar. Exercê-la igualmente contra o marxismo com o objectivo de agudizar, não de obnubilar, a vontade de utopia é hoje talvez a melhor maneira de honrar a brilhante tradição que ele instaurou. Sobretudo hoje, quando, como já dizia Walter Benjamim, a crise, a verdadeira crise, é continuar tudo como está.

Segunda Parte
Condições de Inteligibilidade

CAPÍTULO 3
ONZE TESES POR OCASIÃO DE MAIS UMA DESCOBERTA
DE PORTUGAL

1. Portugal é um país inteligível.
Portugal é geralmente considerado, tanto por estrangeiros como pelos próprios portugueses, um enigma, uma sociedade paradoxal. Ainda recentemente Hans Magnus Enzensberger se perguntava como é que Portugal, sendo um dos países menos desenvolvidos da Europa, é capaz de tanta utopia (do sebastianismo à revolução de 25 de Abril de 1974), a tal ponto que seria certamente uma grande potência numa "Europa dos desejos" (1987). Muito antes dele, há pouco mais de cem anos, Antero de Quental, exclamava num tom ainda mais pessimista: "nunca povo algum absorveu tantos tesouros, ficando ao mesmo tempo tão pobre" (1982:264).

Apesar de ser um país europeu e de os portugueses serem tidos por um povo afável, aberto e sociável, é Portugal considerado um país relativamente desconhecido. Apesar de ser um país com longa história de fronteiras abertas e de "internacionalismo" – das descobertas dos séculos XV e XVI à emigração dos anos sessenta –, é considerado um país exótico, idiossincrático. Desconhecimento e exotismo são, pois, temas recorrentes quando se trata de propor uma apreciação global do país e do seu povo. Geralmente crê-se que o exotismo é a causa do desconhecimento. Eu avanço a hipótese oposta, a de que o exotismo é um efeito do desconhecimento. Por outras palavras, sabe-se pouco sobre Portugal e, por isso, se considera ser Portugal um país relativamente exótico.

2. Enquanto objectos de discursos eruditos, os mitos são as ideias gerais de um país sem tradição filosófica nem científica. O excesso mítico de interpretação é o mecanismo de compensação do défice de realidade, típico de elites culturais restritas, fechadas (e marginalizadas) no brilho das suas ideias.
A partir do século XVII, Portugal entrou num longo período histórico dominado pela repressão ideológica, a estagnação científica e o obscurantismo cultural, um período que teve a sua primeira (e longa) manifestação na Inquisição e a última (assim esperamos) nos quase cinquenta anos de censura salazarista. A violação recorrente das liberdades cívicas e a atitude hostil à razão crítica fez com que acabasse por dominar a crítica da razão geradora dos mitos e esquecimentos com que os portugueses teceram os seus desencontros com a história.

O desconhecimento de Portugal é, antes de mais, um autodesconhecimento. O Encoberto é a imagem da ignorância de nós mesmos reflectida num espelho complacente.

O excesso mítico da interpretação sobre a sociedade portuguesa explica-se em grande medida pela reprodução prolongada e não alargada de elites culturais de raiz literária, muito reduzidas em número e quase sempre afastadas das áreas de decisão das políticas educacionais e culturais. Tenderam, assim, a funcionar em circuito fechado, suspensas entre o povo ignaro, que nada tinha para lhes dizer, e o poder político autoconvencido, que nada lhes queria dizer. Não tiveram nunca uma burguesia ou uma classe média que os procurasse "trazer à realidade", nunca puderam comparar ou verificar as suas ideias, e tão pouco foram responsabilizados pelo eventual impacto social delas. Sem termos de comparação e sem campo de verificação, acabaram por desconfiar das "ideias aplicadas" (como dizia Tocqueville dos franceses) e de quem, déspota ou povo, as pudesse aplicar. A marginalidade social irresponsabilizou-as. Puderam dizer tudo impunemente sobre Portugal e os portugueses e transformar o que foi dito, numa dada geração ou conjuntura, na "realidade social" sobre a qual se pôde discorrer na geração ou na conjuntura seguinte. A hiperlucidez nunca foi mais que uma cegueira iluminada, e a cegueira das elites culturais produziu a invisibilidade do país.

3. A "Pátria" não "está doente" nem "precisa de cura psiquiátrica".
As práticas sociais têm sempre uma dimensão simbólica. À força de repetição e inculcação, os mitos sobre a sociedade portuguesa são parte da nossa realidade social e como tal devem ser analisados. Na segunda metade do século XIX e nos princípios do século XX nasceram nos países desenvolvidos da Europa as ciências sociais. Fundadas criticamente no pensamento social e político iluminista do século XVIII, tinham por vocação desmitificar e desmistificar as crenças sociais até então aceites como pensamento rigoroso de uma forma de pensar sem rigor (o senso comum). É certo que cada teoria social proposta era de per si algo arbitrária, e nessa medida não podia deixar de criar algum novo mito no processo de destruir os existentes. No entanto, esses novos mitos, fossem eles a indústria de Saint Simon, o espírito positivo de Comte, a consciência colectiva de Durkheim, a racionalidade de Max Weber, o socialismo de Marx ou o inconsciente de Freud, eram, também, mitos novos, porque se aceitavam em concorrência com outros mitos, e nessa medida continham em si os seus contrários. E também porque, conservadores ou progressivos, não eram reaccionários: pressupunham e aceitavam

PELA MÃO DE ALICE. O SOCIAL E O POLÍTICO NA PÓS-MODERNIDADE   61

a fervilhante dinâmica social do tempo e não se coibiam de ser confrontados com a realidade que lhes sobrasse.

Verdadeiramente desmitificador e desmistificador foi o conjunto das ciências sociais e não nenhuma delas de per si. Esse conjunto evoluiu orgânica e equilibradamente (ainda que com alguns sobressaltos) nos países centrais. Não foi o caso nos países periféricos ou semiperiféricos, como Portugal. Os começos exaltantes da geração de Coimbra foram asfixiados pela mesma (e sempre diversa) repressão censória que, com algumas interrupções, havia de dominar os cem anos seguintes da nossa bloqueada modernidade. Os primeiros e, durante muito tempo, os únicos estudos sociológicos empíricos sobre a sociedade portuguesa foram realizados por sociólogos estrangeiros. Por sua vez, Salazar identificava sociologia com socialismo, ao mesmo tempo que nos países desenvolvidos a sociologia desempenhava um papel crescente na consolidação social do capitalismo.

Terminada (definitivamente?) a repressão com a revolução de 25 de Abril de 1974, criaram-se algumas condições para o desenvolvimento, tão tardio quanto urgente, das ciências sociais. Seria, no entanto, um começo difícil e de gestação lenta, sobretudo para as ciências sociais, que faziam depender as suas análises de trabalho empírico sempre complexo e quase sempre caro. Nestas circunstâncias, era de prever que tomasse a dianteira a ciência social mais arbitrária, a psicanálise, uma ciência, aliás, duplamente arbitrária quando transposta (por culpa do próprio Freud) da análise do indivíduo social para a análise da sociedade-enquanto-indivíduo. A análise arbitrária duplica o mito, mesmo quando é sua intensão desmontá-lo. Assim sucedeu com os nossos psicanalistas-sociais, muitos e de vários matizes.

Não obstante o brilho sedutor de algumas análises, o arbitrário que as habita reside em que, nelas, Portugal é, por antonomasia, o analista. Este investe-se da qualidade de informador privilegiado, único e universal, (um procedimento inaceitável nas ciências sociais menos arbitrárias). O que ele diz de nós só a ele respeita mas, ao transformar-se em universo, marcianiza-nos, e é por isso que somos considerados loucos e a precisar de cura psiquiátrica.

4. Portugal é um país único, integrado num sistema mundial constituído por muitos países, todos únicos. As ciências sociais são imprescindíveis na determinação de tal unicidade.
Como só há um sistema mundial, não é possível fazer comparações com outros sistemas que lhe sejam exteriores. Sendo assim, a unicidade dos diferentes países

reside tão-só no modo diferente e específico como cada um se integra no sistema mundial. Para além disto, não é legítimo falar de originalidade. A originalidade é a diferença sem limites e, como tal, pode ser facilmente postulada. Ao contrário, a diferença é a originalidade limitada e, como tal, tem de ser determinada com a possível objectividade.

A análise das diferenças, ao contrário da análise das originalidades, dispensa a análise psicanalítica e exige a análise sociológica, no sentido amplo das análises produzidas pelo conjunto das ciências sociais. Neste domínio, as dificuldades com que nos deparamos são enormes. Duas merecem referência especial: uma institucional e outra teórica.

Tem sido escasso e mal orientado o apoio institucional ao desenvolvimento das ciências sociais em Portugal nos últimos quinze anos. Temos uma comunidade jovem e actualizada de cientistas sociais. Quando comparada com a comunidade dos analistas míticos e psicanalíticos, é mais actualizada. No entanto, tem tido muito menos apoio institucional que esta última. Apoio institucional entende-se aqui no seu sentido mais amplo, incluindo as políticas culturais e científicas do Estado, os meios de comunicação social, a produção de opinião por parte de interesses organizados (associações, partidos, etc.). O brilho das análises dos analistas míticos e psicanalíticos constitui um capital simbólico altamente rentável em democracia. O modo específico de o poder político democrático não levar a sério as suas elites culturais, sem se privar dos dividendos que elas geram, consiste em neutralizá-las culturalmente através da cooptação política. Porque não têm o "peso da realidade social" (a pesar-lhes, pelo menos, na consciência), as elites culturais de matriz mítica e psicanalítica são mais facilmente mobilizáveis para investimentos conjunturais julgados importantes pelo poder político. Ao nível dos meios de comunicação social e dos interesses organizados, a utilização destas elites deriva sobretudo da sua capacidade para produzir conhecimento instantâneo e cumplicemente dissonante.

A comunidade dos cientistas sociais tem tido muito menos apoio institucional e a manifestação mais clamorosa e mais escandalosa disso mesmo têm sido os programas de desenvolvimento científico financiados pela comunidade europeia, a começar pelo Programa Ciência. Tais programas, quando não excluem totalmente do seu âmbito as ciências sociais (como sucedeu com o Programa Ciência), conferem-lhe um lugar secundaríssimo, o que é particularmente grave no nosso caso pelo facto de as ciências sociais estarem numa posição consolidada de *take off* e, portanto, em condições de garantirem a médio prazo um conhecimento fiável, plural e complexo sobre a sociedade portuguesa. Mas além de grave, esta exclusão é insensata, uma vez que, dada a qualidade dos recursos humanos, o seu baixo nível etário e a sua socialização ainda dominante numa atitude de dedicação entusiasta pelo trabalho científico, o investimento, mesmo moderado, nesta comunidade produziria certamente importantes e abundantes resultados científicos.

Os mega-programas comunitários são, assim, tanto programas de conhecimento como programas de desconhecimento. São, acima de tudo, programas de desconhecimento social. Cabe, pois, perguntar a quem e porquê interessa a produção deste desconhecimento. As ciências físico-naturais aplicadas estão especificamente apetrechadas para determinar diferenças quantitativas, por exemplo, diferenças de desenvolvimento tecnológico. Ao contrário, as ciências sociais estão apetrechadas tanto para determinar diferenças quantitativas (níveis de rendimento, taxas de mortalidade, etc.), como diferenças qualitativas (estrutura de classes, padrões de consumo e suas relações com padrões de produção, características da sociedade civil, etc.). Enquanto as diferenças quantitativas legitimam os modelos de desenvolvimento sócio-económico hegemónicos, as diferenças qualitativas podem ser indicativas da necessidade de buscar modelos alternativos de desenvolvimento.

Ora, neste momento, dado o *tipo* de integração na comunidade europeia que se adoptou, há um interesse político em suprimir qualquer questionamento do modelo de desenvolvimento hegemónico. Por isso, os mega-programas de desenvolvimento científico visam, por um lado, produzir conhecimentos sobre tudo aquilo em que somos diferentes porque somos menos em relação aos países da comunidade e, por outro lado, visam produzir desconhecimentos sobre tudo aquilo em que somos diferentes, porque, mais ou menos, somos qualitativamente distintos.

5. Portugal é uma sociedade de desenvolvimento intermédio. A sua análise é particularmente complexa e não é possível sem ousada inovação teórica. Para além das dificuldades institucionais, as ciências sociais defrontam em Portugal algumas dificuldades teóricas. Portugal é uma sociedade de desenvolvimento intermédio. Algumas características sociais (taxa de crescimento populacional, leis e instituições, algumas práticas de consumo, etc.) aproximam-na das sociedades mais desenvolvidas, enquanto outras (infra-estruturas colectivas, políticas culturais, tipo de desenvolvimento industrial, etc.) a aproximam das sociedades menos desenvolvidas. Ora, as teorias e as categorias analíticas utilizadas pelas ciências sociais para caracterizar os processos e estruturas sociais foram criados tendo em vista, quer as sociedades centrais ou mais desenvolvidas (o chamado primeiro mundo), quer as sociedades periféricas (o chamado terceiro mundo) e adequam-se mal a caracterizar sociedades intermédias, como Portugal. Se tomarmos em conta os indicadores sociais normalmente utilizados para contrastar o primeiro e o terceiro mundos (classes sociais e estratificação social; relações capital/trabalho; relações Estado/sociedade civil; estatísticas sociais; padrões de consumo ou de reprodução social, etc.) conclui-se facilmente que Portugal não pertence a nenhum desses mundos.

Na ausência de adequada inovação teórica, corre-se o risco de analisar a sociedade portuguesa pela negativa, por aquilo que ela não tem quando comparada, quer com as sociedades centrais, quer com as sociedades periféricas. Tal negatividade é uma outra forma de desconhecimento e por isso também campo fértil de análises míticas e de estipulações de exotismo, que são, neste caso, efeitos da inadequação dos instrumentos analíticos. A inovação teórica visa captar a especificidade das nossas práticas sociais, económicas, políticas e culturais de molde a convertê-las em potencialidades universalizantes num sistema mundial caracterizado pela concorrência inter-Estados.

Não se trata de insuflar nacionalismos reactivos ou reaccionários mas de medir riscos e identificar – se não mesmo, inventar – oportunidades numa dinâmica transnacional cada vez mais volátil. Em 1762, Rousseau criticava, em *O Contrato Social*, Pedro Grande da Rússia por não respeitar a identidade nacional russa: "quis fazer alemães, ingleses quando era preciso começar a fazer russos; impediu os seus súbditos de se tornarem alguma vez no que eles poderiam ser, persuadindo-os de que eram o que não são" (1968:125). É conhecida a reacção encolerizada que esta apreciação de Rousseau suscitou em Voltaire. Entre as posições destes dois ilustres *philosophes* é necessário identificar a dialéctica do nacional e do transnacional, do local e do universal. Afinal Afonso Duarte vislumbrou-a em dois versos lapidares:

"Quero ser europeu: quero ser europeu
Num canto qualquer de Portugal"

6. Os portugueses são portugueses. Não são, por exemplo, espanhóis diferentes. O que os portugueses são ou não são é cada vez mais o produto de uma negociação de sentido de âmbito transnacional.

As trocas de bens materiais e de bens simbólicos a nível mundial intensificaram-se muito nos últimos vinte anos devido a três factores principais: a transnacionalização dos sistemas produtivos (um dado produto final pode ser constituído

PELA MÃO DE ALICE. O SOCIAL E O POLÍTICO NA PÓS-MODERNIDADE   65

por *n* partes produzidas em *n* países diferentes); a disseminação planetária de informações e imagens; e a translocalização maciça de pessoas enquanto turistas, trabalhadores migrantes ou refugiados. Esta intensificação das interacções globais parece desenvolver-se segundo uma dialéctica de desterritorialização – reterritorialização.

Com a intensificação das interacções e das interdependências, as relações sociais desterritorializam-se na medida em que passam a cruzar fronteiras que até há pouco estavam policiadas por alfândegas, nacionalismos, línguas, ideologias e frequentemente por todos eles ao mesmo tempo. Com isto, os *direitos a opções* multiplicam-se indefinidamente e o Estado nacional, cuja principal característica é a territorialidade, deixa de ser uma unidade privilegiada de interacção e torna-se mesmo relativamente obsoleto. Mas, por outro lado, e em aparente contradição com este processo, estão a emergir novas identidades locais e regionais construídas na base de novos e velhos *direitos a raízes*.

Este novo-velho localismo, até há pouco considerado como um resíduo da pré-modernidade, é agora recodificado como pós-moderno e assume mesmo uma dimensão epistemológica, com a reivindicação de um conhecimento local, desde a crítica dos cânones literários e artísticos hegemónicos até à revitalização de novos-velhos fundamentalismos (islâmico, judaico, neoliberal). Este localismo, que é por vezes protagonizado por povos translocalizados e não é, nessa medida, reconduzível a um específico *genius loci*, assenta sempre na ideia de território, seja ele imaginário ou simbólico, real ou hiper-real. As relações sociais em que se traduz são investidas de uma complexa tensão interna, uma vez que a sua desterritorialização corre a par da sua reterritorialização. Os discursos convencionais sobre a "identidade nacional" ou sobre o "carácter nacional" têm sido construídos a partir de um *genius loci* mitificado abstracto e mistificador e os mais recentes têm-nos glosado (ou pouco mais) e tem ignorado sistematicamente a dialéctica acabada de referir, com a excepção, nem sempre conseguida, de Eduardo Lourenço.

Num "estudo" sobre o "carácter nacional português", Jorge Dias traça assim, em 1950, a "personalidade de base" dos portugueses. "O português é um misto de sonhador e de homem de acção, ou, melhor, é um sonhador activo, a que não falta certo fundo prático e realista". "Há no português uma enorme capacidade de adaptação a todas as coisas, ideias e seres, sem que isso implique perda de carácter". "O português tem vivo sentido da Natureza e um fundo poético e contemplativo estático diferente do dos outros países latinos" (1971: 19). "O português não degenerou". "No momento em que o português é chamado a desempenhar qualquer papel importante, põe em jogo todas as suas qualidades de acção, abnegação, sacrifício e coragem e cumpre como poucos"(1971: 20). "Embora não lhe falte, por vezes, um fundo prático e utilitário, o grande móbil é sempre do tipo ideal"(1971: 21). "Para o português, o coração é a medida de todas as coisas" (1971: 23). "O espírito português é avesso às grandes ilustrações, às grandes ideias que ultrapassam o sentido humano" (1971: 25). "O fundo contemplativo da alma lusitana compraz-se na repetição ou na imobilidade da imagem" (1971: 27). "É ainda essa enorme capacidade de adaptação uma das constantes da alma portuguesa" (1971: 31). E, finalmente, "é um povo paradoxal e difícil de governar. Os seus defeitos podem ser as suas virtudes e as suas virtudes os seus defeitos, conforme a égide do momento" (1971: 33).

Duvido que o mesmo não possa ser dito a respeito de qualquer outro povo, ou de um qualquer grupo social adequadamente numeroso e estável. No entanto, este tipo de caracterização é quase consensual entre as nossas elites culturais e, à força de ser repetido, constitui um autêntico senso comum sobre os portugueses, o "arquétipo do homem português" que, segundo António Quadros, não deve ser confundido com variantes regionais e sociais e corresponde à transtemporalidade de um projecto nacional transmitido através de gerações (1986:78).

Trata-se de um senso comum fabricado pelas elites culturais, que como qualquer outro senso comum, é evidente e por isso dispensa qualquer verificação. É por isso hostil a qualquer análise sociológica: "daí que a aproximação sociológica, com os seus inquéritos e as suas entrevistas, pouco ou nada nos revele" (Quadros, 1986:79). Tal senso comum pode apenas ser ilustrado por infinitas instâncias de confirmação, sejam elas o manuelino, os géneros literários mais cultivados, o sebastianismo, o tipo de colonialismo, a estrutura da língua. Em qualquer dos seus matizes é um senso comum conservador, quer porque assenta numa visão naturalista da história, quer porque reivindica para as elites a responsabilidade da sua reprodução. É a "paideia essencialmente portuguesa" de que fala Quadros", uma reivindicação que ou começa pelas elites, pelas classes letradas, ou nunca mais será possível" (1986:61).

Este senso comum assenta em três *topoi* retóricos fundamentais. O primeiro é o de que somos espanhóis diferentes. Somos-lhes contrapostos a partir de um fundo de cumplicidade. Para Jorge Dias, a religiosidade portuguesa não tem o carácter abstracto, místico ou trágico próprio da espanhola "tem... um cunho humano, acolhedor e tranquilo". Por isso "não se erguem nas aldeias portuguesas essas igrejas enormes e solenes, tão características da paisagem espanhola" (1971:19, 24). Para Unamuno, entrevistado por António Ferro, "o português é um castelhano sem ossos". O castelhano tem algo de lagosta. O português, ao contrário, é como um polvo (Ferro, 1933a:175). Fidelino de Figueiredo salienta os contrastes entre a literatura espanhola e a portuguesa: "a épica espanhola, originalmente castelhana é medieva, popular e continental; a épica portuguesa é renascentista, culta, oceânica, impregnada de lirismo e corre sempre no leito que lhe cavou o génio de Camões. O lirismo português é constitucional originário; o lirismo espanhol é uma aquisição erudita, laborosa, tardia" (1935:135). Para Natália Correia, Espanha e Portugal são inseparáveis macho e fêmea (1988:62).

Neste jogo de espelhos, ora se salientam os contrastes, ora se salientam as cumplicidades. Se para Fidelino de Figueiredo a literatura portuguesa tem um fulcro desiberizante (1935:43), para Natália Correia "Portugal é o grande intérprete da Espanha das Espanhas" (1988:31). Tal como antes dela Ricardo Jorge partia do "caos étnico da península ibérica" para defender que, fora o amor à independência, "no mais somos hispanos, hispana é a terra, hispana é a gente" (1922:5). Quase ao mesmo tempo, António Sardinha baseava a sua proposta do "supranacionalismo hispânico" e da "internacional cristã" no facto de que os hispânicos, "não tendo do 'homem' uma ideia de 'indivíduo' mas de 'pessoa', a sua expansão determina-se por um irreprimível instinto universalizador porque a 'pessoa' se lhes manifesta em inteira coincidência com a humanidade" (1924:VII).

Por outro lado, as comparações, ora nos favorecem (Jorge Dias, Fidelino de Figueiredo), ora nos desfavorecem (Eduardo Lourenço). Para este último, a Espanha, além de ser "um dos grandes milagres deste fim de século", é "uma das poucas culturas míticas do ocidente", "não é um povo que se possa esquecer ou se deixe esquecer". Enquanto, "o nosso caso foi – é – um pouco diferente. Por natural fragilidade nossa, em parte, por uma boa dose de incúria também" (1988:79, 81, 84).

O segundo *topos* do senso comum elitista sobre os portugueses é que no carácter português se misturam elementos contraditórios, o que lhe confere uma ambiguidade e uma plasticidade especiais. Segundo Jorge Dias, a saudade é um estado de alma *sui generis* que deriva de uma "mentalidade complexa que resulta da combinação de factores diferentes e, às vezes opostos", combinação de "três tipos mentais distintos: o lírico sonhador – mais aparentado com o temperamento céltico – o fáustico de tipo germânico e o fatalístico de tipo oriental (1971:20). Para Agostinho da Silva, "é de portugueses a união de contrários" (1988:97), enquanto para Natália Correia a "plasticidade do homem português" decorre de nele confluírem três grandes influências contraditórias, a mediterrânica, a atlântica e a continental (1988:8). Francisco Cunha Leão, citado por António Quadros, atribui aos portugueses "uma sensibilidade contraditória, ora afirmativa, ora depressiva" (1986:80); e o próprio António Quadros conclui que "a aparente indefinição do carácter português, apontado por alguns estrangeiros, é no fundo o resultado dessa tentativa interior de conciliação de contrários, evitando os radicalismos, conciliação de opostos como *terra e mar, cálculo e aventura, paciência e temeridade, sonho e matemática*" (1986:81). Finalmente, Eduardo Lourenço atribui ao "surgimento traumático" do Estado português o sermos "um rebento incrivelmente frágil para ter podido aparecer e misteriosamente forte para ousar substituir". Do que resulta a "conjugação de um complexo de inferioridade e de superioridade" (1982:20-21).

O terceiro *topos* consiste na oscilação entre visões positivas e visões negativas da condição do "homem português". Enquanto o primeiro estudo de Jorge Dias sobre o carácter nacional, datado de 1950, é optimista, o segundo estudo, datado de 1968, é profundamente pessimista. Pergunta se "poderemos, contudo, pensar que o carácter nacional se vai manter indefinidamente igual, quando as circunstâncias em que ele se formou se estão a alterar rápida e profundamente?". Responde que não e entre as razões inclui muitos dos factores de transnacionalização que referi acima: " a acção do emigrante, do turista, do cinema, da televisão, das leituras baratas, das revistas de capas eróticas tem de fatalmente alterar a personalidade de base nacional". Por isso "a brandura dos costumes e o temperamento cordial do nosso povo vão sendo substituídos por dureza e grosseria" (1971:43, 44, 46, 48). Para António Quadros, na esteira de Jorge Dias, "o homem português não degenerou, apenas está adormecido ou entorpecido" (1986:86). A negatividade da situação presente é que nela domina o Velho do Restelo sobre Gama: "o que parece dominar hoje em Portugal é a face negativa, nocturna, decaída do arquétipo, do modelo ou da imagem sublimatória que o Português já teve de si próprio" (1986:62). Um pessimismo semelhante perpassa a psicanálise mítica de Eduardo Lourenço, enquanto Natália Correia, mais optimista, atribui aos portugueses a incumbência exagerada de cumprirem "cabalmente a Espanha das Espanhas".

O excesso mítico deste discurso, que é um só apesar de múltiplo, manifesta-se na arbitrariedade e selectividade com que manipula a história do país e na relação telescópica que estabelece com as transformações sociais, políticas, económicas e culturais do sistema mundial de que Portugal faz parte. Decidindo a seu bel-prazer o compromisso que lhe convém com a realidade sociológica passada e presente do país, é-lhe fácil assumir um carácter geral e abstracto, declarar-se evidente e decretar o futuro. Não pode, pois, ser confrontado no seu terreno. Deve antes ser considerado um fenómeno sociológico em si mesmo e ser analisado como tal.

Enquanto senso comum das elites culturais, o discurso mítico diz certamente muito sobre elas e muito pouco sobre o cidadão comum. No entanto, na medida em que é permeável às evidências do discurso mítico e as interioriza, o cidadão comum integra-as na sua prática social e por essa via faz delas um senso comum de outro tipo, muito mais amplo, a suscitar uma análise sociológica diferente. A minha hipótese de trabalho é que, dada a distância entre as elites culturais e o cidadão comum, o nível de interiorização deve ser relativamente baixo.

As ciências sociais devem centrar-se na análise do modo específico como a dialéctica da desterritorialização/reterritorialização das práticas sociais se desenrola em Portugal. Três hipóteses merecem especial atenção: (1) o fim do longo processo de desterritorialização colonial suscita diferentes movimentos de reterritorialização (o impacto múltiplo do facto de o país retomar, depois de cinco séculos, os limites do seu território); (2) estes movimentos (de que a produção recente do senso comum sobre Portugal pelas elites culturais é apenas um exemplo) tenderão a assumir formas ambíguas e contraditórias, dada a emergência quase imediata de um novo processo de desterritorialização (a integração na comunidade europeia); (3) a deficiente maturação dos movimentos de reterritorialização daí decorrente pode conduzir à não identificação ou ao desperdício das oportunidades criadas pelo desterritório emergente da Europa.

O objectivo não pode quedar-se pela criação de um conhecimento científico-social sobre a condição de Portugal no sistema mundial. É importante, acima de tudo, transformar esse conhecimento num novo senso comum sobre os portugueses, menos mistificador mas mais proporcionado, menos celebratório mas mais eficaz, menos glorioso mas mais emancipador. Um senso comum auto-crítico que não tenha a veleidade de, com a sua generalidade, superar as muitas clivagens económicas, sociais, políticas e culturais que atravessam a sociedade portuguesa.

7. Portugal é uma sociedade semiperiférica. Findo o ciclo do império, está a renegociar a sua posição no sistema mundial. Não é possível que num futuro próximo seja promovido ao centro do sistema ou despromovido para a sua periferia. É mais provável que a sua posição intermédia se consolide em novas bases.

Referi na tese 5 que o conjunto dos indicadores sociais (no sentido mais amplo) confere à sociedade portuguesa o estatuto de sociedade de desenvolvimento intermédio ou semiperiférico no contexto europeu, um estatuto que partilha com a Grécia, a Irlanda e, até certo ponto, com a Espanha. As sociedades de desenvolvimento intermédio exercem uma função de intermediação no sistema mundial, servindo simultaneamente de ponte e de tampão entre os países centrais e os países periféricos. O seu padrão de especialização, por exemplo, tende a ser dominado pelas produções que se desvalorizam no plano internacional e que portanto deixam de interessar aos países centrais, como pode ser paradigmaticamente ilustrado com o caso da produção têxtil nos últimos cinquenta anos.

No caso de Portugal, a função de intermediação assentou durante cinco séculos no império colonial. Portugal era o centro em relação às suas colónias e a periferia em relação à Inglaterra. Em sentido menos técnico, pode dizer-se que durante muito tempo foi um país simultaneamente colonizador e colonizado. Em 25 de Abril de 1974 Portugal era o país menos desenvolvido da Europa e ao mesmo tempo o detentor único do maior e mais duradouro império colonial europeu.

O fim do império colonial não determinou o fim do carácter intermédio da sociedade portuguesa, pois este estava inscrito na matriz das estruturas e das práticas sociais dotadas de forte resistência e inércia. Mas o fim da função de intermediação de base colonial fez com que o carácter intermédio que nela em parte se apoiava ficasse de algum modo suspenso à espera de uma base alternativa. Essa suspensão social permitiu que no pós-25 de Abril (entre 1974-1976) fosse socialmente credível a pretensão de Portugal de se equiparar aos países centrais e, mesmo em alguns aspectos, de assumir posições mais avançadas que as deles. Em 1978, o FMI destruiu a credibilidade dessa pretensão. Desde então, Portugal entrou num período de renegociação da sua posição no sistema mundial, procurando para ela uma base que preenchesse o vazio deixado pela derrocada do império. No início da década de oitenta era já claro que essa base teria como elemento fundamental a integração na comunidade europeia.

Porque a UE é o centro de uma das três grandes regiões do sistema mundial – os centros das outras regiões são o Japão e os EUA – a integração na UE tende a criar a ilusão credível de que Portugal, por se integrar no centro, passa a ser central, e o discurso político dominante tem sido o grande agente da inculcação social da imaginação do centro: estar com a Europa é ser como a Europa. Contudo, quando se analisa detalhadamente o interior do centro, é fácil verificar que a realidade segue um caminho diferente do dos discursos. Nos últimos dez anos, a diferença entre os rendimentos nacionais máximo e mínimos no interior da comunidade não se atenuou e, com respeito a alguns índices, aumentou mesmo

PELA MÃO DE ALICE. O SOCIAL E O POLÍTICO NA PÓS-MODERNIDADE   71

a distância social entre as regiões mais desenvolvidas e as menos desenvolvidas da comunidade. O modelo de desenvolvimento seguido em Portugal nos últimos dez anos tem maior potencial periferizante do que centralizante. Assenta na desvalorização internacional do trabalho português, ao optar por privilegiar, entre os sectores de exportação, aqueles que se encontram em crescente processo de desvalorização internacional, como, por exemplo, o sector têxtil. Em consequência, o padrão de especialização produtiva da nossa economia baixou nos últimos dez anos, enquanto o padrão espanhol aumentou. Portugal tem hoje uma das taxas mais baixas de desemprego da Europa, mas tem também uma das mais degradadas relações salariais. Ou seja, privilegiou-se a quantidade do emprego em detrimento da qualidade do emprego, o que sucede muitas vezes nos países periféricos.

Em suma, os sinais de despromoção são mais fortes que os sinais de promoção. Neste contexto, as relações entre Portugal e a Espanha assumem uma acuidade especial. Tal como a promoção do Brasil no sistema mundial correu de par com a despromoção da Argentina, é de perguntar se a promoção incontestável da Espanha, que alguns (o sociólogo Salvador Giner, entre outros) já consideram um país central, não acarretará a despromoção de Portugal. Reside aqui certamente uma das bases sociológicas para o mais recente surto de iberismo (Natália Correia, Eduardo Lourenço, Vasco Pulido Valente, João Palma Ferreira, entre outros). O "federalismo ibérico" está de facto já em curso, mas não por via de renascidas crenças em hispanidades míticas. Decorre, outrossim, em boa medida, a actuação das grandes multinacionais, que estabelecem os seus quartéis-generais em Madrid ou Barcelona e tomam como unidade de acção a península ibérica.

É provável que a integração na UE mantenha dentro de certos limites a despromoção de Portugal, mas não é menos provável que para isso a Europa se desenvolva a três velocidades: países centrais; Espanha; Irlanda, Portugal e Grécia. Se assim for, Portugal consolidará numa nova base a sua posição semiperiférica no sistema mundial. É mesmo possível que dessa posição façam parte certos elementos de continuidade com a relação colonial: Portugal procurando consolidar, agora no âmbito da UE, uma relação privilegiada com as suas antigas colónias, actuando mais uma vez (embora de modo muito diferente) como correia de transmissão entre o centro europeu e a periferia africana de expressão oficial portuguesa. Os discursos míticos da vocação atlântica bebem aqui algumas gotas de credibilidade.

8. Por via do tipo e da historicidade do seu nível de desenvolvimento intermédio, a sociedade portuguesa é muito heterogénea. Caracteriza-se por articulações complexas entre práticas sociais e universos simbólicos discrepantes, que permitem a construção social, tanto de representações do centro, como de representações da periferia.

O facto de Portugal ter sido, durante muitos séculos, simultaneamente o centro de um grande império colonial e a periferia da Europa é o elemento estruturante básico da nossa existência colectiva. Portugal foi o único país colonizador a ser considerado por outros países colonizadores como um país nativo ou selvagem. Ao mesmo tempo que os nossos viajantes diplomatas e militares descreviam os curiosos hábitos e modos de vida dos povos selvagens com quem tomavam contacto no processo de construção do império, viajantes diplomatas e militares da Inglaterra ou da França descreviam, ora com curiosidade ora com desdém, os hábitos e modos de vida dos portugueses, para eles tão estranhos ao ponto de parecerem pouco menos que selvagens. Se os mistérios do "carácter nacional" fossem susceptíveis de desvendamento, seria de procurar nesta duplicidade de imagens e de representações a chave para a alegada plasticidade, ambiguidade e indefinição que os discursos mítico e psicanalítico atribuem ao "carácter do homem português".

Devido a um modo específico de formação de rendimentos e em particular ao peso dos rendimentos não-salariais das famílias, as normas de consumo são na nossa sociedade mais avançadas que as normas de produção. Enquanto aquelas nos aproximam dos países centrais, estas têm algumas perturbadoras semelhanças com os países periféricos (trabalho infantil, salários em atraso, repressão sindical na fábrica, etc.). A articulação entre ambas nas práticas quotidianas e nos mapas simbólicos de orientação da acção social dá origem a codificações surpreendentes e por vezes aberrantes da realidade, justificando, com igual credibilidade, representações sociais típicas das sociedades centrais, lado a lado com representações sociais típicas das sociedades periféricas. Talvez resida aqui o "mistério" da coexistência no "homem português" do complexo de inferioridade perante os estrangeiros ao lado de uma hipertrofia mítica gerando megalomanias e quimeras (Francisco Cunha Leão, António Quadros, Eduardo Lourenço).

A coexistência de representações sociais discrepantes e o seu accionamento diferenciado consoante os contextos da acção confere às práticas sociais uma certa instabilidade, que se manifesta como subcodificação e abertura a novos sentidos. Daí, a ponta de verdade das leituras idealistas do "português como o polvo" (Unamuno), "com capacidade de adaptação a todas as coisas" (Jorge Dias) "essencialmente cosmopolita" (Fernando Pessoa).

A mesma articulação entre elementos heterogéneos é detectável em múltiplos domínios. Apenas um exemplo. Portugal seguiu um modelo de desenvolvimento agrícola e de relações agricultura-indústria muito diferente daquele que foi adoptado pelos países mais desenvolvidos da Europa. Em consequência, Portugal tem a mais elevada percentagem europeia de população a viver em meio rural e o operário português típico é ainda hoje um semiproletário, pluriactivo, isto é, obtém simultaneamente rendimentos do trabalho industrial e da agricultura. Será talvez por isso que "o português tem vivo sentido da natureza e um fundo poético e contemplativo estático diferente da dos outros povos latinos" (Jorge Dias).

A pequena agricultura familiar portuguesa não se modernizou como a europeia (mecanização, quimificação, gestão, comercialização), pelo que é frequentemente considerada como pré-moderna, subsistindo através de complexas articulações com a agricultura e a indústria modernas. Mas esta codificação como pré-moderna, é ela própria instável e aberta a outras codificações. A sobreprodução, a dedicação exclusiva e a degradação do meio ambiente que caracterizam a agricultura moderna têm vindo ultimamente a ser questionados, e a tal ponto que já se fala de uma crise final deste modelo de agricultura. Com a crise da agricultura moderna, o défice de modernidade da agricultura familiar portuguesa tende a atenuar-se. Aliás, a vingar a posição dos ecologistas, é bem possível que este modelo agrícola seja transcodificado e, de pré-moderno, passe a ser pós-moderno pelas combinações práticas e simbólicas que proporciona entre o económico e o social, entre o produtivo e o ecológico, entre ritmos mecânicos e ritmos cíclicos. Curiosamente, está na nossa condição semiperiférica (que inclui políticos e governos semiperiféricos) destruir este modelo por exigência (mal gerida) da integração na UE no preciso momento em que ele ganha credibilidade entre grupos emergentes cada vez mais numerosos, mas por enquanto sem poder para influenciar decisivamente a política europeia. Um dia teremos pateticamente de inventar, sempre com atraso, o que já tivemos quando éramos "atrasados". Tal como já sucede hoje com o fomento da língua portuguesa nos países por onde andou o império e/ou a emigração.

A heterogeneidade social própria da articulação entre elementos pré-modernos, modernos e pós-modernos verifica-se muito para além dos sectores da produção material. No caso dos cuidados de saúde, por exemplo, a medicina popular desempenha um papel importante e é em muitas situações a medicina de primeira instância. Tanto na sua versão naturalista (chás, endireitas, etc.), como na sua versão sobrenaturalista (bruxas, promessas, etc.), a medicina popular é usada, quer como primeira opção, quer como único recurso em face da inacessibilidade (física ou financeira) da medicina oficial. As deficiências do serviço nacional de saúde, em processo de liquidação, têm algo a ver com a "forte crença no milagre e nas soluções milagrosas" que Jorge Dias atribuiu ao "carácter nacional". Como quer que seja, a produção de saúde em Portugal é o resultado de uma articulação complexa entre três tipos de produção médica: a medicina oficial estatal, a medicina oficial privada e a medicina popular.

A coexistência, a muitos outros níveis, da modernidade, da pré-modernidade e da pós-modernidade na sociedade portuguesa, uma coexistência dinâmica e aparentemente duradoura, é talvez o factor mais determinante da nossa especificidade a merecer uma análise sociológica cuidada, sobretudo no momento em que nos desterritorializamos de novo, desta vez na direcção do continente.

9. O Estado tem desempenhado em Portugal um papel privilegiado na regulação social. Um papel desempenhado com muita ineficiência e com muita distância entre representantes e representados. Daí a recorrência de fenómenos de carnavalização da política.
Nas sociedades de desenvolvimento intermédio o Estado tende a ser externamente fraco e internamente forte. A força do Estado reside menos na capacidade de governar por consenso (legitimação), como sucede nos Estados democráticos centrais, e mais na capacidade de mobilizar diferentes tipos e graus de coerção social (autoritarismo, tanto sob forma democrática do populismo e do clientismo, como sob a forma não democrática da ditadura). A história moderna do Estado português caracteriza-se por oscilações mais ou menos longas e acentuadas entre o predomínio da legitimação e o predomínio do autoritarismo, em que este último, sob diferentes formas, tem, no conjunto, dominado.

A centralidade do Estado é exercida com grande dose de ineficiência. Entre muitos outros factores que a explicam, deve salientar-se o facto de entre nós funcionarem, com muito mais dificuldades que nos Estados dos países centrais, as dicotomias que estão na base do Estado moderno, tais como as dicotomias: Estado/sociedade civil, oficial/não oficial, formal/informal, público/privado. A prevalência de fenómenos de populismo e de clientismo contribui em grande medida para que a lógica da acção do Estado (estatal, oficial, formal, pública) seja a cada passo interpenetrada, ou mesmo subvertida, por lógicas societais particularísticas com influência suficiente para orientar a seu favor e de modo não

PELA MÃO DE ALICE. O SOCIAL E O POLÍTICO NA PÓS-MODERNIDADE   75

oficial, informal e privado, a actuação do Estado. Um fenómeno que, em geral, se pode designar por privatização do Estado (recursos estatais postos ao serviço de grupos de indivíduos e para a prossecução dos seus interesses particulares) e que em períodos democráticos transforma os partidos, sobretudo o governante, em mecanismos privilegiados de mobilidade social. Não será ousado pensar que reside aqui a faceta do "carácter nacional" para "sobrepor a simpatia humana às prescrições gerais da lei", a qual "fez com que durante muito tempo a vida social e pública girasse à volta do empenho ou do pedido de qualquer amigo. Pedia-se para passar nos exames, para ficar livre do serviço militar, para conseguir um emprego, para ganhar uma questão, enfim, para todas as dificuldades da vida". E Jorge Dias acrescenta, mais ingenuamente do que lhe é usual: "hoje em dia (1950), tal hábito tradicional tem sido contrariado e já quase não existe" (1971:30).

Se a ineficiência clientelista cria intimidade entre o Estado e os grupos com poder social para a mobilizar, cria, por outro lado, distância em relação aos sectores sociais menos poderosos, os quais tendem a ser a maioria. Daí, a distância entre representantes e representados que tem conferido até aqui uma instabilidade grande aos períodos democráticos, ao mesmo tempo que ajudou à estabilidade de um regime não-democrático fundado constitucionalmente na distância, o Estado Novo.

Aliás, esta distância é um fenómeno mais vasto e, como já referi na tese 2, caracteriza também as relações (ou melhor, a ausência de relações) entre as elites culturais e as classes populares. Manifestação disso mesmo, e para me limitar a um tema já mencionado, é a falta de repercussão social, bem assinalada por Fernando Catroga, dos vários surtos de iberismo enquanto tópico de debate entre as elites culturais. Entre 1850 e 1880 publicaram-se 150 títulos sobre a questão ibérica sem que o debate extravasasse para qualquer movimento social significativo (Catroga,1985:419 e ss.).

A distância entre representantes e representados torna possível a carnavalização da política. Por carnavalização da política entendo a assimilação mimética de padrões de actuação dos Estados e das sociedades políticas (em sentido gramsciano) dos países centrais, sem que os agentes políticos os interiorizem nas orientações operacionais da acção política e os convertam em práticas políticas coerentes e duradoras. Este tipo de assimilação produz um efeito de descanonização dos processos ideológicos, um distanciamento lúdico perante os efeitos da governação e confere a esta um tom geral fársico.

São muitas as manifestações da carnavalização da política. Dou dois exemplos, um, do Estado, e outro, da sociedade política. O primeiro consiste na enorme discrepância entre o direito e a realidade social. No seguimento da revolução de 25 de Abril de 1974, foi promulgada legislação social semelhante à que vigora nos países centrais da Europa, se não mesmo mais avançada. Muita dessa legislação não foi até hoje revogada e, no entanto, não tem sido aplicada senão muito selectivamente, pelo que as nossas práticas sociais vigentes são muito mais retrógadas que as leis que pretensamente as regulam. Esta discrepância é tolerada, e até mesmo produzida, pelo próprio Estado, um fenómeno que noutro lugar designei por Estado paralelo: o Estado compromete-se formalmente com um certo padrão de legalidade e de regulação social, mas descompromete-se dele, na prática, por omissão ou por vias informais (Santos, 1990:193 e ss.).

O segundo exemplo diz respeito à sociedade política. A carnavalização e a descanonização dos processos ideológicos estão bem patentes no facto de, até agora (Novembro de 1990), o partido comunista português e o partido "Os Verdes" terem formado, sem escândalo nem ridículo públicos, uma coligação eleitoral, apesar de a estratégia de desenvolvimento socio-económico comunista, de raiz estalinista, estar nos antípodas daquilo que o partido ecológico afirma defender.

Perante o espectáculo da carnavalização da política, não admira que "o Português" se tenha afeiçoado "a convicções negativistas, nomeadamente ao nível político e educativo que o conduzem ao auto-envenenamento mental" (Quadros, 1986:84).

10. A sociedade civil portuguesa parece fraca porque não se organiza segundo os modelos hegemónicos, os que têm predominado nos países centrais da Europa. Constitui, por exemplo, uma forte sociedade-providência que tem colmatado, pelo menos parcialmente, as deficiências da providência estatal.

É comum considerar-se que em Portugal a sociedade civil é fraca. Nos últimos anos tem-se atribuído essa fraqueza à asfixiante força do Estado, pelo que se recomenda o enfraquecimento deste para que a sociedade civil possa finalmente prosperar. A concepção da fraqueza da sociedade civil vem de longe, do pensamento liberal do século XIX, e ao longo dos últimos 150 anos serviu, ora para justificar a força do Estado, ora para justificar o enfraquecimento deste. Com maiores pretensões sociológicas, Demolins classificava em 1909 a sociedade portuguesa entre as "sociedade dominadas ou referenciadas pela formação comunitária" e caracterizava-a do seguinte modo: "a desorganização da comunidade deixa os indivíduos geralmente pouco capazes duma iniciativa

PELA MÃO DE ALICE. O SOCIAL E O POLÍTICO NA PÓS-MODERNIDADE   77

pessoal enérgica, o que assegura o predomínio dos poderes públicos com um desenvolvimento exagerado do regime administrativo e da política. Influências estranhas muito activas" (1909:18).

A ponta de verdade desta concepção está em que a sociedade portuguesa não tem uma tradição de organização formal, centralizada e autónoma de interesses sociais sectoriais bem definidos (interesses dos empresários, interesses dos trabalhadores, etc.), capaz de gerar parceiros sociais fortes em permanente diálogo conflitual entre si e com o Estado. É este o modelo de organização da sociedade civil nos países centrais da Europa, sobretudo depois da Segunda Guerra Mundial e, como é sabido, só nos últimos quinze anos tem vindo a ser ensaiado em Portugal. Daí, a hipertrofia da regulação estatal mencionada na tese anterior e também o facto de a dimensão autoritária ter sobrepujado a dimensão de legitimação. Expressão disso mesmo é o facto de o Estado português não ser um Estado-providência em sentido técnico e de nele não ser fácil destrinçar entre a componente social e a componente repressiva. Porque as políticas sociais não são adequadamente realizadas (por exemplo, cria-se um serviço nacional de saúde mas não se dota de recursos financeiros adequados), a distribuição dos benefícios é selectiva e autoritária, sujeita a critérios subjectivos de agentes ou serviços que criam nos clientes ou destinatários dessas políticas situações de dependência e de sujeição, de punição ou de recompensa em tudo semelhantes às que são típicas do Estado repressivo.

Mas se Portugal não tem um Estado-providência, tem, no entanto, uma forte sociedade providência que colmata em parte as deficiências da providência estatal, uma sociedade organizada informalmente segundo modelos tradicionais de solidariedade social. Entendo por sociedade-providência as redes de relações de interconhecimento, de interreconhecimento e de ajuda mútua baseadas em laços de parentesco, de vizinhança e comunitários, através dos quais pequenos grupos sociais trocam bens e serviços numa base não mercantil e segundo uma lógica de reciprocidade que se aproxima da relação de dom analisada por Marcel Mauss.

Basta observar – e comparar com o que se passa nos países centrais da Europa – os milhares de pessoas que todos os fins-de-semana visitam os doentes internados nos hospitais centrais para aquilatar da presença e da força da sociedade providência entre nós. A solidariedade social que ela exprime tem a ver em grande medida com universos simbólicos típicos das sociedades rurais, os quais, no entanto, se reproduzem, sob novas formas, em meios urbanos, sobretudo naqueles em que a articulação entre a componente rural (passada ou presente) e a componente urbana das famílias se mantém. A forte presença da pequena agricultura familiar e a elevada percentagem da população pluriactiva e a viver em meio rural são outros tantos factores explicativos da sociedade-providência.

A extrapolação idealista a partir deste dado sociológico transforma "o português" em um homem "profundamente humano", que "não gosta de fazer sofrer e evita conflitos", que "possui um grande fundo de solidariedade humana" e é "extraordinariamente solidário com os vizinhos" (Dias, 1971:19 e ss.). E a mesma extrapolação idealista está na base da "brandura dos nossos costumes" em que Salazar fazia assentar a diferença entre a sua ditadura e a de Mussolini (A. Ferro, 1933b:76).

11. Portugal não tem destino. Tem passado, tem presente e tem futuro.

Uma das constantes do pensamento mítico e do pensamento psicanalítico social é de que Portugal tem um destino, uma razão teológica que ainda não cumpriu ou que só cumpriu no período áureo dos descobrimentos e que o défice de cumprimento só pode ser superado por um reencontro do país consigo mesmo, a solo ou no contexto da Espanha das Espanhas ou no contexto da Europa ou, ainda, no contexto do Atlântico. O discurso produzido por este tipo de pensamento, embora internamente diferenciado, tem uma matriz própria que designo por *jeremíada nacional*. É um discurso de decadência e de descrença e quando projecta uma ideia positiva do país fá-lo de modo elitista e desfocado e por isso está sempre à beira da frustração, da queda e do ressentimento.

São duas as patologias principais da jeremíada nacional: o iberismo e o nacionalismo. Há obviamente diferentes versões de um e de outro, umas mais conservadoras do que outras. Se o nacionalismo tem sido ora "tradicionalista" (quase sempre) ora "racionalista" (a geração de 70), o iberismo (unitarista ou federalista; político ou cultural) tem sido, ora a "internacional cristã" (Sardinha), ora republicano e socializante (Antero e Oliveira Martins). Daí que, sendo pólos do mesmo tipo de discurso, haja entre eles uma grande cumplicidade e tenham mesmo sido frequentemente combinados no pensamento do mesmo autor. Por um lado, o espantalho iberista tem feito muitas vezes dançar o espantalho nacionalista. No século XIX, a exaltação iberista corre de par com o culto do 1º de Dezembro (Catroga,1985:437). Por outro lado, o iberismo surge muitas vezes como forma de nacionalismo alargado (Antero, Oliveira Martins, Natália Correia). Na segunda metade do século XIX, os federalistas ibéricos apresentavam-se como nacionalistas defensores de uma posição que permitiria a Portugal recuperar o prestígio internacional, libertando-se do protectorado inglês (M.

Mascarenhas, 1980:18). Sinibaldo Mas propunha para capital da Ibéria, Santarém, a salvo da influência francesa e da esquerda inglesa (Catroga,1985:428).

Mas por detrás da "civilização ibérica" está sempre o receio das pretensões hegemónicas da Espanha. Oliveira Martins, escrevendo a propósito do centenário da descoberta da América, comenta em 1888, parecendo fazê-lo em 1988: "vemos a Espanha levando-nos pela mão, convidar para Madrid as nações neo-peninsulares da América em seu e nosso nome, sem autorização do nosso governo" (1923:140 ss.).

A jeremíada nacional tem de ser confrontada com argumentos proporcionados. E há condições para isso, uma vez que Portugal está finalmente reduzido às suas proporções. Sem triunfalismo nem miseralismo (cada um traz o outro no seu logo), é necessário analisar os riscos e as oportunidades, avaliar os recursos e os modos de os rentabilizar num sistema de interacções transnacionais cada vez mais dinâmicas. Sem cair na tentação antropomorfizante do discurso mítico e psicanalítico, impõe-se uma atitude cordial com Portugal. Portugal não pode estar constantemente na posição de ter de prestar contas perante os seus intelectuais, ainda por cima sabendo que nunca as prestará a contento. Os intelectuais, os diferentes grupos de cidadãos e de interesses e as diferentes classes sociais é que têm de se habituar a fazer contas e a não confiar em destinos nacionais ou horóscopos colectivos. Uns e outros são sempre expressão de um défice de presente que projecta num futuro excessivo o excesso de passado. Se algo caracteriza o tempo actual é antes um excesso de presente que tem condições para deixar o passado ser passado e o futuro, futuro.

A luta por argumentos proporcionados será contudo difícil. Em grande medida essa dificuldade reside em que o regresso à nossa territorialidade ocorre no momento da emergência de um novo desterritório, a Europa da UE e do Acto Único Europeu. O discurso e a prática da nossa integração na Europa comunitária e a reprodução de imagens de centro que suscitam correm o risco de produzir novas desproporções na avaliação da nossa contemporaneidade. E será tanto mais assim quanto o Europacentrismo for a outra face do lusomerdismo. Tem razão João Martins Pereira quando afirma que a integração na UE parte "da total desconfiança nas energias e capacidades nacionais" (1983:52).

Enquanto produto/produtor da Europa, Portugal tem de encontrar o seu "nicho de mercado" que lhe permita valorizar os seus recursos materiais, humanos e simbólicos. Dessa contabilização farão certamente parte, tanto o iberismo, como o nacionalismo, um e outro virados para o futuro. Neste contexto é sobretudo importante que o Mercado Único de 1992 não seja a versão de fim de século do Ultimatum inglês de 1890. Um auto-ultimatum. Mais uma descoberta de Portugal, pela negativa.

A integração ibérica é uma componente importante da integração europeia. Não se faz hoje com discursos míticos ou psicanalíticos, nem tão pouco com os caminhos-de-ferro, como sucedeu na segunda metade do século XIX. Está a fazer-se, como já referi, por acção das multinacionais e terá de envolver muita negociação e inovação para não acarretar a despromoção da nossa economia e da nossa cultura. Por isso, é errado pensar, como pensa João Martins Pereira, que todo o nacionalismo é conservador (1983:21). Nas condições actuais de transformação do sistema mundial, os processos de reterritorialização e de identificação local e regional são demasiado diversos para poderem ser monoliticamente avaliados. No caso concreto da integração europeia, é já visível que o tipo de organização de interesses que tende a dominar (mais pluralista e menos corporativista) obriga a negociações de interesses nacionais em que se combinam de modo diferente interesses do capital e interesses do trabalho. Há pois que avaliar o diferente peso e a natureza de cada um desses interesses antes de julgar o conteúdo político da defesa dos "interesses nacionais".

Dada a dinâmica transnacional da época presente, não é possível postular futuro e muito menos futuros nacionais. Apenas se poderá dizer que, para ser nosso, o futuro que tivermos não poderá ser reduzido ao futuro dos outros.

CAPÍTULO 4
O SOCIAL E O POLÍTICO NA TRANSIÇÃO PÓS-MODERNA

O século XX ficará na história (ou nas histórias) como um século infeliz. Alimentado e treinado pelo pai e pela mãe, o andrógino século XIX, para ser um século-prodígio revelou-se um jovem frágil, dado às maleitas e aos azares. Aos catorze anos teve uma doença grave que tal como a tuberculose e a sífilis de então, demorou a curar e deixou para sempre um relógio. E tanto que aos trinta e nove anos teve uma fortíssima recaída que o privou de gozar a pujança própria da meia-idade. Apesar de dado por clinicamente curado seis anos depois, tem tido desde então uma saúde precária e muitos temem uma terceira recaída, certamente mortal. Uma tal história clínica tem-nos vindo a convencer – a nós cuja inocência está garantida por não termos escolhido nascer neste século – que, em vez de um século-prodígio, nos coube um século idiota, dependente dos pais, incapaz de montar casa própria e ter uma vida autónoma. Muito mais pacientemente que Saint-Simon – para quem em 1819 começava já a ser demasiado tarde para o século XIX se libertar da herança do século XVIII e assumir a sua especificidade (1977: 212) – temos vindo a esperar pelo sentido do século XX. Num livro, precisamente intitulado *The Meaning of the Twentieth Century*, Kenneth Boulding caracteriza muito vagamente o nosso século como um período intermédio da segunda grande transição na história da humanidade (1964: 1). E mais recentemente, Ernest Gellner lamenta-se que a concepção de história própria do nosso século "não tenha sido ainda formulada filosoficamente de modo adequado" (1986: 93). Eu próprio escrevi, que o século XX corria o risco de não começar nunca ou, em todo o caso, de não começar antes de terminar (Santos, 1987 a: 6). Com outras palavras e metáforas a mesma convicção ou preocupação tem estado presente, consciente ou inconscientemente, nos muitos balanços do século que, um pouco por toda a parte, se têm vindo a fazer. Não admira, pois, que muitos desses balanços tenham sido em verdade balanços do século XIX e não balanços do século XX como proclamam.

Mas como, ao contrário do que queria Hegel, a história está para a razão como a astúcia está para a esperteza saloia, têm-se vindo a acumular em tempos recentes sinais de que esta biografia do século está provavelmente incompleta e de que, portanto, os balanços e os enterros foram quiçá prematuros.

Apropriando para si uma condição social que tornou possível para todos nós, o século XX parece estar disposto a gozar a terceira idade em plena actividade e, mais do que isso, a desfazer, entre o sonho e o pesadelo, as verdades que se tinham por feitas a seu respeito. Qual é, no entanto, o significado real dos sinais que nos tem vindo a dar ultimamente nesse sentido? Representarão uma adequada e atempada consciência da urgência das missões que lhe cabem no pouco tempo que lhe resta ou serão, pelo contrário, a expressão desesperada de "um sentimento de ter chegado demasiado tarde" que, segundo Harold Bloom (1973 e 1988), atormenta a cultura contemporânea e sobretudo a poesia contemporânea? Admito que se trate da primeira hipótese e, neste caso, a questão que se põe é se o século XX terá ainda tempo para refazer, a partir dos estilhaços em que agora se compraz, o que, doutro modo, terá de ser feito pelo século XXI. Apesar de o nosso século - mais um dos seus feitos ambíguos e surpreendentes - ter transformado o tempo em falta de tempo, a minha resposta é que admito que sim. É o que procurarei demonstrar a seguir, com uma certa dose de optimismo trágico que colho de Heidegger.

Este capítulo consta de três partes. Na primeira parte descreverei o perfil de um novo paradigma sócio-cultural e apresentarei as condições sociais da sua emergência nas sociedades capitalistas. Na segunda parte, tentarei definir os limites e as possibilidades de um tal paradigma emergente nas condições sociais de uma sociedade dependente, semiperiférica, como é a portuguesa. Na terceira parte, procurarei determinar algumas das consequências do novo paradigma no domínio das práticas políticas. Cada parte inicia-se pela apresentação de uma tese principal a que se segue o desenvolvimento analítico que a justifica.

O moderno e o pós-moderno nos países capitalistas centrais

A tese principal desta primeira parte é a seguinte: *O paradigma cultural da modernidade constituiu-se antes de o modo de produção capitalista se ter tornado dominante e extinguir-se-á antes de este último deixar de ser dominante. A sua extinção é complexa porque é em parte um processo de superação e em parte um processo de obsolescência. É superação na medida em que a modernidade cumpriu algumas das suas promessas e, de resto, cumpriu-as em excesso. É obsolescência na medida em que a modernidade está irremediavelmente incapacitada de cumprir outras das suas promessas. Tanto o excesso no cumprimento de algumas das promessas como o défice no cumprimento de outras são responsáveis pela situação presente, que se apresenta superficialmente como de vazio ou de crise, mas que é, a nível mais profundo, uma situação de transição. Como todas as transições são simultaneamente semicegas e semi-invisíveis, não é possível nomear adequadamente a presente situação. Por esta razão lhe tem sido dado o nome inadequado de pós-modernidade. Mas, à falta de melhor, é um nome autêntico na sua inadequação.*

Passo agora a justificar os vários momentos desta tese. O projecto sócio-cultural da modernidade é um projecto muito rico, capaz de infinitas possibilidades e, como tal, muito complexo e sujeito a desenvolvimentos contraditórios. Assenta em dois pilares fundamentais, o pilar da regulação e o pilar da emancipação. São pilares, eles próprios, complexos, cada um constituído por três princípios. O pilar da regulação é constituído pelo princípio do Estado, cuja articulação se deve principalmente a Hobbes; pelo princípio do mercado, dominante sobretudo na obra de Locke; e pelo princípio da comunidade, cuja formulação domina toda a filosofia política de Rousseau. Por sua vez, o pilar da emancipação é constituído por três lógicas de racionalidade: a racionalidade estético-expressiva da arte e da literatura; a racionalidade moral-prática da ética e do direito; e a racionalidade cognitivo-instrumental da ciência e da técnica. Como em qualquer outra construção, estes dois pilares e seus respectivos princípios ou lógicas estão ligados por cálculos de correspondência. Assim, embora as lógicas de emancipação racional visem, no seu conjunto, orientar a vida prática dos cidadãos, cada uma delas tem um modo de inserção privilegiado no pilar da regulação. A racionalidade estético-expressiva articula-se privilegiadamente com o princípio da comunidade, porque é nela que se condensam as ideias de identidade e de comunhão sem as quais não é possível a contemplação estética. A racionalidade moral-prática liga-se preferencialmente ao princípio do Estado na medida em que a este compete definir e fazer cumprir um mínimo ético para o que é dotado do monopólio da produção e da distribuição do direito. Finalmente, a racionalidade cognitivo-instrumental tem uma correspondência específica com o princípio do mercado, não só porque nele se condensam as ideias da individualidade e da concorrência, centrais ao desenvolvimento da ciência e da técnica, como também porque já no século XVIII são visíveis os sinais da conversão da ciência numa força produtiva.

Pela sua complexidade interna, pela riqueza e diversidade das ideias novas que comporta e pela maneira como procura a articulação entre elas, o projecto da modernidade é um projecto ambicioso e revolucionário. As suas possibilidades são infinitas mas, por o serem, contemplam tanto o excesso das promessas como o défice do seu cumprimento.

E tanto um como outro estão presentes no horizonte deste projecto desde a sua emergência a partir do século XVI. O excesso reside no próprio objectivo de vincular o pilar da regulação ao pilar da emancipação e de os vincular a ambos à concretização de objectivos práticos de racionalização global da vida colectiva e da vida individual. Esta dupla vinculação é capaz de assegurar o desenvolvimento harmonioso de valores tendencialmente contraditórios, da justiça e da autonomia, da solidariedade e da identidade, da emancipação e da subjectividade, da igualdade e da liberdade. Tal é possível por a construção abstracta dos valores não dar à partida a primazia a nenhum deles e por as tensões entre eles serem reguladas por princípios complementares. Nestas condições, todas as tensões possíveis são positivas e as provisórias incompatibilidades entre os valores transformam-se numa competição *ad infinitum* segundo as regras de um jogo de soma positiva. Mas é fácil ver que um horizonte tão excessivo contém, em si mesmo, o gérmen de um défice irreparável. Por um lado, a construção abstracta dos pilares confere a cada um deles uma aspiração de infinitude, uma vocação maximalista, quer seja a máxima regulação ou a máxima emancipação, que torna problemáticas, senão mesmo impensáveis, estratégias de compatibilização entre eles, as quais necessariamente terão de ser assentes em cedências mútuas e compromissos pragmáticos.

Por outro lado, cada um destes pilares assenta em lógicas ou princípios cada um deles dotado de uma aspiração de autonomia e de diferenciação funcional que, por outra via, acaba também por gerar uma vocação maximalista, quer seja, no caso do pilar da regulação, a maximização do Estado, do mercado ou da comunidade, quer seja, no caso do pilar da emancipação, a esteticização, a juridificação ou a cientificização da realidade social. Mas a dimensão mais profunda do défice parece residir precisamente na possibilidade de estes princípios e lógicas virem humildemente a dissolver-se num projecto global de racionalização da vida social prática e quotidiana.

O projecto sócio-cultural da modernidade constituiu-se entre o século XVI e finais do século XVIII. Só a partir daí se inicia verdadeiramente o teste do seu cumprimento histórico e esse momento coincide com a emergência do capitalismo enquanto modo de produção dominante nos países da Europa que integraram a primeira grande onda de industrialização. Se concebermos o capitalismo como sistema de trocas monetárias generalizadas, como faz, por exemplo, Wallerstein, a data da emergência do capitalismo terá de recuar alguns séculos, até ao século XVI pelo menos (Wallerstein, 1974; 1980). Não nos parece, porém, que tal concepção seja adequada para os nossos propósitos analíticos, pois a especificidade histórica do capitalismo reside nas relações de produção que instaura entre o capital e o trabalho e são elas que determinam a emergência e a generalização de um sistema de trocas caracterizadamente capitalista. Isso

PELA MÃO DE ALICE. O SOCIAL E O POLÍTICO NA PÓS-MODERNIDADE   85

só ocorre a partir de finais do século XVIII ou mesmo meados do século XIX e, portanto, depois de estar constituído, enquanto projecto sócio-cultural, o paradigma da modernidade.

A partir deste momento, o trajecto histórico da modernidade está intrinsecamente ligado ao desenvolvimento do capitalismo nos países centrais. Não é fácil periodizar o processo histórico deste desenvolvimento, quer porque os diferentes países (a Inglaterra, a França, a Alemanha, os Estados Unidos da América do Norte e a Suécia) não iniciaram o processo de industrialização ao mesmo tempo, quer porque, até há pouco tempo pelo menos, as condições nacionais interferiam decisivamente no processo interno de desenvolvimento de cada país. Apesar disso, é possível distinguir três grandes períodos[23]. O primeiro período cobre todo o século XIX, ainda que descaracterizado nas duas últimas décadas como consequência da fase descendente da curva de Kondratieff que se iniciara em meados da década de setenta. É o período do *capitalismo liberal*. O segundo período inicia-se no final do século XIX e atinge o seu pleno desenvolvimento no período entre as guerras e nas primeiras décadas depois da 2ª Guerra Mundial. Seguindo a tradição alemã, que vem de Hilferding (1981) e se renova com C. Offe (1985) e outros (Winckler, 1974), designo este período por período do *capitalismo organizado*. O terceiro período inicia-se em geral nos finais da década de sessenta, nalguns países um pouco mais cedo, noutros um pouco mais tarde, e é nele que nos encontramos hoje. Alguns autores designam-no por período do capitalismo financeiro, ou do capitalismo monopolista de Estado. Seguindo a mesma tradição alemã, agora adoptada também pelos cientistas sociais ingleses (Lash e Urry, 1987), designo-o provisoriamente por período do *capitalismo desorganizado*, uma designação inadequada, mas que, à falta de melhor, não é tão grosseira que nos impeça de ver a natureza profunda das transformações em curso nas sociedades capitalistas avançadas.

Não interessa aqui caracterizar em detalhe cada um destes períodos. Interessa tão-só fazê-lo enquanto necessário para definir a trajectória do projecto sócio-cultural da modernidade em cada um deles. O meu argumento é que o primeiro período tornou claro no plano social e político que o projecto da modernidade era demasiado ambicioso e internamente contraditório e que, por isso, o excesso das promessas se saldaria historicamente num défice talvez irreparável. O segundo período, tentou que fossem cumpridas, e até cumpridas

---

[23] Na caracterização dos três períodos do desenvolvimento do capitalismo sigo de perto Lash e Urry (1987).

em excesso, algumas das promessas ao mesmo tempo que procurou compatibilizar com elas outras promessas contraditórias na expectativa de que o défice no cumprimento destas, mesmo se irreparável, fosse o menor possível. O terceiro período, que estamos a viver, representa a consciência de que esse défice, que é de facto irreparável, é maior do que se julgou anteriormente e de tal modo que não faz sentido continuar à espera que o projecto da modernidade se cumpra no que até agora não se cumpriu. O projecto da modernidade cumpriu algumas das suas promessas e até as cumpriu em excesso, e por isso mesmo inviabilizou o cumprimento de todas as restantes. Estas últimas, na medida em que a sua legitimidade ideológica permanece, ou até se fortalece, têm de ser repensadas e, mais do que isso, têm de ser reinventadas, o que só será possível no âmbito de um outro paradigma, cujos sinais de emergência começam a acumular-se.

Procurarei, pois, demonstrar que à medida que se sucedem os três períodos históricos do capitalismo, o projecto da modernidade, por um lado, afunila-se no seu âmbito de realização e, por outro lado, adquire uma intensidade total e até excessiva nas realizações em que se concentra. Este processo pode ser simbolizado na sequência histórica e semântica de três conceitos, todos eles inscritos na raiz do projecto moderno: modernidade, modernismo, modernização[24].

O primeiro período

O século XIX, ou seja, o período do capitalismo liberal, é um século fascinante, talvez não tanto quanto o século precedente, mas certamente mais que o século seguinte. O seu fascínio reside em que nele explodem com grande violência as contradições do projecto da modernidade: entre a solidariedade e a identidade, entre a justiça e a autonomia, entre a igualdade e a liberdade. Porque os ideais se chocam sem mediações, é possível ver neste período e com igual clareza, tanto as tendências para o afunilamento do projecto, como a sua aspiração de globalidade e de frutificação no quotidiano. O afunilamento e, portanto, o défice de cumprimento está presente, ainda que desigualmente, em cada um dos princípios e lógicas de racionalidade que constituem os pilares da regulação e da emancipação.

Ao nível da regulação, a ideia do desenvolvimento harmonioso entre os princípios do Estado, do mercado e da comunidade que, como tive ocasião de

---

[24] Seria possível mostrar os paralelos entre esta sequência e estoutra: racionalidade, racionalismo e racionalização.

PELA MÃO DE ALICE. O SOCIAL E O POLÍTICO NA PÓS-MODERNIDADE   87

defender noutro lugar (Santos, 1985: 302 e ss.) e contrariamente às opiniões mais divulgadas, estava bem presente na filosofia política liberal do século XVIII, de Adam Smith e do iluminismo escocês, colapsa e decompõe-se no desenvolvimento sem precedentes do princípio do mercado, na atrofia quase total do princípio da comunidade e no desenvolvimento ambíguo do princípio do Estado sob a pressão contraditória dos dois movimentos anteriores, ambiguidade que de resto vai manter nos períodos seguintes, ainda que sob outra forma. O desenvolvimento do mercado está patente, por exemplo, no surto vertiginoso da industrialização, na crescente importância das cidades comerciais, na primeira expansão das novas cidades industriais. E está patente também na conversão da complexa filosofia política liberal num princípio unidimensional e mesmo assim contraditório, mas politicamente eficaz e afeito a grande divulgação, o princípio do *laissez faire*. Por outro lado, a comunidade, que era em Rousseau uma comunidade concreta de cidadãos tal como a soberania era efectivamente do povo, reduziu-se a um composto de dois elementos abstractos: a sociedade civil, concebida como agregação competitiva de interesses particulares, suporte da esfera pública, e o indivíduo, formalmente livre e igual, suporte da esfera privada e elemento constitutivo básico da sociedade civil.

Foi este conceito empobrecido, aliás, nunca unívoco, de sociedade civil que passou a ser oposto ao Estado, dando assim origem ao que se considera ser o maior dualismo do pensamento político moderno, o dualismo Estado-sociedade civil. O modo como foi formulado no século XIX este dualismo e a sua articulação com o princípio do *laissez faire* explica a ambiguidade da forma política e da actuação do Estado neste período. É que a ligação orgânica – pressuposta pela matriz política do Estado liberal – entre a lógica da dominação política e as exigências da acumulação de capital, ao longo do século XIX, concretiza-se e fortalece-se através de múltiplas e sucessivamente mais profundas intervenções do Estado. Paradoxalmente, muitas destas intervenções do Estado são justificadas em nome do princípio do *laissez faire*, um princípio que preconiza o mínimo de Estado (o Estado protector)[25].

O pilar da emancipação do projecto da modernidade é ainda mais ambíguo durante o período do capitalismo liberal, ao mesmo tempo que espelha, com grande clareza, as tensões em efervescência no interior do paradigma. É certo que cada uma das três lógicas se desenvolve segundo processos de especialização

---

[25] Para mais desenvolvimento sobre a distinção liberal entre o Estado e a sociedade civil, ver capítulo 5.

e de diferenciação funcional, tão bem analisados por Weber (1978), processos que, ao mesmo tempo que garantem a maior autonomia a cada uma das esferas (arte/literatura, ética/direito, ciência/técnica), tornam cada vez mais difícil a articulação entre elas e sua interpenetração na experiência do *Lebenswelt*, como diria Habermas (1982; 1985 a). No domínio da racionalidade cognitivo--instrumental, estes processos traduzem-se no desenvolvimento espectacular da ciência, na conversão gradual desta em força produtiva e no consequente reforço da sua vinculação ao mercado. No domínio da racionalidade moral-prática, os processos de autonomização e de especialização manifestam-se sobretudo na elaboração e consolidação da micro-ética liberal – a responsabilidade moral referida exclusivamente ao indivíduo – e no formalismo jurídico levado ao extremo pela *Pandektenschule* alemã e transformado em política jurídica hegemónica através do movimento de codificação de que é expressão mais lídima o *code civil* napoleónico de 1804. Finalmente, no domínio da racionalidade estético--expressiva, a autonomização e a especialização traduzem-se no crescente elitismo da alta cultura (a separação da arte e da vida) legitimado socialmente pela sua associação à ideia de "cultura nacional" então promovida pelo Estado liberal.

No entanto, em meu entender, o pilar da emancipação foi também neste período o princípio organizador de manifestações sociais que, embora de forma impura ou desviante, foram informadas pela vocação de globalidade e pela aspiração de racionalidade radical da existência inscritas no projecto da modernidade. Apesar de muitas dessas manifestações se terem definido como pré-modernas ou se terem deixado veicular através de formulações que, num contexto de afunilamento dos critérios da modernidade, podiam ser facilmente etiquetadas como pré-modernas, penso que elas pertencem com total legitimidade ao projecto da modernidade e que, de algum modo, representam já a sensação de perda causada pelo défice de cumprimento das promessas da modernidade, mais do que adivinhado, consumado. Entre essas manifestações, distingo duas, uma no domínio da racionalidade estético-expressiva e outra no domínio da racionalidade moral-prática.

A primeira assumiu uma forma elitista e é constituída pelo *idealismo romântico* e pelo *grande romance realista*. Não se trata aqui de contrapor, como faz Gouldner (1971), o pensamento clássico ao pensamento romântico, nem, como faz Brunkhorst (1987), de tentar integrar normativamente a crítica romântica no racionalismo moderno; trata-se tão-só de sugerir que, à beira do abismo da oposição reaccionária à cultura moderna, o idealismo romântico representa de forma elitista, é certo, a vocação utópica da realização plena da subjectividade

PELA MÃO DE ALICE. O SOCIAL E O POLÍTICO NA PÓS-MODERNIDADE   89

inscrita no projecto da modernidade. É assim pelo menos que se pode interpretar a integração da "poesia e da estética no centro da integração social, construída na forma utópica de uma mitologia da razão (Hegel, Hölderlin, Schelling)" (Brunkhorst, 1987: 403); a crítica do instrumentalismo iluminista e da reificação; a saudade das origens, da natureza e da cultura popular[26]. Do mesmo modo, o romance realista é a representação de uma classe, a burguesia, que desperdiça o potencial de se transformar numa classe universal, capaz de transformar globalmente a sociedade, um pouco à maneira da classe universal de Hegel, a burocracia, ou da classe universal de Marx, a classe operária[27].

A outra manifestação, no domínio moral-prático, assume outra forma desviante, a da marginalização, e é constituída pelos vários projectos socialistas radicais, tanto o chamado *socialismo utópico*, como o chamado *socialismo científico*. Ainda que no primeiro estejam, por vezes, presentes aspirações regressivas e pré-modernas, tanto um como outro representam uma tentativa de reconstruir a partir da raiz, mas da mesma raiz, o projecto da modernidade, ou seja, a realização terrena, mesmo que seja numa terra imaginária – como, por exemplo, nos falanstérios – dos ideais da autonomia, da identidade, da solidariedade e da subjectividade. Vistos desta perspectiva, pode até dizer-se que o socialismo dito utópico é, nos seus objectivos, mais radical que o socialismo dito científico e precisamente porque Marx, ao querer formular o seu projecto em termos de teoria científica – a teoria da evolução da sociedade semelhante à teoria da evolução das espécies de Darwin, a quem de resto, como é sabido, Marx quis dedicar o primeiro volume de *O Capital* – de algum modo correu o risco de reduzir a racionalidade moral-prática à racionalidade cognitivo-instrumental já então hegemónica. Mesmo assim, é justo que se diga que a ciência pretendida por Marx tem, ela própria, uma vocação de globalidade transdisciplinar que se perderá mais tarde na ciência marxista, tal como a globalidade do projecto de Saint Simon ou mesmo de Comte se perderá na sociologia de Durkheim.

---

[26] Segundo Gouldner, "o potencial revolucionário do romantismo deriva, em parte, do facto de, apesar de constituir basicamente uma crítica do industrialismo, poder ser também usado como crítica do capitalismo e da sua cultura" (1970: 115). Ver adiante o capítulo 8.

[27] Para Lukacs, a pensar certamente em Balzac, "a categoria central da literatura realista é o tipo, uma síntese peculiar que liga organicamente o geral e o particular, tanto nas personagens, como nas situações"; daí, a definição de realismo como "uma concepção dialéctica correcta da relação entre ser e consciência" (1972: 6 e 119). Ver também E. Auerbach (1968) e A. Swingewood (1975), sobretudo o cap. III intitulado *"Realism, Modernism and Revolution".*

O importante é verificar que este primeiro período, ao mesmo tempo que experiencia a contradição nua e crua dos objectivos do projecto da modernidade, é capaz ainda de manifestar, mesmo que de forma desviante, a vocação de radicalidade do projecto e, nessa medida, recusa-se a aceitar a irreparabilidade do défice da sua realização histórica.

O segundo período

O segundo período é verdadeiramente a idade positiva de Comte. Procura distinguir no projecto da modernidade o que é possível e o que é impossível de realizar numa sociedade capitalista em constante processo de expansão, para de seguida se concentrar no possível, como se fosse o único. Para ser eficaz nesse truque de ilusionismo histórico, alarga o campo do possível de modo a tornar menor ou, no mínimo, menos visível o défice de cumprimento do projecto. Este processo histórico de concentração/exclusão parte da ideia da irreversibilidade do défice para eliminar, em momento posterior, a própria ideia do défice. Este trajecto está simbolizado na passagem da ideia da modernidade à ideia do modernismo.

O processo de concentração/exclusão ocorre tanto no pilar da regulação, como no pilar da emancipação e produz num e noutro e nas relações entre eles articulações mais compactas e ajustamentos mais finos. No campo da regulação, as transformações são profundas e vertiginosas. O princípio do mercado continua a expansão pujante do período anterior e para isso rompe com os quadros institucionais e os limites de actuação característicos desse período, assumindo novas formas e abalançando-se a horizontes mais amplos. O capital industrial, financeiro e comercial concentra-se e centraliza-se; proliferam os cartéis; aprofunda-se a ligação entre a banca e a indústria; cresce a separação entre a propriedade jurídica das empresas e o controlo económico da sua actuação; aprofunda-se a luta imperialista pelo controlo dos mercados e das matérias-primas; as economias de escala fazem aumentar o tamanho das unidades de produção e a tecnologia de que estas se servem está em constante transformação; surgem as grandes cidades industriais estabelecendo os parâmetros do desenvolvimento para as regiões em que estão situadas.

Quanto ao princípio da comunidade, o desenvolvimento industrial capitalista e a consequente expansão do operariado, por um lado, e o alargamento do sufrágio universal, inscrito na lógica abstracta da sociedade civil e do cidadão formalmente livre e igual, por outro, contribuem para a rematerialização da comunidade através da emergência das práticas de classe e da tradução destas em políticas de classe. São os sindicatos e as associações patronais, a negociação colectiva, os partidos operários a disputar um espaço político anteriormente negociado entre os partidos burgueses e oligárquicos. Este processo de rematerialização social e política é um dos aspectos mais característicos deste período e o seu dinamismo deve-se, em boa parte, às transformações na composição das classes trabalhadoras, à sua crescente diferenciação interna, às mudanças constantes dos sectores produtivos privilegiados pela lógica da acumulação do capital, à importância progressiva do sector dos serviços e à consequente ampliação e fortalecimento social e político das classes médias.

Por último, o Estado é, ele próprio, um agente activo das transformações ocorridas na comunidade e no mercado e, ao mesmo tempo, transforma-se constantemente para se adaptar a essas transformações. A sua articulação cada vez mais compacta com o mercado evidencia-se na progressiva regulamentação dos mercados, nas ligações dos aparelhos do Estado aos grandes monopólios, na condução das guerras e de outras formas de luta política pelo controle imperialista dos mercados, na crescente intervenção do Estado na regulação e institucionalização dos conflitos entre o capital e o trabalho. Por outro lado, o adensamento da articulação do Estado com a comunidade está bem patente na legislação social, no aumento da participação do Estado na gestão do espaço e nas formas de consumo colectivo, na saúde e na educação, nos transportes e na habitação, enfim na criação do Estado-Providência.

Todas estas transformações ao nível da regulação tiveram por objectivo ou consequência redefinir o projecto da modernidade em termos do que era possível na sociedade capitalista, atirando para o lixo da história tudo o mais. Assim, se definem, obviamente de maneira diferente de país para país ou de período para período, o grau e o tipo de justiça, de solidariedade e de igualdade que é possível compatibilizar com o grau e o tipo de liberdade, autonomia e subjectividade. Que esta forma de compatibilização é uma entre outras, e apenas é preferida por ser a que permite a consolidação das relações sociais da produção capitalista, é simultaneamente evidente e trivial, pois a crescente hegemonia social desta forma de compatibilização torna todas as demais indesejáveis ou mesmo impensáveis, como bem se evidencia na social-democratização dos partidos socialistas e na contenção, senão mesmo marginalização, dos partidos comunistas. É certo que este segundo período teve um começo convulso e a Revolução Russa esteve à beira de mostrar a possibilidade e a superioridade de outras formas de compatibilização. Mas a tentativa foi castrada no berço com o leninismo, com o falhanço das revoluções nos outros países da Europa, particularmente da revolução alemã de 1918, e, finalmente, com o pesadelo estaliniano.

As transformações ao nível do pilar da emancipação neste segundo período são igualmente profundas e apresentam tendências de algum modo convergentes com as que ocorreram no pilar da regulação. Como disse acima, as transformações podem ser simbolizadas pela passagem da cultura da modernidade ao modernismo cultural. O modernismo designa aqui a nova lógica da racionalidade estético-expressiva e o processo do seu extravasamento, tanto para a racionalidade moral-prática, como para a racionalidade científico-técnica. O modernismo representa o culminar da tendência para a especialização e diferenciação funcional dos diferentes campos de racionalidade. O processo de concentração/exclusão de que falei acima reside aqui na afirmação da autonomia da arte (a arte pela arte), na oposição irreconciliável entre a alta cultura e a cultura de massas e na recusa do contexto social bem evidenciada na arquitectura modernista da megapolis. É a "grande divisão" de que fala Andreas Huyssen e ele tem razão quando afirma que o que caracteriza mais profundamente o modernismo é a sua "ansiedade da contaminação", da contaminação com a política ou com a cultura popular ou de massas (1986: VII)[28].

Penso, aliás, que esta ansiedade da contaminação está presente nos movimentos que ocorrem nos outros campos da racionalidade. No caso da racionalidade moral-prática está presente, por um lado, na forma política do Estado que ao mesmo tempo que penetra mais profundamente na sociedade fá-lo através de soluções legislativas, institucionais e burocráticas que o afastam progressivamente dos cidadãos, aos quais, de resto, é pedida cada vez mais a obediência passiva em substituição da mobilização activa. E está, por outro lado, presente na emergência e consolidação de uma ciência jurídica, dogmática e formalista, pseudamente isenta de preferências axiológicas e políticas, lapidarmente formulada na teoria pura do direito de Kelsen (1962). Esta ansiedade da contaminação está finalmente presente no campo da racionalidade cognitivo-intrumental pelo surgimento das várias epistemologias positivistas, pela construção de um *ethos* científico ascético e autónomo perante os valores e a política, pela glorificação de um conhecimento científico totalmente distinto do conhecimento do senso comum e não contaminado por ele, e ainda pela crescente especialização das disciplinas, ou seja, pela vigência da ansiedade da contaminação no interior da própria ciência[29].

A intensidade e o excesso destas transformações são o reverso do irremediável défice de totalidade em que assentam e que procuram esquecer (o "esqueci-

---

[28] Ver, em especial, capítulo 7 do livro de Huyssen.
[29] Sobre o paradigma da ciência moderna, ver Santos (1987 e 1989).

mento do ser" heideggeriano) através do seu dinamismo e da sua *hubris*. O mais importante a reter neste processo é que a representação luxuriante do campo cognoscível e racional vai de par com uma ditadura das demarcações, com o policiamento despótico das fronteiras, com a liquidação sumária das transgressões. E, nesta medida, o pilar da emancipação torna-se cada vez mais semelhante ao pilar da regulação. A emancipação transforma-se verdadeiramente no lado cultural da regulação, um processo de convergência e de interpenetração que Gramsci caracteriza eloquentemente através do conceito de hegemonia.

O projecto da modernidade cumpre-se assim em excesso porque em tudo o que cumpre excede todas as expectativas (basta ver o fulgurante avanço do conhecimento científico) e em tudo o que não cumpre é suficientemente convincente para negar que haja algo ainda a cumprir. É evidente que nem tudo foram rosas neste processo histórico da concentração/exclusão. Já referi as potencialidades da Revolução Russa, e ao nível estético-expressivo dever-se-ão mencionar todos os movimentos vanguardistas do princípio do século, o futurismo, o surrealismo, o dadaísmo, o construtivismo russo, a proletcult. Mas, como se sabe, estes movimentos ou foram liquidados pelo fascismo e pelo estalinismo ou foram absorvidos no cânone modernista. Mas o seu significado não pode ser minimizado, como faz Habermas quando afirma, por exemplo, que o modo de reconciliação entre a arte e a vida tentada pelo surrealismo – por ser um mero momento de dessublimação da arte moderna – era inexequível à partida (1973: 118 ss.). Tem, pois, razão Peter Bürger (1984) em salientar a vocação libertadora da vanguarda histórica dos anos vinte enquanto movimento que, pela primeira vez, adquire a plena autocompreensão do modo como a arte (a sua autonomia, o seu *status* social) funciona na sociedade capitalista[30]. Por outras palavras, o seu significado reside na denúncia do processo histórico de concentração/exclusão sem a qual não é possível compreender algumas das inquietações mais recentes referidas adiante (parte III).

O terceiro período

O terceiro período, que começa nos anos sessenta, é um período difícil de analisar, não só porque é em si mesmo complexo, como também porque, estando ainda a decorrer, não temos o privilégio de voar ao crepúsculo, como desejava Hegel para o mocho de Minerva. A designação de capitalismo desorganizado

---

[30] Sobre o debate entre Habermas e Bürger ver, além dos textos destes já referidos, Schulte-Sasse (1984) e Jay (1985).

dá, por si mesma, conta da nossa perplexidade. Para além de outras razões que juntarei a seguir, é evidente que o capitalismo só pode ser dito desorganizado na medida em que colapsaram no terceiro período muitas das formas de organização que tinham vigorado no período anterior. A medida em que o processo de desestruturação é em si mesmo uma nova forma de organização, ou até de hiperorganização, como alguns querem, ou representa uma fase de transição que cria o tempo e o espaço para uma nova forma de organização, é obviamente matéria de debate mas que não cabe aqui prosseguir. Interessa, isso sim, caracterizar este terceiro período em termos da dicotomia que tenho vindo a adoptar entre pilar de regulação e pilar de emancipação embora, como adverti acima, a distinção entre eles se tenha vindo a esfumar.

No campo da regulação, as transformações têm sido profundas e vertiginosas ou, pelo menos, assim nos surgem dado o curto espaço de tempo em que ocorreram. O princípio do mercado adquiriu pujança sem precedentes e tanto que extravasou do económico e procurou colonizar, tanto o princípio do Estado, como o princípio da comunidade, um processo levado ao extremo pelo credo neoliberal. No plano económico, os desenvolvimentos mais dramáticos são os seguintes: o crescimento explosivo do mercado mundial, propulsionado por um novo agente criado à sua medida – as empresas multinacionais – torna possível contornar senão mesmo neutralizar a capacidade de regulação nacional da economia; os mecanismos corporativos de regulação dos conflitos entre capital e trabalho, estabelecidos a nível nacional no período anterior, enfraquecem e a relação salarial torna-se mais precária, assumindo formas que, na aparência pelo menos, representam um certo regresso ao período do capitalismo liberal; a flexibilização e automatização dos processos produtivos, combinadas com o embaratecimento dos transportes, permitem a industrialização dependente do terceiro mundo e destroem a configuração espacial do aparelho produtivo nos países centrais com a descaracterização das regiões, a emergência de novos dinamismos locais, a ruralização da indústria, a desindustrialização, a subcontratação internacional etc., etc.; a expansão extensiva do mercado corre paralela à sua expansão intensiva com a crescente diferenciação dos produtos de consumo, um certo abandono da grande produção em massa com o objectivo de promover a particularização dos gostos e o aumento das escolhas; finalmente, a mercadorização e a digitalização da informação abrem perspectivas quase infinitas à reprodução alargada do capital.

O princípio da comunidade atravessa transformações paralelas. A rematerialização da comunidade, obtida no período anterior através do fortalecimento das práticas de classe, parece enfraquecer de novo, pelo menos na forma que adquirira anteriormente. As classes trabalhadoras continuam a diferenciar-se internamente em estratos e fracções cada vez mais distintas, tanto em termos da sua base material como da sua lógica de vida; a classe dos serviços atinge proporções sem precedentes; as organizações operárias deixam de poder contar com a lealdade garantida dos seus membros (cujo número, aliás, diminui) e perdem poder negocial face ao capital e ao Estado; as práticas de classe deixam de se traduzir em políticas de classe e os partidos de esquerda vêem-se forçados a atenuar o conteúdo ideológico dos seus programas e a abstractizar o seu apelo eleitoral; em paralelo com uma certa descentração das práticas de classe e das políticas de distribuição de recursos em que se tinham cristalizado (de que é máximo exemplo o Estado-Providência), surgem novas práticas de mobilização social, os novos movimentos sociais orientados para reivindicações pós-materialistas (a ecologia, o antinuclear, o pacifismo); ao mesmo tempo, a descoberta feita nos dois períodos anteriores de que o capitalismo produz classes é agora complementada pela descoberta de que também produz a diferença sexual e a diferença racial (daí o sexismo e os movimentos feministas, daí também o racismo e os movimentos anti-racistas). Como diz Habermas, as políticas de distribuição cedem lugar às políticas sobre as gramáticas das formas de vida (1981: 33).

O impacto das transformações no mercado e na comunidade sobre o princípio do Estado tem sido enorme, embora se deva salientar que as transformações do Estado ocorrem, em parte, segundo uma lógica autónoma, própria do Estado. O Estado nacional parece ter perdido em parte a capacidade e em parte a vontade política para continuar a regular as esferas da produção (privatizações, desregulação da economia) e da reprodução social (retracção das políticas sociais, crise do Estado-Providência); a transnacionalização da economia e o capital político que ela transporta transformam o Estado numa unidade de análise relativamente obsoleta, não só nos países periféricos e semiperiféricos, como quase sempre sucedeu, mas também, crescentemente, nos países centrais; esta fraqueza externa do Estado é, no entanto, compensada pelo aumento do autoritarismo do Estado, que é produzido em parte pela própria congestão institucional da burocracia do Estado e em parte, e um tanto paradoxalmente, pelas próprias políticas do Estado no sentido de devolver à sociedade civil competências e funções que assumiu no segundo período e que agora parece estrutural e irremediavelmente incapaz de exercer e desempenhar. O aumento do autoritarismo, na forma de microdespotismos burocráticos da mais variada ordem, combinado com a ineficiência do Estado, tem uma consequência política ainda mais global. É que a teoria do contrato social significou sempre que a lealdade, mesmo relativa, devida ao Estado se destinava a manter a liberdade e seguranças pessoais possíveis. Numa situação em que o Estado parece tanto mais classista quanto mais autónomo em relação às classes, os pressupostos da lealdade caem pela base e os chamados novos movimentos sociais são disso mesmo sintoma eloquente.

Todas estas transformações parecem apontar para uma desregulação global da vida económica, social e política. Na verdade, nenhum dos princípios da regulação, quer seja o mercado, quer seja o Estado, quer seja a comunidade, parece capaz de, por si só, garantir a regulação social em situação de tanta volatilidade, mas o mais trágico é que a articulação de todos eles no sentido de convergirem numa nova regulação parece ainda mais remota. No entanto, e como bem nota Claus Offe, esta atmosfera de desregulação, de convencionalidade, e de flexibilidade ao nível de vários sectores da vida colectiva coexiste com uma atmosfera, igualmente espessa, de rigidez e de imobilidade ao nível global da sociedade (Offe, 1987). Tudo parece negociável e transformável ao nível da empresa ou da família, do partido ou do sindicato, mas ao mesmo tempo nada de novo parece possível ao nível da sociedade no seu todo ou da nossa vida pessoal enquanto membros da sociedade.

O modo dominante de assegurar material e institucionalmente o aumento das escolhas faz com que, paralelamente ao aumento das escolhas, se assista à diminuição da capacidade de escolher. A criação de uma dada escolha cria a impossibilidade de escolher não a ter no momento seguinte. Por outro lado, ao fim dos monopólios de interpretação (da família, da Igreja ou do Estado), levado a cabo com êxito pelo paradigma da modernidade, não parece seguir-se a autonomia de interpretação mas antes a renúncia à interpretação. As sociedades capitalistas avançadas parecem bloqueadas, condenadas a viver do excesso irracional do cumprimento do projecto da modernidade e a racionalizar num processo de esquecimento ou de autoflagelação o défice vital das promessas incumpridas.

Este excesso e este défice estão bem presentes no modo como hoje se nos apresenta o pilar da emancipação. Ao contrário do período anterior, em que se tentou uma contabilidade apaziguadora entre excessos e défices, neste período vivem-se com igual intensidade uns e outros, e Maio de 68 é bem símbolo disso ao mostrar, pela primeira vez, que a riqueza das sociedades capitalistas avançadas constitui uma base frágil de legitimação. A contenção do movimento estudantil

PELA MÃO DE ALICE. O SOCIAL E O POLÍTICO NA PÓS-MODERNIDADE   97

simboliza o princípio de um processo de esgotamento histórico dos princípios da emancipação moderna o qual vem a culminar, no final da década de oitenta, com a crise global da ideia de revolução social e com a total preponderância da filosofia e da prática política neoliberais. Mas se, por um lado, os princípios da emancipação parecem hoje todos eles esgotados ou, o que é o mesmo, domesticados em função das exigências cada vez mais profundas e voláteis da regulação e da desregulação económica e social, por outro lado, vão-se acumulando os sinais de que se não há saída para essa situação há, pelo menos, a possibilidade realista de imaginar uma situação radicalmente nova.

Esta situação dúplice é particularmente saliente ao nível da racionalidade cognitivo-instrumental. O compromisso industrial-militar do desenvolvimento científico-tecnológico e os perigos da proliferação nuclear e da catástrofe ecológica daí resultantes são sintomas bastantes do cumprimento excessivo e, portanto, irracional da racionalidade instrumental da modernidade. A hegemonia desta racionalidade irracional significa simultaneamente o seu esgotamento na medida em que, combinada com as receitas neoliberais, se transforma numa lógica de dominação e de regulação a nível mundial. A ideia de modernização capta bem esta ambiguidade. Em voga nos anos sessenta, como suporte ideológico do imperialismo norte-americano na América Latina, volta agora à ribalta, em segunda geração, no processo de "reconstrução" da Europa Central e de Leste. Em ambas as gerações mantém intacto o seu carácter redutor e excludente face à ideia anterior de modernismo na medida em que elimina o valor da autonomia dos processos sociais e políticos nacionais no mundo menos desenvolvido e subjuga-os aos interesses dos países centrais sob o pretexto de não haver outro modelo de desenvolvimento senão o que estes seguiram. Com isto, oculta o facto decisivo de que quando este modelo foi seguido nos países centrais não havia que contar com os interesses hegemónicos de países mais desenvolvidos do que eles.

A lógica concentracionária e exclusivista da modernização torna possível negar os valores fundamentais da modernidade através de processos de racionalização legitimados em função da afirmação desses valores e accionados pretensamente ao seu serviço. No entanto, a modernização científico-tecnológica e neoliberal alastra hoje, paradoxalmente, na mesma medida em que alastra a sua crise, certificada por aquilo que parecem ser as suas consequências inevitáveis: o agravamento da injustiça social através do crescimento imparável e recíproco da concentração da riqueza e da exclusão social, tanto a nível nacional como a nível mundial; a devastação ecológica e com ela a destruição da qualidade e mesmo da sustentabilidade da vida no planeta. O inconformismo perante estas consequências combinado com uma crítica aprofundada da epistemologia da ciência moderna estão hoje a contribuir para a emergência de um novo paradigma, a que noutro lugar chamei ciência pós-moderna, ou melhor, o paradigma de um conhecimento prudente para uma vida decente (Santos 1987a; 1989).

Ao nível da racionalidade moral-prática, os dilemas do terceiro período são fundamentalmente quatro: em primeiro lugar, os valores da modernidade tais como a autonomia e a subjectividade estão cada vez mais divorciados, tanto das práticas políticas, como do nosso quotidiano, apesar de parecerem estar ao nosso alcance infinitas escolhas; em segundo lugar, a regulamentação jurídica da vida social alimenta-se de si própria (uma regulação dando sempre origem a outra) ao mesmo tempo que o cidadão, esmagado por um conhecimento jurídico especializado e hermético e pela sobrejuridificação da sua vida, é levado a dispensar o bom senso ou o senso comum com que a burguesia no século XVIII demonstrou à aristocracia que também sabia pensar. Em terceiro lugar, e como bem aponta Karl-Otto Apel, a modernidade confinou-nos numa ética individualista, uma micro-ética que nos impede de pedir, ou sequer pensar, responsabilidades por acontecimentos globais, como a catástrofe nuclear ou ecológica, em que todos, mas ninguém individualizadamente parece poder ser responsabilizado (Apel, 1984). Este impasse ético reside em que se, por um lado, a microética liberal é inadequada para responder adequadamente às exigências éticas da nova situação em que nos encontramos, por outro lado, não foi ainda substituída por uma macroética capaz de conceber a responsabilidade da humanidade pelas consequências das acções colectivas ao nível da escala planetária.

Mas também aqui há sinais de futuro. Do colapso das formas éticas e jurídicas liberais perante alguns dos mais sérios problemas com que nos confrontamos – da exclusão social e do racismo a Chernobyl e à Sida – começa a emergir um novo jus-naturalismo assente numa nova concepção dos direitos humanos e do direito dos povos à autodeterminação, e numa nova ideia de solidariedade, simultaneamente concreta e planetária. Curiosamente, estes sinais de uma nova ética e de um novo direito estão relacionados com algumas das transformações ao nível do princípio do mercado e do princípio da comunidade atrás assinaladas. Por um lado, a explosão da realidade mediática e informacional torna possível uma competência democrática mais alargada. Por outro lado, a retracção simbólica da produção face ao consumo pode vir a traduzir-se na redução da semana de trabalho, aliás cada vez mais reclamada pelo sindicalismo europeu, e de tal

PELA MÃO DE ALICE. O SOCIAL E O POLÍTICO NA PÓS-MODERNIDADE 99

redução pode resultar uma maior disponibilidade para actividades socialmente úteis e para o exercício da solidariedade.

Por último, a racionalidade estético-expressiva é talvez a que condensa melhor as antinomias da situação presente e, portanto, aquela em que são mais fortes os sinais do futuro. A alta cultura modernista esgotou-se e a afirmação de que tal não sucedeu é desmentida diariamente pela distracção com que é contemplada ou pelo preço por que é comercializada. A fuga do mundo a que Adorno a condenou (1981), por mais compreensíveis e honrosas que tenham sido as suas razões, é insustentável numa situação cultural de celebração afirmativa ainda que superficial, mas profunda na sua superficialidade, de infinitos, ainda que de maus infinitos no sentido hegeliano. Nas suas melhores versões, a arquitectura pós-moderna revela bem esta situação.

Os sinais de futuro estão na crescente convicção de que esse défice de mundo é irremediável dentro do projecto da modernidade e de que, portanto, a opção radical e cada vez mais incontornável é entre enfrentar a possibilidade de este projecto estar exausto, incumprível no que dele não foi cumprido até agora, ou continuar a confiar na sua possibilidade de regeneração e de continuar a esperar pela sua completude com a mesma determinação com que Samuel Beckett nos ensina a esperar por Godot. Esta opção radical vem a ser desenhada, no domínio da racionalidade estético-expressiva, desde finais da década de sessenta meados da década de setenta, sobretudo nos Estados Unidos da América através da crítica radical do cânon modernista, da normalização e do funcionalismo, do expressionismo abstracto na pintura e do estilo internacional na arquitectura. Como bem nota Huyssen, esta crítica estava já presente na *beat generation* de meados da década de cinquenta (Huyssen, 1986: 186), mas veio progressivamente a assumir-se como expressão da exaustão global e irreversível do cânon modernista no cinema, na música, no teatro, na pintura e na arquitectura. Aliás, a arquitectura pós-moderna exprime com eloquência a expansão simbólica do consumo face à produção que tinha servido de suporte a todo o funcionalismo da arquitectura modernista[31].

Tal como Max Weber mostrou melhor que ninguém as antinomias do projecto da modernidade no primeiro e mesmo no segundo período do capitalismo, Habermas é sem dúvida quem melhor mostrou as do terceiro período do capitalismo. No entanto, enquanto Habermas acredita que o projecto da modernidade é apenas um projecto incompleto, podendo ser completado com recurso aos

---

[31] Ver também Jencks (1987: 11 e ss.) e Huyssen (1986: 187).

instrumentos analíticos, políticos e culturais desenvolvidos pela modernidade (1985a), eu penso que o que quer que falte concluir da modernidade não pode ser concluído em termos modernos sob pena de nos mantermos prisioneiros da mega-armadilha que a modernidade nos preparou: a transformação incessante das energias emancipatórias em energias regulatórias. Daí a necessidade de pensar em descontinuidades, em mudanças paradigmáticas e não meramente subparadigmáticas.

O novo começo dado pelo nome de pós-modernidade e a análise de algumas das suas implicações no plano político constituem o restante deste capítulo. Antes, porém, pretendo tratar, ainda que brevemente, a questão de saber em que medida a sociedade portuguesa pode estar envolvida por essas implicações, sendo certo que a análise precedente se confinou às sociedades centrais ou capitalistas avançadas e Portugal não é certamente uma delas.

Portugal e o desafio da pós-modernidade

A principal tese desta parte é a seguinte: *a sociedade portuguesa é uma sociedade semiperiférica. A especificidade e complexidade das suas condições económicas, sociais, políticas e culturais criam uma dupla exigência: (1) na formulação de alguns dos objectivos de desenvolvimento deve proceder como se o projecto da modernidade não estivesse ainda cumprido ou não tivesse sequer sido posto em causa; (2) na concretização desses objectivos deve partir do princípio (para ela de algum modo mais vital do que para as sociedades centrais) de que o projecto da modernidade está historicamente cumprido e que não há a esperar dele o que só um novo paradigma pode tornar possível*.

É sabido que a ordem económica mundial ou o sistema mundial de Estados tem um centro (os países capitalistas avançados), uma periferia (os países do chamado terceiro mundo) e, entre ambos, uma zona intermédia muito hete-róclita onde coube a maioria dos países socialistas de Estado da Europa de leste e os países capitalistas semiperiféricos, tal como Portugal, a Grécia, a Irlanda, talvez ainda a Espanha, isto para me limitar à semiperiferia no contexto europeu.

A questão, pois, que se põe a nós, portugueses, não é apenas de saber se podemos pensar a pós-modernidade numa sociedade semiperiférica mas sobretudo se podemos pensar e agir pós-modernamente. A questão é complexa. Por um lado, a discussão entre nós sobre o moderno e o pós-moderno parece ser algo telescópica, discussão à distância, guerra de miniaturas. Por outro lado, os artefactos da cultura pós-moderna entram diariamente em nossas casas por múltiplos canais de informação e até se dirá que a nossa capacidade para gerir ou para atenuar a sua penetração é menor que a dos habitantes das sociedades centrais por não termos as resistências modernas tão desenvolvidas quanto eles. Sendo certo que a discussão sobre o colapso do paradigma da modernidade e a emergência de um novo paradigma surgiu nos países capitalistas avançados e no contexto social próprio desses países, não estará Portugal condenado a imitar a discussão ou a importar os produtos materiais e simbólicos que vão surgindo do seu desenrolar e até a fazê-lo sem autenticidade, pois se pode importar os produtos não pode importar o contexto social da sua produção? Ou, pelo contrário, poderá Portugal abalançar-se não só a imitar ou importar com autenticidade mas até a contribuir com algo de novo para a discussão e extrair dela produtos materiais e simbólicos também originais? Tentarei mostrar que é possível uma resposta positiva a esta última pergunta.

Não cabe aqui analisar a evolução da sociedade portuguesa ao longo dos três períodos de desenvolvimento do capitalismo. Limitar-me-ei a referir, e mesmo assim muito esquematicamente, alguns dos traços da sociedade portuguesa no presente, para o que me servirei do mesmo quadro analítico utilizado para caracterizar as sociedades capitalistas avançadas.

Como sociedade semiperiférica a sociedade portuguesa é uma sociedade de desenvolvimento intermédio, cujo papel estrutural no sistema mundial é o de realizar, no contexto europeu em que se situa, a intermediação entre os países centrais e os países periféricos. A base material desta situação e deste papel esteve até há pouco no império colonial e é de prever que passe a estar, no futuro, no modo de integração de Portugal na comunidade europeia. É, aliás, uma questão em aberto a de saber se Portugal vai consolidar, numa nova base, o seu carácter semiperiférico ou se, pelo contrário, vai ser despromovido à periferia ou promovido ao centro como aconteceu com a Itália e está a acontecer com a Espanha. O mais provável é que se mantenha uma sociedade semiperiférica[32].

No presente, uma das características principais da sociedade portuguesa é a heterogeneidade interna tanto dos princípios de regulação como das lógicas de emancipação. O princípio do mercado nunca atingiu em Portugal a hegemonia que teve nos países centrais. Viveu sempre sob a tutela do princípio do Estado, tutela que assumiu várias formas até ao presente. Nos últimos anos tem-se vindo a tentar atenuar essa tutela, mas curiosamente a iniciativa tem partido sobretudo do Estado que, assim, parece condenado a reforçar a sua tutela no próprio processo desencadeado para a enfraquecer. Trata-se de uma tarefa de

---

[32] Sobre o carácter semiperiférico da sociedade portuguesa, ver, por último, os textos reunidos em Santos (org., 1993).

qualquer modo difícil por duas razões principais. Em primeiro lugar, porque ocorre numa situação internacional de mundialização do mercado em que o papel do Estado, se, por um lado, é despromovido da regulação do mercado para a negociação da dependência, por outro lado, torna-se, a este novo nível, mais crucial do que nunca. Em segundo lugar, porque internamente as relações mercantis capitalistas continuam a ter de se articular com relações mercantis simples, não capitalistas, típicas, por exemplo, da pequena agricultura familiar. Esta articulação tem implicações sociais e políticas que nas condições presentes só o Estado pode gerir. Mas, por outro lado, o princípio do mercado apresenta entre nós algumas características paralelas às que está a assumir nos países centrais como, por exemplo, a descaracterização das regiões industriais tradicionais, a ruralização da indústria, a emergência dos dinamismos industriais locais, a explosão da economia informal, o crescimento acelerado do sector dos serviços.

O princípio da comunidade é correspondentemente heterogéneo. A rematerialização da sociedade civil através das classes – burguesia e operariado – nunca teve entre nós a mesma intensidade que teve nos países centrais e essa tem sido a razão invocada para se afirmar que a sociedade civil portuguesa é fraca. E o melhor exemplo disso seria o défice corporativo da organização dos interesses, quer patronais, quer operários. O problema é complexo pois, por outro lado, a sociedade civil portuguesa, quando analisada em termos das estruturas familiares e das redes de solidariedade constituídas na base do parentesco e da vizinhança, parece muito forte ou, em todo o caso, mais forte que as sociedades centrais. Mas não restam dúvidas que o relativo défice de práticas de classe, não só conduziu à volatilidade das políticas de classe, como também impediu uma eficaz institucionalização dos conflitos entre capital e trabalho. Os esforços feitos nos últimos anos neste sentido têm sido difíceis, em boa parte porque ocorrem no contexto internacional de precarização e de flexibilização da relação salarial nos países centrais. Duas observações devem ser feitas a este propósito. A primeira é que, sendo desigual e combinado o desenvolvimento do capitalismo à escala mundial, se verificam com frequência descoincidências temporais, como esta de Portugal apresentar um certo movimento no sentido do capitalismo "organizado" num momento em que nos países centrais o movimento é inverso, no sentido do capitalismo "desorganizado". A segunda observação é que, como agora se vê claramente, a inadequação desta designação reside no facto de as características que justificam a ideia de desorganização do capitalismo central terem algumas semelhanças, ressalvadas as proporções, às que desde sempre têm caracterizado a organização do capitalismo nos países periféricos ou mesmo semiperiféricos.

PELA MÃO DE ALICE. O SOCIAL E O POLÍTICO NA PÓS-MODERNIDADE 103

Mas a heterogeneidade interna do princípio da comunidade deriva ainda da existência e coexistência de muitas fracções de classe, de situações de dupla pertença de classe e de lugares contraditórios de classe com forte peso social e que contribuem para o descentramento da relação capital/trabalho, como sejam o campesinato, os semiproletários, os agricultores a tempo parcial, os pequenos comerciantes, os funcionários públicos, etc., etc[33].

Perante esta situação, não surpreende que o Estado português seja uma forma política muito complexa. Tenho tratado deste tema com alguma extensão noutros lugares (Santos, 1985; 1989; 1993) e voltarei a ele com mais detalhe no capítulo 5. Mencionarei aqui apenas as três características que julgo mais elucidativas para os objectivos analíticos do presente capítulo. Em primeiro lugar, a heterogeneidade interna dos princípios de mercado e da comunidade tornam improvável a regulação autónoma dos interesses, pelo que o Estado acaba por ter uma primazia total sobre a sociedade civil. No entanto, essa mesma heterogeneidade interpõe obstáculos de monta à normal realização das funções do Estado e é, em parte, responsável pela grande ineficácia deste: A grande primazia e autonomia do Estado na formulação das políticas coexistem com a grande ineficácia e dependência na execução delas.

Em segundo lugar, porque não tem sido possível incorporar as classes traba-lhadoras no sistema político através de organizações sindicais e políticas fortes e autónomas, a democratização política do sistema foi sempre restrita e colapsou várias vezes. Mesmo nos períodos democráticos não foi possível erradicar o clien-telismo, o Estado não se comprometeu com o bem-estar das classes populares a ponto de se poder constituir num Estado-Providência. Por essa razão, não foram até agora resolvidos dois dos problemas que o projecto da modernidade cumpriu, durante algum tempo, nos países centrais: os problemas da distribuição e os problemas da democratização política do sistema político. Em resultado disso, o Estado tem uma acentuada característica autoritária, a qual tem assumido ao longo dos tempos várias formas. A última é bastante moderna na medida em que tem semelhanças significativas com a que tem estado a assumir o Estado nos países centrais. Stuart Hall, tendo em vista o caso inglês, designou-a por "populismo autoritário", o qual consiste em o Estado exercer um poder autori-tário que converte ideologicamente em governo do povo contra o Estado (Hall e Jacques, 1983). De facto, não se trata de atacar o Estado de dentro do Estado,

---

[33] Sobre esta específica composição de classes e as relações sociais em que se traduz, ver Pinto (1985) e Almeida (1986).

mas tão-só de atacar o que no Estado foram as políticas sociais de distribuição, a favor das classes populares no período do capitalismo organizado.

A terceira característica do Estado resultante das anteriores é que, dada a permanência de elementos arcaizantes ao nível do mercado e da comunidade, a primazia, a autonomia e o autoritarismo do Estado têm sido frequentemente usados para promover o Estado a agente de modernização da sociedade. Essa modernização é, no entanto, falsa em muitas instâncias, porque se queda nos textos legais, ordinários e constitucionais, e dificilmente se traduz em práticas sociais adequadas. É, assim, particularmente desmesurada entre nós a discrepância entre quadros legais (mais avançados) e práticas sociais (mais retrógradas), numa situação a que noutro lugar chamei Estado paralelo (Santos, 1993: 28 e ss.).

As lógicas de racionalidade que compõem a emancipação moderna configuram-se, entre nós, de modo a aprofundar ainda mais a complexidade da sociedade portuguesa que resulta da breve descrição dos princípios de regulação. Distingo duas características principais. A primeira é a da dependência e do mimetismo. As várias lógicas da racionalidade têm acompanhado, com maior ou menor atraso, os movimentos dominantes nos países centrais, o que não exclui a irrupção de momentos de grande contemporaneidade e inovação como, por exemplo, muitas das iniciativas culturais tornadas possíveis na crise revolucionária de 1974-75. A segunda característica é que o padrão geral de dependência e de imitação se articula ou se justapõe a racionalidades que o paradigma da modernidade convencionou chamar pré-modernas e que são visíveis, tanto no domínio da racionalidade cognitivo-instrumental (os saberes populares, tradição oral, o riquíssimo e resistente senso comum, o artesanato e as tecnologias tradicionais), como no domínio da racionalidade moral-prática (os direitos comunitários, a força social das redes de solidariedade baseadas no parentesco e na vizinhança),como ainda no domínio da racionalidade estético- -expressiva (a arte e a literatura populares, as festas e as romarias, as procissões e o turismo religioso).

É à luz deste quadro que se deve, pois, determinar a inserção de Portugal na discussão sobre a modernidade e a pós-modernidade. Durante a crise revolucionária que se seguiu ao 25 de Abril, tornou-se a certa altura popular a ideia de que Portugal, apesar de ser um país relativamente subdesenvolvido, podia escapar às várias fases por que passaram os países centrais e ultrapassá-los na caminhada para o socialismo. Era uma versão ingénua da teoria do desenvolvimento desigual e combinado que Trotski tinha elaborado para explicar a Revolução de 1905 e depois a de 1917 num país atrasado como era a Rússia de então. Em face do fra-

PELA MÃO DE ALICE. O SOCIAL E O POLÍTICO NA PÓS-MODERNIDADE   105

casso dos vários projectos socialistas em confronto durante esse período, a partir de 1976 caiu-se na ideia oposta de que Portugal, sendo um país relativamente subdesenvolvido, tinha de seguir, e com quanto menos autonomia melhor, as peugadas do desenvolvimento dos países centrais. Era uma versão ingénua da teoria da modernização, numa das suas versões mais populares, a da teoria de W. Rostow sobre as várias fases do desenvolvimento (Rostow, 1960).

Estas posições extremas parecem-me ambas erradas. Em sociologia e política o que acontece cedo não acontece, mas o que acontece tarde tão-pouco acontece. As diferenças qualitativas entre as várias zonas do sistema mundial (o centro, a periferia e a semiperiferia) parecem hoje atenuar-se. Em compensação, as diferenças de grau são cada vez mais chocantes. Nas condições deste final do século, a tarefa primordial da sociologia é mostrar que as diferenças de grau são qualitativas.

Em vista disto, parece-me necessário encontrar uma via intermédia entre os extremos. A minha posição é que *a sociedade portuguesa tem ainda de cumprir algumas das promessas da modernidade, mas tem de as cumprir à revelia da teoria da modernização*. Desta posição decorrem duas implicações principais. A primeira é que as promessas da modernidade a cumprir têm de ser cumpridas em curto-circuito com as promessas emergentes da pós-modernidade. Assim, como atrás referi, as duas mais importantes promessas da modernidade ainda a cumprir são, por um lado, a resolução dos problemas da distribuição (ou seja, das desigualdades que deixam largos estratos da população aquém da possibilidade de uma vida decente ou sequer da sobrevivência)[34], e, por outro lado, a democratização política do sistema político democrático (ou seja, a incorporação tanto quanto possível autónoma das classes populares no sistema político, o que implica a erradicação do clientelismo, do personalismo, da corrupção e, em geral, da apropriação privatística da actuação do Estado por parte de grupos sociais ou até por parte dos próprios funcionários do Estado).

Qualquer destas promessas deve, no entanto, ser cumprida em conjunção com o cumprimento, igualmente veemente, das promessas da pós-modernidade. Deste modo, a promessa da distribuição deve ser cumprida em conjunção com a promessa da qualidade das formas de vida (da ecologia à paz, da solidariedade internacional à igualdade sexual), e a promessa da democratização política do sistema político deve ser cumprida em conjunção com a ampliação radical do conceito de política e, consequentemente, com as promessas da democratização

---

[34] Ver, entre outros, Bruto da Costa *et al.* (1986); Silva *et al.* (1989); Almeida *et al.* (1992).

radical da vida pessoal e colectiva, do alargamento incessante dos campos de emancipação, as quais podem começar a ser cumpridas precisamente na articulação entre a democracia representativa e a democracia participativa. Ora, esta conjunção é interdita pelo princípio da modernização, pois, nos seus termos, enquanto não forem resolvidos os problemas da modernidade, não faz sentido sequer pôr os problemas da pós-modernidade. Este princípio, que é hoje hegemónico entre nós e que é adoptado, tanto pelo Estado, como pelos partidos de direita e de esquerda, só poderá conduzir ao bloqueamento da sociedade portuguesa numa semiperiferia crescentemente medíocre e estúpida.

A segunda implicação do cumprimento da modernidade à revelia da modernização é que é preciso combater a ideia de que tudo o que na sociedade portuguesa é diferente das sociedades centrais é sinal de atraso e deve ser erradicado no processo de desenvolvimento. A contabilidade profunda da sociedade portuguesa está ainda por fazer. No tempo da ditadura de Salazar habituámo-nos a contar tudo a débito dela, já que a contabilidade dos créditos tinha sido apropriada pelo ditador. No 25 de Abril foi possível fazer, ainda que muito à pressa e com alguns erros de contas, uma contabilidade democrática dos créditos. Desde 1976 que temos vindo a deslizar, quase insensivelmente, para um novo pessimismo contabilístico, com a diferença que agora não há, como no tempo de Salazar, e felizmente, uma instância oficial de glorificação dos créditos. É uma situação que tende a reproduzir-se enquanto dominar o princípio da modernização.

Para combater esse domínio é necessário analisar, com objectividade e sem complexos, as vantagens comparativas da sociedade portuguesa num mundo em mudança. É preciso admitir, como hipótese de partida, que algumas das características que distinguem a sociedade portuguesa são intrinsecamente boas e devem ser acauteladas no processo de desenvolvimento. É aqui que reside, de resto, a contribuição nova que a sociedade portuguesa pode trazer ao paradigma emergente da pós-modernidade. Trata-se, no fundo, de ousar pensar que a sociedade portuguesa tem algumas características, por assim dizer, pré--pós-modernas. Eis a seguir alguns dos tópicos que podem vir a ser discutidos neste contexto.

Em primeiro lugar, a sociedade civil portuguesa é rica em tecnologias familiares, tanto materiais, como simbólicas, e em formas de sociabilidade face-a-face baseadas sobretudo no parentesco e na vizinhança. Como referi no capítulo anterior, a sociedade civil portuguesa é fraca, isto é, atomizada e fragmentada, se a julgarmos apenas pelos padrões e formas de organização dominantes nos países centrais. Pode, ao invés, conceber-se que as sociedades civis dos países centrais são fracas, quando julgadas segundo os padrões e as formas de organização em que a sociedade portuguesa é forte.

É fácil construir o contra-argumento de que se trata de arcaísmos pré--modernos, tradicionais e retrógrados, não admirando por isso que tenham figurado entre os créditos da contabilidade salazarista. Admitindo que nem sempre é fácil distinguir uma posição retrógrada de uma posição progressista (ao contrário do que pensam os dogmáticos das várias cores), há procedimentos analíticos e critérios políticos que podem ajudar à distinção. Tomemos, por exemplo, o caso da pequena agricultura familiar ainda importante entre nós e dita ineficiente, retrógrada e condenada ao lixo da história pelos adeptos da modernização, agora entrincheirados no poder. Sem dúvida que é retrógrada, pelo menos, em dois pontos: em primeiro lugar, representa dominantemente uma estratégia de sobrevivência, que raramente chega para atingir um nível de vida decente; em segundo lugar, é uma organização social particularmente dominada pelo poder do patriarcado e, portanto, pela desigualdade sexual e pela exploração do trabalho infantil.

Seria, no entanto, concebível que a pequena agricultura familiar fosse reinventada, a partir da que existe, e de modo não só a neutralizar a sua negatividade – transformando-a numa estratégia de afluência e de qualidade de vida e democratizando as suas práticas produtivas e reprodutivas – mas também a maximizar a sua potencial positividade: uma vida activa e diversificada, conduzida em parte ao ar livre e em comunhão com a natureza, uma ideologia de produção baseada no socialmente útil e não no lucro e garantida contra os excessos de produção e de produtividade. Para que se não pense que se trata de imaginação solipsista, vem a propósito mencionar a recente curiosidade dos deputados do Partido dos Verdes no Parlamento Europeu pela pequena agricultura portuguesa, vendo nela alguns traços do modelo de agricultura por eles defendido no seu projecto de reforma agrária europeia. Segundo eles, as vantagens reconhecidas na pequena agricultura portuguesa são precisamente: permitir uma melhor qualidade de vida, pelo equilíbrio que proporciona entre trabalho urbano e trabalho rural, ajudar a fixar a população nos campos e impedir a congestão das cidades, não destruir o meio ambiente e produzir equilibradamente evitando o problema dos excedentes.

Porque domina entre nós o princípio da modernização, é difícil dar credibilidade social a este tipo de argumentação e ainda mais convertê-la em políticas agrícolas concretas. Aliás, a política agrícola em curso vai agressivamente no sentido de destruir a pequena agricultura familiar. As dificuldades de pensar o novo foram sempre grandes em Portugal, mas é bom que ao menos se vá pensando que a sociedade portuguesa dá que pensar.

O segundo tópico a discutir no contexto da pós-modernidade é a ideia de que na sociedade portuguesa vai ser inevitável que as práticas políticas "velhas" (as da democracia representativa e dos partidos) se ampliem e consolidem em diálogo e em partilha com as práticas políticas "novas" (as da democracia participativa e dos novos movimentos sociais). Aliás, o próprio desenvolvimento intermédio suscita o curto-circuito entre a luta pelas reivindicações materiais (salários decentes e segurança social) e as reivindicações pós-materiais (a ecologia, o antinuclear, a igualdade sexual e racial, todas elas, aliás, misto de materiais e pós-materiais). Este curto-circuito político, porque exige um amplo consenso entre as forças sociais e políticas apostadas na transformação, pareceria recomendar, entre outras coisas, a unidade orgânica das duas centrais sindicais, a coligação do partido socialista e do partido comunista e a integração da agenda política pós-materialista, tanto nas centrais sindicais como nestes partidos.

Tal curto-circuito é ainda favorecido pelo facto de a heterogeneidade e complexidade da sociedade portuguesa fazerem com que nela as demarcações dos campos da acção social e política (por exemplo, a distinção entre o público e o privado) e dos universos simbólicos criados pelas diferentes lógicas de racionalidade não sejam tão vincadas nem tão rígidas quanto nos países centrais. A cultura política pós-moderna assenta, precisamente, nesse quebrar das demarcações, e neste campo podemos, pois, ter algumas vantagens comparativas.

Finalmente, o terceiro tópico reside no facto de a hegemonia mitigada do princípio do mercado, entre nós, ter como consequência que a amplitude das escolhas é menor na nossa sociedade do que numa sociedade central. Este facto tem, obviamente, um aspecto negativo: cria monopólios de interpretação (da igreja, do Estado e até da família). Tem, no entanto, um potencial positivo: o de permitir uma política menos centrada na ampliação das escolhas e mais centrada no fortalecimento da capacidade de escolher. Assim, talvez se evite que a ampliação das escolhas redunde na trivialização das escolhas e a destruição dos monopólios de interpretação na renúncia à interpretação, como tem vindo a suceder nos países centrais.

É fácil, dentro do paradigma da modernidade, desacreditar esta linha de argumentação. Habermas dirá que ela esteve presente nos jovens intelectuais da República de Weimar (à frente de todos Carl Schmitt), que pouco depois, e com maior ou menor cinismo, se entregaram nas mãos do Nazismo (Habermas,

1985 b). Penso contudo que, como diz J. Arac, é importante conhecer a nossa história, mas é igualmente importante conhecer a nossa diferença da nossa história (Arac, 1986: XXXIV). É esta também a base para pensar que esta linha de argumentação não tem pejo de se afirmar nacionalista, porque conhece as razões que a distinguem radicalmente do nacionalismo reaccionário de direita.

À luz desta linha de argumentação e do quadro analítico de que ela decorre pode concluir-se que a discussão sobre o paradigma emergente da pós-modernidade, não só interessa à sociedade portuguesa, como esta pode ter um papel próprio e significativo nessa discussão. Será sem dúvida para nós uma discussão de oscilantes *gestalts*. Por vezes, parecerá uma discussão telescópica e até esotérica, algo que se pode discutir desapaixonadamente, não porque dominemos os termos da discussão mas porque, bem ao contrário, estes não nos dominam, não nos dizem verdadeiramente respeito. Outras vezes, a discussão terá o sabor da intimidade, do *déjà vu*, e gerará, até, uma certa incredulidade sobre a necessidade de discutir e sobretudo entre nós. É, pois, uma situação líquida mas que, sem dúvida, transborda para dentro.

Passo então a analisar algumas das implicações no campo das práticas políticas decorrentes da concepção do tempo presente como período de transição entre um paradigma esgotado e outro cujos sinais de emergência se vão multiplicando.

Para uma política pós-moderna: as mini-racionalidades e a resistência
A tese principal que aqui defenderei é a seguinte: *a ideia moderna da racionalidade global da vida social e pessoal acabou por se desintegrar numa miríade de mini--racionalidades ao serviço de uma global, inabarcável e incontrolável irracionalidade. É possível reinventar as mini-racionalidades da vida de modo a que elas deixem de ser partes de um todo e passem a ser totalidades presentes em múltiplas partes. É esta a lógica de uma possível pós-modernidade de resistência.*

As sociedades capitalistas estão a passar por transformações profundas sem que, no entanto, tenham deixado de ser capitalistas. As ciências sociais não têm meios de saber se, como ou quando o deixarão de ser e, muito menos, a forma que tomarão quando tal suceder, se suceder. Em termos de ciência social, somos forçados a navegar à vista. Em compensação, temos um certo treino na interpretação dos sinais. Neste domínio, a conclusão mais segura que se pode tirar deles é que a pujança do capitalismo produziu dois efeitos complementares: por um lado, esgotou o projecto da modernidade, por outro lado, fê-lo de tal modo que se alimenta desse esgotamento e se perpetua nele. O vazio que ele produz é tão global que não pode ser preenchido no contexto do paradigma da modernidade. Isto explica que a pujança do capitalismo, enquanto sistema económico, corra de par com a fraqueza ideológica de muitos dos seus princípios e que, quanto maior é esta fraqueza, mais fraco (e não mais forte, como seria de prever) é o apelo ideológico dos princípios que se lhe deviam opor, os princípios do socialismo. Não faz sentido culpar a modernidade por esta situação, como faz Daniel Bell, pois isso é pouco mais que inverter a relação causa/efeito (Bell, 1976; 1978). Tem razão Albert Hirschman quando diz que "o capitalismo não pode ser criticado por ser repressivo, alienante e unidimensional em contraste com os seus princípios fundamentais porque, ao contrário, o capitalismo realizou precisamente o que se esperava dele, ou seja, reprimir a variedade humana e produzir uma personalidade humana menos multifacetada, menos imprevísivel e mais unidimensional" (1977:132).

Há, pois, que verificar uma situação, e esta é basicamente que o pilar da emancipação se transformou no duplo do pilar da regulação. As armas do pensamento crítico do paradigma da modernidade, que eram poderosas e mesmo revolucionárias, transformaram-se com o tempo em pistolas de sabão que, como a de Woody Allen, se derretem à chuva quando com elas pretendemos forçar a nossa fuga da prisão.

Afirmar que o projecto da modernidade se esgotou significa, antes de mais, que se cumpriu em excessos e défices irreparáveis. São eles que constituem a nossa contemporaneidade e é deles que temos de partir para imaginar o futuro e criar as necessidades radicais cuja satisfação o tornarão diferente e melhor que o presente. A relação entre o moderno e o pós-moderno é, pois, uma relação contraditória. Não é de ruptura total como querem alguns, nem de linear continuidade como querem outros. É uma situação de transição em que há momentos de ruptura e momentos de continuidade. A combinação específica entre estes pode mesmo variar de período para período ou de país para país. Basta, por exemplo, discriminar as diferentes ênfases do pós-moderno na América, na França e na Alemanha, como faz convincentemente Andreas Huyssen (1986). Tão-pouco surpreende que sejam grandes as discrepâncias entre os elencos das características do pós-moderno propostos pelos próprios autores. Ihab Hassan apresenta um dos mais sofisticados e amplos elencos em que inclui: indeterminação, ou melhor, indeterminações; fragmentação; descanonização; descentração e superficialização; irrepresentabilidade; ironia; hibridização; carnavalização no sentido de Bakhtin; *performance* e participação; construcionismo; imanência (Hassan, 1987:167). Mas o próprio Hassan admite que este

PELA MÃO DE ALICE. O SOCIAL E O POLÍTICO NA PÓS-MODERNIDADE   111

elenco seja contraditório e, nalguns itens, mesmo absurdo. Mas os elencos mais restritos e mais organizados tão-pouco nos convencem. Por exemplo, o de Scott Lash e J. Urry, em que se inclui o seguinte: contra a unicidade e pela reprodução mecânica ou mesmo electrónica; contra os dualismos hierárquicos como, por exemplo, o da separação, feita pelo alto modernismo, entre o estético e o social; pelo pastiche, a colagem e a alegoria; pela cultura de distracção contra a cultura de contemplação; pelo impacto contra a coerência; pela cultura popular (Lash e Urry, 1987: 287). Para além de confinado ao domínio da arte, este elenco reduz o pós-moderno a um simples contrário do moderno.

Julgo que o esforço classificatório será sempre desmesurado em relação aos resultados que obtém[35]. Para além de que há algo de moderno na sua tentativa de fixação da pós-modernidade. Trata-se de fixar em abstracto e segundo as regras da separação entre a teoria e a prática tão caras ao pensamento moderno. O paradigma emergente é intersticial no modo como se pensa e pensa-se sempre afogado na realidade dos contextos em que se pratica. Nesta medida, parece-me preferível tentar interpretar os seus sintomas através de um conjunto de seis guiões para outras tantas histórias das quais se poderia tirar uma moralidade prática ao jeito dos *topoi* da retórica aristotélica e perelmaniana. Estas histórias poderão ser contadas e dramatizadas em comunidades educacionais. Cada história é parcelar, no mesmo sentido em que, para William James "o mundo está cheio de histórias parcelares, que correm paralelas umas às outras e que começam e terminam de vez em quando" (1969: 98).

O primeiro guião chama-se *o saber e a ignorância*. O saber moderno quando ainda voava baixo parecia ter duas asas iguais e um voo equilibrado. À medida que cresceu verificou-se que as duas asas eram desiguais, uma voava alto e chamava-se vocação crítica e a outra voava baixo e chamava-se vocação de cumplicidade. E quanto mais baixo voava esta asa mais alto voava a primeira. Esta última passou a voar tão alto que tinha do mundo uma visão telescópica, ao mesmo tempo que lhe era fácil e confortável sentir-se em fuga do mundo. Com o tempo, aliás, perdeu mesmo a noção do mundo e, portanto, da fuga dele. Não surpreende que tão desequilibrado pássaro tenha encalhado nos montes mais elevados da nossa

---

[35] No mesmo sentido, ver Sousa Ribeiro (1988a) que, no entanto, retira desta verificação ilações diferentes das minhas. Sousa Ribeiro apresenta neste texto uma das melhores discussões sobre a problemática da distinção moderno/pós-moderno que eu conheço. O que nos separa são as conclusões a que chegamos: para Sousa Ribeiro, tudo o que há de autêntico no pós-moderno está já contido no moderno; para mim, é quase o contrário. Ver também Sousa Ribeiro (1988b).

reflexividade. O efeito mais evidente desse desastre é a situação epistemológica em que nos encontramos e que se pode sumariar no seguinte: a ignorância é cada vez menos desculpável e algum conhecimento é cada vez mais intolerável (penso, por exemplo, na biotecnologia e na engenharia genética). O modo pós-moderno de sair desta situação consiste no que, noutro lugar, designei por dupla ruptura epistemológica (Santos, 1989). A ciência moderna tornou possível a primeira ruptura epistemológica e com base nela separou-se do senso comum existente. Foi um acto revolucionário de que não podemos abdicar. No entanto, uma vez realizada essa ruptura, o acto epistemológico mais importante é romper com ela e fazer com que o conhecimento científico se transforme num novo senso comum. Para isso é preciso, contra o saber, criar saberes e, contra os saberes, contra-saberes.

Estas criações de saberes deverão obedecer aos seguintes *topoi*: o primeiro pode formular-se do seguinte modo: *Não toque. Isto é humano.* Como acabei de referir, a biotecnologia e engenharia genética exprimem do modo mais eloquente o dilema epistemológico contemporâneo. Em face do avanço do conhecimento científico nestes domínios e da orientação da aplicação que ele está a ter é previsível que a relativamente curto prazo o corpo humano se transforme numa mercadoria e mesmo na mercadoria por excelência, desempenhando no novo regime de acumulação o mesmo papel que o automóvel desempenhou no período do capitalismo organizado, o período da acumulação fordista. Perante isto, talvez seja tempo de intervirmos em favor do humano do mesmo modo que o guarda da exposição de arte pós-moderna em Kassel interveio em favor da autonomia da arte quando o filho de Huyssen inadvertidamente tocou numa das obras expostas: "Nicht berühren. Das ist Kunst" ("Não toque. Isto é arte").

O segundo *topos* pode formular-se assim: *É mais importante estar próximo do que ser real.* O conhecimento moderno assenta na representação, ou seja, na criação e isolamento de um outro, chamado objecto, que é descrito pelo sujeito como existindo independentemente de qualquer intervenção criativa deste. A representação cria, assim, distância e quanto maior for a distância mais objectivo é o conhecimento. Ao analisar a pintura holandesa do século XVII, Susan Sontag salienta o modo como o artista combina a distância com a exactidão: "o remoto com a descrição exacta, a descrição de uma igreja real, de uma perspectiva real, mas nunca de uma perspectiva próxima" (1987: 125). Efectivamente, para o conhecimento moderno, o real e o próximo são antagónicos. Ao contrário, o conhecimento pós-moderno privilegia o próximo em detrimento do real. Ser pragmático significa abordar a realidade a partir das "últimas coisas" de William James, isto é, das consequências. Quanto menor a distância entre actos e consequências, mais fácil e mais necessário se torna um saber edificante. Acresce que, sendo retórico, o conhecimento pós-moderno aspira à oralidade, à comunicação face-a-face, a qual, como Walter Ong demostra, é situacional e contextual, em suma, próxima (1982: 36). Favorecendo a proximidade, o conhecimento pós--moderno é local. Trata-se, porém, de um localismo relativamente desterritorializado e, neste sentido, é também um localismo internacionalista ao jeito da nova geração de artistas "objectistas" de Nova Iorque, a "new objectistics" no dizer de Bonito Oliva (1988: 62).

O terceiro *topos* do guião sobre o saber e a ignorância pode formular-se assim: *afirmar sem ser cúmplice, criticar sem desertar*. Como já deixei dito, a teoria crítica moderna afirma-se pela negação do mundo e, quer o confronte, quer se lhe escape, age sempre possuída pela "ansiedade de contaminação". Esta postura assenta em duas condições: no efeito de distância que, como referi, é inerente à representação e na concepção da realidade como uma presença (e um presente) monolítica. Já procedi à crítica da primeira condição. Quanto à segunda, a sua implausibilidade é cada vez mais evidente, à medida que entramos na era do tempo social instantâneo, da realidade virtual, da experiência televisiva, enfim, de imagens governadas por uma estética de desaparecimento, como lhe chama Paul Virilio (1988: 57). Em tal era torna-se claro que há gerações de realidades como há gerações de imagens. Há realidades emergentes como há realidades testemunhais, transplantadas, ou residuais. No contexto actual, a condição específica das realidades emergentes reside em que os últimos estratos da realidade têm um excesso de sentido que transborda para além deles. Por isso, as realidades emergentes não podem deixar de ser afirmativas antes de serem críticas. É então possível afirmar sem confirmar cumplicemente? E ser crítico sem ser escapadiço ou desertor? A teoria crítica pós-moderna é afirmativa na medida em que a busca incessante de alternativas se dá pela via da reciclagem das realidades. Prefere correr o risco de ser absorvida e neutralizada a deixar de procurar fragmentos de genuinidade e de oportunidade nos imensos depósitos de manipulação e de dominação que a modernidade foi acumulando.

O segundo guião intitula-se *o desejável e o possível*. Quando o desejável era impossível foi entregue a Deus; quando o desejável se tornou possível foi entregue à ciência; hoje, que muito do possível é indesejável e algum do impossível é desejável temos de partir ao meio tanto Deus como a ciência. E no meio, no caroço ou no miolo, encontramo-nos, com ou sem surpresa, a nós próprios. Por esta razão, quer queiramos, quer não, tudo nos está entregue. E porque tudo nos está entregue não compreende que estejamos cada vez mais interessados na linguagem (daí, o segundo Wittgenstein), no poder do conhecimento e da argumentação (daí, Nietzsche, Foucault e a reemergência da retórica) e finalmente na comunicação humana e na interacção (daí, a redescoberta do pragmatismo norte-americano pela mão de Habermas). Para cultivar estes novos interesses, imagino uma escola pragmática, a qual consistirá de duas classes. Na primeira, chamada consciência do excesso, aprendemos a não desejar tudo o que é possível só porque é possível. Na segunda classe, chamada consciência do défice, aprendemos a desejar também o impossível. Os estudantes da pós-modernidade reaccionária só frequentam a primeira classe. Os estudantes da pós-modernidade de resistência frequentam as duas ao mesmo tempo porque sabem que só assim é possível aprender a formular necessidades radicais. O objectivo principal da comunicação promovida pelas duas classes não é, pois, obter o consenso, como pretende Habermas, mas antes formular novas necessidades radicais, como quer Agnes Heller (1987)[36]. Contudo, a formulação de necessidades radicais não é suficiente para distinguir uma teoria crítica moderna de uma teoria crítica pós-moderna. Aliás, tanto Habermas como Heller, perfilham a primeira e desdenham da segunda. O que distingue a teoria crítica pós-moderna é que para ela as necessidades radicais não são dedutíveis de um mero exercício filosófico por mais radical que seja; emergem antes da imaginação social e estética de que são capazes as práticas emancipatórias concretas. O reencantamento do mundo pressupõe a inserção criativa da novidade utópica no que nos está mais próximo.

O terceiro guião intitula-se *o interesse e a capacidade*. O homem e a mulher modernos viveram sempre numa cidade de fronteira cuja transformação, sempre rápida, assentava na equação interesse = capacidade. Quem tinha interesse nas mudanças tinha capacidade para elas e quanto maior era o interesse maior era a capacidade. O pensamento liberal foi fundado no pressuposto de que a burguesia era a classe mais interessada no desenvolvimento do capitalismo e, consequentemente, a mais capacitada para o assegurar. Por seu lado, o pensamento marxista foi fundado no pressuposto de que a classe operária era quem tinha mais interesse na superação do capitalismo e, consequentemente, a maior capacidade para a levar a cabo. De maneira lapidar, o Manifesto Comunista de 1848, sem dúvida, um dos grandes textos da modernidade, afirma que a classe operária só tem a perder as suas grilhetas e é precisamente esta radicalidade que sustenta o seu papel histórico privilegiado.

[36] Sobre a comparação entre o pensamento de Habermas e o pensamento de Heller ver Radnoti (1987: 104).

PELA MÃO DE ALICE. O SOCIAL E O POLÍTICO NA PÓS-MODERNIDADE   115

Com o passar dos anos, o homem e a mulher modernos passaram-se para um subúrbio euro-americano e aí os pressupostos da equação parecem ter colapsado. Mesmo admitindo que a classe operária continua a ter interesse na superação do capitalismo não parece que tenha capacidade para o fazer. E se, por hipótese, se defende que ainda tem capacidade, parece então que já não tem interesse. Entretanto, são cada vez mais numerosos os grupos sociais a manifestar um interesse veemente na resolução de alguns problemas, como sejam a catástrofe ecológica, o perigo da guerra nuclear, a paz, a diferença sexual e racial. E, no entanto, quanto maior é o interesse destes grupos, mais sentida é a sua incapacidade para conseguir a sua resolução. Na medida em que a resolução destes problemas se prende com a superação do capitalismo, encontramo-nos numa situação quase diametralmente inversa da do Manifesto: é grande o nosso interesse nessa transformação mas ao mesmo tempo sentimos que temos muito a perder com ela.

É esta, em suma, a razão do impasse a que chegou a discussão sobre o sujeito histórico da transformação social. A minha proposta é que em vez de discutirmos a questão abstracta do sujeito histórico ou em vez de a resolvermos abstractamente como os estruturalistas e pós-estruturalistas, passando o sujeito à história, analisemos concretamente a nossa história como sujeitos, sobretudo a passagem do sujeito soberano ao sujeito deferente, para daí tirarmos algumas lições quanto ao nosso futuro enquanto sujeitos. Vivemos num mundo de múltiplos sujeitos. Embora Agnes Heller afirme, e com razão, que a diferenciação interna do sujeito é uma variável (Heller, 1987: 15), a minha proposta é que, em termos gerais, todos nós, cada um de nós, é uma rede de sujeitos em que se combinam várias subjectividades correspondentes às várias formas básicas de poder que circulam na sociedade. Somos um arquipélago de subjectividades que se combinam diferentemente sob múltiplas circunstâncias pessoais e colectivas. Somos de manhã cedo privilegiadamente membros de família, durante o dia de trabalho somos classe, lemos o jornal como indivíduos e assistimos ao jogo de futebol da equipa nacional como nação[37]. Nunca somos uma subjectividade em exclusivo, mas atribuímos a cada uma delas, consoante as condições, o privilégio de organizar a combinação com as demais. À medida que desaparece o colectivismo grupal desenvolve-se, cada vez mais, o colectivismo da subjectividade.

---

[37] Sobre a construção destas subjectividades no interior de relações sociais paradigmáticas, ver o capítulo seguinte.

Do mesmo modo, ao nível colectivo, cada sociedade, região ou comunidade ou cada período histórico tende a privilegiar uma específica combinação de subjectividades ou, pelo menos, a privilegiá-la no processo da sua transformação social. Por exemplo, no caso de Portugal, se é certo que nas décadas mais recentes as subjectividades agregadoras foram o indivíduo e a família, acredito, navegando à vista dos anos próximos, que as subjectividades da classe e da nação venham a adquirir mais peso no arquipélago das nossas subjectividades.

Desta análise resulta que, a nível global, estas combinações são sempre contingentes, pois variam segundo múltiplas e imprevisíveis circunstâncias, mas, uma vez verificado um dado circunstancialismo político, espacial, temporal etc., a combinação organiza-se nele de modo estruturado e determinado. Por outras palavras, a contingência global convive com determinismos locais.

O quarto guião intitula-se *o alto e o baixo ou o solista e o coro*. Da alta cultura à baixa cultura, das altas patentes às baixas patentes, do alto clero ao baixo clero, da alta administração à baixa administração, a sociedade moderna é uma sociedade de altos e baixos. Segundo Max Weber, as hierarquias estão ligadas ao processo de racionalização porque este procede pela diferenciação das funções e pela especialização das competências para as desempenhar (Weber, 1978). Daí que a sociologia funcionalista explique e justifique a estratificação social como modo de assegurar que as funções de desigual complexidade sejam desempenhadas por quem é mais competente para o fazer e que, naturalmente, pelo esforço adicional na obtenção dessa competência, deve ser adicionalmente compensado. E como quanto mais complexas as funções menor é o seu número, a história dos altos e baixos foi sempre contada a par da história dos solistas e dos coros. Como quer que seja, as hierarquias têm estado sempre ligadas às tecnologias, nomeadamente às tecnologias do saber, e têm sido também o modo privilegiado de impor as formas aos conteúdos.

Neste domínio, a situação presente é complexa. Por um lado, o aprofundamento das tecnologias e a proliferação das formas suscitam a exclusividade das hierarquias; por outro lado, a aceleração histórica com que o fazem acaba por tornar cada vez mais fluidas as definições de alto e baixo, e os coros, como nos *Carmina Burana*, actuam como se fossem solistas. As hierarquias, por um lado, aprofundam-se e, por outro, trivializam-se, e em ambos os casos deslegitimam-se. Esta situação contém algumas oportunidades que não devem ser desperdiçadas. Primeiro que tudo é o cânone processual que tem de ser atacado, ou seja, os processos de especialização funcional. Neste capítulo, a desconstrução das profissões é de importância fundamental, porque muitas delas assentam, exclusivamente, na profissionalização das palavras (os juristas são o caso paradigmático). Em segundo lugar, a guerra contra os monopólios de interpretação está longe de ser ganha. É importante, porém, que o processo de desmantelamento dos monopólios seja conduzido de modo a criar mil comunidades interpretativas e não redundar em milhões de renúncias à interpretação. As comunidades interpretativas organizam-se à volta de discursos argumentativos estruturados, sempre precariamente, por *topoi* retóricos. Quando estudei as favelas do Rio de Janeiro apercebi-me de que os conflitos na comunidade em que eu vivia eram resolvidos através de uma argumentação tópico-retórica, um conjunto de *topoi*, que eram a condensação de costumes e experiências do quotidiano que, a pouco e pouco, se convertiam em critérios de razoabilidade desse mesmo quotidiano. Em suma, eram filtros criados no processo de filtragem (Santos, 1977).

Tal como os romances de Dostoiewsky, segundo Bakhtin, temos de aprender a ser polifónicos (Bakhtin, 1981; 1984). É evidente que a polifonia é contra as verdades fortes. E ainda bem, pois mais vale uma verdade na mão da retórica prudente e democrática que duas a voar no vazio da apodíctica imprudente e autoritária. Em terceiro lugar, a grande oportunidade criada pelas transformações presentes é que a relação forma/conteúdo tem vindo a alterar-se na medida em que os conteúdos se transformam em duplos das formas ou mesmo em outras formas. Torna-se, assim, mais fácil recuperar formas degradadas e quanto maior for o diálogo entre as formas mais informal e democrático será esse diálogo. Nas condições presentes de transição, a atenção deve ser concentrada na capacidade de ver o formal no informal e o informal no formal.

O quinto guião chama-se *as pessoas e as coisas*. No princípio da idade moderna havia navegadores e adamastores, cantados inauguralmente por Camões. Os navegadores estavam à vontade entre si. Só não estavam com os adamastores. E os adamastores eram coisas, e só o pouco à-vontade que havia com eles obrigava a personalizá-los para os trazer pelo menos perto do grito e do impropério. A super-coisa então criada era a natureza. A ciência moderna é um grande projecto para nos pormos à vontade com as coisas, e por isso se começou pela necessidade de ter ideias distintas e claras acerca delas, como ensinou Descartes. Com o decorrer dos séculos, as coisas evoluíram tanto que não demos conta que, ao mesmo tempo que as domesticámos e nos pusemos à vontade com elas, perdemos o à-vontade com as pessoas. Os microdespotismos do quotidiano, do trabalho, do lazer e do consumo estão em parte ligados a essa perda de à-vontade. No domínio sexual, por exemplo, as tecnologias disponíveis no mercado são cada vez mais solipsistas e ensinam-nos a infligir prazer a nós mesmos mediante o uso de coisas íntimas. É por isso que Deus aparece ressuscitado nesta compulsão. Não por que seja uma coisa, mas porque é uma pessoa que se pode tratar como uma coisa. Deus é um *walkman* transcendental (talvez mais propriamente um *walkgod*). O crescente à-vontade com as coisas é, de resto, uma das razões pelas quais o papel da ideologia, que durante tanto tempo salientámos, seja talvez menor do que se julga[38].

Tal como para Marx a alienação assentava sobretudo na "estúpida compulsão do trabalho", talvez a nossa assente, mais do que em qualquer inculcação ideológica, "na estúpida compulsão do consumo". Aliás, as duas compulsões estão hoje mais interpenetradas do que nunca. Dantes, o operário procurava que o seu tempo livre fosse o contrário do trabalho. Hoje, o tempo livre é cada vez mais semelhante ao tempo de trabalho. E não me refiro apenas ao tempo homogéneo e abstracto que, tal como o do trabalho, domina o turismo organizado. Refiro-me ao tempo do quotidiano, ao *jogging*, ao exercício físico, à maquilhagem, à aparência física cada vez mais importantes como forças produtivas do trabalhador, sobretudo do trabalhador de serviços, que vende tanto o trabalho da aparência física como qualquer outro que tem de fazer. No entanto, nas condições do "capitalismo desorganizado" à escala mundial, a violência, tanto da compulsão do trabalho como da compulsão do consumo, torna-se perversamente subtil e pacífica e mesmo quase desejada quando comparada com a violência da compulsão da fome e da guerra a que populações inteiras estão cada vez mais sujeitas. As comunidades interpretativas têm de ser organizadas na crítica destas compulsões e, ao contrário da crítica moderna, a crítica pós-moderna sabe que o maior inimigo está dentro de nós.

O sexto e último guião chama-se *as mini-racionalidades não são racionalidades mínimas*. A história anterior tem um prolongamento insidioso. É que se tivemos êxito em destruir os adamastores que existiam antes de nós, acabámos por criar outros adamastores ainda mais perigosos. Precisamente porque a racionalidade moderna se aperfeiçoou, especializando-se, foi deixando criar nos interstícios da parcelização uma irracionalidade global a que hoje, desesperadamente, procuramos dar nome: é a ditadura sobre as necessidades de Agnes Heller, a colonização do *Lebenswelt* de Habermas, a rigidez global de C. Offe, a possibilidade global de um desastre eticamente inatribuível de K.-O. Apel. Isto significa que a totalidade abstracta das lógicas da racionalidade acabou por se fragmentar em

---

[38] Para uma crítica desenvolvida à sobrevalorização da ideologia ver Abercrombie, Hill e Turner (1984).

mini-racionalidades múltiplas que vivem à sombra duma irracionalidade global e que, como tal, não são capazes de ver. Esta situação deve-nos precaver contra a tentação de caracterizar a pós-modernidade como cultura da fragmentação. A fragmentação maior e mais destrutiva foi-nos legada pela modernidade. A tarefa é agora a de, a partir dela, reconstruir um arquipélago de racionalidades locais, nem mínimas nem máximas, mas tão-só adequadas às necessidades locais, quer existentes quer potenciais, e na medida em que elas forem democraticamente formuladas pelas comunidades interpretativas.

As mini-racionalidades pós-modernas estão, pois, conscientes dessa irracionalidade global, mas estão também conscientes que só a podem combater localmente. Quanto mais global for o problema mais locais e mais multiplamente locais devem ser as soluções. Ao arquipélago destas soluções chamo eu socialismo. São soluções movediças, radicais no seu localismo. Não interessa que sejam portáteis ou mesmo soluções de bolso. Desde que expludam nos bolsos.

CAPÍTULO 5
O ESTADO E OS MODOS DE PRODUÇÃO DE PODER SOCIAL

Introdução

À medida que nos aproximamos do fim do século XX as nossas concepções sobre a natureza do capitalismo, do Estado, do poder e do direito tornam-se cada vez mais confusas e contraditórias. Eis dois exemplos, um, a respeito da natureza do capitalismo e outro, a respeito do Estado.

Nos últimos quinze anos foram apresentadas duas concepções radicalmente diferentes sobre a natureza do desenvolvimento capitalista. Segundo uma delas, formulada por I. Wallerstein, "o capitalismo nunca funcionou, nem pode, em caso algum, funcionar de acordo com a sua ideologia e, por isso, o triunfo final dos valores capitalistas será o sinal da crise final do capitalismo enquanto sistema" (1980:374). Ao contrário, segundo a outra concepção, formulada por A. Hirschman, e já referida no capítulo anterior, o capitalismo não pode ser criticado por ser repressivo, alienante ou unidimensional em contraste com os seus valores básicos, porque o capitalismo realizou precisamente o que se pretendia que se realizasse, nomeadamente "reprimir certos impulsos e tendências e produzir uma personalidade humana menos multifacetada, menos imprevisível e mais 'unidimensional'"(1977:132). Por outras palavras, "o capitalismo visou desde o início a realização do que rapidamente foi denunciado como a sua pior característica" (1977:132). Deste modo a sobrevivência do capitalismo assenta, para a primeira concepção, na negação prática da sua ideologia e, para a segunda, na incessante afirmação desta.

O mesmo grau de contradição pode ser detectado entre recentes concepções do Estado. Enquanto muitos autores criticam a tendência crescente do Estado para penetrar ou mesmo absorver a sociedade civil e para o fazer de formas cada vez mais autoritárias – o que segundo as formas, ou segundo os autores, tem sido descrito como "autoritarismo regulador", "democracia vigiada", "neo--corporativismo", "fascismo benévolo" – outros autores convergem na ideia, aparentemente contraditória com a anterior, de que o Estado é crescentemente ineficaz, cada vez mais incapaz de desempenhar as funções de que se incumbe. De acordo com esta concepção, o Estado ou carece de recursos financeiros (o argumento da crise financeira) ou de capacidade institucional (o argumento da incapacidade da burocracia do Estado para se adaptar ao acelerado ritmo de transformação social e economia) ou carece ainda dos mecanismos que na sociedade civil orientam as acções e garantem a sua eficácia (o argumento da falta de sinais de mercado na actuação do Estado). Nestas análises, o Estado ora surge como um leviatão devorador ora como um empreendedor falhado[39].

Poderia multiplicar os exemplos de concepções contraditórias cuja contraditoriedade não é linearmente reconduzível aos diferentes paradigmas teóricos ou políticos de que partem e parece antes radicar na nebulosidade do próprio objecto de análise. Em minha opinião, são três as causas desta nebulosidade. Em primeiro lugar, continuamos a analisar os processos de transformação social do fim do século XX com recurso a quadros conceituais desenvolvidos no século XIX e adequados aos processos sociais então em curso. Em segundo lugar, o Estado-Nação continua a predominar enquanto unidade de análise e suporte lógico da investigação, o que nos impede de captar cientificamente a lógica própria e a autonomia crescente, quer das estruturas e dos processos locais típicos de unidades de análise mais pequenas (a lógica infra-estatal), quer dos movimentos globais, ao nível do sistema mundial (a lógica supra-estatal). Em terceiro lugar e apesar dos espaços teóricos inovadores das últimas décadas, a teoria sociológica continua a ser basicamente derivada das experiências sociais das sociedades centrais e, nessa medida, pouco adequada à análise comparada e inclinada a suscitar generalizações espúrias. Pode mesmo dizer-se que, quanto mais geral é a teoria sociológica, maior é a probabilidade de ser baseada na experiência social e histórica dos países centrais e enviesada a favor destes últimos (o viés do centrocentrismo).

Destas três causas, tratarei no presente texto, da primeira e da terceira. Penso, de facto, que o problema básico da contraditoriedade das concepções referidas e de tantas outras paralelas reside no quadro conceptual em que se movem. Esse quadro é constituído por um conjunto de conceitos que, a meu ver, qualquer que tenha sido a sua utilidade no passado, é hoje um obstáculo teórico, ao avanço do nosso conhecimento sobre o Estado e a sociedade, um obstáculo tanto maior quanto o nosso objectivo é conhecer, não uma sociedade central, desenvolvida, mas uma sociedade semiperiférica, a sociedade portuguesa. O núcleo central desse quadro conceptual é constituído pela distinção Estado/sociedade civil e pelos seus vários corolários como, por exemplo, a separação entre o económico e o político, a redução do poder político ao poder estatal e identificação do direito com o direito estatal.

---

[39] A tal ponto que hoje se insiste na necessidade da elaboração de uma teoria do fracasso do Estado. Ver, por exemplo, Janicke (1980).

PELA MÃO DE ALICE. O SOCIAL E O POLÍTICO NA PÓS-MODERNIDADE   123

Procurarei mostrar neste texto que a distinção Estado/sociedade civil e os seus corolários são hoje uma "ortodoxia conceitual" e que, por isso, a sua predominância no discurso político é perfeitamente compatível com a sua falência teórica. Começarei por mostrar as raízes contraditórias desta distinção e as suas funções latentes, para, de seguida, apresentar, em traço grosso, o perfil possível de uma alternativa conceitual cujas virtualidades para analisar a sociedade portuguesa são apenas apontadas.

A distinção Estado/sociedade civil
As raízes contraditórias da distinção
A fixidez e a evidência com que as ortodoxias conceituais (ou quaisquer outras) se nos apresentam tendem a obscurecer os processos históricos, mais ou menos longos e quase sempre contraditórios, da sua constituição. A reflexão crítica sobre elas não pode, pois, deixar de começar pelo desvelamento da sua historicidade. Para isso teremos de recorrer a alguns conceitos em relativo desuso mas com inegáveis virtualidades para analisar o período do desenvolvimento capitalista que aqui nos interessa, o longo século XIX de Eric Hobsbawm que termina com a primeira guerra mundial (Hobsbawm, 1987).

Tem sido afirmado que o dualismo Estado/sociedade civil é o mais importante dualismo no moderno pensamento ocidental (Gamble, 1982:45). Nesta concepção, o Estado é uma realidade construída, uma criação artificial e moderna quando comparada com a sociedade civil. No nosso século, ninguém melhor do que Hayek expressou essa ideia: "As sociedades formam-se, mas os Estados são feitos" (1979: 140). A modernidade do Estado constitucional do século XIX é caracterizada pela sua organização formal, unidade interna e soberania absoluta num sistema de Estados e, principalmente, pelo seu sistema jurídico unificado e centralizado, convertido em linguagem universal por meio da qual o Estado comunica com a sociedade civil. Esta, ao contrário do Estado, é concebida como o domínio da vida económica, das relações sociais espontâneas orientadas pelos interesses privados e particularísticos.

Contudo o dualismo Estado/sociedade civil nunca foi inequívoco e, de facto, mostrou-se, à partida, prenhe de contradições e sujeito a crises constantes. Para começar, o princípio da separação entre Estado e sociedade civil engloba tanto a ideia de um Estado mínimo como a de um Estado máximo, e a acção estatal é simultaneamente considerada como um inimigo potencial da liberdade individual e como a condição para o seu exercício. O Estado, enquanto realidade construída, é a condição necessária da realidade espontânea da sociedade civil.

O pensamento setecentista está totalmente imbuído desta contradição dado que ao libertar a actividade económica das regras corporativas do *ancien régime* não pressupõe, de modo nenhum, que a economia moderna dispense uma acção estatal esclarecida[40].

Isto é particularmente evidente em Adam Smith para quem a ideia de comércio gera liberdade e a civilização vai de par com a defesa das instituições políticas que garantam um comércio livre e civilizado. Ao Estado cabe um papel muito activo e, de facto, crucial na criação de condições institucionais e jurídicas para a expansão do mercado[41]. Como Billet muito bem afirma, do primeiro ao último capítulo de *An Inquiry into the Nature and Causes of the Wealth of Nations*, ficamos impressionados com a ideia, fundamental no pensamento de Adam Smith, de que a natureza das instituições e as práticas políticas duma nação afectam decisivamente a sua capacidade para um desenvolvimento económico firme. Comparando Portugal e Espanha com a Grã-Bretanha, Adam Smith considera o carácter despótico dos dois primeiros Estados, os "governos violentos e arbitrários", como responsáveis pela estagnação económica e relativa pobreza: "A indústria não é ali nem livre nem defendida e os governos civis e eclesiásticos de Espanha e Portugal são de tal ordem que só por si bastariam para perpetuar o seu estado actual de pobreza" (1937: 509).

Mais impressionante ainda é que para Adam Smith o despotismo tanto pode ser o resultado de um governo arbitrário, que governe pela força, sem restrições institucionais ou legais, como resultado de um governo fraco, uma autoridade instável, incapaz de manter a ordem e a lei e de desempenhar as funções reguladoras exigidas pela economia (Billet, 1975: 439; Viner, 1927: 218).

A ideia da separação entre o económico e o político baseado na distinção Estado/sociedade civil e expressa no princípio do *laissez faire* parece estar ferida

---

[40] Este é muito claramente o caso dos iluministas escocêses convertidos pelo pensamento do século XIX em doutrinadores do *laissez faire*. Sabemos hoje que o não foram ou que o foram, por assim dizer, só retrospectivamente, ou seja, com respeito à ordem corporativa do Estado feudal. Ao contrário, estavam bem conscientes de que a economia moderna conduziria à emergência de um Estado com um potencial para influenciar a vida do povo incomensuravelmente superior do Estado feudal. Só isto explica que estivessem tão preocupados em desenhar soluções políticas que impedissem a ocorrência do abuso de poder, de "les grands coups d'autorité" de que falava Montesquieu.

[41] Tem havido algum debate acerca do papel das instituições políticas e jurídicas no pensamento de Adam Smith. Contra a opinião que começa a ser geralmente aceite (Viner, 1927; Billet, 1975; Samuels, 1979), Hirschman tende a minimizar esse papel. No entanto, ele próprio reconhece que, "ao que parece, Smith defendeu menos um Estado com funções mínimas do que um Estado cuja capacidade para excessos fosse limitada" (1977: 104).

PELA MÃO DE ALICE. O SOCIAL E O POLÍTICO NA PÓS-MODERNIDADE   125

de duas contradições insolúveis. A primeira é que, dado o carácter particularístico dos interesses na sociedade civil, o princípio do *laissez faire* não pode ser igualmente válido para todos os interesses. A sua coerência interna baseia-se numa hierarquia de interesses previamente aceite, candidamente expressa na máxima de John Stuart Mill: "qualquer desvio do *laissez faire*, a menos que ditado por um grande bem, é um mal indubitável" (1921: 950). A discussão do princípio fez-se sempre à sombra da discussão dos interesses a que o princípio se aplicava. Assim, a mesma medida jurídica pôde ser objecto de interpretações opostas, mas igualmente coerentes. Exemplo disto foi o caso da legislação de 1825-65 sobre as sociedades por acções, considerada por uns como um bom exemplo do *laissez faire* por eliminar as restrições à mobilidade do capital, e por outros, como uma nítida violação desse mesmo *laissez faire* por conceder às sociedades comerciais privilégios que eram negados aos empresários individuais (A.J. Taylor, 1972: 12). Isto explica porque é que a Inglaterra vitoriana foi considerada por uns a idade do *laissez faire*, e por outros, o embrião do *Welfare State*[42].

A segunda contradição refere-se aos mecanismos que activam socialmente o princípio do *laissez faire*. O século XIX inglês testemunhou, não só um incremento da legislação sobre política económica e social, mas também o aparecimento duma amálgama de novas instituições estatais como a "Factory Inspectorate", o "Poor Law Board", o "General Board of Health", etc. É interessante notar que algumas dessas leis e dessas instituições se destinavam a aplicar políticas de *laissez faire*. Como Dicey sublinhou, "sinceros adeptos do *laissez faire* aceitavam que, para atingirem os seus fins, o aperfeiçoamento e o fortalecimento dos mecanismos governamentais era uma necessidade absoluta" (1948: 306). Isto significa que as políticas do *laissez faire* foram aplicadas, em grande medida, através duma activa intervenção estatal. Por outras palavras, o Estado teve de intervir para não intervir.

Perante tudo isto surge a pergunta: se a distinção Estado/sociedade civil estava tão cheia de contradições como é que foi tão amplamente aceite, considerada tão óbvia e tão do senso comum? Antes de tentar responder a esta pergunta, gostaria de ilustrar resumidamente o peso desta ortodoxia conceptual no próprio marxismo. Pondo de lado a teoria política liberal francesa e inglesa do século XVIII e considerando apenas os antecedentes mais próximos do pensamento de Marx – o contexto alemão –, deve sublinhar-se que, segundo

---

[42] À luz disto não surpreende que a crise do Estado-Providência ou a crise da regulação, tal como tem vindo a ser discutida nos últimos anos, seja concebida por alguns como um regresso ao capitalismo do *laissez faire* e por outros, como o embrião de uma nova forma de Estado.

Hegel, a sociedade civil é uma fase de transição da evolução da "ideia", sendo a fase final o Estado. A família é a tese, a sociedade civil é a antítese e o Estado é a síntese. A sociedade civil é o "sistema de necessidades", a destruição da unidade da família e a atomização dos seus membros, em suma, o domínio dos interesses particularísticos e do egoísmo, um estádio que será superado pelo Estado, o supremo unificador dos interesses, a ideia universal, a concretização plena da consciência moral (Hegel, 1981: sec. 140). Há, de algum modo, em Hegel duas linhas de pensamento sobre o Estado e a sociedade civil. Uma, altamente subsidiária do pensamento liberal inglês e francês, é a distinção conceptual entre o Estado e a sociedade civil enquanto entidades contraditórias. A outra, distintamente hegeliana, é a ideia de que o conceito de sociedade civil não está no mesmo pé (no mesmo nível especulativo) que o conceito de Estado: corresponde a um estádio menos desenvolvido da consciência a ser efectivamente subsumido no Estado e, nesse sentido, a separação entre Estado e sociedade civil enquanto dois conceitos opostos e ao mesmo nível de abstração, é teoricamente insustentável. Esta última concepção, apesar do seu conteúdo mistificador, é, hoje fundamental, em minha opinião, para a compreensão do processo histórico das sociedades capitalistas. Foi, no entanto, posta de lado nas discussões que se seguiram a Hegel. A reificação da dicotomia Estado/sociedade civil surgiu sem demora, em grande parte devido aos trabalhos de Lorenz von Stein.

Apesar da tentativa que Max Adler fez para a libertar desse cunho (1922), creio que a concepção de Marx corresponde à versão reificada da distinção Estado/sociedade civil. Inverteu-a, mas não a superou. Descobriu que as alegadas leis "naturais" da economia clássica escondiam relações sociais de exploração que o Estado, só aparentemente neutro, tinha como função garantir. Em vez do interesse social universal, o Estado representava o interesse do capital em conseguir a sua reprodução. No entanto, empenhado como estava em discutir a economia clássica no seu próprio terreno, Marx deixou-se cair na armadilha da separação entre economia e política e acabou por reduzir a política e o direito à acção estatal. Não conseguiu aperceber-se em que sentido real (e não apenas metafórico) as "relações económicas" eram também relações marcadamente políticas e jurídicas na sua constituição estrutural. A metáfora da base económica que sustenta a superestrutura política e jurídica não é, portanto, uma distorção completa do pensamento de Marx como se tem feito crer recentemente[43].

---

[43] Aliás, a metáfora da base/superestrutura tem persistido, mais ou menos disfarçada, em todas as tentativas de reformulação da questão a que ela procurou dar resposta. Entre elas, a

As funções latentes da distinção Estado/sociedade civil

Como é possível explicar a natureza evidente da noção do "económico" como um domínio separado e autónomo e das correspondentes noções do "político" e do "jurídico" como atributos exclusivos do Estado? Como se explica a persistência da dicotomia Estado/sociedade civil apesar das suas contradições internas e permanentes crises?

Como acontece com todas as teorias sociais, esta ortodoxia conceptual tem o seu quê de verdade. No feudalismo, o trabalho necessário (isto é, o trabalho requerido para a subsistência dos servos) e o sobretrabalho (isto é, o trabalho efectuado pelos servos para garantir a subsistência e a acumulação dos senhores feudais) estavam separados no tempo e no espaço. Dado que os senhores feudais não detinham a propriedade dos meios de produção, tinham de depender das instituições políticas e jurídicas do Estado para se apropriarem do sobretrabalho dos servos. De certo modo, como os senhores feudais não detinham a propriedade privada dos meios de produção, o seu poder social estava intimamente ligado à sua propriedade privada do Estado. No capitalismo, pelo contrário, o trabalho necessário e o sobretrabalho têm lugar no mesmo processo de trabalho devido ao controle do capital sobre este último, enquanto atributo da sua propriedade dos meios de produção. Desde que o Estado garanta o cumprimento do direito de propriedade, as relações económicas ocorrem e reproduzem-se por si na esfera privada da fábrica. Parece, assim, que a exterioridade do Estado e da política relativamente às relações de produção deriva da concepção das relações de produção como uma questão económica e privada entre indivíduos privados dentro da sociedade civil.

tentativa mais influente no marxismo ocidental dos últimos trinta anos foi, sem dúvida, a da escola francesa do estruturalismo marxista althusseriano (a teoria das instâncias – económica, política e ideológica – relativamente autónomas; o conceito de sobredeterminação; o princípio da determinação económica em última instância). Apesar da sua sofisticação teórica, o seu viés economicista, é por demais evidente, na obra do mais brilhante teórico do Estado, da política e do direito desta escola, Nicos Poulantzas. Ao analisar a relação de propriedade, por ele concebida como elemento da instância económica, Poulantzas salienta que ela pertence estritamente à instância económica e deve, por isso, ser claramente distinguida das formas jurídicas de que é investida, isto é, da propriedade jurídica (1978a: 26). E critica Maurice Godelier por ignorar que as relações de produção e as forças produtivas pertencem à mesma combinação estrutural do económico enquanto a propriedade (jurídica) dos meios de produção pertence à superestrutura (1978a: 67). Estas formulações de Poulantzas, publicadas pela primeira vez em 1968, foram de longe as mais influentes. O pensamento de Poulantzas, como é sabido, evoluiu bastante nos últimos anos da vida deste. Ver Poulantzas (1978b).

Se reflectirmos melhor, esta derivação não é logicamente necessária. Sem mesmo pôr em causa a exterioridade das instituições políticas e jurídicas do Estado relativamente às relações de produção, seria igualmente lógico conceber essas relações dentro da fábrica como um conjunto de processos políticos e jurídicos, apenas com a especificidade de ocorrerem exteriormente ao Estado, sob o controle directo do capital. E, de facto, não seria difícil descobrir dentro da fábrica corpos legislativos, grupos de poder, coligações, regulamentações jurídicas, mecanismos de resolução de conflitos, sanções positivas e negativas, vigilância policial, etc. Porque é que esta concepção alternativa da realidade da fábrica não foi adaptada? Porque é que esta enorme variedade de processos sociais foi toda amalgamada no conceito amorfo de "relações económicas"?

A meu ver, a separação entre político e económico permitiu, por um lado, a naturalização da exploração económica capitalista, e por outro, a neutralização do potencial revolucionário da política liberal, dois processos que convergiram para a consolidação do modelo capitalista das relações sociais.

Se, num exercício de imaginação, compararmos as relações sociais ao longo dos tempos, é no campo das relações políticas, as relações na esfera pública, que as sociedades capitalistas mais inequivocamente representam o progresso civilizacional. Pela primeira vez na história, o Estado tornou-se verdadeiramente público, isto é, deixou de constituir propriedade privada de qualquer grupo específico[44]. A concessão de direitos cívicos e políticos e a consequente universalização da cidadania transformaram o Estado na consubstanciação teórica do ideal democrático de participação igualitária no domínio social.

Se, pelo contrário, considerarmos as relações de produção nas sociedades capitalistas, sobretudo no período do capitalismo liberal, a imagem será quase o negativo da anterior. Reconhecemos, obviamente, o enorme progresso operado em termos de tecnologias de produção, mas quanto às relações sociais de produção somos levados a concluir como Meiksins Wood que "em nenhum outro sistema de produção, o trabalho é tão completamente disciplinado e organizado, e nenhuma outra organização da produção responde tão directamente às exigências da apropriação" (1981: 91). Este controlo, sem precedentes, sobre a produção é aquilo a que Marx chamava o despotismo da fábrica (1970), e Braverman descreveu como significando a progressiva degradação do processo de trabalho (1974).

---

[44] Até ao século XVIII a privatização do poder do Estado assumia múltiplas formas. Uma das mais vulgares era a compra e venda de cargos públicos. Ver, por exemplo, Swart (1949).

PELA MÃO DE ALICE. O SOCIAL E O POLÍTICO NA PÓS-MODERNIDADE   129

Creio que a dicotomia economia/política tornou estas duas imagens incomparáveis e incomensuráveis. Separou-as de tal forma que a configuração política das relações sociais, onde se condensava o progresso civilizacional, deixou de poder ser o modelo da configuração económica das relações sociais. Confinado à esfera pública, o ideal democrático ficou neutralizado ou profundamente limitado no seu potencial emancipador. Convergentemente, a conversão da esfera pública na sede exclusiva do direito e da política desempenhou uma função legitimadora fundamental ao encobrir o facto de o direito e de a política do Estado democrático só poderem funcionar como parte duma configuração política e jurídica mais ampla, onde estão incluídas outras formas antidemocráticas de direito e de política.

Para a construção de uma alternativa conceitual
A crítica da distinção Estado/sociedade civil defronta-se com três objecções fundamentais. A primeira é que não parece correcto que se ponha em causa esta distinção precisamente no momento em que a sociedade civil parece estar, por toda a parte, a reemergir do jugo do Estado e a autonomizar-se em relação a ele, capacitando-se para o desempenho de funções que antes estavam confiadas ao Estado. A segunda objecção é que, mesmo admitindo que a distinção é criticável, é difícil encontrar uma alternativa conceptual ou é mesmo logicamente impossível, pelo menos enquanto vigorar a ordem social burguesa (Giner, 1985). A terceira objecção é que sobretudo nas sociedades periféricas e semiperiféricas (como a nossa) caracterizadas por uma sociedade civil fraca, pouco organizada e pouco autónoma, é politicamente perigoso pôr em causa a distinção Estado/sociedade civil.

As várias sociedades civis
Quanto à primeira objecção, deve, antes de mais, salientar-se que a "reemergência da sociedade civil" é, em si mesma, um fenómeno complexo, nela sendo possível distinguir pelo menos três lógicas distintas[45]. A primeira remete para a concepção liberal clássica da sociedade civil (enquanto pluralidade atomística de interesses económicos privados); domina hoje o discurso político, sobretudo conservador, nas sociedades capitalistas tanto centrais como periféricas ou semiperiféricas. A segunda subjaz aos novos movimentos sociais (ecológicos,

---

[45] Com outras preocupações teóricas S. Giner distingue quatro concepções de sociedade civil: liberal clássica, hegeliana, marxista clássica, neomarxista (1985: 247).

antinucleares, pacifistas, feministas) e demarca-se mais ou menos radicalmente da concepção liberal, apelando para a ideia de uma sociedade civil pós-burguesa e antimaterialista (Offe, 1984; 1985; Arato e Cohen, 1984). A terceira foi a que dominou a reflexão teórica dissidente na fase final dos regimes socialistas de Estado do Leste Europeu: a sociedade civil socialista, distinta de qualquer das duas concepções anteriores (Heller, 1984; Feher, Heller, Markus, 1984).

Estas distinções devem pôr os cientistas sociais de sobreaviso. Por um lado, nem a sociedade civil pós-burguesa ou antimaterialista, nem a sociedade civil socialista foram pensadas pela distinção Estado/sociedade civil tal como esta se constituiu historicamente e merecem por isso consideração separada. Por outro lado, e precisamente tendo isto em conta, devemo-nos interrogar, no que respeita à "reemergência da sociedade civil" no discurso político dominante, sobre se se trata disso mesmo ou de outro fenómeno, quiçá bem distinto, que por razões ideológico-políticas assume essa distinção.

A meu ver, o que está verdadeiramente em causa na "reemergência da sociedade civil" no discurso dominante é um reajustamento estrutural das funções do Estado por via do qual o intervencionismo social, interclassista, típico do Estado-Providência, é parcialmente substituído por um intervencionismo bicéfalo, mais autoritário face ao operariado e a certos sectores das classes médias (por exemplo, a pequena burguesia assalariada) e mais diligente no atendimento das exigências macro-económicas da acumulação de capital (sobretudo do grande capital). É inegável que a "reemergência da sociedade civil" tem um núcleo genuíno que se traduz na reafirmação dos valores do autogoverno, da expansão da subjectividade, do comunitarismo e da organização autónoma dos interesses e dos modos de vida. Mas esse núcleo tende a ser omitido no discurso dominante ou apenas subscrito na medida em que corresponde às exigências do novo autoritarismo.

As formas de poder social
A segunda objecção – a de que é difícil ou impossível formular uma alternativa à distinção Estado/sociedade civil – só pode ser respondida através da apresentação de uma tal alternativa. É o que faço a seguir, resumindo em jeito de escrita radiográfica um outro texto em que a alternativa é apresentada e justificada detalhadamente (Santos, 1985a). O ponto de partida é o conceito de poder pois é ele também que subjaz à distinção Estado/sociedade civil. De facto, esta distinção visa sobretudo impor uma concepção homogénea e bem definida de poder e atribuir-lhe um lugar específico e exclusivo. A concepção é, como sabemos,

a concepção do poder político-jurídico e o lugar do seu exercício é o Estado. Todas as outras formas de poder, na família, nas empresas, nas instituições não estatais são diluídas no conceito de relações privadas e de concorrência entre interesses particulares.

Este paradigma tem vindo a ser objecto de múltiplas críticas. A mais recente e mais radical foi, sem dúvida, a de Foucault (1975; 1976). Segundo Foucault, a partir do século XVIII, precisamente no momento em que a teoria liberal procurava identificar o poder social com o poder do Estado, surgiu nas sociedades modernas uma outra forma de poder bem mais disseminada e eficaz, o poder disciplinar, ou seja, o poder da normalização das subjectividades tornado possível pelo desenvolvimento e institucionalização das diferentes ciências sociais e humanas. Esta forma de poder – o poder-saber das disciplinas – cercou e esvaziou o poder político-jurídico e de tal modo que, ao lado dele, o poder do Estado é hoje apenas uma entre outras formas de poder e nem sequer a mais importante. O problema desta concepção é que, embora chame, e bem, a atenção para a multiplicidade de formas de poder em circulação na sociedade, não permite determinar a especificidade de cada uma delas nem a hierarquia entre elas. Por outro lado, fiel às suas convicções anarquistas, Foucault leva longe demais o argumento da proliferação das formas de poder e a tal ponto que ele se torna reversível e autodestrutivo. É que se o poder está em toda a parte, não está em parte nenhuma.

É, pois, necessário encontrar uma via intermédia entre a concepção liberal e a concepção foucaultiana. A minha proposta é que as sociedades capitalistas são formações ou configurações políticas constituídas por quatro modos básicos de produção de poder que se articulam de maneiras específicas. Esses modos de produção geram quatro formas básicas de poder que, embora interrelacionadas, são estruturalmente autónomas (ver QUADRO 1)[46].

[46] A primeira formulação desta proposta pode ler-se em Santos (1985a).

Quadro 1
Mapa Estrutural das Sociedades Capitalistas

COMPONENTES ELEMENTARES / ESPAÇOS ESTRUTURAIS	Unidade de prática social	Forma institucional	Mecanismo de poder	Forma de direito	Modo de racionalidade
Espaço doméstico	Sexos e gerações	Família, casamento e parentesco	Patriarcado	Direito doméstico	Maximização de afectividade
Espaço da produção	Classe	Empresa	Exploração	Direito da produção	Maximização do lucro
Espaço da cidadania	Indivíduo	Estado	Dominação	Direito territorial	Maximização da lealdade
Espaço mundial	Nação	Contratos, acordos e Organizações Internacionais	Troca desigual	Direito sistémico	Maximização da efectividade

Distingo nas sociedades capitalistas quatro espaços (que também são quatro tempos) estruturais: o espaço doméstico, o espaço da produção, o espaço da cidadania e o espaço mundial. Cada um deles constitui um feixe de relações sociais paradigmáticas. Não são obviamente os únicos espaços/tempos que vigoram ou circulam na sociedade mas todos os demais representam, no essencial, combinações diversas entre os quatro conjuntos de relações sociais paradigmáticas. Cada espaço estrutural é um fenómeno complexo constituído por quatro componentes elementares: uma unidade de prática social, uma forma institucional privilegiada, um mecanismo de poder, uma forma de direito e um modo de racionalidade.

O espaço doméstico é constituído pelas relações sociais (os direitos e os deveres mútuos) entre os membros da família, nomeadamente entre o homem e a mulher e entre ambos (ou qualquer deles) e os filhos. Neste espaço, a unidade de prática social são os sexos e as gerações, a forma institucional é o casamento, a família e o parentesco, o mecanismo do poder é o patriarcado, a forma de juridicidade é o direito doméstico (as normas partilhadas ou impostas que regulam as relações quotidianas no seio da família) e o modo de racionalidade é a maximização do afecto. *O espaço da produção* é constituído pelas relações do processo de trabalho, tanto as relações de produção ao nível da empresa (entre produtores directos e os que se apropriam da mais-valia por estes produzida), como as relações na produção entre trabalhadores e entre estes e todos os que controlam o processo de trabalho. Neste contexto, a unidade da prática social é a classe, a forma institucional é a fábrica ou empresa, o mecanismo do poder é a exploração, a forma de juridicidade é o direito da produção (o código da fábrica, o regulamento da empresa, o código deontológico) e o modo de racionalidade é a maximização do lucro. *O espaço da cidadania* é constituído pelas relações sociais da esfera pública entre cidadãos e o Estado. Neste contexto, a unidade da prática social é o indivíduo, a forma institucional é o Estado, o mecanismo de poder é a dominação, a forma de juridicidade é o direito territorial (o direito oficial estatal, o único existente para a dogmática jurídica) e o modo de racionalidade é a maximização da lealdade. Por último, *o espaço da mundialidade* constitui as relações económicas internacionais e as relações entre Estados nacionais na medida em que eles integram o sistema mundial. Neste contexto, a unidade da prática social é a nação, a forma institucional são as agências, os acordos e os contratos internacionais, o mecanismo de poder é a troca desigual, a forma de juridicidade é o direito sistémico (as normas muitas vezes não escritas e não expressas que regulam as relações desiguais entre Estados e entre empresas no plano internacional) e o modo de racionalidade é a maximização da eficácia.

Não me posso deter aqui nas virtualidades analíticas e teóricas desta alternativa conceptual. Direi tão-só que: flexibiliza a rigidez estrutural, pluralizando as estruturas sociais sem contudo cair no interaccionismo amorfo; permite criar várias interfaces entre as condicionantes estruturais e as acções sociais autónomas; torna possível regressar ao indivíduo sem no entanto o fazer de uma forma individualista; repõe o espaço doméstico que a teoria clássica tinha atirado, jacobinamente, para o lixo das relações privadas; permite colocar a sociedade nacional num espaço mundial, mas de tal modo que este é concebido como uma estrutura interna da própria sociedade nacional, ou seja, como matriz organizadora dos efeitos pertinentes que as condições mundiais exercem sobre cada um dos espaços estruturais. Acima de tudo, esta concepção permite mostrar que a natureza política do poder não é um atributo exclusivo de uma determinada forma de poder. É antes o efeito global da combinação entre as diferentes formas de poder.

Mas a virtualidade principal desta concepção é que ela permite responder adequadamente à terceira objecção contra a eliminação da distinção Estado/sociedade civil, ou seja, à ideia de que tal eliminação é particularmente perigosa nas sociedades periféricas e semiperiféricas dotadas de sociedades civis fracas e pouco autónomas.

Hipóteses sobre o Estado e as formas de poder social em Portugal

Procurarei mostrar que esta proposta conceptual permite formular três questões que considero fundamentais para compreender o Estado e a sociedade em Portugal. Em primeiro lugar, a questão de saber se a sociedade civil portuguesa é de facto fraca e pouco autónoma. Em segundo lugar, se a centralidade do Estado é igual ou diferente da centralidade dos Estados dos países centrais. Em terceiro lugar, sob que condições sociais a centralidade do Estado se combina com a ineficácia da sua actuação.

Antes de mais cabe perguntar se as sociedades civis semiperiféricas (Portugal, o caso que nos interessa particularmente) são de facto fracas e pouco autónomas[47]. Como se sabe, a distinção Estado/sociedade civil foi elaborada em função das condições económicas sociais e políticas dos países centrais num período bem definido da sua história. Esta distinção assentava em dois pressupostos. Primeiro, era fácil delimitar o Estado, pois, ao contrário do que sucedia com a sociedade civil, era uma construção artificial e dispunha de uma estrutura formal. O segundo pressuposto era o de que o Estado fora, de facto, feito pela sociedade civil segundo as necessidades e interesses desta, dela dependendo para a sua reprodução e consolidação. As necessidades e os interesses eram fundamentalmente económicos e foram eles que deram materialidade à ideia da sociedade civil forte e autónoma.

Uma vez convertida em teoria política dominante e exportada como tal para sociedades periféricas e semiperiféricas que entretanto se foram formando e transformando, a distinção liberal não podia deixar de definir estas sociedades como sendo sociedades fracas e pouco autónomas. Nelas, a relação Estado/sociedade civil invertia-se por completo: nas sociedades coloniais o que se poderia designar por sociedade civil era um produto total do Estado colonial e nas demais sociedades periféricas e semiperiféricas o "sobredesenvolvimento" do Estado e o seu papel decisivo na economia testemunhava de igual modo a subordinação da sociedade civil em relação ao Estado. A hegemonia desta

[47] Uma outra dimensão da mesma questão é analisada no capítulo 3.

PELA MÃO DE ALICE. O SOCIAL E O POLÍTICO NA PÓS-MODERNIDADE   135

concepção foi tal que passou a dominar todo o discurso político ainda que com alguns matizes importantes reveladores, aliás, da fragilidade teórica da concepção de base. Por exemplo, enquanto o discurso conservador tendeu a conceber a fraqueza da sociedade civil como um efeito da força do Estado, o discurso social-democrata tendeu a conceber a fraqueza da sociedade civil como uma causa da força do Estado.

É este também o quadro teórico e político com que se tem analisado a sociedade portuguesa e as conclusões não podem deixar de ser as mesmas. No entanto, se atentarmos bem, este quadro teórico explica muito pouco da sociedade portuguesa e se nos libertarmos dele chegaremos a conclusões significativamente diferentes. Assim, à luz da proposta conceptual que defini acima, a sociedade civil portuguesa só é fraca e pouco autónoma se, seguindo o modelo das sociedades centrais, a identificarmos com o espaço da produção ou com o espaço da cidadania. Se, ao contrário, atentarmos no espaço doméstico, verificamos que a sociedade civil portuguesa é muito forte, autónoma e auto-regulada ou, em todo o caso, é mais forte, autónoma e auto-regulada que as sociedades civis centrais. Aliás, é essa autonomia e auto-regulação que torna possível que o espaço doméstico preencha algumas das lacunas da providência estatal e assim se constitua em sociedade providência, como lhe tenho chamado.

Portanto, o primeiro argumento a favor da alternativa conceptual é que, além da sua maior discriminação analítica, ela permite comparações não sistematicamente enviesadas contra as sociedades semiperiféricas. O segundo argumento é mais complexo e com ele pretendo mostrar que a centralidade do Estado nos países centrais é diferente da centralidade do Estado numa sociedade como a portuguesa e que esse facto, de importância capital, não pode ser explicado em termos da dicotomia Estado/sociedade civil. Como referi acima, a autonomia da sociedade civil nas sociedades centrais significa basicamente que o espaço de produção moldou, segundo as suas necessidades e os seus interesses, o espaço da cidadania e, portanto, o Estado. Manifestação disto mesmo é o facto de a industrialização ter precedido o parlamentarismo enquanto regime político dominante e de este, tanto na sua constituição, como no seu funcionamento, ter correspondido aos interesses gerais da expansão do capitalismo. Aliás, a pujança do espaço da produção manifestou-se também no modo como ele transformou o espaço doméstico, e portanto a família, em função das exigências da reprodução da força de trabalho assalariada. Por esta via, criou-se um certo isomorfismo entre o espaço da produção, o espaço doméstico e o espaço da cidadania ao mesmo tempo que para os países que primeiro se industrializaram o espaço mundial não constituiu qualquer efeito condicionante negativo (ou seja, não havia nessa altura países desenvolvidos cuja dominância era necessário defrontar).

Este isomorfismo foi a base social da chamada racionalidade formal do Estado, da sua capacidade para exercer eficazmente as suas funções dentro dos limites hegemonicamente estabelecidos. O isomorfismo significou, por exemplo, que as três formas de poder, o patriarcado, a exploração e a dominação, pudessem ser funcionalmente muito diferenciadas e autónomas e, ao mesmo tempo convergir substancialmente nos efeitos do exercício dessa autonomia, cada uma delas confirmando e potenciando a eficácia das restantes.

Na semiperiferia as coisas passaram-se de modo muito diferente. Por um lado, a modernização do espaço da cidadania precedeu a do espaço da produção (por exemplo, o parlamentarismo, mesmo restrito ou restritivo, precedeu o grande surto de industrialização), e manteve em relação a ele uma grande autonomia, um facto que, entre nós se tem vindo a reproduzir sob várias formas até ao presente. Por outro lado, o espaço da produção manteve sempre uma grande heterogeneidade interna bem simbolizada na heterogeneidade das actividades produtivas, na desarticulação ou fraca complementaridade entre sectores, nos grandes desequilíbrios de produtividade intersectorial e intrasectorial e, finalmente, na coexistência do modo de produção capitalista como outros modos de produção não capitalista. A mesma heterogeneidade se verificou no espaço doméstico a qual lhe proporcionou uma lógica de reprodução relativamente autónoma, tanto em relação ao espaço de produção, como em relação ao espaço da cidadania, condicionada e, de algum modo, potenciada pela posição de dependência da sociedade semiperiférica no espaço mundial.

A grande heterogeneidade interna dos vários espaços estruturais e a não correspondência entre os seus diferentes requisitos de reprodução produziu um défice de hegemonia ou se preferirmos, um défice de objectivos nacionais o qual foi coberto ou compensado pelo "excesso" de autoritarismo do Estado. Em Portugal, este "excesso" assumiu, tanto formas democráticas, como formas ditatoriais e foi (e continua a ser) exercido, tanto directamente pelo Estado, como pelas várias organizações (meios de comunicação, partidos, empresas, sindicatos, famílias oligárquicas, etc.) que em qualquer dos espaços estruturais exercem, por delegação ou subcontratação, poderes estatais ou para-estatais. Daqui resultaram (e continuam a resultar) duas consequências. Por um lado, dada a sua heterogeneidade interna, cada um dos espaços estruturais e sua forma de poder é funcionalmente muito dependente dos restantes para se reproduzir; por outro lado, a relativa autonomia entre eles e o correspondente

PELA MÃO DE ALICE. O SOCIAL E O POLÍTICO NA PÓS-MODERNIDADE   137

défice de isomorfismo faz com que as relações entre eles sejam instáveis e, para se sustentarem, necessitem da presença estruturante de um vínculo autoritário.

A centralidade do Estado português enquanto Estado semiperiférico distingue-se assim e antes de mais da dos Estados dos países centrais por ser mais autoritária e menos hegemónica e por ser mais difícil determinar onde o Estado acaba e o não-Estado começa. Mas, para além disto, e um tanto paradoxalmente, este tipo de centralidade é uma centralidade que não se sabe impor eficazmente, ou seja, cujos resultados de exercício ficam sempre aquém da lógica que lhes subjaz. A decifração deste aparente paradoxo (o terceiro argumento que aqui apresento) está em que, na semiperiferia, os factores da centralidade do Estado são igualmente factores da ineficácia deste. A heterogeneidade interna do espaço doméstico e do espaço de produção e a não correspondência entre os respectivos requisitos de reprodução criam autonomias relativas em cada um destes núcleos estruturais da sociedade portuguesa cujo efeito emergente é o de subverter, transformar, apropriar, em suma, bloquear a actuação do Estado. Assim, ao contrário do que se passa nos países centrais, é tão importante determinar a autonomia relativa do espaço de cidadania (do Estado) em relação aos restantes espaços estruturais como determinar a autonomia relativa destes em relação àquele.

A primazia do político, ou melhor, do espaço de cidadania sob a forma do Estado, coexiste, deste modo, com a sua dependência em relação aos outros espaços e nessa medida a forma do poder do Estado, a dominação, exerce-se, na prática, em complexas combinações com as formas de poder características dos outros espaços estruturais, o que confere grande particularismo à actuação do Estado (clientelismo, nepotismo, corrupção, etc.). Tal particularismo pode resultar da interpenetração entre o espaço da cidadania e o espaço doméstico e, portanto, entre dominação e patriarcado, por exemplo no caso em que a actuação do Estado e o exercício da cidadania são delegados informalmente em famílias oligárquicas, ainda hoje poderosas em muitas zonas ou sectores sociais do país e mesmo no interior do próprio Estado. Ou pode resultar da interpenetração entre o espaço de cidadania e o espaço de produção e, portanto, entre dominação e exploração, por exemplo nos casos em que empresários ou empresas adquirem rendas políticas de monopólio cobradas sobre os seus trabalhadores ou sobre própria actuação do Estado ou ainda nos casos em que o Estado é, em si, um espaço de produção sobredimensionado, de tal modo que uma fracção significativa da classe média tem a sua base social no próprio Estado, isto é, no orçamento do Estado. O particularismo da actuação do Estado pode ser finalmente uma forma de interpenetração entre o espaço de cidadania e o espaço mundial e, portanto, entre dominação e troca desigual nos casos em que os países centrais ou as organizações internacionais que eles controlam se apropriam de parte da soberania do Estado nacional.

Ao contrário do que se passa nos países centrais, não se trata de influências exercidas *sobre* o Estado e sua acção mas da configuração interna do próprio poder do Estado. O autoritarismo estatal, por ser relativamente ineficaz, é não só incompleto como contraditório, o que, por sua vez, contribui para a grande heterogeneidade e fragmentaridade da actuação do Estado. Tal heterogeneidade assume várias formas, algumas das quais já analisei em trabalhos anteriores. Menciono aqui uma raramente referida. Reside no modo como a actuação da burocracia do Estado oscila entre a extrema rigidez, distância e formalismo com que obriga o cidadão anónimo e sem referências (a que chamo sociedade civil estranha) a cansar-se aos balcões de serviços inacessíveis, a preencher formulários ininteligíveis, e a pagar impostos injustos e a extrema flexibilidade, intimidade e informalidade com que trata, para os mesmos efeitos, o cidadão conhecido e com boas referências (a sociedade civil íntima).

Trata-se de uma oscilação entre o Estado predador e o Estado protector segundo uma lógica de racionalidade totalmente oposta à do espaço de cidadania (a maximização lealdade) porque se trata de uma lealdade interpessoal, ainda que obtida à custa da privatização de recursos públicos, uma lógica de racionalidade em todo o caso mais próxima da racionalidade do espaço doméstico (a maximização da afectividade) do que da racionalidade do espaço de produção (a maximização do lucro). Talvez por isso, estas e outras manifestações de particularismo e de heterogeneidade fazem com que a actuação do Estado não mereça sequer a confiança da classe dominante no espaço da produção, o empresariado capitalista. Para além desta ser fragmentada enquanto classe, o Estado só a sabe servir fragmentariamente. Este padrão de actuação do Estado é simultaneamente causa e efeito de as práticas de classe, ao contrário do que sucede (ou sucedeu até há pouco) nos países centrais, não se traduzirem linearmente em políticas de classe.

Procurei mostrar que a distinção Estado/sociedade civil, para além do seu simplismo e reducionismo gerais, é particularmente inadequada para analisar uma sociedade semiperiférica como, por exemplo, a sociedade Portuguesa. O descaso das condições históricas, sociais, políticas e económicas específicas de uma sociedade deste tipo dá origem a um efeito de ocultação particularmente amplo.

CAPÍTULO 6
MODERNIDADE, IDENTIDADE E A CULTURA DE FRONTEIRA

Introdução

Sabemos hoje que as identidades culturais não são rígidas nem, muito menos, imutáveis. São resultados sempre transitórios e fugazes de processos de identificação. Mesmo as identidades aparentemente mais sólidas, como a de mulher, homem, país africano, país latino-americano ou país europeu, escondem negociações de sentido, jogos de polissemia, choques de temporalidades em constante processo de transformação, responsáveis em última instância pela sucessão de configurações hermenêuticas que de época para época dão corpo e vida a tais identidades. Identidades são, pois, identificações em curso.

Sabemos também que as identificações, além de plurais, são dominadas pela obsessão da diferença e pela hierarquia das distinções. Quem pergunta pela sua identidade questiona as referências hegemónicas mas, ao fazê-lo, coloca-se na posição de outro e, simultaneamente, numa situação de carência e por isso de subordinação. Os artistas europeus raramente tiveram de perguntar pela sua identidade, mas os artistas africanos e latino-americanos, a trabalhar na Europa vindos de países que, para a Europa, não eram mais que fornecedores de matérias-primas, foram forçados a suscitar a questão da identidade. A questão da identidade é assim semifictícia e seminecessária. Para quem a formula, apresenta-se sempre como uma ficção necessária. Se a resposta é obtida, o seu êxito mede-se pela intensidade da consciência de que a questão fora, desde o início, uma necessidade fictícia. É, pois, crucial conhecer quem pergunta pela identidade, em que condições, contra quem, com que propósitos e com que resultados.

Sabemos, por último, que a resposta, com êxito, à questão da identidade se traduz sempre numa reinterpretação fundadora que converte o défice de sentido da pergunta no excesso de sentido da resposta. Fá-lo, instaurando um começo radical que combina fulgurantemente o próprio e o alheio, o individual e o colectivo, a tradição e a modernidade. Fulgurações deste tipo podem ser identificadas em criadores culturais e políticos como Lu Xun na China, Tagore na Índia, Mariátegui no Peru, Martí em Cuba, Cabral na Guiné-Bissau e Cabo Verde, Fernando Pessoa em Portugal, Oswald de Andrade no Brasil. O caso de Oswald de Andrade é, a este propósito, particularmente significativo. Ao declarar os poemas reunidos na colectânea *Pau-Brasil*, publicada em 1924, como tendo sido escritos "por ocasião da descoberta do Brasil", Andrade propõe-nos um começo radical que, em vez de excluir, devora canibalisticamente o tempo que o precede, seja ele o tempo falsamente primordial do nativismo, ou o tempo falsamente universal do eurocentrismo. Esta voracidade inicial e iniciática funda um novo e mais amplo horizonte de reflexividade, de diversidade e de diálogo donde é possível ver a diferença abissal entre a macumba para turistas e a tolerância racial. Acima de tudo, Oswald de Andrade sabe que a única verdadeira descoberta é a autodescoberta e que esta implica presentificar o outro e conhecer a posição de poder a partir do qual é possível a apropriação selectiva e transformadora dele (Andrade, 1990). O desenvolvimento da arte moderna europeia, de Gauguin ao fauvismo, ao cubismo, ao expressionismo e ao surrealismo, beneficiou, de modo significativo, da apropriação selectiva de culturas não-europeias, nomeadamente africanas; no entanto, tal apropriação teve lugar a partir de uma posição de poder totalmente distinta daquela que levou à decoração, em tempos recentes, dos escudos usados nas guerras intergrupais na Guiné-Papua com os logos de cervejas ocidentais.

O que sabemos de novo sobre os processos de identidade e de identificação, não sendo muito, é, contudo, precioso para avaliar as transformações por que está a passar a teoria social em função da quase obsessiva preocupação com a questão da identidade que tem vindo a dominá-la nos últimos tempos e que, tudo leva a crer, continuará a dominá-la na década entrante.

A descontextualização da identidade na modernidade

A preocupação com a identidade não é, obviamente, nova. Podemos dizer até que a modernidade nasce dela e com ela. O primeiro nome moderno da identidade é a subjectividade. O colapso da cosmovisão teocrática medieval trouxe consigo a questão da autoria do mundo e o indivíduo constituiu a primeira resposta. O humanismo renascentista é a primeira afloração paradigmática da individualidade como subjectividade. Trata-se de um paradigma emergente onde se cruzam tensionalmente múltiplas linhas de construção da subjectividade moderna. Duas dessas tensões merecem um relevo especial. A primeira ocorre entre a subjectividade individual e a subjectividade colectiva. A ideia de um mundo produzido por acção humana postula a necessidade de conceber a *communitas* em que tal produção ocorre. O colapso da *communitas* medieval cria um vazio que vai ser conflitualmente e nunca plenamente preenchido pelo Estado moderno, cuja subjectividade é afirmada por todas as teorias da soberania posteriores ao tratado de Westefália. Esta tensão mantém-se irresolvida até aos nossos dias e tem a sua melhor formulação teórica na dialéctica hegeliana da *Ich-Individualität/Ich-Kollektivität*. A segunda tensão é entre uma concepção concreta e contextual da subjectividade e uma concepção abstracta, sem tempo nem espaços definidos. A primeira concepção está bem simbolizada na obra de Montaigne, Shakespeare, Erasmus e Rabelais. Montaigne é a este respeito particularmente exemplar pelo seu combate à teorização abstracta falsamente universal e pela sua preocupação em centrar a sua escrita sobre si próprio, a única subjectividade de que tinha conhecimento concreto e íntimo. A segunda concepção, teórica, desespacializada e destemporalizada, tem em Descartes o seu representante paradigmático. Curiosamente, no *Discurso do Método*, e sobretudo na intrigante biografia intelectual que nele se narra, há indicações preciosas sobre o contexto pessoal social e político que permitiram a Descartes criar uma filosofia sem contexto (Descartes, 1972).

Estas duas tensões – subjectividade individual/subjectividade colectiva; subjectividade contextual/subjectividade universal – estão na base das duas grandes tradições da teoria social e política da modernidade. Não cabe aqui refazer o viático do seu percurso nos últimos trezentos e cinquenta anos. Referirei apenas as suas encruzilhadas principais. Afirmei no capítulo 4 que o paradigma da modernidade é um projecto sócio-cultural muito amplo, prenhe de contradições e de potencialidades que, na sua matriz, aspira a um equilíbrio entre a regulação social e a emancipação social. A trajectória social deste paradigma não é linear, mas o que mais profundamente a caracteriza é o processo histórico da progressiva absorção ou colapso da emancipação na regulação e, portanto, da conversão perversa das energias emancipatórias em energias regulatórias, o que em meu entender se deve à crescente promiscuidade entre o projecto da modernidade e o desenvolvimento histórico do capitalismo particularmente evidente a partir de meados do século XIX. Para o que aqui nos interessa, cabe referir que o posicionamento específico da teoria política liberal perante as duas tensões acima referidas representa a proposta hegemónica da resolução da questão da identidade moderna. Na tensão entre subjectividade individual e subjectividade colectiva, a prioridade é dada à subjectividade individual; na tensão entre subjectividade contextual e subjectividade abstracta, a prioridade é dada à subjectividade abstracta. Trata-se de propostas hegemónicas mas não únicas nem em todo o caso estáveis. O triunfo da subjectividade individual propulsionado pelo princípio do mercado e da propriedade individual, que se afirma de Locke a Adam Smith, acarreta consigo, pelas antinomias próprias do princípio do mercado, a exigência de um super-sujeito que regule e autorize a autoria social dos indivíduos. Esse sujeito monumental é o Estado liberal. Sendo uma emanação da sociedade civil, por via do contrato social, tem poder de império sobre ela; sendo, ao contrário desta, uma criação artificial, pode ser artificialmente manipulado *ad infinitum*; sendo funcionalmente específico, pode multiplicar as suas funções; sendo um Estado mínimo, tem potencialidades para se transformar em Estado máximo.

Desta polarização entre indivíduo e Estado quem sai perdedor é o princípio da comunidade propugnado por Rousseau, que visava, em vez da contraposição entre indivíduo e Estado, uma síntese complexa e dinâmica entre eles, um modo moderno de reconstituir a *communitas* medieval agora destranscendentalizada.

A derrota de Rousseau aprofundou também a derrota da subjectividade contextual perante a subjectividade abstracta, ou seja, a derrota de Montaigne perante Descartes. Este processo histórico de polarização e de descontextualização da identidade conhece uma série de desenvolvimentos paralelos. Um deles, crucial para interpenetração da modernidade com o capitalismo, ocorre na Península Ibérica e são seus protagonistas Portugal e Espanha.

Em 2 de Janeiro de 1492, poucos meses antes de Colombo iniciar a sua viagem, cai Granada e com ela terminam oito séculos de domínio mouro na península. Logo depois, milhares e milhares de livros escritos e preservados ao longo de séculos por insignes geógrafos, matemáticos, astrónomos, cientistas, poetas, historiadores e filósofos mouros são queimados no fogo da Santa Inquisição, a mesma que a partir de 31 de Março de 1492 cumpre o edito de Isabel de Castela, expulsando os judeus e confiscando-lhes os bens com que vão ser financiadas logo a seguir as viagens de Colombo (Carew, 1988a: 15; 1988b: 51). É o fim do Iluminismo mouro e judaico sem o qual, ironicamente, a Renascença não seria possível. Com base na linguagem abstracta e manipulável da fé e nos não menos manipuláveis critérios de limpeza de sangue, é declarada uma guerra total aos grandes criadores culturais da península, os quais, no caso específico dos mouros, tinham sido parte integrante de uma ordem política em que durante séculos puderam conviver, em espírito de tolerância, cristãos, judeus e mouros, e de uma ordem religiosa, o Islão, que na sua fase inicial tinha recebido importantes influências das grandes civilizações africanas do vale do Nilo, da Etiópia, da Núbia e do Egipto[48]. Este riquíssimo processo histórico de contextualização

---

[48] Paralelamente, Martin Bernal, entre outros, tem vindo a chamar a atenção para as raízes africanas e orientais da cultura ocidental, e nomeadamente da Antiguidade Clássica (Bernal, 1987).

PELA MÃO DE ALICE. O SOCIAL E O POLÍTICO NA PÓS-MODERNIDADE 143

e de recontextualização de identidades culturais é interrompido violentamente por um acto de pilhagem política e religiosa que impõe uma ordem que, por se arrogar o monopólio regulador das consciências e das práticas, dispensa a intervenção transformadora dos contextos, da negociação e do diálogo. Assim se instaura uma nova era de fanatismo, de racismo, e de centrocentrismo.

A concomitância temporal deste acto com o início das viagens de Colombo não é uma mera coincidência; estamos no prelúdio do etnocídio dos povos ameríndios, assistimos ao ensaio ideológico e linguístico que o vai legitimar. Aliás, este ensaio europeu da guerra ao outro não é uma especificidade dos países ibéricos. Alguém disse recentemente que a invasão da América do Norte começou com a invasão da Irlanda (Rai, 1993: 25), e pode mesmo afirmar-se com segurança que os ingleses transferiram para a Virgínia e a Nova Inglaterra os métodos e a ideologia de colonização destrutiva que tinham aplicado contra a Irlanda nos séculos XVI e XVII (Rolston, 1993: 17). Significativamente, em ambos os casos, a subjectividade do outro é negada pelo "facto" de não corresponder a nenhuma das subjectividades hegemónicas da modernidade em construção: o indivíduo e o Estado. De Juan de Sepulveda, no seu debate com Bartolomeu de las Casas, ao isabelino Humphrey Gilbert, o carrasco da Irlanda, o outro não é um verdadeiro indivíduo porque o seu comportamento se desvia abissalmente das normas da fé e do mercado. Tão-pouco é detentor de subjectividade estatal, pois que não conhece a ideia do Estado nem a de lei e vive segundo formas comunitárias, pejorativamente designadas por bandos, tribos, hordas, que não se coadunam, nem com a subjectividade estatal, nem com a subjectividade individual. A este propósito deve salientar-se que o discurso jurídico é um suporte crucial da linguagem abstracta que permite descontextualizar e consequentemente negar a subjectividade do outro no mesmo processo em que a designa e a avalia à luz de critérios pretensamente universais. Em 1532, o jurista de Salamanca, Francisco de Vitoria argumentava que a conquista dos aztecas e dos incas estava justificada pelas violações do direito natural perpetradas por eles: pelos aztecas ao praticarem sacrifícios humanos e canibalismo; pelos incas ao aceitarem a tirania e a deificação do Inca (Vitoria, 1991). Do mesmo modo, Grotius justificava a guerra justa contra os animais selvagens e contra "os homens que eram como eles", ao mesmo tempo que justificava a ocupação dos territórios do Novo Mundo pelo facto de o direito natural abominar o vazio (Grotius, 1925).

Não devemos exagerar a coerência entre as construções ideológicas do outro da identidade moderna europeia e as práticas concretas da colonização das Américas e da África. Nem umas nem outras tiveram desenvolvimentos lineares e nem estes foram necessariamente sincronizados, ainda que a pretensa sincronia fosse ela própria objecto de construção ideológica conseguida no seu melhor por via da linguagem metafórica, como quando, por exemplo, a Companhia da Virgínia justificava em 1610 o comércio com os Powhatans declarando que "comprava deles as pérolas da terra, vendendo-lhes em troca as pérolas do céu" (Carew, 1988b).

No próprio espaço europeu, a descontextualização e a polarização das identidades hegemónicas, o indivíduo e o Estado, passaram por momentos de forte contestação. Refiro, a título de exemplo, dois desses momentos, o romantismo e o marxismo.

As contestações romântica e marxista
Sem grande detença, retenho da contestação romântica da identidade moderna os seguintes traços gerais. Contra uma racionalidade descontextualizada e abstracta crescentemente colonizada pelo instrumentalismo científico e pelo cálculo económico, o romantismo propõe uma busca radical de identidade que implica uma nova relação com a natureza e a revalorização do irracional, do inconsciente, do mítico e do popular e o reencontro com o outro da modernidade, o homem natural, primitivo, espontâneo, dotado de formas próprias de organização social. Contra a parelha indivíduo-Estado e o juridicismo abstracto que a regula, o romantismo glorifica a subjectividade individual pelo que há nela de original, irregular, imprevisível, excessivo, em suma, pelo que há nela de fuga à regulação estatal-legal. Longe de ser uma proposta reaccionária, a contestação romântica é, como hoje comummente se reconhece, herdeira do reformismo iluminista que apenas critica pelo realismo estreito em que deixou fechar as suas reformas, abrindo assim espaço para a utopia social onde os projectos socialistas ocupam um lugar central *paripassu* com formas de religiosidade de recorte panteísta onde a herança rousseauniana é visível (Aguiar e Silva, 1984: 531ss.).

A contestação marxista da identidade moderna tem mais pontos de contacto com a contestação romântica do que durante muito tempo quis admitir, mas a direcção que toma é obviamente muito distinta. A recontextualização da identidade proposta pelo marxismo contra o individualismo e o estatismo abstractos é feita através do enfoque nas relações sociais de produção, no papel constitutivo destas, nas ideias e nas práticas dos indivíduos concretos e nas relações assimétricas e diferenciadas destes com o Estado. Por esta via, o conflito matricial da modernidade entre regulação e emancipação passa a ser definido segundo as classes que o protagonizam: a burguesia do lado da regulação e o operariado do lado da emancipação. Trata-se de um avanço notável que recontextualiza a subjectividade individual e desmonumentaliza o Estado. No entanto, ao deixar na obscuridade as mediações entre cada um deles e as classes, o marxismo tendeu a reproduzir, sob outra forma, a polarização liberal entre o sujeito individual e o super-sujeito, sendo que esse super-sujeito é agora a classe e não o Estado. Com o Leninismo, esta polarização agudizou-se por via da vinculação abstracta da classe ao partido e deste ao Estado. Com isto, a potenciação do super-sujeito, agora acumulando classe e Estado, não só descontextualizou a subjectividade individual, como a devorou antropofagicamente. O autoritarismo daí decorrente não é mais do que levar ao paroxismo a descontextualização da subjectividade e da identidade pressuposta pelo liberalismo. O fim do Leninismo é, historicamente, o primeiro fim do liberalismo.

Mas se a forma leninista da contestação marxista não conseguiu superar – e, ao contrário, agravou – a descontextualização liberal da subjectividade, tão--pouco o conseguiu a forma não-leninista, social-democrática. Ao contrário do que anunciam as evidências superficiais, a crise da social-democracia nos países centrais ocorre mais pelo que de liberalismo há na social-democracia do que pelo que da social-democracia há no liberalismo. Para verificar isto mesmo, é necessário recuar ao sentido original das contestações romântica e marxista à descontextualização e polarização da identidade social e cultural operada pela versão hegemónica, liberal, da modernidade. A contestação romântica propõe a recontextualização da identidade por via de três vínculos principais: o vínculo étnico, o vínculo religioso e o vínculo com a natureza. A contestação marxista propõe, como vimos, a recontextualização através do vínculo da classe.

Qualquer destes vínculos significava a construção de identidades alternativas à polarização indivíduo-Estado, portanto, a criação de lealdades terminais inapropriáveis pelo Estado. A verdade, porém, é que nenhum desses vínculos logrou fazer vingar, nos últimos cem anos, uma alternativa concreta, nem no plano político, nem mesmo no plano sócio-cultural. Pelo contrário, o vínculo indivíduo-Estado, assente no princípio da obrigação política liberal, não cessou de afirmar a sua hegemonia e, por processos diferentes, foi-se apropriando do potencial alternativo dos demais vínculos, que assim descaracterizados acabaram por ser postos ao serviço da lealdade terminal ao Estado.

O vínculo religioso foi progressivamente marginalizado por várias vias, pela repressão violenta (nas proibições de culto e confisco dos bens da Igreja), pela substituição de funções (nas diferentes formas de secularização protagonizadas pelo Estado, dos ritos funerários à educação), e pela acomodação em posição de subordinação (nas leis de separação da Igreja e do Estado). A secularização das práticas sociais foi particularmente intensa como demonstra Fernando Catroga em estudo recente sobre o papel do Estado português no processo de secularização da morte no final do século XIX (Catroga, 1988). Por seu lado, Neil Smelser analisou o debate político na Inglaterra no virar do século sobre a institucionalização da educação pública, um debate em que pouco se discutiu sobre educação. O verdadeiro debate foi sobre as prerrogativas rivais da religião e do Estado sobre o controlo da educação dos cidadãos, um debate que foi perdido pela Igreja (Smelser, 1991).

Quanto ao vínculo étnico, a sua descaracterização teve lugar através do anátema lançado sobre todas as formas de "primordialismo" que não correspondessem à base étnica do racismo dominante e da sua absorção no conceito de nação, um conceito inventado ora para legitimar a dominação de uma etnia sobre as demais, ora para criar um denominador sócio-cultural comum suficientemente homogéneo para poder funcionar como base social adequada à obrigação política geral e universal exigida pelo Estado, autodesignado assim como Estado-Nação. Este processo de homogeneização foi tanto mais necessário quando mais complexa era a base étnica do Estado. Quanto ao vínculo com a natureza, a condição teórica da sua degradação teve início nos primórdios da modernidade com a revolução científica galilaica, newtoniana. As condições sociais foram múltiplas e começaram com a expansão do capitalismo comercial e os descobrimentos. O conceito de *res extensa*, a que Descartes reduziu a natureza, é isomórfico do conceito de *terra nullius* desenvolvido pelos juristas europeus para justificar a ocupação dos territórios do Novo Mundo. E é também por essa razão que a concepção dos povos ameríndios como *homo naturalis* traz consigo a descontextualização da sua subjectividade. Daí em diante, a natureza só poderá ter acesso à cidade por duas vias, ambas ditadas por esta: como jardim botânico, jardim zoológico e museu etnográfico, por um lado; ou como matéria-prima, por outro. O papel do Estado foi crucial por ter sido indirecto ao criar e aplicar um regime jurídico de propriedade que simultaneamente legitimava pelo mesmo princípio e mantinha incomunicáveis dois processos históricos simbióticos: a exploração da natureza pelo homem e a exploração do homem pelo homem.

Por último, o vínculo da classe, que durante algumas décadas conseguiu alimentar com êxito uma lealdade terminal alternativa à lealdade ao Estado, sofreu uma enorme erosão na Europa Central quando os partidos operários votaram a favor da concessão de créditos para financiar a primeira guerra mundial. Com isto, a guerra, anteriormente concebida como tendo lugar entre burguesias nacionais, passou a ser concebida como uma guerra entre Estados-Nação. A incorporação do operariado no Estado-Nação tinha de resto começado muito antes com a progressiva extensão aos trabalhadores dos direitos de cidadania, um longo processo histórico que continuou no período entre guerras e no pós-guerra e que veio a implicar uma profunda transformação do Estado: a transformação do Estado liberal no Estado-Providência.

Concluo assim que, sob a égide do capitalismo, a modernidade deixou que as múltiplas identidades e os respectivos contextos intersubjectivos que a habitavam fossem reduzidos à lealdade terminal ao Estado, uma lealdade omnívora das possíveis lealdades alternativas. As ciências sociais estiveram desde a sua génese implicadas neste processo. A globalização das múltiplas identidades na identidade global do Estado tornou possível pensar uma identidade simétrica do Estado, global e idêntica como ele, a sociedade. Durkheim é quem, pela primeira vez, concebe a sociedade no seu todo como a unidade de análise por excelência da sociologia e por isso o seu interesse analítico concentra-se na sociedade em si e não em qualquer das suas sub-unidades, sejam elas a igreja, a família, a comunidade local. A questão central para Durkheim é precisamente como definir o princípio da solidariedade dessa unidade global, quando é certo que as solidariedades tinham sido tradicionalmente produzidas no seio das suas agora ditas subunidades. No fundo, Durkheim pretende estabelecer uma lealdade à sociedade isomórfica da lealdade ao Estado. É por demais conhecida a solução por ele avançada: tais subunidades tinham produzido tão-só formas primordiais, primitivas, mecânicas de solidariedade; a sua globalização na sociedade tornava possível uma forma mais avançada, complexa e orgânica de solidariedade. São também conhecidas as críticas e as correcções que foram feitas ao evolucionismo eurocentrista de Durkheim, desde Malinowski até aos nossos dias.

Antes, porém, de referir a especificidade das releituras mais recentes de Durkheim, farei menção ao outro grande traço fundador do pensamento da sociedade no seu todo como unidade de análise: o traço de Max Weber. Mais sensível ao arbítrio da história do que à necessidade da evolução, o problema de Weber é definir a identidade da modernidade capitalista liberal europeia, não tanto porque esta seja inferior ou superior a outros paradigmas de organização social, mas antes porque é excepcional. Aos olhos esquizofrénicos de Weber, a modernidade europeia é o outro de si mesma, um complexo processo de passagem de particularismos contextualizados a universalismos sem contexto, processo designado, em suas múltiplas facetas, por racionalização, secularização, burocratização, formalização jurídica, democratização, urbanização, globalização, etc. À medida que se foi aprofundando este processo, a hegemonia histórica da modernidade europeia transformou subrepticiamente a excepcionalidade em regra e, a partir daí, todos os demais paradigmas sócio-culturais foram colocados na contingência de questionarem a sua identidade a partir de uma posição de carência e de subordinação. A separação disciplinar entre a sociologia (o estudo de "nós", "civilizados") e a antropologia (o estudo "deles", "primitivos") caucionou e, de facto, promoveu esta transformação. A paridade epistemológica entre as duas disciplinas passou a ocultar a assimetria que Lévi-Strauss eloquentemente denunciou ao afirmar que nós pudemos transformá-los em nossos selvagens, mas eles não podem transformar-nos em seus selvagens.

O regresso das identidades

Tudo parece ter começado a mudar nos últimos anos e as revisões profundas por que estão a passar os discursos e as práticas identitárias deixam no ar a dúvida sobre se a concepção hegemónica da modernidade se equivocou na identificação das tendências dos processos sociais, ou se tais tendências se inverteram totalmente em tempos recentes, ou ainda sobre se se está perante uma inversão de tendências ou antes perante cruzamentos múltiplos de tendências opostas sem que seja possível identificar os vectores mais potentes. Como se calcula, as dúvidas são acima de tudo sobre se o que presenciamos é realmente novo ou se é apenas novo o olhar com que o presenciamos. Estamos numa época em que é muito difícil ser-se linear. Porque estamos numa fase de revisão radical do paradigma epistemológico da ciência moderna, é bem possível que seja sobretudo o olhar que está a mudar. Mas, por outro lado, não parece crível que essa mudança tivesse ocorrido sem nada ter mudado no objecto do olhar, ainda que, para maior complicação, seja debatível até que ponto tal objecto pode ser sequer pensado sem o olhar que o olha. Se o nosso olhar conceber o seu objecto como parte de um processo histórico de longa duração, é bem possível que as mudanças do presente não sejam mais que pequenos ajustamentos. Pelo contrário, a dramaticidade destes saltará facilmente aos olhos se o objecto do olhar for concebido como de curta duração.

O clima geral das revisões é que o processo histórico de descontextualização das identidades e de universalização das práticas sociais é muito menos homogéneo e inequívoco do que antes se pensou, já que com ele concorrem velhos e novos processos de recontextualização e de particularização das identidades e das práticas. Eis algumas das revisões. A propósito da reemergência da etnicidade, do racismo, do sexismo e da religiosidade, fala-se do novo "primordialismo", do regresso da solidariedade mecânica, do direito às raízes. A secularização weberiana é confrontada, não apenas com o fundamentalismo religioso, mas também com o facto de os factores que tradicionalmente foram tidos como motores da secularização, como, por exemplo, o liberalismo e a democracia, se apresentarem hoje em discursos e práticas muito próximos dos que são próprios do fundamentalismo religioso e de a sua eficácia depender da incomensurabilidade e da opacidade recíprocas entre os princípios absolutos e as práticas realistas típicas da adesão religiosa. Por outro lado, a base étnica das nações modernas torna-se cada vez mais evidente e o Estado-Nação, longe de ser uma entidade estável, natural, começa a ser visto como a condensação temporária dos movimentos que verdadeiramente caracterizam a modernidade política: Estados em busca de nações e nações em busca de Estados. Portugal é talvez o único Estado-Nação uni-étnico da Europa e está a deixar de sê-lo à medida que aumentam a imigração africana e asiática e o fluxo de turistas residentes, reformados da vida activa, vindos da Europa do Norte ou mesmo do Japão. Por sua vez, tal como o Estado nacional, a cultura nacional é confrontada com pressões contraditórias. De um lado, a cultura global (consumismo, Holywood, *disco sound, fast food*, cultura comercial, *mass media* globais); do outro, as culturas locais (movimentos comunitários indigenistas, afirmação de direitos ancestrais de línguas e culturas até agora marginalizadas) e as culturas regionais (por exemplo, na Índia, na Itália e, entre nós, a emergência do regionalismo nortenho).

A recontextualização e reparticularização das identidades e das práticas está a conduzir a uma reformulação das interrelações entre os diferentes vínculos atrás referidos, nomeadamente entre o vínculo nacional classista, racial, étnico e sexual. Tal reformulação é exigida pela verificação de fenómenos convergentes ocorrendo nos mais díspares lugares do sistema mundial: o novo racismo na Europa; o declínio geral da política de classe, sobretudo evidente nos EUA, onde parece substituída pela política étnica do multiculturalismo ou pela política sexual dos movimentos feministas; os movimentos dos povos indígenas em todo o continente americano, que contestam a forma política do Estado pós-colonial; o colapso dos Estados-Nação – afinal, multinacionais – e os conflitos étnicos no campo devastado do ex-império soviético; a transnacionalização do fundamentalismo islâmico; a etnicização da força de trabalho em todo o sistema mundial como forma de a desvalorizar; etc.

Etienne Balibar e Immanuel Wallerstein argumentam em trabalho recente que o racismo, longe de ser um resíduo ou um anacronismo, está a progredir como parte integrante do desenvolvimento do sistema mundial capitalista

(Wallerstein e Balibar, 1991). Para Wallerstein, este sistema alimenta-se da contradição sempre renovada entre o universalismo e o particularismo, seja este racista ou sexual. Enquanto o universalismo deriva da própria forma do mercado, da descontextualização da subjectividade, do *homo economicus*, o racismo resulta da divisão entre força de trabalho central e periférica, ou seja, da etnicização da força de trabalho como estratégia para remunerar um grande sector da força de trabalho abaixo dos salários capitalistas normais, sem com isso correr riscos significativos de agitação política. Por outro lado, o sexismo está intimamente ligado ao racismo. Os salários muito baixos que este último permite só são socialmente possíveis porque a reprodução da força de trabalho é feita em grande parte no espaço doméstico através de relações de trabalho não-pago a cargo das mulheres. A invisibilidade social deste trabalho é tornada possível pelo sexismo (Wallerstein e Balibar, 1991: 29-36).

Para Balibar, o neo-racismo europeu é novo na medida em que o seu tema dominante não é a superioridade biológica mas antes as insuperáveis diferenças culturais, a conduta racial em vez da pertença racial (Wallerstein e Balibar, 1991: 17-28). O conceito de imigração substitui o de raça e dissolve a consciência de classe. Trata-se, pois, de um racismo de descolonização diferente do racismo de colonização, esse, sim, definitivamente biológico. Em suma, trata-se de um fenómeno de etnicização da maioria mais do que de etnicização das minorias.

Torna-se claro que a descontextualização e a recontextualização das identidades são elementos contraditórios do mesmo processo histórico, o que, mais uma vez, põe fim às veleidades evolucionistas da versão liberal da modernidade. A coexistência articulada destas contradições não deve, no entanto, ser entendida de modo funcionalista. Representam relações sociais conflituais protagonizadas por actores individuais e colectivos que se constituem historicamente em processos de lutas cujos resultados não são determináveis à partida. O Estado e as lutas políticas que se desenrolam dentro e fora dele são o exemplo paradigmático da volatilidade das condições presentes. Assiste-se, em geral, a um processo de desmonumentalização do Estado sem que, no entanto, o vazio deixado por este supersujeito esteja a ser preenchido por uma outra subjectividade do mesmo nível.

Ainda que não esteja no horizonte nenhuma forma política alternativa ao Estado, a dupla desfocagem do Estado e da cultura nacionais são sintomas de uma situação de crise de regulação social mais geral. Depois da crise da regulação fordista nos países centrais, estamos provavelmente numa fase de transição entre regimes de acumulação. Uma das facetas centrais dessa transição parece ser o facto de o capital, sem dispensar a funcionalidade institucional do Estado, estar a criar um outro suporte institucional, paralelo ao Estado, constituído pelas agências financeiras e monetárias internacionais, a dívida externa, a *lex mercatoria*, as firmas de advogados norte-americanas, um suporte institucional que se distingue do suporte institucional estatal, quer porque é transnacional em si mesmo, quer porque não pretende manter qualquer exterioridade ou autonomia perante as relações de produção. Por via desta última característica, a nova regulação económica, que, face à anterior, assente no Estado, aparece como desregulação, arroga-se ser regulação social e, de facto, a única regulação possível. É esta a miragem essencial do neoliberalismo. Visa basicamente manter e aprofundar a hegemonia da dominação capitalista por sobre o colapso das condições que a tornaram possível no período anterior, que no capítulo 4 designei por período do capitalismo organizado. É assim que a lógica e a ideologia do consumismo podem conviver sem grande risco político com a retracção brutal do consumo entre camadas cada vez mais amplas da população mundial, vivendo em pobreza extrema. É assim também que a democracia liberal pode ser imposta como "political conditionality" da ajuda aos países do terceiro mundo, ao mesmo tempo que são destruídas as condições económicas e sociais mínimas de uma vivência democrática credível. Para se poderem reforçar mutuamente, a lógica de circulação simbólica do capital e a lógica da circulação material do capital são cada vez mais independentes.

O que há de mais característico na actual crise de regulação social é que ela ocorre sem perda de hegemonia da dominação capitalista. Por outras palavras, ao contrário do que sucedeu em épocas anteriores, a crise de regulação é também uma crise de emancipação, o que constitui afinal uma outra manifestação do colapso ou da perversão das energias emancipatórias da modernidade em energias regulatórias, acima referida. A dificuldade em aceitar ou suportar as injustiças e as irracionalidades da sociedade capitalista dificulta, em vez de facilitar, a possibilidade de pensar uma sociedade totalmente distinta e melhor que esta. Daí que seja profunda a crise de um pensamento estratégico de emancipação. Na medida em que existiu de facto, o processo de descontextualização e de universalização das identidades e das práticas contribuiu contraditoriamente para que as classes dominadas pudessem formular projectos universais e globais de emancipação. Ao contrário, o novo contextualismo e particularismo tornam difícil pensar estrategicamente a emancipação. As lutas locais e as identidades contextuais tendem a privilegiar o pensamento táctico em detrimento do pensamento estratégico. A globalização do capital ocorre simultaneamente com a localização do operariado. Por outro lado, a crise do pensamento estratégico emancipatório, mais que uma crise de princípios, é uma crise dos sujeitos sociais interessados na aplicação destes e também dos modelos de sociedade em que tais princípios se podem traduzir.

A contingência histórica da constituição de sujeitos sociais emancipatórios parece hoje irrecusável mas deve ser articulada com a profunda intuição de Marx de que a construção das identidades sociais tem sempre lugar no interior de relações sociais antagónicas. A multiplicação e sobreposição dos vínculos de identificação – a que hoje assistimos – particulariza as relações e, com isso, faz proliferar os inimigos e, de algum modo, trivializá-los, por mais cruel que seja a opressão por eles exercida. Quanto mais incomunicáveis forem as identidades, mais difícil será concentrar as resistências emancipatórias em projectos coerentes e globais. Ultimamente, a emergência do vínculo com a natureza e, com ele, o despertar de uma identidade ecológica transnacional parecem conferir a este vínculo um potencial globalizador promissor. Mesmo assim, o vínculo natural defronta-se com duas aporias de peso. A sua difusão global, em vez de vincar o carácter antagónico da relação social ecológica, dissolve-o, o inimigo perde contornos e parece estar em toda a parte e muito especificamente dentro de nós. E o problema é que, se está em toda a parte, não está em parte nenhuma. Em segundo lugar, é difícil pensar um modelo não-produtivista de sociedade quando o sistema mundial cada vez mais se polariza entre um minúsculo centro hegemónico pós-produtivista e hiperconsumista e uma imensa periferia pré-produtivista e subconsumista.

Os desafios na semiperiferia
Quais são, pois, os desafios? A recontextualização das identidades exige, nas condições actuais, que o esforço analítico e teórico se concentre na dilucidação das especificidades dos campos de confrontação e de negociação em que as identidades se formam e dissolvem e na localização dessas especificidades nos movimentos de globalização do capital e, portanto, no sistema mundial. Para além disto, toda a teorização global será pouco esclarecedora.

As novas-velhas identidades constroem-se numa linha de tensão entre o *demos* e o *ethnos* e contra a identificação entre ambos, até há pouco julgada não problemática, e que o Estado nacional liberal levou a cabo. A crise desta forma de Estado acarreta consigo a problematização de tal identificação. Cabe, pois, perguntar: quem sustenta a nova, ou renovada, tensão entre *demos* e *ethnos*? Julgo que a cultura. Daí a autoconcepção das identidades contextuais como multiculturalidades, daí o

PELA MÃO DE ALICE. O SOCIAL E O POLÍTICO NA PÓS-MODERNIDADE   153

renovado interesse pela cultura nas ciências sociais, e daí, finalmente, a crescente interdisciplinaridade entre ciências sociais e humanidades.

Como ponto de partida, penso ser necessário re-analisar as culturas das nações questionando as construções oficiais da cultura nacional. Neste sentido, três orientações metodológicas parecem essenciais. A primeira é que, não sendo nenhuma cultura autocontida, os seus limites nunca coincidem com os limites do Estado; o princípio da soberania do Estado nunca teve um correspondente no domínio da cultura. A segunda é que, não sendo autocontida, nenhuma cultura é indiscriminadamente aberta. Tem aberturas específicas, prolongamentos, interpenetrações, interviagens próprias, que afinal são o que de mais próprio há nela. Finalmente, a terceira orientação metodológica é que a cultura de um dado grupo social não é nunca uma essência. É uma autocriação, uma negociação de sentidos que ocorre no sistema mundial e que, como tal, não é compreensível sem a análise da trajectória histórica e da posição desse grupo no sistema mundial.

Aplicadas à cultura portuguesa, estas orientações significam muito sucintamente o seguinte. Em primeiro lugar, a cultura portuguesa não se esgota na cultura dos portugueses e, vice-versa, a cultura dos portugueses não se esgota na cultura portuguesa. Em segundo lugar, as aberturas específicas da cultura portuguesa são, por um lado, a Europa e, por outro, o Brasil e, até certo ponto, a África. Em terceiro lugar, a cultura portuguesa é a cultura de um país que ocupa uma posição semiperiférica no sistema mundial.

Com excepção de um período de algumas décadas nos séculos XV-XVI, Portugal foi durante todo o longo ciclo colonial um país semiperiférico, actuando como correia de transmissão entre as colónias e os grandes centros de acumulação, sobretudo a Inglaterra a partir do século XVIII, e este facto teve uma importância decisiva para todos os povos envolvidos na relação colonial, uma importância que, de resto, se manteve mesmo depois de essa relação ter terminado e até aos nossos dias. Referirei brevemente alguns traços dessa marca. No plano político, um dos traços mais dramáticos da semiperifericidade de Portugal reside no facto, único na história, como bem salientam Carlos Guilherme da Mota e Fernando Novaes, de, com a ida de D. João VI para o Brasil, fugido de Napoleão, a colónia ter caucionado por algum tempo a independência da metrópole, convertendo-se então em verdadeira cabeça do império, e a metrópole, em apêndice da colónia, o que constitui uma autêntica "inversão do pacto colonial" (Mota e Novaes, 1982). Nesse período final aprofundou-se o colonialismo informal a que Portugal foi sujeito pela Inglaterra, uma dependência que se havia de prolongar no Brasil depois da independência. É simbólico que, aquando do tratado de reconhecimento da independência em 1825, a Inglaterra tenha emprestado ao Brasil o montante da indemnização que este se comprometera pagar a Portugal, um montante estranhamente igual à dívida de Portugal para com a Inglaterra. Esta teia de intermediações dependentes foi reproduzida sob outras formas em África, sobretudo depois da independência do Brasil, e até aos nossos dias, como bem o demonstram o caso da cultura do algodão em Moçambique, estudado por Carlos Fortuna (Fortuna, 1992), ou do movimento literário cabo-verdiano, estudado por Isabel Caldeira (Caldeira, 1993).

Aliás, uma das mais significativas marcas da semiperifericidade da relação colonial tem a ver com os processos da independência, tanto no Brasil, como em África. Em ambos os casos, o colapso da relação colonial ocorre no âmbito de transformações profundas, de sentido progressista, em Portugal, as quais, entretanto, são afectadas pela rebelião das colónias ao mesmo tempo que se repercutem nestas de modo diferenciado e muito para além da independência. No caso do Brasil, a independência ocorre no seguimento da revolução liberal em Portugal. Em parte pelo radicalismo desta e em parte pela pretensão dos liberais de reconquistarem a hegemonia na colónia por via de uma colonização efectiva, contrária aos interesses de Inglaterra, a independência do Brasil fez-se no seguimento do liberalismo mas, de algum modo, contra ele. Não pôde assim beneficiar dos ventos progressistas que neste sopravam e, por isso, acabou por acomodar num projecto ambíguo e contraditório, nas palavras de Mota e Novaes, "o reformismo autoritário de uma monarquia escravocrata – única excepção no mosaico das repúblicas americanas" (Mota e Novaes, 1982).

No caso de África, a situação foi paralela em alguns dos seus traços e muito diferente noutros. A independência dos cinco países de língua oficial portuguesa ocorreu no âmbito de outra grande transformação progressista na sociedade portuguesa, a revolução do 25 de Abril de 1974. Neste caso, a simbiose entre os dois processos foi ainda maior na medida em que a guerra colonial, a luta tenaz dos movimentos de libertação contra o colonialismo, os adeptos que estes foram conquistando entre as elites culturais, políticas e militares portuguesas e o isolamento internacional a que sujeitaram o Estado Novo foram decisivos para a eclosão do golpe militar que abriu o passo à revolução democrática. Ao contrário do que aconteceu com a revolução liberal, a revolução de Abril, apesar de alguma hesitação inicial, adoptou como uma das suas principais bandeiras a descolonização. Com isto, pôde potenciar com o seu próprio conteúdo progressista o conteúdo progressista das lutas de libertação e o próprio conteúdo

PELA MÃO DE ALICE. O SOCIAL E O POLÍTICO NA PÓS-MODERNIDADE   155

da independência. É ainda hoje debatível se se tratou do resultado de um acto de poder semiperiférico ou antes o resultado de um acto de impotência semiperiférica. Foi talvez ambas as coisas. É verdade que o Portugal revolucionário não pôde ou não quis controlar o processo da independência como o fizeram as potências coloniais centrais, mas é também duvidoso que o pudesse controlar mesmo que o quisesse. O seu carácter semiperiférico inviabilizava à partida a manutenção de laços neocolonialistas. Foi talvez por isso que este país, com forte passado autoritário, esteve envolvido na criação dos Estados mais progressistas de África do pós-guerra, frutos de uma descolonização sem ónus neocolonialistas. Acontece, porém, que este sinal de força foi também um sinal de fraqueza que impediu Portugal de proteger as suas ex-colónias da competição feroz entre os países centrais e entre os blocos de Leste e Oeste num continente que não tinha sido partilhado em Yalta. A ausência de um neocolonialismo hegemónico português abriu o passo para uma luta aberta entre vários neocolonialismos que levou os dois maiores países africanos (Angola e Moçambique) à guerra e à ruína.

Poderá perguntar-se como é que Portugal, sendo um país semiperiférico, pôde manter o seu império colonial muito para além do tempo em que os países centrais abriram mão dos seus. A explicação reside provavelmente nessa mesma característica. Como notou Hobsbawm, Portugal pôde manter as suas colónias depois da Conferência de Berlim, no final do século XIX, porque os países centrais não chegaram a acordo sobre o modo como partilharem entre si o império português (Hobsbawm, 1987: 18). No pós-guerra, o colonialismo português, apesar de isolado ideologicamente, manteve-se porque garantia aos países centrais o acesso à exploração dos recursos naturais das colónias ao mesmo tempo que mantinha uma vasta área de África sob controlo político pró-ocidental, fora do confronto Leste-Oeste, e actuando como escudo de protecção à África do Sul, e isto tudo sem que os países centrais tivessem que arcar com os custos político-militares do colonialismo – que transferiram para Portugal – nem com os custos económicos do controlo, que de algum modo partilharam com Portugal.

A cultura de fronteira
As consequências para a relação colonial decorrentes do carácter semiperiférico de Portugal não se quedaram pelos aspectos político-económicos nem limitaram o seu âmbito ao âmbito dessa relação. O decisivo foi a identidade cultural que engendraram e o modo como esta foi interiorizada pela sociedade portuguesa ao longo dos últimos cinco séculos.

Manifestei-me no capítulo 3 contra o discurso identitário e contra o que podíamos designar por "excesso de interpretação mítica", por pensar que Portugal, sempre que questionou a sua identidade, fê-lo com um certo distanciamento e nunca como expressão de qualquer crise profunda que só os mitos desvendam, e ainda por pensar que o questionamento que hoje se observa tem identificáveis razões, umas, globais e outras, específicas do momento histórico que esta sociedade atravessa.

Há, pois, que, por outras vias, tentar definir o estatuto identitário da cultura portuguesa e analisar que ponto de contacto existe entre ele e as identidades culturais dos povos brasileiro e africanos, que para bem e para mal conviveram com esta cultura durante séculos. A minha hipótese de trabalho é que a cultura portuguesa não tem conteúdo. Tem apenas forma, e essa forma é a fronteira, ou a zona fronteiriça. As culturas nacionais, enquanto substâncias, são uma criação do século XIX, são, como vimos, o produto histórico de uma tensão entre universalismo e particularismo gerido pelo Estado. O papel do Estado é dúplice: por um lado, diferencia a cultura do território nacional face ao exterior; por outro lado, promove a homogeneidade cultural no interior do território nacional. A minha hipótese de trabalho é que, em Portugal, o Estado nunca desempenhou cabalmente nenhum destes papéis, pelo que, como consequência, a cultura portuguesa teve sempre uma grande dificuldade em se diferenciar de outras culturas nacionais ou, se preferirmos, uma grande capacidade para não se diferenciar de outras culturas nacionais e, por outro lado, manteve até hoje uma forte heterogeneidade interna. O facto de o Estado português não ter desempenhado cabalmente nenhuma das duas funções – diferenciação face ao exterior e homogeneização interna –teve um impacte decisivo na cultura dos Portugueses, o qual consistiu em as espácio-temporalidades culturais local e transnacional terem sido sempre mais fortes do que a espácio-temporalidade nacional.

Assim, por um lado, a nossa cultura nunca se conseguiu diferenciar totalmente perante culturas exteriores, no que configurou um défice de identidade pela diferenciação. Por outro lado, a nossa cultura manteve uma enorme heterogeneidade interna, no que configurou um défice de identidade pela homogeneidade. Note-se que estes défices são-no apenas quando vistos da espácio-temporalidade cultural nacional. Os espaços locais e transnacionais da cultura portuguesa foram sempre muito ricos; só o espaço intermédio, nacional, foi e é deficitário. Isto significa que, enquanto identidade nacional, Portugal nem foi nunca semelhante às identificações culturais positivas que eram as culturas

PELA MÃO DE ALICE. O SOCIAL E O POLÍTICO NA PÓS-MODERNIDADE   157

europeias, nem foi nunca suficientemente diferente das identificações negativas que eram, desde o século XV, os outros, os não europeus. A manifestação paradigmática desta matriz intermédia, semiperiférica, da cultura portuguesa está no facto de os Portugueses terem sido, a partir do século XVII, como referi no capítulo 3, o único povo europeu que, ao mesmo tempo que observava e considerava os povos das suas colónias como primitivos ou selvagens, era, ele próprio, observado e considerado, por viajantes e estudiosos dos países centrais da Europa do Norte, como primitivo e selvagem. Por outro lado, enquanto os puritanos foram colonizadores na América do Norte, os Portugueses, além de colonizadores, foram emigrantes nas suas próprias colónias. O trabalho português no Nordeste do Brasil no século XVIII chegou a ser mais barato que o trabalho escravo. Portugal, ao contrário dos outros povos europeus, teve de ver-se em dois espelhos para se ver, no espelho de Próspero e no espelho de Caliban, tendo a consciência de que o seu rosto verdadeiro estava algures entre eles. Em termos simbólicos, Portugal estava demasiado próximo das suas colónias para ser plenamente europeu e, perante estas, estava demasiado longe da Europa para poder ser um colonizador consequente. Enquanto cultura europeia, a cultura portuguesa foi uma periferia que, como tal, assumiu mal o papel de centro nas periferias não-europeias da Europa. Daí o acentrismo característico da cultura portuguesa que se traduz numa dificuldade de diferenciação face ao exterior e numa dificuldade de identificação no interior de si mesma[49]. Face ao exterior, o acentrismo revela-se na voracidade das apropriações e incorporações, na *mimesis* cultural, no sincretismo e no translocalismo, isto é, na capacidade de se mover entre o local e o transnacional sem passar pelo nacional. No entanto, dada a heterogeneidade interna, tais incorporações e apropriações tendem a só penetrar superficialmente e a serem sujeitas a fortes processos de vernaculização. Este fragmentarismo é simultaneamente causa e efeito de um défice de hegemonia cultural por parte das elites, do que resulta que os diferentes localismos culturais dizem mais sobre a cultura portuguesa do que a cultura portuguesa sobre eles.

Este défice de diferenciação e de identificação, se, por um lado, criou um vazio substantivo, por outro, consolidou uma forma cultural muito específica, a

---

[49] Referindo-se à facilidade com que os escravos foram assimilados na sociedade portuguesa (e também os mouros e os judeus que ficaram), António José Saraiva dá como explicação "uma certa liberdade em relação às fronteiras culturais, uma certa promiscuidade entre o Eu e o Outro, uma certa falta de preconceitos culturais, a ausência do sentimento de superioridade que caracteriza, de modo geral, os povos da cultura ocidental" (Saraiva, 1985: 103).

fronteira ou zona fronteiriça. Nos termos da minha hipótese de trabalho, podemos assim dizer que não existe uma cultura portuguesa, existe antes uma forma cultural portuguesa: a fronteira, o estar na fronteira. Este modo de estar cultural é, no entanto, completamente distinto do modo de estar cultural da fronteira norte-americana. A nossa fronteira não é *frontier*, é *border*. A cultura portuguesa é uma cultura de fronteira, não porque para além de nós se conceba o vazio, uma terra de ninguém, mas porque de algum modo o vazio está do lado de cá, do nosso lado. E é por isso que no nosso trajecto histórico-cultural da modernidade fomos tanto o Europeu como o selvagem, tanto o colonizador como o emigrante. A zona fronteiriça é uma zona híbrida, babélica, onde os contactos se pulverizam e se ordenam segundo micro-hierarquias pouco susceptíveis de globalização. Em tal zona, são imensas as possibilidades de identificação e de criação cultural, todas igualmente superficiais e igualmente subvertíveis: a antropofagia que Oswald Andrade atribuía à cultura brasileira e que eu penso caracterizar igualmente e por inteiro a cultura portuguesa. Isto, se, por um lado, confere grande liberdade e até arbitrariedade à criação cultural por parte das elites, por outro, vota estas à inconsequência social, ao mesmo tempo que permite igualmente às classes populares criar sem grandes tutelas a "sua" cultura portuguesa do momento.

A fronteira confere à cultura portuguesa, por outro lado, um enorme cosmopolitismo[50]. Para as culturas dotadas de fortes centros, as fronteiras são pouco visíveis, e isso é a causa última do seu provincianismo[51]. Ao contrário, o

---

[50] Num texto de 1923, Fernando Pessoa definia melhor o arquétipo cultural da fronteira do que eu o poderia jamais fazer: "O povo português é essencialmente cosmopolita. Nunca um verdadeiro português foi português, foi sempre tudo. Ora ser tudo em um indivíduo é ser tudo; ser tudo em uma colectividade é cada um dos indivíduos não ser nada" (Pessoa, 1923: 18). Também Almada Negreiros se exprime muito no mesmo sentido: "Universal não é estatuto de nação nem da sociedade de todas as nações. Mas é atitude humana que não cabe senão em pessoa individual. Isto é o significado de português. Em português, arte significa: espírito universal, presença universal, psíquico universal" (Almada Negreiros, 1971: 14).

[51] Discordo, pois, de Fernando Pessoa quando, num texto de 1928, declara o provincianismo "o mal superior português", ainda que acrescente que esse facto, sendo triste, não nos é peculiar: "de igual doença enfermam muitos outros países, que se consideram civilizantes com orgulho e erro". Segundo Pessoa, "o provincianismo consiste em pertencer a uma civilização sem tomar parte no desenvolvimento superior dela – em segui-la pois mimeticamente, com uma subordinação inconsciente e feliz. A síndrome provinciana compreende, pelo menos, três sintomas flagrantes: o entusiasmo e a admiração pelos grandes meios e pelas grandes cidades; o entusiasmo e admiração pelo progresso e pela modernidade; e na esfera mental superior, a incapacidade da ironia" (Pessoa, 1980: 159). Embora eu concorde com esta caracterização em geral, discordo que ela, no caso português, componha "a síndrome provinciana". Em meu

PELA MÃO DE ALICE. O SOCIAL E O POLÍTICO NA PÓS-MODERNIDADE   159

acentrismo da cultura portuguesa é o outro lado do seu cosmopolitismo, um universalismo sem universo feito da multiplicação infinita dos localismos. Tanto o centro como a periferia têm sido impostos de fora à cultura portuguesa. Durante séculos, a cultura portuguesa sentiu-se num centro apenas porque tinha uma periferia (as suas colónias). Hoje, sente-se na periferia apenas porque lhe é imposto ou recomendado um centro (a Europa). Para uma cultura que verdadeiramente nunca coube num espaço único, as identificações culturais que daí derivam tendem a autocanibalizar-se.

Para além do acentrismo e do cosmopolitismo a forma cultural da fronteira apresenta ainda uma outra característica: a dramatização e a carnavalização das formas. Dado o carácter babélico, assíncrone e superficial das incorporações e das apropriações forâneas, a forma fronteiriça tende a identificar-se, nessas incorporações e apropriações, com as formas mais do que com os conteúdos dos produtos culturais incorporados. O substantivismo é residual e consiste no modo como tais formas são vernaculizadas. O desequilíbrio entre forma e conteúdo que assim se dá tem como efeito uma certa dramatização das formas que é também uma certa carnavalização das formas, isto é, uma atitude de distanciação mais lúdica que profiláctica, mais feita da consciência da inconsequência do que da consciência da superioridade. Nisto reside também o carácter barroco da forma cultural portuguesa. A cultura portuguesa é menos uma questão de raízes do que uma questão de posição. E revela-se como perícia de extraterritorialidade tanto nos espaços estranhos como nos espaços originários. As raízes são assim o artefacto de uma capacidade de nativização do alheio. Estão sempre fora ou longe de onde se está. E por isso se podem imaginar maiores do que o que são. Como diz Fernando Pessoa: "Nas faldas do Himalaia, o Himalaia é só as faldas do Himalaia. É na distância ou na memória ou na imaginação que o Himalaia é da sua altura, ou talvez um pouco mais alto" (Pessoa, 1923: 21).

A minha segunda hipótese de trabalho é que esta forma cultural tem igualmente vigência, ainda que de modo muito diferenciado, no Brasil, e de modo mais remoto, nos países africanos de língua oficial portuguesa.

Do ponto de vista cultural, o Brasil e os países africanos nunca foram colónias plenas. Fiel à sua natureza semiperiférica, a cultura portuguesa estendeu a elas a zona fronteiriça que lhes permitiu usar Portugal como passagem de acesso às

---

entender, o elemento barroco da cultura portuguesa faz com que a *mimesis* da "civilização superior" ocorra sempre com uma distância lúdica e um espírito de subversão, selectiva, superficial e ambiguamente combinados com a dramatização do próprio, do vernáculo, do genuíno.

culturas centrais, como aconteceu com as elites culturais do Brasil a partir do século XVIII e com as africanas sobretudo no nosso século. Daí que a forma cultural da fronteira caracterize também, em parte, as culturas do Brasil e da África portuguesa, conferindo a estas o acentrismo, o cosmopolitismo, a dramatização e a carnavalização das formas e o barroco que atribuímos à cultura portuguesa. Obviamente que tais características se apresentam com outras variações e nem deve esquecer-se a assimetria matricial entre o caso português e os casos brasileiros e africanos. Estes últimos tiveram origem num acto de imposição violenta por parte do primeiro, uma imposição que com o tempo se passou a afirmar, do ponto de vista cultural, mais pela omissão ou pela ausência do que por acção cultural efectiva, em suma, por um acto de força feito de fraqueza.

O contexto global do regresso das identidades, do multiculturalismo, da transnacionalização e da localização parece oferecer oportunidades únicas a uma forma cultural de fronteira precisamente porque esta se alimenta dos fluxos constantes que a atravessam. A leveza da zona fronteiriça torna-a muito sensível aos ventos. É uma porta de vai-vem, e como tal nem nunca está escancarada, nem nunca está fechada.

Serão estas oportunidades aproveitadas? Intrigantemente, só muito recente e tardiamente é que o Estado português tem vindo, por meio da política de cultura e propaganda, a tentar promover uma espácio-temporalidade cultural nacional homogénea, e tem vindo a fazê-lo por via do que, noutro lugar, designo por imaginação do centro, ou seja, a concepção de Portugal como um país europeu no mesmo pé que os demais (Santos, 1993: 49). Daí a arrogância em tentar fechar o mar aos brasileiros e aos africanos, erguendo estupidamente uma parede contra a história, para além de descurar desavisadamente a eventualidade de no futuro ter de vir a trepá-la. Mas curiosamente a criação do espaço cultural nacional é contraditória, porque ocorre no mesmo processo em que Portugal se transforma numa região, numa localidade da Europa. No prazo de menos de vinte anos, a transnacionalidade do espaço colonial transfere-se para a transnacionalidade intereuropeia, sem que Portugal deixe de ser uma localidade relativamente periférica, vertiginosamente parado na zona fronteiriça. Nisto se confirma a dificuldade histórica em configurarmos de modo coerente uma espácio-temporalidade cultural intermédia, nacional. Nada disto implica um juízo negativo sobre a cultura portuguesa. Negativo é o facto de a política estatal de cultura e propaganda não reconhecer a riqueza e as virtualidades que se escondem sob essa suposta negatividade. A riqueza está, acima de tudo, na disponibilidade multicultural da zona fronteiriça.

A zona fronteiriça, tal como a descoberta, é uma metáfora que ajuda o pensamento a transmutar-se em relações sociais e políticas. E não esqueçamos que a metáfora é o forte da cultura de fronteira e o forte da nossa língua. Reconhecia isso mesmo em 1606, o insigne linguista português Duarte Nunes de Leão quando afirmava: "Estas maneiras de falar que os latinos têm em muito, que se persevera muito nelas, não se apartando do sentido metafórico em que começaram, é tão frequente aos Portugueses que alguns estarão muito espaço de tempo falando sempre metaforicamente, sem mudar da mesma metáfora" (Leão, 1983: 233).

Terceira Parte

Cidadania, Emancipação e Utopia

CAPÍTULO 7
A SOCIOLOGIA DOS TRIBUNAIS E A DEMOCRATIZAÇÃO DA JUSTIÇA

Condições sociais e teóricas da sociologia dos tribunais

A sociologia do direito só se constitui em ciência social, na acepção contemporânea do termo, isto é, em ramo especializado da sociologia geral, depois da segunda guerra mundial. Foi então que, mediante o uso de técnicas e métodos de investigação empírica e mediante a teorização própria feita sobre os resultados dessa investigação, a sociologia do direito verdadeiramente construiu sobre o direito um objecto teórico específico, autónomo, quer em relação à dogmática jurídica, quer em relação à filosofia do direito. No entanto, antes deste período foi grande e rica a produção científica orientada por uma perspectiva sociológica do direito e a tal ponto que a sociologia do direito é, sem dúvida, de todos os ramos da sociologia aquele em que o peso dos percursores, das suas orientações teóricas, das suas preferências de investigação, das suas criações conceituais, mais fortemente se tem feito sentir. O que não surpreende se tivermos em conta que, ao contrário doutros ramos da sociologia, a sociologia do direito ocupa-se de um fenómeno social, o direito, sobre o qual incidem séculos de produção intelectual cristalizada na idade moderna em disciplinas como a filosofia do direito, a dogmática jurídica e a história do direito.

Uma das ilustrações mais significativas deste peso dos percursores consiste no privilegiamento, sobretudo no período inicial, de uma visão normativista do direito em detrimento de uma visão institucional e organizacional e, dentro daquela, no privilegiamento do direito substantivo em detrimento do direito processual, uma distinção ela própria vinculada a tradições teóricas importadas acriticamente pela sociologia do direito. Sem recuarmos aos precursores dos precursores, Giambattista Vico (1953) e Montesquieu (1950-1961), é notório que a visão normativista e substantivista do direito domina, no século XIX, a produção e as discussões teóricas, quer de juristas, quer de cientistas sociais, como hoje lhe chamaríamos, interessados pelo direito. Assim, e quanto aos primeiros, de todos os debates que na época são portadores de uma perspectiva sociológica do direito, ou seja, de uma perspectiva que explicitamente tematiza as articulações do direito com as condições e as estruturas sociais em que opera, o debate sem dúvida polarizador é o que opõe os que defendem uma concepção de direito enquanto variável dependente, nos termos da qual o direito se deve limitar a

166   BOAVENTURA DE SOUSA SANTOS

acompanhar e a incorporar os valores sociais e os padrões de conduta espontânea e paulatinamente constituídos na sociedade, e os que defendem uma concepção do direito enquanto variável independente, nos termos da qual o direito deve ser um activo promotor de mudança social tanto no domínio material como no da cultura e das mentalidades, um debate que, para lembrar posições extremas e subsidiárias de universos intelectuais muito distintos, se pode simbolizar nos nomes de Savigny (1840) e de Bentham[52].

O mesmo se pode dizer quanto ao debate oitocentista sobre o direito no âmbito da sociologia emergente. Se é certo que se acorda em que o direito reflecte as condições prevalecentes e ao mesmo tempo actua conformadoramente sobre elas, o debate polariza-se entre os que concebem o direito como o indicador privilegiado dos padrões de solidariedade social, garante da decomposição harmoniosa dos conflitos por via da qual se maximiza a integração social e realiza o bem comum, e os que concebem o direito como expressão última de interesses de classe, um instrumento de dominação económica e política que por via da sua forma enunciativa (geral e abstracta) opera a transformação ideológica dos interesses particularísticos da classe dominante em interesse colectivo universal, um debate que se pode simbolizar nos nomes de Durkeim (1977)[53] e de Marx[54].

No primeiro quartel do nosso século a visão normativista substantivista do direito continuou a dominar, ainda que com nuances, o pensamento sociológico

---

[52] Fiel às suas posições teóricas, Bentham procurou influenciar as transformações jurídicas no início do período liberal em Portugal (Bentham, 1823).

[53] Num estudo de autonomização teórica em relação à ciência jurídica, Durkheim recusa a distinção entre direito público e direito privado, por considerá-la insustentável no plano sociológico, substituindo-a pela distinção entre direito repressivo (o direito penal) e direito restitutivo (direito civil, direito comercial, direito processual, direito administrativo e constitucional). Cada um destes tipos de direito corresponde a uma forma de solidariedade social. O direito repressivo corresponde à solidariedade mecânica, assente nos valores da consciência colectiva cuja violação constitui um crime, uma forma de solidariedade dominante nas sociedades do passado. O direito restitutivo corresponde à solidariedade orgânica, dominante nas sociedades contemporâneas, assente na divisão do trabalho social, cuja violação acarreta a sanção de simples reposição das coisas.

[54] Como se sabe, Marx não produziu uma teoria sociológica do direito. No entanto, a sua vasta obra está repleta de referências não sistemáticas ao direito. Ver, em especial, *A Contribuição à Crítica da Filosofia do Direito de Hegel* (1843); *A Ideologia alemã* (1845-46); artigos no *Neue Rheinische Zeitung* (1848-49), *O Dezoito de Brumário de Napoleão Bonaparte* (1852); *Grundrisse* (1857-58); *O Capital* (1867); *A Guerra Civil em França* (1871) e *A Crítica do Programa de Gotha* (1875).

PELA MÃO DE ALICE. O SOCIAL E O POLÍTICO NA PÓS-MODERNIDADE 167

sobre o direito. É assim exemplarmente o caso de Ehrlich, para alguns o fundador da sociologia do direito, em qualquer dos dois grandes temas da sua produção científica: o direito vivo e a criação judiciária do direito (1929 e 1967). No que respeita ao primeiro, o direito vivo, é central a contraposição entre o direito oficialmente estatuído e formalmente vigente e a normatividade emergente das relações sociais pela qual se regem os comportamentos e se previne e resolve a esmagadora maioria dos conflitos. No que respeita ao segundo, a criação judiciária do direito, é ainda a mesma visão fundante que dá sentido à distinção entre a normatividade abstracta da lei e a normatividade concreta e conformadora da decisão do juiz. Atente-se, no entanto, que este segundo tema, e em geral a orientação teórica da escola do direito livre ou da jurisprudência sociológica (Pound, 1911-1912)[55], ao deslocar a questão da normatividade do direito dos enunciados abstractos da lei para as decisões particulares do juiz, criou as pré--condições teóricas da transição para uma nova visão sociológica centrada nas dimensões processuais, institucionais e organizacionais do direito. Nesta mesma transição e ainda no mesmo período (o primeiro quartel do nosso século) se situa a obra de M. Weber (1964)[56]. A preocupação de Weber em definir a especificidade e o lugar privilegiado do direito entre as demais fontes de normatividade em circulação nas relações sociais no seio das sociedades capitalistas levou-o a centrar a sua análise no pessoal especializado encarregado da aplicação das normas jurídicas, as profissões jurídicas, a burocracia estatal. Segundo ele, o que caracterizava o direito das sociedades capitalistas e o distinguia do direito das sociedades anteriores era o construir um monopólio estatal administrado por funcionários especializados segundo critérios dotados de racionalidade formal, assente em normas gerais e abstractas aplicadas a casos concretos por via de processos lógicos controláveis, uma administração em tudo integrável no tipo ideal de burocracia por ele elaborado.

Esta tradição intelectual diversificada mas em que domina a visão normativista e substantivista do direito teve uma influência decisiva na constituição do objecto da sociologia do direito no pós-guerra. Dentre os grandes temas deste período, refiro dois, a título de exemplo: a discrepância entre o direito formalmente vigente e o direito socialmente eficaz, a célebre dicotomia *law in*

---

[55] Foi, aliás, Roscoe Pound quem apresentou Ehrlich à comunidade científica anglo-saxónica em 1936.
[56] A melhor selecção do que nesta obra respeita à sociologia do direito é a de Max Rheinstein (1967).

books/law in action da sociologia jurídica americana; as relações entre o direito e o desenvolvimento sócio-económico e mais especificamente o papel do direito na transformação modernizadora das sociedades tradicionais. Em qualquer destes temas, bastante distintos, um centrado preferentemente nas preocupações sociais dos países desenvolvidos e o outro nas dos países em desenvolvimento, são nítidos o privilegiamento das questões normativas e substantivas do direito e a relativa negligência das questões processuais, institucionais e organizacionais.

No entanto, esta conjuntura intelectual em breve se alterou. Contribuíram para isso duas ordens de condições, ambas emergentes no final da década de 50, início da década de 60: condições teóricas e condições sociais. Entre as primeiras, as condições teóricas, saliento três. Em primeiro lugar, o desenvolvimento da sociologia das organizações, um ramo da sociologia que tem em Weber um dos principais inspiradores, dedicado em geral ao estudo dos agrupamentos sociais criados de modo mais ou menos deliberado para a obtenção de um fim específico, com enfoques diversos sobre a estrutura e a forma das organizações, sobre o conjunto das interacções sociais no seu seio ou no impacto delas no comportamento dos indivíduos[57]. Este ramo da sociologia desenvolveu em breve um interesse específico por uma das organizações de larga escala dominante na nossa sociedade, a organização judiciária e particularmente os tribunais (Heydebrand, 1977 e 1979).

A segunda condição teórica é constituída pelo desenvolvimento da ciência política e pelo interesse que esta revelou pelos tribunais enquanto instância de decisão e de poder políticos. A teoria dos sistemas utilizada na análise do sistema político em geral[58] encontrou no sistema judiciário um ponto de aplicação específico e as acções dos actores do sistema, particularmente as dos juízes, passaram a ser analisadas em função das suas orientações políticas[59].

A terceira condição teórica é constituída pelo desenvolvimento da antropologia do direito ou da etnologia jurídica, ao libertar-se progressivamente do seu objecto privilegiado, as sociedades coloniais, virando-se para os novos países africanos e asiáticos e para os países em desenvolvimento da América

---

[57] Para além dos clássicos (M. Weber e R. Michels) as referências básicas neste ramo da sociologia são: P. Selznick (1949); P. Blau (1955); J. March e H. Simon (1958); M. Crozier (1963); S. Clegg e D. Dunkerley (1980).

[58] Veja-se Easton (1965), uma das obras mais influentes.

[59] Para uma visão geral, veja-se J. Grossman e R. Wells (orgs.) (1980: 3-76). Em especial, ver: G. Schubert (1960); A. Bickel (1963); H. Jacob (org.) (1967); R. Dahl (1967); uma análise crítica do artigo precedente em J. Casper (1976); M. Shapiro (1975).

Latina, até finalmente descobrir o seu objecto duplamente primitivo dentro de casa, nas sociedades capitalistas desenvolvidas. Ao centrar-se nos litígios e nos mecanismos da sua prevenção e da sua resolução, a antropologia do direito desviou a atenção analítica das normas e orientou-se para os processos e para as instituições, seus graus diferentes de formalização e de especialização e sua eficácia estruturadora dos comportamentos[60].

Cabe agora referir brevemente as condições sociais que, juntamente com as condições teóricas, possibilitaram a orientação do interesse sociológico para as dimensões processuais, institucionais e organizacionais do direito. Distingo duas condições principais. A primeira diz respeito às lutas sociais protagonizadas por grupos sociais até então em tradição histórica de acção colectiva de confrontação, os negros, os estudantes, amplos sectores da pequena burguesia em luta por novos direitos sociais no domínio da segurança social, habitação, educação, transportes, meio ambiente e qualidade de vida, etc., movimentos sociais que em conjugação (por vezes difícil) com o movimento operário procuraram aprofundar o conteúdo democrático dos regimes saídos do pós-guerra[61]. Foi neste contexto que as desigualdades sociais foram sendo recodificadas no imaginário social e político e passaram a constituir uma ameaça à legitimidade dos regimes políticos assentes na igualdade de direitos. A igualdade dos cidadãos perante a lei passou a ser confrontada com a desigualdade da lei perante os cidadãos, uma confrontação que em breve se transformou num vasto campo de análise sociológica e de inovação social centrado na questão do acesso diferencial ao direito e à justiça por parte das diferentes classes e estratos sociais.

A segunda condição social do interesse da sociologia pelo processo e pelos tribunais é constituída pela eclosão, na década de 60, da chamada crise da administração da justiça, uma crise de cuja persistência somos hoje testemunhas. Esta condição está em parte relacionada com a anterior. As lutas sociais a que fiz referência aceleraram a transformação do Estado liberal no Estado-Providência, um Estado activamente envolvido na gestão dos conflitos e concertações entre classes e grupos sociais, e apostado na minimização possível das desigualdades sociais no âmbito do modo de produção capitalista dominante nas relações

---

[60] Neste sentido, ver Santos (1980) e a bibliografia aí citada.

[61] São muito numerosas as análises empíricas dos diferentes movimentos sociais. Dentre os autores que melhor teorizaram a emergência e o significado sociais destes movimentos é justo salientar, na Europa, A. Touraine (1965 e 1973) e, nos EUA, A. Oberschall (1973) e F. Piven (1977). Dentre os autores que melhor têm analisado as relações entre os movimentos sociais e o direito, destaco F. Piven e R. Cloward (1971) e J. Handler (1978).

económicas. A consolidação do Estado-Providência significou a expansão dos direitos sociais e, através deles, a integração das classes trabalhadoras nos circuitos do consumo anteriormente fora do seu alcance[62].

Esta integração, por sua vez, implicou que os conflitos emergentes dos novos direitos sociais fossem constitutivamente conflitos jurídicos cuja dirimição caberia em princípio aos tribunais, litígios sobre a relação de trabalho, sobre a segurança social, sobre a habitação, sobre os bens de consumo duradouros, etc., etc. Acresce que a integração das classes trabalhadoras (operariado e nova pequena burguesia) nos circuitos do consumo foi acompanhada e em parte causada pela integração da mulher no mercado de trabalho, tornada possível pela expansão da acumulação que caracterizou este período. Em consequência, o aumento da *pool* de rendimentos familiares foi concomitante com mudanças radicais nos padrões do comportamento familiar (entre cônjuges e entre pais e filhos) e nas próprias estratégias matrimoniais, o que veio a constituir a base de uma acrescida conflitualidade familiar tornada socialmente mais visível e até mais aceite através das transformações do direito de família que entretanto se foram verificando. E esta foi mais uma causa do aumento dos litígios judiciais.

De tudo isto resultou uma explosão de litigiosidade à qual a administração da justiça dificilmente poderia dar resposta. Acresce que esta explosão veio a agravar-se no início da década de 70, ou seja, num período em que a expansão económica terminava e se iniciava uma recessão, para mais uma recessão com carácter estrutural. Daí resultou a redução progressiva dos recursos financeiros do Estado e a sua crescente incapacidade para dar cumprimento aos compromissos assistenciais e providenciais assumidos para com as classes populares na década anterior (Fano *et al.*, 1983). Uma situação que dá pelo nome de crise financeira do Estado e que se foi manifestando nas mais diversas áreas de actividade estatal e que, por isso, se repercutiu também na incapacidade do Estado para expandir os serviços de administração da justiça de modo a criar uma oferta de justiça compatível com a procura entretanto verificada. Daqui resultou um factor adicional da crise da administração da justiça. A visibilidade social que lhe foi dada pelos meios de comunicação social e a vulnerabilidade política que ela engendrou para as elites dirigentes esteve na base da criação de um novo e vasto campo de estudos sociológicos sobre a administração da justiça, sobre a organização dos tribunais, sobre a formação e o recrutamento dos magistrados, sobre as motivações das sentenças,

---

[62] As transformações do poder do Estado daí decorrentes são importantes e complexas. Ver, a título de exemplo, Santos (1982a).

PELA MÃO DE ALICE. O SOCIAL E O POLÍTICO NA PÓS-MODERNIDADE   171

sobre as ideologias políticas e profissionais dos vários sectores da administração da justiça, sobre o custo da justiça, sobre os bloqueamentos dos processos e sobre o ritmo do seu andamento em suas várias fases.

Temas da sociologia dos tribunais
Uma vez analisados os antecedentes e as condições da contribuição da sociologia do direito para o aprofundamento das complexas interacções entre o direito processual e a administração da justiça, por um lado, e a realidade social e económica em que operam, por outro, passarei agora a analisar de modo sistemático o âmbito diversificado dessa contribuição com vista a apontar com base nela, na parte final deste capítulo, as linhas de investigação mais promissoras e o perfil de uma *nova política judiciária*. Concentrar-me-ei na análise das contribuições no âmbito da justiça civil, embora muitas destas tenham um âmbito mais geral e abarquem também a justiça penal, como facilmente se reconhecerá.

Distinguirei três grandes grupos temáticos: o acesso à justiça; a administração da justiça enquanto instituição política e organização profissional, dirigida à produção de serviços especializados; a litigiosidade social e os mecanismos da sua resolução existentes na sociedade.

O acesso à justiça
O tema do acesso à justiça é aquele que mais directamente equaciona as relações entre o processo civil e a justiça social, entre igualdade jurídico-formal e desigualdade sócio-económica. No âmbito da justiça civil, muito mais propriamente do que no da justiça penal, pode falar-se de procura, real ou potencial, da justiça[63]. Uma vez definidas as suas características internas e medido o seu âmbito em termos quantitativos, é possível compará-la com a oferta da justiça produzida pelo Estado. Não se trata de um problema novo. No princípio do século, tanto na Áustria como na Alemanha, foram frequentes as denúncias da discrepância entre a procura e a oferta da justiça e foram várias as tentativas para a minimizar, quer por parte do Estado (a reforma do processo civil levada a cabo por Franz Klein na Áustria) (Klein, 1958; Denti, 1971), quer por parte dos interesses organizados das classes sociais mais débeis (por exemplo, os centros de consulta jurídica organizados pelos sindicatos alemães) (Reifner, 1978). Foi, no entanto, no pós-guerra

---

[63] Na justiça penal há, por assim dizer, uma procura forçada da justiça, nomeadamente por parte do réu, no entanto, a nível global, pode igualmente falar-se de procura social da justiça penal.

172 BOAVENTURA DE SOUSA SANTOS

que esta questão explodiu. Por um lado, a consagração constitucional dos novos direitos económicos e sociais e a sua expansão paralela à do Estado-Providência transformou o direito ao acesso efectivo à justiça num direito charneira, um direito cuja denegação acarretaria a de todos os demais. Uma vez destituídos de mecanismos que fizessem impor o seu respeito, os novos direitos sociais e económicos passariam a meras declarações políticas, de conteúdo e função mistificadores. Daí a constatação de que a organização da justiça civil e, em particular a tramitação processual não podiam ser reduzidas à sua dimensão técnica, socialmente neutra, como era comum serem concebidas pela teoria processualista, devendo investigar-se as funções sociais por elas desempenhadas e em particular o modo como as opções técnicas no seu seio veiculavam opções a favor ou contra interesses sociais divergentes ou mesmo antagónicos (interesses de patrões ou de operários, de senhorios ou de inquilinos, de rendeiros ou de proprietários fundiários, de consumidores ou de produtores, de homens ou de mulheres, de pais ou de filhos, de camponeses ou de citadinos, etc., etc.)[64].

Neste domínio, a contribuição da sociologia consistiu em investigar sistemática e empiricamente os obstáculos ao acesso efectivo à justiça por parte das classes populares com vista a propor as soluções que melhor os pudessem superar. Muito em geral pode dizer-se que os resultados desta investigação permitiram concluir que eram de três tipos esses obstáculos: económicos, sociais e culturais[65]. Quanto aos obstáculos económicos, verificou-se que, nas sociedades capitalistas em geral, os custos da litigação eram muito elevados e que a relação entre o valor da causa e o custo da sua litigação aumentava à medida que baixava o valor da causa. Assim, na Alemanha, verificou-se que a litigação de uma causa de valor médio na primeira instância de recurso custaria cerca de metade do valor da causa. Na Inglaterra verificou-se que em cerca de um terço das causas em que houve contestação os custos globais foram superiores aos do valor da causa. Na Itália, os custos da litigação podem atingir 8,4% do valor da causa nas causas com valor elevado, enquanto nas causas com valor diminuto essa percentagem pode elevar-se a 170% (Cappelletti e Garth 1978, I: 10 e ss.).

---

[64] Na Europa Continental a hegemonia da ciência jurídica positivista tornou particularmente difícil o reconhecimento dos pressupostos políticos e sociais por detrás das soluções técnicas processuais. Neste sentido, ver M. Cappelletti (1969) e P. Calamandrei (1956).

[65] O sentido geral dos estudos do período inicial está patente em Conference Proceedings (1964) e em J. Carlin e J. Howard (1965). Pode ainda ter-se uma visão global e aprofundada dos estudos realizados nos vários países, durante a década seguinte, em Cappelletti e B. Garth (orgs.) (1978), uma obra monumental e uma referência bibliográfica obrigatória neste domínio.

Estes estudos revelam que a justiça civil é cara para os cidadãos em geral, mas revelam sobretudo que a justiça civil é proporcionalmente mais cara para os cidadãos economicamente mais débeis. É que são eles fundamentalmente os protagonistas e os interessados nas acções de menor valor e é nessas acções que a justiça é proporcionalmente mais cara, o que configura um fenómeno da dupla vitimização das classes populares face à administração da justiça.

De facto, verificou-se que essa vitimização é tripla na medida em que um dos outros obstáculos investigados, a lentidão dos processos, pode ser facilmente convertido num custo económico adicional e este é proporcionalmente mais gravoso para os cidadãos de menos recursos. No final da década de 60, a duração média de um processo civil na Itália era, para o percurso das três instâncias, 6 anos e 5 meses (Resta, 1977: 80); alguns anos mais tarde, na Espanha, essa duração era cerca de 5 anos e 3 meses (Cappelletti e Garth, 1978: 14). No final da década de 60, as acções civis perante o tribunal de grande instância em França duravam 1,9 anos e perante o tribunal de primeira instância na Bélgica 2,3 anos (Cappelletti e Garth, 1978). A análise de duração média dos processos civis e a consequente verificação do aumento da lentidão da justiça é um dos temas mais intrigantes da investigação sociológica sobre os tribunais nos nossos dias. Por um lado, verifica-se que a litigação civil tem vindo a diminuir de volume nas últimas décadas. Os estudos feitos na Itália neste campo (Resta, 1977: 83 e ss.) corroboram inteiramente os produzidos em Espanha, onde Juan Toharia (1974: 190) conclui que ao maior desenvolvimento social e económico, e ao consequente aumento da vida jurídica civil e da conflitualidade social nesta área, tem correspondido um decréscimo das causas civis nos tribunais de justiça. A este fenómeno voltarei mais tarde. Por agora basta referir o paradoxo denunciado por Vincenzo Ferrari (1983: 338): apesar da carga do contencioso civil ter vindo a diminuir e apesar das muitas inovações introduzidas com o objectivo de tornar a justiça civil mais expedita, o facto é que se tem vindo a verificar um aumento constante da duração média dos processos civis. E mais intrigante é o facto de este aumento se revelar resistente, não só às inovações parciais que o procuram controlar, mas também em relação às restruturações globais do processo tendentes a eliminar por completo a lentidão da justiça. Assim, o processo de trabalho, que, no início da década de 70, constituiu juntamente com o *Statuto dei lavoratori* uma importante vitória das organizações operárias italianas no sentido de acelerar a administração da justiça mais directamente relevante para os interesses das classes trabalhadoras, tem-se vindo a revelar, em tempos recentes, impotente para impedir o aumento progressivo da duração das causas laborais.

Estas verificações têm levado a sociologia judiciária a concluir que as reformas do processo, embora importantes para fazer baixar os custos económicos decorrentes da lentidão da justiça, não são de modo nenhum uma panaceia. É preciso tomar em conta e submeter a análise sistemática outros factores quiçá mais importantes. Por um lado, a organização judiciária e a racionalidade ou irracionalidade dos critérios de distribuição territorial dos magistrados. Por outro, a distribuição dos custos mas também dos benefícios decorrentes da lentidão da justiça. Neste domínio, e a título de exemplo, é importante investigar em que medida largos estratos da advocacia organizam e rentabilizam a sua actividade com base na (e não apesar da) demora dos processos (Ferrari, 1983: 339; Resta, 1977: 87).

Como comecei por referir, a sociologia da administração da justiça tem-se ocupado também dos obstáculos sociais e culturais ao efectivo acesso à justiça por parte das classes populares, e este constitui talvez um dos campos de estudo mais inovadores. Estudos revelam que a distância dos cidadãos em relação à administração da justiça é tanto maior quanto mais baixo é o estrato social a que pertencem e que essa distância tem como causas próximas não apenas factores económicos, mas também factores sociais e culturais, ainda que uns e outros possam estar mais ou menos remotamente relacionados com as desigualdades económicas. Em primeiro lugar, os cidadãos de menores recursos tendem a conhecer pior os seus direitos e, portanto, a ter mais dificuldades em reconhecer um problema que os afecta como sendo problema jurídico. Podem ignorar os direitos em jogo ou ignorar as possibilidades de reparação jurídica. Caplowitz (1963), por exemplo, concluiu que quanto mais baixo é o estrato social do consumidor maior é a probabilidade que desconheça os seus direitos no caso de compra de um produto defeituoso. Em segundo lugar, mesmo reconhecendo o problema como jurídico, como violação de um direito, é necessário que a pessoa se disponha a interpor a acção. Os dados mostram que os indivíduos das classes baixas hesitam muito mais que os outros em recorrer aos tribunais, mesmo quando reconhecem estar perante um problema legal. Numa investigação efectuada em Nova Iorque junto de pessoas que tinham sido vítimas de pequenos acidentes de viação, verificou-se que 27% dos inquiridos da classe baixa nada faziam em comparação com apenas 24% dos inquiridos da classe alta (citado em Carlin e Howard, 1965), ou seja, quanto mais baixo é o status sócio-económico da pessoa acidentada menor é a probabilidade que interponha uma acção de indemnização.

PELA MÃO DE ALICE. O SOCIAL E O POLÍTICO NA PÓS-MODERNIDADE   175

Dois factores parecem explicar esta desconfiança ou esta resignação: por um lado, experiências anteriores com a justiça de que resultou uma alienação em relação ao mundo jurídico (uma reacção compreensível à luz dos estudos que revelam ser grande a diferença de qualidade entre os serviços advocatícios prestados às classes de maiores recursos e os prestados às classes de menores recursos); por outro lado, uma situação geral de dependência e de insegurança que produz o temor de represálias se se recorrer aos tribunais. Em terceiro e último lugar, verifica-se que o reconhecimento do problema como problema jurídico e o desejo de recorrer aos tribunais para o resolver não são suficientes para que a iniciativa seja de facto tomada. Quanto mais baixo é o estrato sócio--económico do cidadão menos provável é que conheça advogado ou que tenha amigos que conheçam advogados, menos provável é que saiba onde, como e quando pode contactar o advogado e maior é a distância geográfica entre o lugar onde vive ou trabalha e a zona da cidade onde se encontram os escritórios de advocacia e os tribunais.

O conjunto destes estudos revelou que a discriminação social no acesso à justiça é um fenómeno muito mais complexo do que à primeira vista pode parecer, já que, para além das condicionantes económicas, sempre mais óbvias, envolve condicionantes sociais e culturais resultantes de processos de socialização e de interiorização de valores dominantes muito difíceis de transformar.

A riqueza dos resultados das investigações sociológicas no domínio do acesso à justiça não pôde deixar de se reflectir nas inovações institucionais e organizacionais que, um pouco por toda a parte, foram sendo levadas a cabo para minimizar as escandalosas discrepâncias verificadas entre justiça civil e justiça social.

No imediato pós-guerra, vigorava na maioria dos países um sistema de assistência judiciária gratuita organizada pela ordem dos advogados a título de *munos honorificum* (Cappelletti e Garth, 1978, I: 22 e ss.; Blankenburg, 1980). Os inconvenientes deste sistema eram muitos e foram rapidamente denunciados. A qualidade dos serviços jurídicos era baixíssima, uma vez que, ausente a motivação económica, a distribuição acabava por recair em advogados sem experiência e por vezes ainda não plenamente profissionalizados, em geral sem qualquer dedicação à causa. Os critérios de elegibilidade eram em geral estritos e, muito importante, a assistência limitava-se aos actos em juízo, estando excluída a consulta jurídica, a informação sobre os direitos. A denúncia das carências deste sistema privado e caritativo levou a que, na maioria dos países, ele fosse sendo substituído por um sistema público e assistencial organizado ou subsidiado pelo Estado. Na Inglaterra, criou-se logo em 1949 um sistema de advocacia convencionada posteriormente aperfeiçoado (1974), segundo o qual qualquer cidadão elegível nos termos da lei para o patrocínio judiciário gratuito escolhe o advogado dentre os que se inscreveram para a prestação dos serviços e que constam de uma lista; uma lista sempre grande dado o atractivo da remuneração adequada a cargo do Estado. Nas duas décadas seguintes muitos países introduziram esquemas semelhantes de serviços jurídicos gratuitos. Estes esquemas, conhecidos nos países anglo-saxónicos pela designação de *Judicare*, uma vez postos em prática, foram submetidos a estudos sociológicos que, apesar de assinalarem as significativas vantagens do novo sistema em relação ao anterior, não deixaram contudo de revelar as suas limitações (Blankenburg, 1980; Abel-Smith *et al.*, 1973). Em primeiro lugar, apesar de em teoria o sistema incluir a consulta jurídica independentemente da existência de um litígio, o facto é que, na prática, se concentrava na assistência judiciária. Em segundo lugar, este sistema limitava-se a tentar vencer os obstáculos económicos ao acesso à justiça, mas não os obstáculos sociais e culturais. Nada fazia no domínio da educação jurídica dos cidadãos, da consciencialização sobre os novos direitos sociais dos trabalhadores, consumidores, inquilinos, jovens, mulheres, etc. Por último, concebendo a assistência judiciária como um serviço prestado a cidadãos de menos recursos individualmente considerados, este sistema excluía, à partida, a concepção dos problemas desses cidadãos enquanto problemas colectivos das classes sociais subordinadas. Estas críticas conduziram a algumas alterações no sistema de serviços jurídicos gratuitos e, no caso dos Estados Unidos da América, conduziram mesmo à criação de um sistema totalmente novo baseado em advogados contratados pelo Estado, trabalhando em escritórios de advocacia localizados nos bairros mais pobres das cidades e seguindo uma estratégia advocatícia orientada para os problemas jurídicos dos pobres enquanto problemas de classe, uma estratégia privilegiando as acções colectivas, a criação de novas correntes jurisprudenciais sobre problemas recorrentes das classes populares e, finalmente, a transformação ou reforma do direito substantivo (Cahn e Cahn, 1964; Note, 1967).

Não cabe aqui avaliar em pormenor este movimento de inovação institucional a que Portugal se tem, pouco honrosamente, furtado, um movimento cujas sucessivas etapas denotam uma consciência progressivamente mais aguda da necessidade de garantir o acesso efectivo à justiça por parte de todos os cidadãos. Hoje, pode mesmo dizer-se que este movimento transborda dos interesses jurídicos das classes mais baixas e estende-se já aos interesses jurídicos das classes

PELA MÃO DE ALICE. O SOCIAL E O POLÍTICO NA PÓS-MODERNIDADE   177

médias, sobretudo aos chamados interesses difusos, interesses protagonizados por grupos sociais pouco organizados e protegidos por direitos sociais emergentes cuja titularidade individual é problemática. Os direitos das crianças contra a violência nos programas de Televisão e os brinquedos agressivos ou perigosos, os direitos da mulher contra a discriminação sexual no emprego e na comunicação social, os direitos dos consumidores contra a produção de bens de consumo perigosos ou defeituosos, os direitos dos cidadãos em geral contra a poluição do meio ambiente. A defesa pública destes direitos deu origem à instituição da chamada advocacia de interesse público subsidiada pelas comunidades, por fundações e pelo Estado (Trubek *et al.*, 1980). Deu também origem a algumas reformas no processo civil, nomeadamente o alargamento do conceito de legitimidade processual e de interesse em agir.

A administração da justiça enquanto instituição política e profissional
Passo ao segundo tema da sociologia judiciária. Trata-se de um tema muito amplo no qual se incluem objectos de análise muito diversos. A concepção da administração da justiça como uma instância política foi inicialmente propugnada pelos cientistas políticos que viram nos tribunais um subsistema do sistema político global, partilhando com este a característica de processarem uma série de *inputs* externos constituídos por estímulos, pressões, exigências sociais e políticas e de, através de mecanismos de conversão, produziram *outputs* (as decisões) portadoras elas próprias de um impacto social e político nos restantes subsistemas.

Uma tal concepção dos tribunais teve duas consequências muito importantes. Por um lado, colocou os juízes no centro do campo analítico. Os seus comportamentos, as decisões por eles proferidas e as motivações delas constantes, passaram a ser uma variável dependente cuja aplicação se procurou nas correlações com variáveis independentes, fossem elas a origem de classe, a formação profissional, a idade ou sobretudo a ideologia política e social dos juízes. A segunda consequência consistiu em desmentir por completo a ideia convencional da administração da justiça como uma função neutra protagonizada por um juiz apostado apenas em fazer justiça acima e equidistante dos interesses das partes. São conhecidos os estudos de Nagel (1969), Schubert (1965)[66], Ulmer (1962 e 1979), Grossman[67] e outros nos EUA, de Richter (1960) e Dahrendorf

---

[66] Schubert é também o organizador das melhores colectâneas de estudos sobre o comportamento e as atitudes dos juízes norte americanos (Schubert, 1963 e 1964).
[67] Veja-se uma visão geral sobre a sua perspectiva em J. Grossman e R. Wells (orgs.) (1980).

(1961), na Alemanha, de Pagani (1969), Di Federico (1968) e Moriondo (1967), na Itália e de Toharia (1975), na Espanha. Nos EUA, os estudos iniciais centram--se no Supremo Tribunal de Justiça. A título de exemplo, Schubert, distinguindo entre juízes liberais e conservadores, correlacionou as suas ideologias políticas com as suas posições nos relatórios e declarações de voto nas sentenças em vários domínios do direito, desde as relações económicas até aos direitos cívicos, e obteve índices elevados de co-variação[68]. Outros estudos incidindo sobre as decisões dos tribunais de primeira instância, tanto nos domínios penal como no civil, mostraram em que medida as características sociais, políticas, familiares, económicas e religiosas dos magistrados influenciaram a sua definição da situação e dos interesses em jogo no processo e consequentemente o sentido da decisão[69].

Os estudos italianos sobre a ideologia da magistratura não assentam no comportamento decisional mas antes nos documentos públicos, manifestos, discursos, estatutos organizativos em que os magistrados, individual ou colectivamente, definem o perfil óptimo da função judicial e das suas interacções com o poder político e com a sociedade em geral[70]. As investigações realizadas sob a direcção de Renato Treves obrigam a uma revisão radical do mito do apoliticismo da função judicial e revelam haver grandes tendências ideológicas no solo da magistratura italiana[71]. Em primeiro lugar, a tendência dita "estrutural funcionalista", com a ênfase nos valores da ordem, do equilíbrio e da segurança social, e da certeza do direito, que agrupa os juízes e magistrados conservadores ou moderados, defensores da divisão dos poderes, adeptos das soluções tradicionais, quer no plano sócio-económico, quer no da organização judiciária. Em segundo lugar, a tendência do chamado "conflitivismo pluralista" em que prevalecem as ideias de mudança social e se defende o reformismo, tanto no

[68] Schubert distingue entre juízes "conservadores" e "liberais" (designações que têm nos EUA um significado político diferente do que lhes é atribuído na Europa) e identifica três atitudes diferentes consoante o liberalismo ou o conservadorismo dos juízes seja económico, político ou social.

[69] Para uma panorâmica geral dos estudos em Itália, ver. R. Treves (1975 e 1980: 253 e ss.). As análises das ideologias dos magistrados têm incidido quer sobre as ideologias profissionais (Pagani, 1969) quer sobre as ideologias político-sociais (Moriondo, 1967). No domínio de justiça penal, um dos melhores estudos é o de J. Hogarth (1971). Os estudos sobre os agentes da administração da justiça não se centraram apenas nos magistrados profissionais mas incidiram também sobre os jurados, por exemplo. Ver o estudo clássico de H. Kalven Jr. e H. Zeisel (1966).

[70] Ver nota 69.

[71] Sigo a caracterização proposta por E. Diaz (1978: 43 e ss.).

interior da organização judiciária, como no da sociedade em geral, com vista ao aprofundamento da democracia dentro do marco jurídico-constitucional do Estado de direito. Em terceiro lugar, a tendência mais radical do chamado "conflitivismo dicotómico de tipo marxista" que agrupa os juízes apostados num uso alternativo do direito, numa função mais criadora da magistratura enquanto contribuição do direito para a construção de uma sociedade verdadeiramente igualitária. Estas tendências tiveram expressão organizativa na Unione di Magistrati Italiani, na Associazione di Magistrati Italiani e na Magistratura Democrática respectivamente.

Ainda no âmbito da administração da justiça como organização profissional, são de salientar os estudos sobre o recrutamento dos magistrados e a sua distribuição territorial (Ferrari, 1983: 312). Dentro do mesmo quadro teórico, mas de uma perspectiva muito diferente, são os estudos dirigidos a conhecer as atitudes e as opiniões dos cidadãos sobre a administração da justiça, sobre os tribunais e sobre os juízes. Uma tradição de investigação que teve em Podgorecki um pioneiro, com os seus estudos sobre a percepção social do direito e da justiça na Polónia e que se tem vindo a prolongar em múltiplas investigações (Podgorecki et al., 1973). Um estudo feito em Itália revelava uma atitude moderadamente desfavorável perante a magistratura (Ferrari, 1983: 312).

Todos estes estudos têm vindo a chamar a atenção para um ponto tradicionalmente negligenciado: a importância crucial dos sistemas de formação e de recrutamento dos magistrados e a necessidade urgente de os dotar de conhecimentos culturais, sociológicos e económicos que os esclareçam sobre as suas próprias opções pessoais e sobre o significado político do corpo profissional a que pertencem, com vista a possibilitar-lhes um certo distanciamento crítico e uma atitude de prudente vigilância pessoal no exercício das suas funções numa sociedade cada vez mais complexa e dinâmica.

Os conflitos sociais e os mecanismos da sua resolução
Este tema constitui a terceira contribuição da sociologia para a administração da justiça. Aliás, neste domínio a contribuição inicial pertenceu à antropologia ou etnologia social. Os estudos de Evans-Pritchard (1969) no Sudão, de Gulliver (1963) e Sally Moore (1970) na África Oriental, de Gluckman (1955) e Van Velsen (1964) na África Central/Austral e de Bohannan (1957) na África Ocidental tiveram um impacto decisivo no desenvolvimento da sociologia do direito. Deram a conhecer formas de direito e padrões de vida jurídica totalmente diferentes dos existentes nas sociedades ditas civilizadas; direitos com

baixo grau de abstracção, discerníveis apenas na solução concreta de litígios particulares; direitos com pouca ou nula especialização em relação às restantes actividades sociais; mecanismos de resolução dos litígios caracterizados pela informalidade, rapidez, participação activa da comunidade, conciliação ou mediação entre as partes através de um discurso jurídico retórico, persuasivo, assente na linguagem ordinária. Acima de tudo, estes estudos revelaram a existência na mesma sociedade de uma pluralidade de direitos convivendo e interagindo de diferentes formas.

No momento histórico em que a antropologia convergia teórica e metodologicamente com a sociologia, o impacto destes estudos na sociologia do direito foi enorme. Muitos foram os estudos que se seguiram, tendo por unidade de análise o litígio (e não a norma) e por orientação teórica o pluralismo jurídico, orientados para a análise de mecanismos de resolução jurídica informal de conflitos existentes nas sociedades contemporâneas e operando à margem do direito estatal e dos tribunais oficiais. Citarei dois exemplos. O estudo pioneiro de S. Macauly (1966) sobre as práticas jurídicas e sobretudo os conflitos jurídicos entre os produtores e os comerciantes de automóveis nos EUA, resolvidos de modo informal à margem das disposições do direito comercial e da intervenção dos tribunais, orientados pelo objectivo de não criar rupturas nas relações económicas e retirando destas poderosos dispositivos sancionários não oficiais. Em segundo lugar, os estudos por mim realizados no início da década de 70 nas favelas do Rio de Janeiro e onde me foi possível detectar e analisar a existência no interior destes bairros urbanos de um direito informal não oficial, não profissionalizado, centrado na Associação de moradores que funcionava como instância de resolução de litígios entre vizinhos, sobretudo nos domínios da habitação e da propriedade da terra (Santos, 1974 e 1977).

Estes e muitos outros estudos que se seguiram com objectivos analíticos semelhantes permitiram concluir o seguinte. Em primeiro lugar, de um ponto de vista sociológico, o Estado contemporâneo não tem o monopólio da produção e distribuição do direito. Sendo embora o direito estatal o modo de juridicidade dominante, ele coexiste na sociedade com outros modos de juridicidade, outros direitos que com ele se articulam de modos diversos (Santos, 1980: 64 e ss.; Ruivo e Marques, 1982). Este conjunto de articulações e interrelações entre vários modos de produção do direito constitui o que designo por formação jurídica. Em segundo lugar, o relativo declínio da litigiosidade civil, longe de ser início de diminuição da conflitualidade social e jurídica, é antes o resultado do desvio dessa conflitualidade para outros mecanismos de resolução, informais, mais baratos e expeditos, existentes na sociedade.

PELA MÃO DE ALICE. O SOCIAL E O POLÍTICO NA PÓS-MODERNIDADE   181

Estas conclusões não deixaram de influenciar algumas das reformas de administração da justiça nos últimos anos. Distinguirei dois tipos de reformas: as reformas no interior da justiça civil tradicional e a criação de alternativas. Quanto às primeiras são de salientar as seguintes: o reforço dos poderes do juiz na apreciação da prova e na condução do processo segundo os princípios da oralidade, da concentração e da imediação, um tipo de reformas com longa tradição na teoria processualista europeia iniciada pela obra pioneira de Franz Klein; a criação de um novo tipo de relacionamento entre os vários participantes no processo, mais informal, mais horizontal, visando um processamento mais inteligível e uma participação mais activa das partes e testemunhas. Como exemplo deste tipo de reforma citarei o chamado *Stuttgart Modell* na Alemanha e os tribunais de grande instância criados em 1967 nos departamentos periféricos da região parisiense (Ballé *et al.*, 1981); por último, e relacionado com as anteriores, as reformas no sentido de ampliar o âmbito e incentivar o uso da conciliação entre as partes sob o controlo do juíz[72].

As reformas que visam a criação de alternativas constituem hoje uma das áreas de maior inovação na política judiciária. Elas visam criar, em paralelo à administração da justiça convencional, novos mecanismos de resolução de litígios cujos traços constitutivos têm grandes semelhanças com os originalmente estudados pela antropologia e pela sociologia do direito, ou seja, instituições leves, relativa ou totalmente desprofissionalizadas, por vezes impedindo mesmo a presença de advogados, de utilização barata, se não mesmo gratuita, localizados de modo a maximizar o acesso aos seus serviços, operando por via expedita e pouco regulada, com vista à obtenção de soluções mediadas entre as partes[73]. Neste domínio, é de mencionar a criação experimental dos centros de Justiça de bairro nos EUA e os *conciliateurs* em França[74]. Em Portugal, algumas iniciativas no mesmo sentido no pós 25 de Abril não tiveram qualquer concretização (Sindicato dos Magistrados do M. P., 1982). Hoje, o florescimento internacional da arbitragem e dos mecanismos conhecidos, em geral, por *Alternative Dispute Resolution* (ADR) são a manifestação mais concludente das transformações em curso nos processos convencionais de resolução de conflitos.

---

[72] Uma proposta defendida entre nós por Pessoa Vaz (1976).
[73] Veja-se a caracterização geral destas alternativas em Santos (1982a e 1982c).
[74] A melhor colectânea de estudos sobre estas experiências é a de R. Abel (org.) (1982).

Para uma nova política judiciária

Passarei agora a mencionar as linhas de investigação mais promissoras no domínio da sociologia da administração da justiça e o seu possível impacto na criação do que designarei por uma "nova política judiciária", uma política judiciária comprometida com o processo de democratização do direito e da sociedade.

1. A democratização da administração da justiça é uma dimensão fundamental da democratização da vida social, económica e política. Esta democratização tem duas vertentes. A primeira diz respeito à constituição interna do processo e inclui uma série de orientações tais como: o maior envolvimento e participação dos cidadãos, individualmente ou em grupos organizados, na administração da justiça; a simplificação dos actos processuais e o incentivo à conciliação das partes, o aumento dos poderes do juiz; a ampliação dos conceitos de legitimidade das partes e do interesse em agir. A segunda vertente diz respeito à democratização do acesso à justiça. É necessário criar um Serviço Nacional de Justiça, um sistema de serviços jurídico-sociais, gerido pelo Estado e pelas autarquias locais com a colaboração das organizações profissionais e sociais, que garanta a igualdade do acesso à justiça das partes das diferentes classes ou estratos sociais. Este serviço não se deve limitar a eliminar os obstáculos económicos ao consumo da justiça por parte dos grupos sociais de pequenos recursos. Deve tentar também eliminar os obstáculos sociais e culturais, esclarecendo os cidadãos sobre os seus direitos, sobretudo os de recente aquisição, através de consultas individuais e colectivas e através de acções educativas nos meios de comunicação, nos locais de trabalho, nas escolas, etc.

2. Estas medidas de democratização, apesar de amplas, têm limites óbvios. A desigualdade da protecção dos interesses sociais dos diferentes grupos sociais está cristalizada no próprio substantivo, pelo que a democratização da administração da justiça, mesmo se plenamente realizada, não conseguirá mais do que igualizar os mecanismos de reprodução da desigualdade. Durante o regime de Pinochet, um jurista chileno defendeu que não fazia sentido lutar no seu país pelo acesso à justiça por parte das classes populares já que o direito substantivo era tão discriminatório em relação a elas que a atitude política democrática consistia exactamente em minimizar o acesso. Nos EUA, os serviços jurídicos para os pobres acabaram muitas vezes por propor reformas no direito substantivo que dessem maior satisfação aos interesses dos seus clientes enquanto classe social.

No nosso país, nos últimos vinte anos, foi promulgada legislação que de modo mais ou menos afoito pretende ir ao encontro dos interesses sociais das

PELA MÃO DE ALICE. O SOCIAL E O POLÍTICO NA PÓS-MODERNIDADE   183

classes trabalhadoras e também dos interesses emergentes nos domínios da segurança social e da qualidade de vida, por exemplo, a que são particularmente sensíveis as classes médias. Sucede, porém, que muita dessa legislação tem permanecido letra morta. Pode mesmo avançar-se como hipótese de lei sociológica que *quanto mais caracterizadamente uma lei protege os interesses populares e emergentes maior é a probabilidade de que ela não seja aplicada*. Sendo assim, a luta democrática pelo direito deve ser, no nosso país, uma luta pela aplicação do direito vigente, tanto quanto uma luta pela mudança do direito. Aliás, mesmo com base no direito substantivo mais sedimentado na ordem jurídica portuguesa é possível, mediante interpretações inovadoras da lei, obter novas protecções para os interesses sociais até agora menos protegidos. Foi esta, afinal, a aposta do movimento que na Itália ficou conhecido pelo uso alternativo do direito (Barcellona, 1973; Calera *et al.*, 1978). Neste campo são várias as experiências um pouco por toda a parte. Referirei, a título de exemplo, o estudo que, com outros, realizei no Recife sobre os conflitos urbanos, sobretudo conflitos de propriedade da terra nos bairros marginais onde vive metade da população da cidade. Esta investigação revela que os habitantes dos bairros têm conseguido algumas vitórias nos tribunais ainda que à partida os seus argumentos sejam relativamente frágeis em termos estritamente jurídicos. Estas vitórias configuram um autêntico uso alternativo do direito, tornado possível pela argumentação tecnicamente sofisticada de advogados altamente competentes, postos, gratuitamente, à disposição das classes populares pela comissão de Justiça e Paz da diocese de Olinda e Recife por iniciativa do bispo D. Hélder Câmara (Santos, 1982b e 1983; Falcão, 1984). Mas também aqui, a interpretação inovadora do direito substantivo passa pelo aumento dos poderes dos juízes na condução do processo.

3. A diminuição relativa do contencioso civil detectada em vários países tem sido considerada disfuncional, ou seja, como negativa em relação ao processo de democratização da justiça. A análise sociológica da persistência desse fenómeno revela que ela pode ser funcional para a prossecução de certos interesses privilegiados a quem a visibilidade própria da justiça civil prejudicaria. Se é certo que as classes de menores recursos tendem a não utilizar a justiça pelas razões que expusemos, a verdade é que as classes de maiores recursos tendem igualmente a resolver os seus litígios fora do campo judiciário. Isto tem sido observado em muitos países. Na Itália e nos EUA, por exemplo, parece claro serem as classes intermédias (pequenos e médios credores e proprietários, etc.)

quem mais recorre aos tribunais (Resta, 1977)[75]. Estudos realizados na Bélgica verificam igualmente a crescente marginalização das magistraturas económicas numa época de crise em que, sobretudo ao nível dos grandes grupos económicos e financeiros, as considerações de oportunidade económica sobrepujam largamente as considerações de legalidade económica (Jacquemin e Remiche, 1984). A composição particularista e secreta de interesses económicos que, pela envergadura destes, afecta significativamente os interesses sociais globais, é feita muitas vezes com a conveniência e a ratificação dos aparelhos políticos e administrativos do Estado, mas fora do escrutínio público a que a justiça civil os exporia. Este particularismo é, aliás, um dos factores de emergência de novas formas de pluralismo jurídico nas sociedades capitalistas avançadas, formas que constituem a expressão sócio-jurídica de que em sede de ciência política se tem vindo a designar por neocorporativismo.

Nestas condições não me parece possível que o Estado possa, através de medidas de dinamização da administração da justiça, absorver em futuro próximo estas formas de justiça privada como por vezes se designam. Quando muito, é possível que os grupos neocorporativistas mais organizados venham a ter poder político suficiente para impor tutelas jurisdicionais diferenciadas mais afeitas à dinâmica interna dos seus interesses. Não me parece tão pouco que estes mecanismos de resolução dos litígios à margem do controlo do Estado sejam intrinsecamente negativos ou atentórios da democracia. Podem, pelo contrário, ser agentes de democratização da sociedade. Tudo depende do conteúdo dos interesses em jogo e do seu comércio privado no processo de desenvolvimento democrático da sociedade no seu todo.

No entanto, é certo que muitas das reformas recentes da administração da justiça visam reduzir a sua marginalidade ou residualidade. Estão nestes casos as reformas de informalização da justiça a que fiz referência. As alternativas informais são uma criação jurídica complexa cujas relações com o poder do Estado devem ser analisadas, uma análise que fiz noutro lugar e que não repetirei aqui (Santos, 1982a). Bastará dizer que nas experiências em curso o controlo ou supervisão do Estado varia muito e que nelas a questão do acesso não tem a ver com a assistência judiciária mas antes com a capacitação das partes em função das posições estruturais que ocupam. Nos casos em que os litígios ocorrem entre

---

[75] Nos EUA, o estudo mais recente e sofisticado foi levado a cabo na Universidade de Wisconsin-Madison. Veja-se uma panorâmica geral dos resultados em *Law and Society Review*, 15 (1980-1981) dedicada ao tema "Special Issue on Dispute Processing and Civil Litigation".

PELA MÃO DE ALICE. O SOCIAL E O POLÍTICO NA PÓS-MODERNIDADE 185

cidadãos ou grupos de poder sócio-económico parificável (litígios entre vizinhos, entre operários, entre camponeses, entre estudantes, etc.) a informalização da justiça pode ser um genuíno factor de democratização. Ao contrário, nos litígios entre cidadãos ou grupos com posições de poder estruturalmente desiguais (litígios entre patrões e operários, entre consumidores e produtores, entre inquilinos e senhorios) é bem possível que a informalização acarrete consigo a deterioração da posição jurídica da parte mais fraca, decorrente da perda das garantias processuais, e contribua assim para a consolidação das desigualdades sociais; a menos que os amplos poderes do juiz profissional ou leigo possam ser utilizados para compensar a perda das garantias, o que será sempre difícil uma vez que estes tribunais informais tendem a estar desprovidos de meios sancionatórios eficazes. A título de exemplo, refiro que após a criação do tribunal de habitação em Nova Iorque destinado a resolver de modo expedito, informal e desprofissionalizado, os conflitos entre inquilinos e senhorios, o número de despejos aumentou (Lazerson, 1982). Os inquilinos tinham deixado de contar com os expedientes processuais utilizados pelos advogados para suster ou desencorajar o despejo. Aliás, a situação que no futuro melhor e mais perigosamente simbolizará a dissociação entre justiça célere e justiça democrática decorrerá, em meu entender, das reformas hoje em curso com vista, não à informalização, mas antes à informatização da justiça, uma questão que não abordarei aqui.

4. A contribuição maior da sociologia para a democratização da administração da justiça consiste em mostrar empiricamente que as reformas do processo ou mesmo do direito substantivo não terão muito significado se não forem complementadas com outros dois tipos de reformas. Por um lado, a reforma da organização judiciária, a qual não pode contribuir para a democratização da justiça se ela própria não for internamente democrática. E neste caso a democratização deve correr em paralelo com a racionalização da divisão do trabalho e com uma nova gestão dos recursos de tempo e de capacidade técnica. Por outro lado, a reforma da formação e dos processos de recrutamento dos magistrados, sem a qual a ampliação dos poderes do juiz propostas em muitas das reformas aqui referidas carecerá de sentido e poderá eventualmente ser contraproducente para a democratização da administração da justiça que se pretende. As novas gerações de juízes e magistrados deverão ser equipadas com conhecimentos vastos e diversificados (económicos, sociológicos, políticos) sobre a sociedade em geral e sobre a administração da justiça em particular. Esses conhecimentos têm de ser tornados disponíveis e, sobretudo no que respeita aos conhecimentos sobre administração da justiça no nosso país, esses conhecimentos têm ainda de ser criados.

É necessário aceitar os riscos de uma magistratura culturalmente esclarecida. Por um lado, ela reivindicará o aumento de poderes decisórios, mas isso como se viu vai no sentido de muitas propostas e não apresenta perigos de maior se houver um adequado sistema de recursos. Por outro lado, ela tenderá a subordinar a coesão corporativa à lealdade a ideais sociais e políticos disponíveis na sociedade. Daqui resultará uma certa fractura ideológica que pode ter repercussões organizativas. Tal não deve ser visto como patológico mas sim como fisiológico. Essas fracturas e os conflitos a que elas derem lugar serão a verdadeira alavanca do processo de democratização da justiça.

CAPÍTULO 8
SUBJECTIVIDADE, CIDADANIA E EMANCIPAÇÃO

Introdução

Se é complexa a relação entre subjectividade e cidadania, é-o ainda mais a relação entre qualquer delas e a emancipação. Porque a constelação ideológica--cultural hegemónica do fim do século parece apontar para a reafirmação da subjectividade[76] em detrimento da cidadania e para a reafirmação desigual de ambas em detrimento da emancipação, torna-se urgente submeter a uma análise crítica as relações entre estes três marcos da história da modernidade. Uma tarefa particularmente urgente para aqueles que se identificam com o que nesta constelação é afirmado sem contudo se poderem identificar com o que nela é negado ou negligenciado.

Foucault tem certamente razão ao denunciar o excesso de controlo social produzido pelo poder disciplinar e pela normalização técnico-científica com que a modernidade domestica os corpos e regula as populações de modo a maximizar a sua utilidade social e a reduzir, ao mais baixo custo, o seu potencial político. A denúncia de Foucault, com toda a sua originalidade, insere-se numa tradição de reflexão crítica sobre a modernidade que se estende da "lei de ferro" da racionalidade burocrática de Max Weber até à "sociedade administrada" de Adorno e à "colonização do mundo da vida" de Habermas. Penso, no entanto, que Foucault – e, de certo modo, também Adorno e Horkheimer, ainda que com uma argumentação e um diagnóstico muito distintos – exagera ao inscrever esse excesso de regulação na matriz do projecto da modernidade e de tal modo que faz dele, não só o único resultado, mas também o único resultado possível deste projecto. No capítulo 4 procurei mostrar que o projecto da modernidade é caracterizado, em sua matriz, por um equilíbrio entre regulação e emanci-pação, convertidos nos dois pilares sobre os quais se sustenta a transformação radical da sociedade pré-moderna. O pilar da regulação é constituído por três princípios: o princípio do Estado (Hobbes), o princípio do mercado (Locke) e o princípio da comunidade (Rousseau). O pilar da emancipação é constituído pela articulação entre três dimensões da racionalização e secularização da vida

---

[76] A reafirmação da subjectividade atravessa todo o espectro da cultura, da filosofia (Frank, 1985; Frank, Raulet, van Reijen, 1988) às artes (Kuspit, 1988).

colectiva: a racionalidade moral-prática do direito moderno; a racionalidade cognitivo-experimental da ciência e da técnica modernas; e a racionalidade estético-expressiva das artes e da literatura modernas. O equilíbrio pretendido entre a regulação e a emancipação obtém-se pelo desenvolvimento harmonioso de cada um dos pilares e das relações dinâmicas entre eles.

Mostrei também que este equilíbrio, que aparece ainda, como aspiração decaída, na máxima positivista da "ordem e progresso", não foi nunca conseguido. À medida que a trajectória da modernidade se identificou com a trajectória do capitalismo, o pilar da regulação veio a fortalecer-se à custa do pilar da emancipação num processo histórico não linear e contraditório, com oscilações recorrentes entre um e outro, nos mais diversos campos da vida colectiva e sob diferentes formas: entre cientismo e utopismo, entre liberalismo e marxismo, entre modernismo e vanguarda, entre reforma e revolução, entre corporativismo e luta de classes, entre capitalismo e socialismo, entre fascismo e democracia participativa, entre doutrina social da Igreja e teologia da libertação.

Como vimos, o desequilíbrio entre regulação e emancipação e o consequente excesso de regulação em que veio a saldar-se resultou de desequilíbrios, tanto no seio do pilar da regulação, como no da emancipação. Por um lado, no pilar da emancipação, a racionalidade cognitivo-instrumental da ciência e da técnica desenvolveu-se em detrimento das demais racionalidades e acabou por colonizá--las, um processo com múltiplas manifestações, desde a redução à ciência jurídica dogmática da riquíssima tradição de reflexão filosófica, sociológica e política sobre o direito, até às várias oficializações do modernismo nas artes de que são exemplos salientes, na arquitectura, o estilo internacional e Brasília, reduções grosseiras das pesquisas utópicas de Le Corbusier, à democracia de massas e ao poder abstracto da tecnocracia. A hipertrofia da racionalidade cognitivo--instrumental acarretou a própria transformação da ciência moderna através da progressiva hegemonia das epistemologias positivistas, uma transformação que, se não foi determinada pela conversão da ciência em força produtiva no capitalismo, teve com ela fortíssimas afinidades electivas. Tratei desta causa do excesso de regulação noutro lugar, pelo que não me deterei nela aqui (Santos, 1989; 1991). Neste capítulo, darei atenção privilegiada ao desequilíbrio que ocorreu no pilar da regulação.

Subjectividade e cidadania na teoria política liberal
O desequilíbrio no pilar da regulação consistiu globalmente no desenvolvimento hipertrofiado do princípio do mercado em detrimento do princípio do Estado e

PELA MÃO DE ALICE. O SOCIAL E O POLÍTICO NA PÓS-MODERNIDADE   189

de ambos em detrimento do princípio da comunidade. Trata-se de um processo histórico não linear que, nas sociedades capitalistas avançadas, inclui uma fase inicial de hipertrofia total do mercado, no período do capitalismo liberal; uma segunda fase, de maior equilíbrio entre o princípio do mercado e o princípio do Estado sob pressão do princípio da comunidade, o período do capitalismo organizado e sua forma política própria (o Estado-Providência); e, por último, uma fase de re-hegemonização do princípio do mercado e de colonização, por parte deste, do princípio do Estado e do princípio da comunidade de que a *reaganomics* e o thatcherismo são chocantes manifestações[77].

A teoria política liberal é a expressão mais sofisticada deste desequilíbrio. Ela representa, no plano político, a emergência da constelação da subjectividade e, como bem nota Hegel, confronta-se desde o início com a necessidade de compatibilizar duas subjectividades aparentemente antagónicas: a subjectividade colectiva do Estado centralizado *(Ich-Kollektivität)* e a subjectividade atomizada dos cidadãos autónomos e livres *(Ich-Individualität)*. A compatibilização é obtida por via da distinção entre Estado e sociedade civil e do conceito-ficção do contrato social. O Estado, sendo embora um sujeito monumental, visa tão-só garantir a segurança da vida (Hobbes) e da propriedade (Locke) dos indivíduos na prossecução privada dos seus interesses particulares segundo as regras próprias e naturais da propriedade e do mercado, isto é, da sociedade civil. Sendo os cidadãos livres e autónomos, o poder do Estado só pode assentar no consentimento deles e a obediência que lhe é devida só pode resultar de uma obrigação auto-assumida, isto é, do contrato social.

Transformada por múltiplas metamorfoses – do anarco-liberalismo de Nozick (1974) à quase social-democracia de Rawls (1972) – a teoria política liberal tem vindo a vigorar até aos nossos dias e pode mesmo dizer-se que, no período do capitalismo desorganizado em que nos encontramos, conhece um novo alento, sustentado pela reemergência do liberalismo económico. Daí a importância de desocultar alguns dos seus pressupostos, pelo menos, daqueles que se me afiguram mais importantes para a argumentação deste capítulo.

Em primeiro lugar, o princípio da subjectividade é muito mais amplo que o princípio da cidadania. A teoria liberal começa por teorizar uma sociedade

---

[77] Como referi no capítulo 4, esta periodização diz respeito exclusivamente ao desenvolvimento do capitalismo nos países centrais. Só nestes países é possível falar hoje, por contraposição a um passado recente, de "capitalismo desorganizado". Nos países periféricos o capitalismo nunca foi organizado ou, alternativamente, é hoje mais organizado do que nunca.

onde muitos – no início, a maioria – dos indivíduos livres e autónomos que prosseguem os seus interesses na sociedade civil não são cidadãos, pela simples razão de que não podem participar politicamente na actividade do Estado. As sociedades liberais não podem ser consideradas democráticas senão depois de terem adoptado o sufrágio universal, o que não acontece senão no nosso século e, na maioria dos casos, já com o século bem adentrado (sem esquecer o caso da Suíça, onde as mulheres só adquiriram o direito de voto em 1971)[78].

Em segundo lugar, o princípio da cidadania abrange exclusivamente a cidadania civil e política e o seu exercício reside exclusivamente no voto. Quaisquer outras formas de participação política são excluídas ou, pelo menos, desencorajadas, uma restrição que é elaborada com sofisticação particular na teoria schumpeteriana da democracia. A redução da participação política ao exercício do direito de voto levanta a questão da representação. A representação democrática assenta na distância, na diferenciação e mesmo na opacidade entre representante e representado. Kant, no *Projecto de Paz Perpétua*, de 1795 (1970:1º artigo definitivo), definiu melhor que ninguém o carácter paradoxal da representação democrática ao afirmar que a representatividade dos representantes é tanto maior quanto menor for o seu número e quanto maior for o número dos representados. Pela própria natureza desta teoria da representação e também pela interferência dos interesses próprios dos representantes, como é hoje comummente reconhecido pela teoria política, o interesse geral não pode coincidir, quase que por definição, com o interesse de todos.

Por via do carácter não problemático da representação e da obrigação política em que ela assenta, a base convencional do contrato social acaba por conduzir à naturalização da política, à conversão do mundo numa entidade onde é natural haver Estado e indivíduos e é natural eles relacionarem-se segundo o credo liberal. A naturalização do Estado é o outro lado da passividade política dos cidadãos; a naturalização dos indivíduos é o fundamento da igualdade formal dos cidadãos, o que levou Hegel a afirmar que "o individual é o geral": concebidos de modo abstracto, os indivíduos são fungíveis, recipientes indiferenciados de uma categoria universal.

Este ponto conduz-me à terceira característica da teoria liberal que pretendo aqui realçar. Esta teoria representa a total marginalização do princípio da comunidade tal como é definido por Rousseau. Ao contrário do liberalismo clássico,

---

[78] Ver a este propósito Pateman (1985). O livro foi originalmente publicado em 1979 e tem, na edição de 1985, um importante posfácio.

PELA MÃO DE ALICE. O SOCIAL E O POLÍTICO NA PÓS-MODERNIDADE   191

Rousseau não vê solução para a antinomia entre a liberdade e autonomia dos cidadãos e o poder de comando do Estado e, por isso, a sua versão do contrato social é muito diferente da do contrato social liberal. Para Rousseau, a vontade geral tem de ser construída com a participação efectiva dos cidadãos, de modo autónomo e solidário, sem delegações que retirem transparência à relação entre "soberania" e "governo". Por esta razão, o contrato social assenta, não numa obrigação política vertical cidadão-Estado, como sucede no modelo liberal, mas antes numa obrigação política horizontal cidadão-cidadão na base da qual é possível fundar uma associação política participativa. E, para isso, a igualdade formal entre os cidadãos não chega, é necessária a igualdade substantiva, o que implica uma crítica da propriedade privada, como, de resto, Rousseau faz no seu *Discurso sobre a Origem das Desigualdades*.

A quarta característica da teoria liberal é que ela concebe a sociedade civil de forma monolítica. A sociedade civil é o mundo do associativismo voluntário e todas as associações representam de igual modo o exercício da liberdade, da autonomia dos indivíduos e seus interesses. Clubes, associações, empresas são assim manifestações equivalentes de cooperação, de participação e de voluntarismo. Esta indiferenciação produz uma dupla ocultação, uma das faces da qual foi cedo denunciada pelo pensamento socialista, enquanto a outra só na última década, com o aprofundamento dos movimentos feministas, viu reconhecida a sua importância.

A primeira ocultação reside em que no capitalismo há uma forma de associação "especial" que só cinicamente pode conceber-se como voluntária e onde a formação da vontade assenta na exclusão da participação da esmagadora maioria dos que nela "participam", isto é, a empresa enquanto unidade básica da organização económica da produção capitalista. Porque a empresa está fora do político, a teoria liberal nunca se pôs o problema de a formação da vontade no lugar do trabalho não se fazer através do voto, como acontece em muitas das outras associações da sociedade civil.

A segunda ocultação reside em que, ao converter a sociedade civil em domínio privado, a teoria liberal esquece o domínio doméstico das relações familiares, um domínio perante o qual tanto o domínio privado da sociedade civil como o domínio público do Estado são, de facto, domínios públicos. Apesar da sua importância fundamental na reprodução social e, muito especificamente, na reprodução da força do trabalho, o domínio doméstico é totalmente ignorado, é relegado para a esfera da intimidade pessoal, insusceptível de ser politizado (fora de qualquer contrato social ou obrigação política) e as desigualdades que nele têm lugar, além de naturais, são irrelevantes ao nível da relação axial Estado-indivíduo.

A sociedade liberal é caracterizada por uma tensão entre a subjectividade individual dos agentes na sociedade civil e a subjectividade monumental do Estado. O mecanismo regulador dessa tensão é o princípio da cidadania que, por um lado, limita os poderes do Estado e, por outro, universaliza e igualitariza as particularidades dos sujeitos de modo a facilitar o controlo social das suas actividades e, consequentemente, a regulação social. No primeiro período de desenvolvimento do capitalismo, o período do capitalismo liberal, que cobre todo o século XIX, esta tensão é decidida a favor do princípio do mercado, que governa a sociedade civil, e os direitos civis e políticos, que constituem então o conteúdo da cidadania, não são incompatíveis, antes pelo contrário, com o princípio do mercado.

A relação entre cidadania e subjectividade é ainda mais complexa. Para além das ideias de autonomia e de liberdade, a subjectividade envolve as ideias de auto-reflexividade e de auto-responsabilidade, a materialidade de um corpo (real ou fictício, no caso da subjectividade jurídica das "pessoas colectivas"), e as particularidades potencialmente infinitas que conferem o cunho próprio e único à personalidade. Ao consistir em direitos e deveres, a cidadania enriquece a subjectividade e abre-lhe novos horizontes de auto-realização, mas, por outro lado, ao fazê-lo por via de direitos e deveres gerais e abstractos que reduzem a individualidade ao que nela há de universal, transforma os sujeitos em unidades iguais e intercambiáveis no interior de administrações burocráticas públicas e privadas, receptáculos passivos de estratégias de produção, enquanto força de trabalho, de estratégias de consumo, enquanto consumidores, e de estratégias de dominação, enquanto cidadãos da democracia de massas. A igualdade da cidadania colide, assim, com a diferença da subjectividade, tanto mais que no marco da regulação liberal essa igualdade é profundamente selectiva e deixa intocadas diferenças, sobretudo as da propriedade, mas também as da raça e do sexo que mais tarde vão ser os objectos centrais das lutas igualitárias.

Esta tensão entre uma subjectividade individual e individualista e uma cidadania directa ou indirectamente reguladora e estatizante percorre toda a modernidade. Sob diversas formas e com diferentes consequências, ela está, na raiz do movimento socialista, do pessimismo cultural, de Max Weber, da morte do sujeito em Nietzsche, do pós-perspectivismo do construtivismo russo e da desconstrução cubista e, mais recentemente, na raiz das genealogias de Foucault e da reivindicação feminista de uma forma de igualdade sem mesmidade,

PELA MÃO DE ALICE. O SOCIAL E O POLÍTICO NA PÓS-MODERNIDADE   193

compatível com a afirmação da diferença original da humanidade entre masculino e feminino. Trata-se, pois, de uma tensão radical que, em meu entender e conforme defenderei adiante, só é susceptível de superação no caso de a relação entre a subjectividade e a cidadania ocorrer no marco da emancipação e não, como até aqui, no marco da regulação.

Subjectividade e cidadania no marxismo

A alternativa marxista, formulada ainda no período do capitalismo liberal mas com uma eficácia que se prolonga por todo o período do capitalismo organizado e mesmo, mais matizada, até ao período do capitalismo desorganizado em que nos encontramos (ou se encontram os países centrais), merece uma referência especial. Como referi no capítulo 4, o período do capitalismo liberal é aquele em que se manifesta de forma brutal a liquidação do potencial emancipatório da modernidade pela via dupla da hegemonização da racionalidade técnico-científica, no seguimento da segunda revolução industrial, e da hipertrofia do princípio do mercado em detrimento do princípio do Estado e com o "esquecimento" total do princípio da comunidade rousseauiana. Mas a verdade é que é também neste período que se forjam as mais brilhantes construções emancipatórias da modernidade, sejam elas os movimentos socialistas, os movimentos anarquistas, o mutualismo e o cooperativismo operários ou, enfim, o marxismo. É, pois, um período de contradições explosivas entre regulação e emancipação, e a expressão mais lídima de tais contradições é sem dúvida o marxismo, pelo que ele foi na obra e no tempo de Marx e pelo que foi feito dele pelos Bolcheviques e a Terceira Internacional até ao colapso recente dos regimes do Leste Europeu.

É conhecida a crítica de Marx à democracia liberal e portanto às ideias de subjectividade e de cidadania que a constituem. Porque a organização social da produção determina a organização política e cultural, a separação entre a igualdade política e a desigualdade económica operada pelo capitalismo é pouco mais que ilusória. Porque o ser social determina a consciência, a autonomia e a liberdade atribuídas à subjectividade individual no capitalismo são ilusões necessárias para a reprodução das relações capitalistas. Ao declarar não-políticas as distinções de nascimento, classe social, educação e ocupação, o Estado capitalista permite que elas operem livremente na sociedade, intocadas pelo princípio da igualdade da cidadania política que, por essa razão, é meramente formal (Marx [1843], 1975:219). É também sabido que a posição de Marx a respeito da democracia é, apesar disto, complexa, que admite a possibilidade da conquista do socialismo por via eleitoral, que salienta a eficácia das lutas democráticas do operariado inglês na redução do horário de trabalho e que, se teve algum modelo de democracia, ele foi certamente o da democracia participativa que subjaz ao princípio da comunidade rousseauiana.

Nada disto, porém, é muito relevante para a argumentação deste capítulo. O que me interessa realçar é que, para criticar radicalmente a democracia liberal, Marx contrapõe ao sujeito monumental que é o Estado liberal um outro sujeito monumental, a classe operária. A classe operária é uma subjectividade colectiva, capaz de autoconsciência (a classe-para-si), que subsume em si as subjectividades individuais dos produtores directos. Tal como em Hegel a burocracia é a classe universal e a autoconsciência do Estado moderno, a classe operária é em Marx a classe universal e a autoconsciência da emancipação socialista.

Acontece, porém, que, do ponto de vista das relações entre as particularidades únicas das subjectividades individuais e a abstracção e universalidade das categorias da sociedade política, a eficácia subjectiva da classe operária é, ao nível da emancipação, semelhante à da cidadania liberal, ao nível da regulação. Ou seja, a subjectividade colectiva da classe tende igualmente a reduzir à equivalência e à indiferença as especificidades e as diferenças que fundam a personalidade, a autonomia e a liberdade dos sujeitos individuais. Marx reconheceu isso mesmo mas pensou que tinha a evolução histórica do capitalismo do seu lado. O desenvolvimento das forças produtivas conduziria à proletarização da esmagadora maioria da população e à homogeneização total do trabalho, da vida e, portanto, da consciência dos trabalhadores. O conceito de classe visava precisamente contrapor à homogeneização reguladora do capitalismo a homogeneização emancipadora da subjectividade colectiva dos produtores directos.

Sabemos hoje que o capitalismo não proletarizou as populações nos termos previstos por Marx e que, em vez de homogeneizar globalmente os trabalhadores, se alimentou das diferenças existentes ou, quando as destruiu, criou outras em seu lugar. Mas a verdade é que, mesmo que se tivessem cumprido todas as previsões de Marx, restaria sempre a irredutibilidade da subjectividade individual à subjectividade colectiva e consequentemente faltariam sempre à teoria marxista as instâncias de mediação entre ambas.

Com Lenine e no seguimento lógico de Marx, a classe operária dá origem a um outro sujeito monumental, o partido operário. Se, nos termos em que foi formulada, a subjectividade colectiva da classe tendeu a destruir a subjectividade individual dos seus membros, a titularidade política do partido, nos termos em que foi formulada, tendeu a destruir a titularidade política individual da cidadania. Isto significa que a tensão acima referida entre subjectividade individual e

PELA MÃO DE ALICE. O SOCIAL E O POLÍTICO NA PÓS-MODERNIDADE   195

cidadania foi falsamente resolvida pela destruição de ambas. Em vez de supera-
ções, supressões; em vez de mediações, que só podiam ser buscadas no princípio
rousseauiano da comunidade, o recurso exclusivo a sujeitos monumentais afins
do único sujeito monumental já historicamente constituído, o Estado. Não
admira, pois, que o modelo marxista-leninista viesse a redundar numa hipertrofia
total do princípio do Estado. Se o liberalismo capitalista pretendeu expurgar
a subjectividade e a cidadania do seu potencial emancipatório – com o consequente excesso de regulação, simbolizado, nos países centrais, na democracia de
massas – o marxismo, ao contrário, procurou construir a emancipação à custa da
subjectividade e da cidadania e, com isso, arriscou-se a sufragar o despotismo,
o que veio de facto a acontecer.

Se é verdade que o leninismo não é um desvio espúrio do marxismo, não é,
contudo, menos verdade que o marxismo caucionou modelos de transformação
socialista que procuraram compatibilizar emancipação com subjectividade e
cidadania, das posições de Kautsky à de Bernstein, das posições dos austro-
-marxistas (os grandes esquecidos) às dos eurocomunistas, o que afinal abona
em favor da complexidade das posições de Marx.

No capítulo 2 procedi a um balanço geral da proposta de Marx. Agora pretendo apenas relevar alguns dos méritos dela para a discussão que se segue. Em
primeiro lugar, a crítica marxista da democracia liberal é basicamente correcta
ainda que a alternativa que lhe propõe não o seja. Em segundo lugar, ao afirmar o
primado das relações sociais na constituição da subjectividade e da política, Marx
oferece a melhor contestação dos processos de naturalização e de reificação do
social de que se alimentam os excessos de regulação em que se veio a traduzir
a modernidade nas sociedades capitalistas. Em terceiro lugar, Marx estabelece,
na tradição hegeliana, que não há subjectividade sem antagonismo e que o
conceito de classe social é o articulador nuclear do antagonismo nas sociedades
capitalistas, ainda que, paradoxalmente, e ao contrário de Marx, possa não ser
o articulador nuclear da superação desse antagonismo. Neste domínio, o erro
de Marx foi pensar que o capitalismo, por via do desenvolvimento tecnológico
das forças produtivas, possibilitaria ou mesmo tornaria necessária a transição
para o socialismo. Como se veio a verificar, entregue a si próprio, o capitalismo
não transita para nada senão para mais capitalismo. A equação automática entre
progresso tecnológico e progresso social desradicaliza a proposta emancipadora
de Marx e torna-a, de facto, perversamente gémea da regulação capitalista.

A emergência da cidadania social

O segundo período do capitalismo nos países centrais, o capitalismo organizado, caracteriza-se pela passagem da cidadania cívica e política para o que foi designado por "cidadania social", isto é, a conquista de significativos direitos sociais, no domínio das relações de trabalho, da segurança social, da saúde, da educação e da habitação por parte das classes trabalhadoras das sociedades centrais e, de um modo muito menos característico e intenso, por parte de alguns sectores das classes trabalhadoras em alguns países periféricos e semiperiféricos. Melhor que ninguém, T. H. Marshall caracterizou este processo em *Citizenship and Social Class* publicado pela primeira vez em 1950.

Segundo Marshall, na linha da tradição liberal, a cidadania é o conteúdo da pertença igualitária a uma dada comunidade política e afere-se pelos direitos e deveres que o constituem e pelas instituições a que dá azo para ser social e politicamente eficaz. A cidadania não é, por isso, monolítica; é constituída por diferentes tipos de direitos e instituições; é produto de histórias sociais diferenciadas protagonizadas por grupos sociais diferentes. Os direitos cívicos correspondem ao primeiro momento do desenvolvimento da cidadania; são os mais universais em termos da base social que atingem e apoiam-se nas instituições do direito moderno e do sistema judicial que o aplica. Os direitos políticos são mais tardios e de universalização mais difícil e traduzem-se institucionalmente nos parlamentos, nos sistemas eleitorais e nos sistemas políticos em geral. Por último, os direitos sociais só se desenvolvem no nosso século e, com plenitude, só depois da Segunda Guerra Mundial; têm como referência social as classes trabalhadoras e são aplicados através de múltiplas instituições que, no conjunto, constituem o Estado-Providência.

Um dos principais méritos da análise de Marshall consiste na articulação que opera entre cidadania e classe social e nas consequências que dela retira para caracterizar as relações tensionais entre cidadania e capitalismo. Transferida para o quadro analítico que aqui proponho, essa articulação significa que no período do capitalismo liberal a cidadania civil e política, enquanto parte integrante do princípio do Estado, não só não colidiu com o princípio do mercado como possibilitou o desenvolvimento hipertrofiado deste. Ao contrário, no período do capitalismo organizado, a cidadania social, porque se ancorou socialmente nos interesses das classes trabalhadoras e porque serviu estes em grande medida através de transferências de pagamentos, colidiu significativamente com o princípio do mercado, conduzindo a uma relação mais equilibrada entre o princípio do

PELA MÃO DE ALICE. O SOCIAL E O POLÍTICO NA PÓS-MODERNIDADE   197

Estado e o princípio do mercado e, com ela, a uma nova estrutura da exploração capitalista, precisamente o capitalismo organizado.

Este maior equilíbrio entre Estado e mercado foi obtido por pressão do princípio da comunidade enquanto campo e lógica das lutas sociais de classe que estiveram na base da conquista dos direitos sociais. A comunidade assenta na obrigação política horizontal, entre indivíduos ou grupos sociais e na solidariedade que dela decorre, uma solidariedade participativa e concreta, isto é, socialmente contextualizada. Ora a classe operária foi precisamente o motor e o conteúdo desse contexto social e a articuladora da obrigação política que se traduziu nas múltiplas formas organizativas da solidariedade operária, dos partidos operários e dos sindicatos às cooperativas, aos clubes operários, à cultura operária, etc.

Se a classe operária não foi o sujeito monumental da emancipação pós-capitalista, foi sem dúvida o agente das transformações progressistas (emancipatórias, neste sentido) no interior do capitalismo. Embora seja ainda hoje debatível em que medida a cidadania social é uma conquista do movimento operário ou uma concessão do Estado capitalista[79], não parece restar dúvida que, pelo menos, sem as lutas sociais do movimento operário, tais concessões não seriam feitas. Mesmo que, com Brian Turner, não se deva esquecer a contribuição de outros factores para a expansão e o aprofundamento da cidadania social, como a guerra e as migrações.

Para a compreensão do tempo presente é, no entanto, importante ter em conta que as lutas operárias pela cidadania social tiveram lugar no marco da democracia liberal e que por isso a obrigação política horizontal do princípio da comunidade só foi eficaz na medida em que se submeteu à obrigação política vertical entre cidadão e Estado. A concessão dos direitos sociais e das instituições que os distribuíram socialmente são expressão da expansão e do aprofundamento dessa obrigação política. Politicamente, este processo significou a integração política das classes trabalhadoras no Estado capitalista e, portanto, o aprofundamento da regulação em detrimento da emancipação. Daí que as lutas pela cidadania social tenham culminado na maior legitimação do Estado capitalista. Daí que o capitalismo se tenha transformado profundamente para, no "fim" do processo da sua transformação, estar mais hegemónico do que nunca.

Em face disto, não surpreende que neste período se tenha agravado a tensão entre subjectividade e cidadania. Por um lado, o alargamento da cidadania

---

[79] Ver, por exemplo, o debate entre Turner (1986), que privilegia o papel das lutas sociais na criação da cidadania social, e Barbalet (1988), que dá mais atenção ao papel do Estado.

abriu novos horizontes ao desenvolvimento da subjectividade. A segurança da existência quotidiana propiciada pelos direitos sociais tornou possíveis vivências de autonomia e de liberdade, de promoção educacional e de programação das trajectórias familiares que até então tinham estado vedadas às classes trabalhadoras. Mas, por outro lado, os direitos sociais e as instituições estatais a que eles deram azo foram partes integrantes de um desenvolvimento societal que aumentou o peso burocrático e a vigilância controladora sobre os indivíduos; sujeitou estes mais do que nunca às rotinas da produção e do consumo; criou um espaço urbano desagregador e atomizante, destruidor das solidariedades das redes sociais de interconhecimento e de entreajuda; promoveu uma cultura mediática e uma indústria de tempos livres que transformou o lazer num gozo programado, passivo e heterónomo, muito semelhante ao trabalho. Enfim, um modelo de desenvolvimento que transformou a subjectividade num processo de individuação e numeração burocráticas e subordinou a *Lebenswelt* às exigências de uma razão tecnológica que converteu o sujeito em objecto de si próprio.

Subjectividade e cidadania em Marcuse e Foucault

A relação entre a hipertrofia da cidadania estatizante e consumista e o definhamento da subjectividade foi denunciada pela primeira vez por Marcuse (outro grande esquecido). Inspirado em Heidegger e Freud, Marcuse historiciza o marxismo à luz das realidades do capitalismo avançado (Marcuse, 1964; 1966; 1969). A integração política social e cultural do operariado na reprodução do capitalismo torna inviável qualquer processo de emancipação de base classista. A emancipação a conquistar é a do indivíduo e da sua subjectividade. A solução proposta por Marcuse, a da emancipação pelo *Eros*, é pouco convincente, sobretudo porque se propõe sustentar uma negatividade pós-social (e pós-capitalista) por via de uma regressão naturalista ao pré-social, mas a sua crítica do capitalismo avançado não cessou de ganhar actualidade desde que foi elaborada, a partir dos anos 40 e 50. Nos termos dela, a razão tecnológica que preside ao desenvolvimento do capitalismo conduz inelutavelmente ao sacrifício da subjectividade individual na medida em que é incapaz de satisfazer todas as necessidades psíquicas e somáticas do indivíduo e de desenvolver em pleno as capacidades emocionais deste. Por isso, a docilidade e a passividade dos indivíduos e, sobretudo, dos trabalhadores são obtidas através das formas repressivas de felicidade "oferecidas" à esmagadora maioria da população por via do consumo compulsivo de mercadorias.

PELA MÃO DE ALICE. O SOCIAL E O POLÍTICO NA PÓS-MODERNIDADE   199

Apesar de importante e a precisar de reapreciação nos anos 90, a teoria crítica de Marcuse é menos consistente do que a que veio a formular mais tarde Foucault, sobretudo no que respeita ao desenvolvimento antinómico da subjectividade e da cidadania no capitalismo (Foucault, 1975; 1976; 1980). Melhor que ninguém, Foucault analisou o processo histórico do desenvolvimento da cidadania em detrimento do da subjectividade, para nos permitir a conclusão de que cidadania sem subjectividade conduz à normalização, ou seja, à forma moderna de dominação cuja eficácia reside na identificação dos sujeitos com os poderes-saberes que neles (mais do que sobre eles) são exercidos. Trata-se de um processo totalizante de que as ciências humanas são peça central e que opera por múltiplos fraccionamentos da subjectividade (na família, na escola, no hospital, nas profissões, na prisão) para, depois ser reconstituída, com base neles, a unidade do indivíduo identificado com as exigências da dominação disciplinar, as quais, por isso, nada impõem.

Concordando com muito da crítica de Foucault, não partilho da radicalidade da conclusão a que ele chega. Para Foucault, não há tensão entre cidadania e subjectividade porque a cidadania, na medida em que consistiu na institucionalização das disciplinas, criou a subjectividade à sua imagem e semelhança. A subjectividade é a face individual do processo de normalização e não tem existência fora desse processo. O sujeito e o cidadão são produtos manufacturados pelos poderes-saberes das disciplinas. É com base nesta ideia que Foucault se recusa a atribuir ao Estado um lugar central no processo histórico de dominação moderna. De facto, segundo ele, o poder jurídico-político sediado no Estado e nas instituições não tem cessado de perder importância em favor do poder disciplinar. A cidadania é, pois, para Foucault, um artefacto deste poder mais do que do conjunto dos direitos cívicos, políticos, e sociais concedidos pelo Estado ou a ele conquistados.

Em meu entender, o processo histórico da cidadania e o processo histórico da subjectividade são autónomos ainda que, como tenho vindo a defender, intimamente relacionados. O capitalismo tem sabido conviver com diferentes soluções em cada um destes processos e as que consistiram na maior amplitude dada à cidadania política e social não são certamente as piores para o desenvolvimento da subjectividade. Uma das reivindicações centrais do feminismo radical, a de que a esfera pessoal é política, não é, nas condições actuais, susceptível de satisfação senão através da repolitização dessa esfera com base em estratégias de cidadania.

BOAVENTURA DE SOUSA SANTOS

Acresce que, do ponto de vista da emancipação, é possível pensar em novas formas de cidadania (colectivas e não individuais; menos assentes em direitos e deveres do que em formas e critérios de participação), não-liberais e não-estatizantes, em que seja possível uma relação mais equilibrada com a subjectividade. Mesmo assim, estas novas formas de cidadania não nos devem fazer esquecer que o Estado ocupa uma posição central (porque exterior) na configuração das relações sociais de produção capitalista e que essa posição, ao contrário do que afirma Foucault, tem vindo a fortalecer-se com o desenvolvimento do capitalismo. A tendência foucaultiana para homogeneizar as diferentes formas de poder sob o conceito-chave do poder disciplinar, para se furtar à formulação de critérios que permitam hierarquizá-los e para ver em todas as tentativas de resistência a emergência insidiosa de novos poderes contra os quais é preciso organizar novas resistências, acaba por conduzir a uma concepção panóptica do panóptico benthamiano, ou seja, a uma concepção da opressão onde não é possível pensar a emancipação.

A crise da cidadania social

No final dos anos 60, nos países centrais, o processo histórico do desenvolvimento da cidadania social sofre uma transformação cuja verdadeira dimensão só veio a revelar-se na década seguinte. Dois fenómenos marcam essa transformação: a crise do Estado-Providência e o movimento estudantil.

Não é este o lugar para tratar detalhadamente nenhum destes fenómenos[80]. Basta reter, para o que aqui nos interessa, que *a crise do Estado-Providência* assenta basicamente na crise do regime de acumulação consolidado no pós-guerra, o "regime fordista", como é hoje conhecido. Este regime de acumulação caracteriza-se por uma organização taylorista da produção (total separação entre concepção e execução no processo de trabalho) acoplada à integração maciça dos trabalhadores na sociedade de consumo através de uma certa indexação dos aumentos de salários aos ganhos de produtividade. Esta partilha dos ganhos da produtividade é obtida por duas vias fundamentais: pelos aumentos dos salários directos e pela criação e expansão de salários indirectos, ou seja, os benefícios sociais em que se traduz a cidadania social e, em última instância, o Estado-Providência.

Como referi, a classe operária, através dos sindicatos e partidos operários, teve um papel central na configuração deste compromisso, também conhecido

---

[80] Quanto à crise do Estado-Providência, ver Santos (1990:193 e ss.).

por compromisso social-democrático para dar conta que as transformações socializantes do capitalismo neste período (o "capitalismo organizado") foram obtidas à custa da transformação socialista da sociedade, reivindicada no início deste segundo período do capitalismo como a grande meta do movimento operário. Reside nisto verdadeiramente a integração social e política do operariado no capitalismo, um processo lento de desradicalização das reivindicações operárias obtido em grande medida através da crescente participação das organizações operárias na concertação social, nas políticas de rendimentos e preços e mesmo na gestão das empresas, um processo cuja dimensão política é hoje conhecida por neocorporativismo.

A crise do regime fordista e das instituições sociais e políticas em que ele se traduziu assentou, em primeira linha, numa dupla crise de natureza económico-política, na crise de rentabilidade do capital perante a relação produtividade-salários e a relação salários directos-salários indirectos, e na crise da regulação nacional, que geria eficazmente até então essas relações, perante a internacionalização dos mercados e a transnacionalização da produção. Como esta regulação estava centrada no Estado nacional, a sua crise foi também a crise do Estado nacional perante a globalização da economia e as instituições que se desenvolveram com ela (as empresas multinacionais, o Fundo Monetário Internacional, o Banco Mundial).

Mas a crise do fordismo ou do capitalismo organizado teve também uma dimensão cultural ou político-cultural e, em meu entender, a reavaliação e a revalidação desta dimensão é de crucial importância para definir as alternativas emancipatórias dos anos 90. A crise é, em parte, a revolta da subjectividade contra a cidadania, da subjectividade pessoal e solidária contra a cidadania atomizante e estatizante. O compromisso social-democrático amarrou de tal modo os trabalhadores e a população em geral à obsessão e às rotinas da produção e do consumo que não deixou nenhum espaço para o exercício da autonomia e da criatividade, com as manifestações daí decorrentes, desde o absentismo laboral à psiquiatrização do quotidiano. Por outro lado, a cidadania social e o seu Estado-Providência transformaram a solidariedade social numa prestação abstracta de serviços burocráticos benevolentemente repressivos, concebidos para dar resposta à crescente atomização da vida social mas, de facto, alimentando-se dela e reproduzindo-a de modo alargado. Por último, o compromisso social-democrático, já de si assente numa concepção restrita (liberal) do político, acabou, apesar das aparências em sentido contrário, por reduzir ainda mais o campo político. A diferença qualitativa entre as diferentes opções políticas em presença foi reduzida até quase à irrelevância. A representação democrática perdeu o contacto com os anseios e as necessidades da população representada e fez-se refém dos interesses corporativos poderosos. Com isto, os cidadãos alhearam-se da representação sem, no entanto, terem desenvolvido novas formas de participação política, exercitáveis em áreas políticas novas e mais amplas. As organizações políticas do operariado, longe de serem vítimas deste processo, foram um dos seus artífices principais, não admirando, pois, que as suas energias emancipatórias tenham sido desviadas para a gestão zelosa do capitalismo, por mais transformado que este tenha saído dessa gestão.

Como sabemos, *o movimento estudantil dos anos 60* foi o grande articulador da crise político-cultural do fordismo e a presença nele, bem visível, de resto, da crítica marcusiana é expressão da radicalidade da confrontação que protagonizava[81]. São três as facetas principais dessa confrontação. Em primeiro lugar, opõe ao produtivismo e ao consumismo uma ideologia antiprodutivista e pós-materialista. Em segundo lugar, identifica as múltiplas opressões do quotidiano, tanto ao nível da produção (trabalho alienado), como da reprodução social (família burguesa, autoritarismo da educação, monotonia do lazer, dependência burocrática) e propõe-se alargar a elas o debate e a participação políticas. Em terceiro lugar, declara o fim da hegemonia operária nas lutas pela emancipação social e legitima a criação de novos sujeitos sociais de base transclassista.

O triunfo ideológico da subjectividade sobre a cidadania teve obviamente os seus custos. O afã na busca de novas formas de cidadania não hostis à subjectividade levou a negligenciar quase totalmente a única forma de cidadania historicamente constituída, a cidadania de origem liberal. Esta negligência revelou-se fatal para o movimento estudantil, enquanto movimento organizado, e está talvez na origem da facilidade relativa com que foi desarmado. No entanto, dialecticamente, esse desarme organizacional facilitou a expansão capilar da nova cultura política instituída pelo movimento estudantil, e sem esta não é possível entender os novos movimentos sociais dos anos 70 e dos anos 80 nem será possível entender os dos anos 90. Aliás, a herança não reside apenas na cultura política, reside também nas formas organizativas e na base social destas. A partir daí os partidos e os sindicatos tiveram de confrontar-se permanentemente com as formas organizativas dos novos movimentos sociais, tal como a partir daí o complexo marshalliano cidadania social-classe social não mais se pode repor como anteriormente.

---

[81] Sobre o impacto global do movimento estudantil, ver Wallerstein (1989:431).

As duas últimas décadas: experimentação e contradição

As duas últimas décadas foram, mais do que quaisquer outras, décadas experimentais. Por um lado, foi um período em que o capital começou a definir uma resposta aos desafios dos anos 60. Trata-se de uma resposta que tem lugar ao nível do sistema mundial no seu todo e que, de facto, assenta mais do que nunca na conversão do "sistema mundial" em espaço global de acumulação. O perfil geral desta resposta é conhecido, mas o seu alcance está ainda por definir. Por exemplo, o Estado-Providência sofreu e está a sofrer profundas alterações nos países centrais, mas não tão profundas que nos permita falar do seu colapso próximo ou da sua substituição próxima por uma outra forma política qualitativamente diferente.

Por outro lado, as duas últimas décadas foram anos de grande experimentação social, de formulação de alternativas mais ou menos radicais ao modelo de desenvolvimento económico e social do capitalismo e de afirmação política de novos sujeitos sociais, bem simbolizada nos novos movimentos sociais, sobretudo nos países centrais, e nos movimentos populares em toda a América Latina. É discutível se estes movimentos estão hoje numa fase de expansão ou numa fase de recessão, mas, qualquer que seja o caso, o seu possível impacto social, tal como anteriormente o do movimento estudantil, é ainda difícil de determinar.

Por último, a última década testemunhou o colapso das sociedades comunistas do Leste Europeu, um processo cujo desenvolvimento é difícil de prever. Ao contrário do que se passa com os novos movimentos sociais, este processo significa, pelo menos na aparência, a revalidação do modelo capitalista de desenvolvimento económico e social e a sua afirmação como o único modelo viável da modernidade. Mas também neste caso é ainda cedo para conhecer o tipo de formações sociais que está na prática a emergir dolorosamente no Leste Europeu e qual o seu impacto na Europa e no mundo.

Por todas estas razões, parece correcto afirmar que as duas últimas décadas são décadas experimentais e que os anos 90 darão testemunho das diferentes linhas de transformação social por elas apontadas. Referir-me-ei brevemente às respostas do capital e às alternativas propostas pelos novos movimentos sociais.

As respostas do capital: difusão social da produção e isolamento político do trabalho

Os últimos vinte anos foram muito ricos em soluções capitalistas novas para responder eficazmente aos desafios dos anos 60. É possível agrupar essas soluções em dois grandes conjuntos: a difusão social da produção e o isolamento político das classes trabalhadoras enquanto classes produtoras.

A difusão social da produção assume várias formas. É, antes de mais, a descentralização da produção através da transnacionalização da produção (a "fábrica difusa"), a fragmentação geográfica e social do processo de trabalho, com a transferência para a periferia do sistema mundial das fases produtivas mais trabalho-intensivas, do que resultou uma certa desindustrialização dos países centrais e a industrialização ou re-industrialização dos países periféricos. Este processo, para além de permitir uma ampliação sem precedentes do mercado de trabalho, permitiu também a sua segmentação e dualização, dando origem à heterogeneização da relação salarial e à concorrência entre mercados de trabalho locais, regionais e nacionais em luta pelas condições e oportunidades de investimento. A condução deste processo pelas empresas multinacionais – os grandes agentes da reestruturação – possibilitou a despolitização e até naturalização dos novos imperativos da produção. As guerras económicas deixaram de ter lugar entre Estados nacionais para passarem a ter lugar entre blocos ou entre devedores nacionais e credores internacionais. Os Estados nacionais, sobretudo os periféricos e semiperiféricos, foram sendo postos na posição de ter de competir entre si pelas contrapartidas, quase sempre leoninas, susceptíveis de atrair o investimento das empresas multinacionais. A despolitização das opções neste domínio – o único nacionalismo possível é o da luta pelas condições de desnacionalização da regulação económica e social – envolve também a sua naturalização, ou seja, a ideia de que as opções optam entre muito pouco, dado que os imperativos multinacionais são categóricos, pertencem à natureza própria da acumulação neste período e nenhuma economia nacional pode ter a veleidade de se furtar a ela e ficar de fora. A única marginalização tolerável é a que ocorre dentro do sistema.

Para além da fragmentação e globalização da produção e da despolitização e da naturalização dos imperativos económicos, a difusão social da produção tem ainda um terceiro aspecto, mais complexo mas talvez de maior importância no futuro próximo: a crescente confusão ou indiferenciação entre produção e reprodução. Este é um fenómeno complexo porque nalgumas das suas vertentes corresponde, na aparência pelo menos, a algumas das reivindicações do movimento estudantil dos anos 60 e mesmo dos novos movimentos sociais dos anos 70 e 80.

As lutas pela cidadania social no segundo período (capitalismo organizado) tiveram por objectivo explícito vincar que entre produção e reprodução havia uma conexão económica íntima mas que, para além dela, a desconexão era total. Aliás, mais especificamente, a ideia era que só a conexão económica tornava possível a desconexão a todos os outros níveis. A conexão económica residia em que a partilha nos ganhos de produtividade, os salários indirectos e o Estado--Providência deveriam garantir por si a reprodução social (a alimentação, o vestuário, a habitação, a educação, a saúde, a segurança social, os transportes, o lazer, etc., etc.). Esta conexão permitia aos trabalhadores planear a sua reprodução social e a da sua família em total liberdade e segurança, sem qualquer sujeição aos ciclos económicos, ou às exigências empresariais.

Embora este objectivo tenha sido obtido durante algum tempo por largos sectores das classes trabalhadoras dos países centrais, foi precisamente contra ele que se insurgiu o movimento estudantil. Segundo este, o objectivo foi falsamente atingido, uma vez que, como já referi, os ganhos em cidadania se converteram em perdas de subjectividade. A conexão económica, longe de criar autêntica autonomia e liberdade, criou dependência em relação ao Estado burocrático e às rotinas do consumo (agravadas pela generalização do crédito ao consumo). Nestes termos, a produção e a reprodução mantiveram-se materialmente distintas mas passaram a ser simbolicamente isomórficas. A submissão real ao capital no espaço da produção foi secundada pela submissão formal no espaço da reprodução social. Em convergência com isto, o movimento feminista das duas últimas décadas veio salientar a dimensão do trabalho (o trabalho doméstico) e, portanto, a dimensão produtiva da reprodução social, até então submersa na distinção entre produção e reprodução e na conexão meramente económica entre elas. Com isto, a categoria do trabalho transbordou da categoria de classe social.

A reestruturação do capital neste período aproveitou-se, de algum modo, desta crítica para alterar, em seu favor, a relação entre produção e reprodução social. Por um lado, com os cortes no orçamento social do Estado-Providência e a quebra da indexação entre produtividade e salário, procurou eliminar ou, pelo menos, atenuar a conexão económica. Por outro lado, através da difusão social da produção, procurou aprofundar outras conexões entre produção e reprodução. Por exemplo, a fragmentação dos processos produtivos possibilitou a generalização do trabalho ao domicílio (quase sempre feminino) e este transformou o espaço doméstico de muitas famílias trabalhadoras num campo de trabalho onde a produção e a reprodução convivem até à quase indiferenciação. Por outro lado, a generalização das formas de pluriactividade tornou mais complexa e difícil a distinção entre tempo vital e tempo de trabalho e o mesmo sucedeu através da degradação da segurança social, que tornou mais problemática a fase pós-produtiva da vida. Acresce que, em muitas profissões ou ocupações, o corpo (a aparência corporal, o visual, o vigor físico, o vestuário, a maquilhagem) passou a ser a segunda força produtiva do trabalhador ao lado da força de trabalho propriamente dita.

Nessas situações, parte do tempo vital da reprodução é de facto um segundo turno do trabalho produtivo, ocupado em jogging, ginástica, massagens, musculação, etc. Este segundo turno de trabalho produtivo tende mesmo a aumentar com a diminuição do tempo de trabalho assalariado ou de primeiro turno. Neste contexto de indiferenciação progressiva entre produção e reprodução, deve ser feita uma referência aos códigos de conduta elaborados pelas empresas (quase sempre multinacionais) para serem seguidos pelos seus empregados fora do tempo de trabalho e onde se impõem os lugares de lazer a frequentar ou a evitar, o tipo de relações pessoais a privilegiar ou a recusar, as formas de comportamento recomendáveis ou condenáveis, o vestuário a usar, etc. A "lealdade à empresa durante 24 horas" é um slogan grotesco que, levado à risca, faz com que mesmo a ténue distinção entre submissão real e submissão formal desapareça.

A promiscuidade entre produção e reprodução social tira razão ao argumento de Habermas (1982) e de Offe (1987) segundo o qual as sociedades capitalistas passaram de um paradigma de trabalho para um paradigma de interacção. É verdade que o trabalho assalariado, enquanto unidade homogénea e autónoma do tempo vital, tem vindo a ser descaracterizado, mas, por outro lado, isso só tem sido possível na medida em que o tempo formalmente não produtivo tem adquirido características de tempo de trabalho assalariado ao ponto de se transformar na continuação deste sob outra forma. Tem, pois, razão Schwengel quando afirma que a sociedade contemporânea oscila entre a utopia do trabalho concreto e a experiência do "fim da sociedade do trabalho" (1988:345).

O isolamento político das classes trabalhadoras na produção está obviamente ligado aos processos que acabei de descrever e constitui, de facto, a outra face da difusão social da produção. As várias dimensões da difusão social da produção contribuíram, cada uma a seu modo, para a transformação do operariado em mera força de trabalho. São particularmente importantes neste domínio as diferentes estratégias de flexibilização ou, melhor, de precarização da relação salarial que um pouco por toda a parte têm vindo a ser adoptadas: declínio dos contratos de trabalho por tempo indeterminado, substituídos por contratos a prazo e de trabalho temporário, pelo trabalho falsamente autónomo e pela subcontratação, pelo trabalho ao domicílio e pela feminização da força de trabalho (associada em geral a uma maior degradação da relação salarial). Todas estas formas de relação salarial visam sujeitar os ritmos da reprodução social aos ritmos da produção ("há trabalho quando há encomendas"), um processo que podemos designar por *regresso do capital variável.* A síndroma de insegurança que ele gera entre as famílias trabalhadoras e a concorrência que cria entre elas têm-se revelado poderosos instrumentos de neutralização política do movimento operário.

A coexistência de várias relações salariais e a segmentação dos mercados de trabalho têm vindo a produzir uma grande fragmentação e heterogeneização do operariado, o que torna mais difícil a macro-negociação colectiva e coloca as organizações sindicais numa posição de fraqueza estrutural, uma fraqueza agravada pelo abaixamento das taxas de sindicalização em quase todos os países. Para isso têm também contribuído as transformações operadas no próprio processo de trabalho: técnicas de enriquecimento do trabalho, as políticas de classificação e de qualificação, as alterações no controlo do processo de trabalho, a generalização do trabalho pago à peça e dos prémios de produtividade. No seu conjunto, estas transformações retiram sentido à unidade dos trabalhadores e promovem a integração individual e individualmente negociada dos trabalhadores na empresa.

Por todas estas vias, a integração cada vez mais intensa dos trabalhadores na produção corre de par com a progressiva desintegração política do movimento operário. Isolados, os trabalhadores não são classe operária, são força de trabalho. Talvez isto explique em parte a pouca resistência ou a pouca eficácia da resistência das organizações sindicais perante o processo de degradação da relação salarial.

A degradação geral da relação salarial é, no entanto, apenas um aspecto do isolamento político das classes trabalhadoras. Outro aspecto não menos importante é a degradação dos salários indirectos e, consequentemente, das prestações e serviços do Estado-Providência. O retrocesso nas políticas sociais tem assumido várias formas: cortes nos programas sociais; esquemas de co-participação nos custos dos serviços prestados por parte dos utentes; privatização capitalista de certos sectores da providência estatal no domínio da saúde, da habitação, da educação, dos transportes e das pensões de reforma; transferência de serviços e prestações para o sector privado de solidariedade social mediante convénios com o Estado; mobilização da família e das redes de interconhecimento e de entreajuda – o que em geral podemos designar por sociedade providência – para o desempenho de funções de segurança social até agora desempenhadas pelo Estado.

A difusão social da produção e o isolamento político das classes trabalhadoras nestas duas últimas décadas têm sido acompanhados no plano político-cultural por uma constelação ideológica em que se misturam o renascimento do mercado e da subjectividade como articuladores nucleares da prática social. A ideia de mercado e as que gravitam na sua órbita (autonomia, liberdade, iniciativa privada, concorrência, mérito, lucro) têm desempenhado um papel decisivo na desarticulação da rigidez da relação salarial herdada do período anterior e no desmantelamento relativo do Estado-Providência. Assistimos à colonização do princípio do Estado por parte do princípio do mercado, uma colonização que envolve por vezes a introdução da concorrência entre instituições do Estado na prestação de serviços a outras instituições do Estado como, por exemplo, a que, segundo a nova lei do Serviço Nacional de Saúde inglesa, deve ocorrer entre diferentes hospitais estatais na prestação de serviços hospitalares a esse Serviço. Trata-se de uma situação muito diferente da do período do capitalismo liberal ainda que, também como ela, caracterizada pelo predomínio do princípio do mercado sobre o princípio do Estado. Diferente porque, no período do capitalismo liberal, não foi necessário privatizar o sector social do Estado, apenas foi necessário não deixar que ele emergisse; diferente porque, no período do capitalismo desorganizado, o predomínio do princípio do mercado tem uma forte dimensão ideológica que ajuda a legitimar a relativa retirada do Estado da prestação da providência social, ao mesmo tempo que oculta o fortalecimento, aparentemente contraditório, da intervenção do Estado na área económica: a "protecção" e viabilização de empresas, os incentivos fiscais, o proteccionismo, ou a cobertura de situações de falência técnica muitas vezes engendradas por meios fraudulentos, em suma, o "Estado-Providência das empresas". Por último, o predomínio do princípio do mercado é agora diferente porque, ao contrário do que sucedeu no período do capitalismo liberal, faz apelo ao princípio da comunidade e às ideias que ele envolve, como, por exemplo, as de participação, solidariedade e autogoverno, para obter a sua cumplicidade ideológica na legitimação da transferência dos serviços da providência social estatal para o sector privado não lucrativo.

Apesar de todas as diferenças, o regresso do princípio do mercado nos últimos vinte anos representa a revalidação social e política do ideário liberal e, consequentemente, a revalorização da subjectividade em detrimento da cidadania. Também neste domínio a resposta do capital aproveita e distorce sabiamente algumas das reivindicações dos movimentos contestatários dos últimos trinta anos. A aspiração de autonomia, criatividade e reflexividade é transmutada em privatismo, dessocialização e narcisismo, os quais, acoplados à vertigem produtivista, servem para integrar, como nunca, os indivíduos na compulsão consumista. Tal integração, longe de significar uma cedência materialista, é vivida como expressão de um novo idealismo, um idealismo objectístico. A natureza do consumo metamorfoseia-se. Para além de que alguns objectos de consumo não têm qualquer existência material (as imagens digitais, por exemplo), a retracção da produção em massa e a sua gradual substituição pela clientização e personalização dos objectos transforma estes em características da personalidade de quem os usa e, nessa medida, os objectos transitam da esfera do ter para a esfera do ser[82]. O novo subjectivismo é objectístico e o culto dos objectos é o *ersatz* da intersubjectividade. Estas transformações são de tal modo profundas e arquetípicas que, para dar adequadamente conta delas, é necessário proceder a transformações também profundas e arquetípicas na teoria sociológica. Nas condições sociais dos anos 90, o idealismo será provavelmente a forma mais consequente de materialismo.

Nesta nova configuração simbólica, a hipertrofia do princípio do mercado assinala um novo desequilíbrio entre regulação e emancipação. Desta vez, o excesso de regulação reside em que subjectividade sem cidadania conduz ao narcisismo e ao autismo.

Os novos movimentos sociais
Defendi acima que as duas últimas décadas foram experimentais. Foram também contraditórias. O facto de até agora não se ter estabilizado nos países centrais um novo modo de regulação social em substituição do modo fordista tem levado a que as soluções experimentadas, além de empíricas (o *adhocismo*) e instáveis (o *stop and go*, não só no domínio económico, como também nos domínios social e cultural), sejam contraditórias. Não admira, pois, que o excesso de regulação acabado de referir tenha convivido nos últimos vinte anos com movimentos emancipatórios poderosos, testemunhos de emergência de novos protagonistas num renovado espectro de inovação e transformação sociais. A contradição reside em que a hegemonia do mercado e seus atributos e exigências atingiu um nível tal de naturalização social que, embora o quotidiano seja impensável sem ele, não se lhe deve, por isso mesmo, qualquer lealdade cultural específica. É assim socialmente possível viver sem duplicidade e com igual intensidade a hegemonia do mercado e a luta contra ela. A concretização desta possibilidade depende de muitos factores. É, por exemplo, seguro dizer que a difusão social da produção contribuiu para desocultar novas formas de opressão e que o isola-

---

[82] Para além das análises de Baudrillard, consulte a reinterpretação das tecnologias da comunicação feita por Raulet (1988:283 e ss.).

mento político do movimento operário facilitou a emergência de novos sujeitos sociais e de novas práticas de mobilização social.

A sociologia da década de 80 foi dominada pela temática dos novos sujeitos sociais e dos novos movimentos sociais (NMSs). Mesmo aqueles que não partilham a posição de Touraine (1978), para quem o objecto da sociologia é o estudo dos movimentos sociais, reconhecem que a última década impôs esta temática com uma força sem precedentes, sendo apenas objecto de debate o elenco e a hierarquização das razões explicativas desse fenómeno.

Trata-se, pois, de um tema sobre o qual se acumulou uma bibliografia imensa, tanto nos países centrais, como na América Latina, e que não cabe aqui rever[83]. Interessa apenas referi-lo brevemente na medida em que intersecta os dois pólos estruturantes do presente texto: a relação entre regulação e emancipação e a relação entre subjectividade e cidadania.

A identificação da intersecção dos novos movimentos sociais nesta dupla relação é tarefa difícil, quanto mais não seja porque é grande a diversidade destes movimentos e é debatível se essa diversidade pode ser reconduzível a um conceito ou a uma teoria sociológica únicos. Uma definição genérica como a que, por último, nos é proposta por Dalton e Kuechler– "um sector significativo da população que desenvolve e define interesses incompatíveis com a ordem política e social existente e que os prossegue por vias não institucionalizadas, invocando potencialmente o uso da força física ou da coerção" (Dalton e Kuechler, 1990:227) – abrange realidades sociológicas tão diversas que o que destas se diz nela é afinal muito pouco. Se nos países centrais a enumeração dos novos movimentos sociais inclui tipicamente os movimentos ecológicos, feministas, pacifistas, anti-racistas, de consumidores e de auto-ajuda, a enumeração na América Latina – onde também é corrente a designação de movimentos populares ou novos movimentos populares para diferenciar a sua base social da que é característica dos movimentos nos países centrais (a "nova classe média") – é bastante mais heterogénea. Tendo em vista o caso brasileiro, Scherer-Warren e Krischke destacam a "parcela dos movimentos sociais urbanos propriamente ditos, os CEBs (Comunidades Eclesiais de Base organizadas a partir de adeptos da Igreja Católica), o novo sindicalismo urbano e, mais recentemente, também

---

[83] Entre a imensa bibliografia, ver quatro livros recentes importantes (três dos quais, colectâneas) dois centrados nos NMSs dos países capitalistas avançados (Scott, 1990; Dalton e Kuechler, 1990) e dois centrados nos NMSs da América Latina (Scherer-Warren e Krischke, 1987; Larangeira, 1990).

rural, o movimento feminista, o movimento ecológico, o movimento pacifista em fase de organização, sectores do movimento de jovens e outros" (Scherer--Warren e Krischke, 1987:41). A enumeração de Kärner, para o conjunto da América Latina, é ainda mais heterogénea e inclui "o poderoso movimento operário democrático e popular surgido no Brasil, liderado por Luís Ignácio da Silva (Lula), e que logo derivou no Partido dos Trabalhadores; o Sandinismo, que surgiu na Nicarágua como um grande movimento social, de carácter pluriclassista e pluri-ideológico; as formas diferentes que assumem a luta popular no Peru, tanto ao nível dos bairros ('Pueblos Jóvenes') como ao nível regional (Frentes Regionais para a Defesa dos Interesses do Povo); as novas experiências de 'greves cívicas nacionais', com a participação de sindicatos, partidos políticos e organizações populares (grupos eclesiásticos de base, comités de mulheres, grupos estudantis, culturais, etc.) no Equador, na Colômbia e no Peru; os movimentos de ocupações ilegais de terrenos em São Paulo; as invasões maciças de terras pelos camponeses do México e outros países; as tentativas de autogestão nas favelas das grandes cidades como Caracas, Lima e São Paulo; os comités de defesa dos Direitos Humanos e as Associações de Familiares de Presos e Desaparecidos, sendo estas duas últimas iniciativas surgidas basicamente dos movimentos sociais" (Kärner, 1987:26).

Estas enumerações são, em si mesmas, reveladoras da identidade tão só parcial entre os movimentos sociais dos países centrais e da América Latina, um tema a que voltarei adiante. Por agora, servem-nos para identificar alguns dos factores novos que os movimentos sociais das duas últimas décadas vieram introduzir na relação regulação-emancipação e na relação subjectividade-cidadania e para mostrar que esses factores não estão presentes do mesmo modo em todos os NMSs em todas as regiões do globo.

A novidade maior dos NMSs reside em que constituem, tanto uma crítica da regulação social capitalista, como uma crítica da emancipação social socialista tal como ela foi definida pelo marxismo. Ao identificar novas formas de opressão que extravasam das relações de produção e nem sequer são específicas delas, como sejam a guerra, a poluição, o machismo, o racismo ou o produtivismo, e ao advogar um novo paradigma social menos assente na riqueza e no bem-estar material do que na cultura e na qualidade de vida, os NMSs denunciam, com uma radicalidade sem precedentes, os excessos de regulação da modernidade. Tais excessos atingem, não só o modo como se trabalha e produz, mas também o modo como se descansa e vive; a pobreza e as assimetrias das relações sociais são a outra face da alienação e do desequilíbrio interior dos indivíduos; e, finalmente, essas formas de opressão não atingem especificamente uma classe social e sim grupos sociais transclassistas ou mesmo a sociedade no seu todo.

Nestes termos, a denúncia de novas formas de opressão implica a denúncia das teorias e dos movimentos emancipatórios que as passaram em claro, que as negligenciaram, quando não pactuaram mesmo com elas. Implica, pois, a crítica do marxismo e do movimento operário tradicional, bem como a crítica do chamado "socialismo real". O que por estes é visto como factor de emancipação (o bem-estar material, o desenvolvimento tecnológico das forças produtivas) transforma-se nos NMSs em factor de regulação. Por outro lado, porque as novas formas de opressão são reveladas discursivamente nos processos sociais onde se forja a identidade das vítimas, não há uma pré-constituição estrutural dos grupos e movimentos de emancipação, pelo que o movimento operário e a classe operária não têm uma posição privilegiada nos processos sociais de emancipação. Aliás, o facto de o movimento operário dos países centrais ter estado muito envolvido na regulação social fordista do segundo período do desenvolvimento capitalista tende a fazer dele um travão, mais do que um motor de emancipação neste terceiro período. Por último, mesmo que as novas opressões não devam fazer perder de vista as velhas opressões, a luta contra elas não pode ser feita em nome de um futuro melhor numa sociedade a construir. Pelo contrário, a emancipação por que se luta visa transformar o quotidiano das vítimas da opressão aqui e agora e não num futuro longínquo. A emancipação ou começa hoje ou não começa nunca. Daí, que os NMSs, com a excepção parcial do movimento ecológico, não se mobilizem por responsabilidades intergeracionais.

As enumerações dos diferentes movimentos citadas acima mostram por si mesmas que esta nova relação entre regulação e emancipação sob o impacto dos NMSs é apenas manifestação de uma constelação político-cultural dominante, diversamente presente ou ausente nos diferentes movimentos concretos. O que a caracteriza verdadeiramente é um fenómeno aparentemente contraditório de globalização-localização, tanto ao nível da regulação, como ao nível da emancipação.

A globalização ao nível da regulação é tornada possível pela crescente promiscuidade entre produção e reprodução social atrás assinalada. Se o tempo vital e o tempo de trabalho produtivo se confundem cada vez mais, as relações sociais da produção descaracterizam-se enquanto campo privilegiado de dominação e hierarquização social e o relativo vazio simbólico assim criado é preenchido pelas relações sociais de reprodução social (na família e nos espaços públicos) e pelas relações sociais *na* produção (relações no processo de trabalho produtivo

PELA MÃO DE ALICE. O SOCIAL E O POLÍTICO NA PÓS-MODERNIDADE   213

assalariado entre trabalhadores, homens e mulheres, brancos e pretos, jovens e adultos, católicos e protestantes, hindus e muçulmanos, xiitas e sunitas).

Qualquer destes dois últimos tipos de relações sociais tem vindo a adquirir crescente visibilidade social nos últimos vinte anos. Mas, contraditoriamente, este processo de visibilização social só é possível ancorado na lógica (que não na forma) e na historicidade da dominação própria das relações de produção. Ou seja, a difusão social da produção, ao mesmo tempo que conduz ao desprivile-giamento relativo da forma de dominação específica das relações de produção (a exploração através da extracção da mais-valia económica), possibilita que a lógica desta (extracção de mais-valia numa relação social que não tem por fim explícito tal extracção) se difunda socialmente em todos os sectores da vida social e, por esta via, se globalize. Quanto mais forte foi no passado a vivência social da dominação nas relações de produção, mais intensa será agora a sua difusão social. A mais-valia pode ser sexual, étnica, religiosa, etária, política, cultural; pode ter lugar no hábito (que não no acto) de consumo; pode ter lugar nas relações desiguais entre grupos de pressão, partidos ou movimentos políticos que decidem o armamento e o desarmamento, a guerra e a paz; pode ainda ter lugar nas relações sociais de destruição entre a sociedade e a natureza, ou melhor, entre os recursos ditos "humanos" e os recursos ditos "naturais" da sociedade.

Sem querer entrar no debate sobre a continuidade ou a ruptura entre os velhos e os novos movimentos sociais[84], parece-me irrecusável que, sem a experiência histórica da dominação na esfera da produção, não seria hoje social e culturalmente possível pensar a reprodução social em termos de relações de dominação. E a verdade é que os países com fortes NMSs tendem a ser países onde foram e, quiçá, ainda são fortes os velhos movimentos sociais. É por isso também que, no domínio dos NMSs, a América Latina sobressai destacadamente do resto dos países periféricos e semiperiféricos.

O processo de globalização no campo da regulação é também um processo de localização. A razão está em que, enquanto formas de intersubjectividade, as relações sociais de reprodução e as relações sociais na produção são muito mais concretas e imediatas que as relações sociais de produção. Enquanto estas últimas se podem esconder e abstractizar facilmente atrás de máquinas, ritmos de produção, normas de fabrico, regulamentos de fábrica, aquelas não são senão

---

[84] A título de exemplo, ver as posições de Gunder Frank e Fuentes (1989) e de Brand (1990), a favor das teses da continuidade entre velhos e novos movimentos sociais, e as posições de Dalton e Kuechler (1990) a favor da tese da novidade dos NMSs.

vivências de relações entre pessoas, entre grupos, entre pessoas ou grupos e o ar, os rios, as florestas ou os animais, entre a vida e a morte. É certo que também aqui há mediações abstractizantes, sejam elas as leis, os costumes, a religião, o discurso político, a publicidade ou a ideia de progresso, mas quase nunca dispensam, quer a relação face-a-face entre opressor e oprimido, quer a relação face-a-face entre a vítima e a causa da sua vitimização. Daí que o quotidiano – que é, por excelência, o mundo da intersubjectividade – seja a dimensão espácio--temporal da vivência dos excessos de regulação e das opressões concretas em que eles se desdobram.

Ao nível da emancipação, ocorre também um fenómeno correspondente de globalização-localização. Uma vez libertada do encaixe estrutural que lhe conferiam as relações sociais de produção – o Estado capitalista e o movimento operário – a tarefa de desocultação das opressões e da luta contra elas é potencialmente uma tarefa sem fim, sem um sujeito social especificamente titular dela e sem lógica de cumulatividade que permita distinguir entre táctica e estratégia. Os valores, a cultura e a qualidade de vida em nome dos quais se luta são, por si mesmos, maximalistas e globalizantes, insusceptíveis de finalização, e pouco inclinados para a negociação e o pragmatismo. Por outro lado, se nalguns movimentos é discernível um interesse específico de um grupo social (as mulheres, as minorias étnicas, os favelados, os jovens), noutros, o interesse é colectivo e o sujeito social que os titula é potencialmente a humanidade no seu todo (movimento ecológico, movimento pacifista). Por último, a luta emancipatória, sendo maximalista, dispõe de uma temporalidade absorvente que compromete em cada momento todos os fins e todos os meios, sendo difícil o planeamento e a cumulatividade e mais provável a descontinuidade. Porque os momentos são "locais" de tempo e de espaço, a fixação momentânea da globalidade da luta é também uma fixação localizada e é por isso que o quotidiano deixa de ser uma fase menor ou um hábito descartável para passar a ser o campo privilegiado de luta por um mundo e uma vida melhores. Perante a transformação do quotidiano numa rede de sínteses momentâneas e localizadas de determinações globais e maximalistas, o senso comum e o dia-a-dia vulgar, tanto público como privado, tanto produtivo como reprodutivo, desvulgarizam-se e passam a ser oportunidades únicas de investimento e protagonismo pessoal e grupal. Daí a nova relação entre subjectividade e cidadania.

Subjectividade e cidadania nos novos movimentos sociais

Um dos mais acesos debates sobre os NMSs incide no impacto destes na relação subjectividade-cidadania. Segundo uns, os NMSs representam a afirmação da subjectividade perante a cidadania. A emancipação por que lutam não é política mas antes pessoal, social e cultural. As lutas em que se traduzem pautam-se por formas organizativas (democracia participativa) diferentes das que presidiram às lutas pela cidadania (democracia representativa). Os protagonistas dessas lutas não são as classes sociais, ao contrário do que se deu com o duo marshalliano cidadania-classe social no período capitalismo organizado; são grupos sociais, ora maiores, ora menores que classes, com contornos mais ou menos definidos em vista de interesses colectivos por vezes muito localizados mas potencialmente universalizáveis. As formas de opressão e de exclusão contra as quais lutam não podem, em geral, ser abolidas com a mera concessão de direitos como é típico da cidadania; exigem uma reconversão global dos processos de socialização e de inculcação cultural e dos modelos de desenvolvimento, ou exigem transformações concretas imediatas e locais (por exemplo, o encerramento de uma central nuclear, a construção de uma creche ou de uma escola, a proibição de publicidade televisiva violenta), exigências que, em ambos os casos, extravasam da mera concessão de direitos abstractos e universais. Por último, os NMSs ocorrem no marco da sociedade civil e não no marco do Estado e em relação ao Estado mantêm uma distância calculada, simétrica da que mantêm em relação aos partidos e aos sindicatos tradicionais.

Esta concepção, que faz assentar a novidade dos movimentos sociais na afirmação da subjectividade sobre a cidadania, tem sido amplamente criticada. A crítica mais frontal provém daqueles que contestam precisamente a novidade dos NMSs. Segundo eles, os NMSs são, de facto, velhos (os movimentos ecológicos, pacifistas, feministas do século XIX e o movimento anti-racial dessa época e dos anos 50 e 60); ou são portadores de reivindicações que foram parte integrante dos velhos movimentos sociais (o movimento operário e o movimento agrário ou camponês); ou, por último, correspondem a ciclos da vida social e económica e, por isso, a sua novidade, porque recorrente, é tão-só aparente. Os modos de mobilização de recursos organizativos e outros, e não a ideologia, devem ser, para estes autores, o ponto fulcral da análise dos NMSs.

Para esta segunda concepção, o impacto procurado pelos NMSs é, em última instância, político e a sua lógica prolonga a da cidadania que orientou os movimentos sociais do passado. A distância dos NMSs ao Estado é mais aparente do que real pois as reivindicações globais-locais acabam sempre por se traduzir numa exigência feita ao Estado e nos termos em que o Estado se sinta na contingência política de ter de lhe dar resposta[85]. Aliás, a prova disso mesmo é que os NMSs não raro jogam o jogo da democracia representativa, mesmo que seja pelo *lobbying* e pela via extraparlamentar, e entram em alianças mais ou menos oficiais com sindicatos e partidos quando não se transformam eles próprios em partidos.

Em minha opinião, não é preciso recusar a novidade dos NMSs para criticar as ilações que dela retira a primeira concepção. A novidade dos NMSs, tanto no domínio da ideologia como no das formas organizativas, parece-me evidente, ainda que não deva ser defendida em termos absolutos. Tal como Scott (1990), duvido que os NMSs possam na sua totalidade ser explicados por uma teoria unitária. Basta ter em mente as diferenças significativas em termos de objectivos de ideologia e de base social entre os NMSs dos países centrais e os da América Latina. Entre os valores pós-materialistas e as necessidades básicas, entre as críticas ao consumo e as críticas à ausência de consumo, entre o hiperdesenvolvimento e o sub (ou anarco-) desenvolvimento, entre a alienação e a fome, entre a nova classe média e as (pouco esclarecedoras) classes populares, entre o Estado-Providência e o Estado autoritário, vão naturalmente importantes diferenças. Não se exclui, por outro lado, que alguns dos NMSs da América Latina tenham grandes afinidades com o tipo dominante de NMSs nos países centrais, mas, em geral, estão correctos Fernando Calderon e Elizabeth Jelin quando afirmam que, em contraste com o que se passa nos países centrais, "uma das características próprias da América Latina é que não há movimentos sociais puros ou claramente definidos, considerando-se a multidimensionalidade, não somente das relações sociais, mas também dos próprios sentidos da acção colectiva. Por exemplo, é provável que um movimento de orientação classista seja acompanhado de juízos étnicos e sexuais, que o diferenciam e o assimilam a outros movimentos de orientação culturalista com conteúdos classistas. Assim, os movimentos sociais são nutridos por inúmeras energias, que incluem em sua constituição desde formas orgânicas de acção social pelo controle do sistema político e cultural até modos de transformação e participação quotidiana de auto-reprodução societária" (in Ponte, 1990:281).

A meu ver, reside nesta "impureza" a verdadeira novidade dos NMSs na América Latina, e o seu alastramento aos NMSs dos países centrais é uma das condições da revitalização da energia emancipatória destes movimentos em

---

[85] Para o debate no Brasil, ver, por exemplo, Ruth Cardoso (1983) e Pedro Jacobi (1987).

geral. À medida que isso suceder, será mais verosímil a teoria unitária. Para já, só é possível falar de tendências e de opções em aberto.

A novidade dos NMSs não reside na recusa da política mas, ao contrário, no alargamento da política para além do marco liberal da distinção entre Estado e sociedade civil. Os NMSs partem do pressuposto de que as contradições e as oscilações periódicas entre o princípio do Estado e o princípio do mercado são mais aparentes do que reais na medida em que o trânsito histórico do capitalismo é feito de uma interpenetração sempre crescente entre os dois princípios, uma interpenetração que subverte e oculta a exterioridade formal do Estado e da política perante as relações sociais de produção. Nestas condições, invocar o princípio do Estado contra o princípio do mercado é cair na armadilha da radicalidade fácil de transformar o que existe no que já existe, como é próprio do discurso político oficial.

Apesar de estar ele próprio muito colonizado pelo princípio do Estado e pelo princípio do mercado, o princípio da comunidade rousseauiana é o que tem mais virtualidades para fundar as novas energias emancipatórias. A ideia da obrigação política horizontal, entre cidadãos, e a ideia da participação e da solidariedade concretas na formulação da vontade geral são as únicas susceptíveis de fundar uma nova cultura política e, em última instância, uma nova qualidade de vida pessoal e colectiva assentes na autonomia e no autogoverno, na descentralização e na democracia participativa, no cooperativismo e na produção socialmente útil. A politização do social, do cultural e, mesmo, do pessoal abre um campo imenso para o exercício da cidadania e revela, no mesmo passo, as limitações da cidadania de extracção liberal, inclusive da cidadania social, circunscrita ao marco do Estado e do político por ele constituído. Sem postergar as conquistas da cidadania social, como pretende afinal o liberalismo político-económico, é possível pensar e organizar novos exercícios de cidadania – porque as conquistas da cidadania civil, política e social não são irreversíveis e estão longe de ser plenas – e novas formas de cidadania – colectivas e não meramente individuais; assentes em formas político-jurídicas que, ao contrário dos direitos gerais e abstractos, incentivem a autonomia e combatam a dependência burocrática, personalizem e localizem as competências interpessoais e colectivas em vez de as sujeitar a padrões abstractos; atentas às novas formas de exclusão social baseadas no sexo, na raça, na perda de qualidade de vida, no consumo, na guerra que ora ocultam ou legitimam ora complementam e aprofundam a exclusão baseada na classe social.

Não surpreende que, ao regressar politicamente, o princípio da comunidade se traduza em estruturas organizacionais e estilos de acção política diferentes daqueles que foram responsáveis pelo seu eclipse. Daí a preferência por estruturas descentralizadas, não hierárquicas e fluidas, em violação da racionalidade burocrática de Max Weber ou da "lei de ferro da oligarquia" de Robert Michels. Daí também a preferência pela acção política não institucional, fora do compromisso neocorporativista, dirigida à opinião pública, com forte utilização dos meios de comunicação social, envolvendo quase sempre actividades de protesto e confiando na mobilização de recursos que elas proporcionam. Dialecticamente, esta novidade nas estruturas organizativas e no estilo de acção política é o elo que liga os NMSs aos velhos movimentos sociais. Através dela continuam e aprofundam a luta pela cidadania, não sendo por isso correcto justificar com ela um pretenso desinteresse pelas questões da cidadania nos NMSs, como fazem Melucci (1988) e outros.

Não enjeito uma certa normatividade nesta análise e, num campo de opções em aberto, a preferência pela opção mais optimista ou promissora. São conhecidas as limitações dos NMSs e começa hoje a ser comum afirmar-se que o seu momento de apogeu já passou. É debatível se a relação tensa ou de distância calculada entre a democracia representativa e os NMSs tem sido benéfica ou prejudicial para estes últimos. Segundo uns, essa tensão ou distância é responsável pela instabilidade, pela descontinuidade e pela incapacidade de universalização de que os NMSs têm em geral padecido e que são afinal responsáveis pelo impacto relativamente restrito dos movimentos na transformação política dos países onde têm ocorrido. Por exemplo, Tullo Vigevani aponta os riscos de assembleísmo, plebiscitarismo e messianismo, decorrentes de não existir "nenhum tipo de institucionalização", de não existirem "os mecanismos necessários à construção da vontade colectiva", e é levado a perguntar-se pela "abrangência quantitativa dos movimentos sociais" (1989:108). Mas, por outro lado, com um sucesso muito diferenciado, alguns movimentos têm-se "institucionalizado", convertendo-se em partidos e disputando a política partidária, com o que correm, neste caso, o risco oposto de a estrutura organizativa do partido do movimento subverter a do movimento que conduziu ao partido e de essa subversão atingir a própria ideologia e os objectivos do movimento, um risco bem expresso na forma de faccionismo própria destes partidos, entre pragmatismo e fundamentalismo.

Dada a grande diversidade dos NMSs, é impossível falar de um padrão único de relações entre democracia representativa (quando esta existe, pois, na

PELA MÃO DE ALICE. O SOCIAL E O POLÍTICO NA PÓS-MODERNIDADE 219

América Latina a luta dos NMSs tem sido muitas vezes por ela) e a democracia participativa. O facto de essas relações, quaisquer que sejam, serem sempre caracterizadas pela tensão e pela convivência difícil entre as duas formas de democracia não me parece em si mesmo negativo, uma vez que é dessa tensão que se têm libertado muitas vezes as energias emancipatórias necessárias à ampliação e redefinição do campo político. Acresce que, mesmo quando as formas de institucionalização são mais ténues, a descontinuidade dos NMSs pode ser mais aparente que real, pois, como afirma Paulo Krischke, é necessário tomar em conta as contribuições positivas dos movimentos "tanto para a memória colectiva da sociedade como para a reforma das instituições" (1987:287). Semelhantemente, para Inglehart (1990:43) e Dalton e Kuechler (1990:227), os NMSs são sinal de transformações globais no contexto político, social e cultural da nossa contemporaneidade e, por isso, os seus objectivos serão parte permanente da agenda política dos próximos anos, independentemente do sucesso, necessariamente diverso, dos diferentes movimentos concretos.

Os NMSs e o sistema mundial: Brasil, África e Portugal

Estas transformações ocorrem desigualmente no sistema mundial, pelo que a identidade dos NMSs não pode deixar de ser parcial. Se nos países centrais combinam democracia participativa e valores ou reivindicações pós-materialistas, na América Latina combinam, na maioria das situações, democracia participativa com valores ou reivindicações de necessidades básicas. Tão importante quanto a análise da identidade parcial dos NMSs é a análise da desigualdade da sua ocorrência de país para país e a diversidade entre eles dentro de cada país. Isto mesmo se confirma se nos detivermos um pouco no espaço do sistema mundial culturalmente definido pela língua portuguesa.

O Brasil, com uma tradição acidentada de velhos movimentos sociais, conheceu na década de 70 e de 80 um notável florescimento de NMSs ou de movimentos populares de que dá fiel testemunho abundante bibliografia, à qual, aliás, tenho vindo a recorrer ao longo deste capítulo. Provavelmente devido ao carácter semiperiférico da sociedade brasileira, combinam-se nela movimentos semelhantes aos que são típicos dos países centrais (movimento ecológico, movimento feminista – ainda que as reivindicações concretas sejam distintas), com movimentos próprios orientados para a reivindicação da democracia e das necessidades básicas (comunidades eclesiais de base, movimentos dos sem-terra, movimentos de favelados). Mas tanto as semelhanças como as diferenças têm de ser especificadas. Em Cubatão um movimento ecológico nada teria de pós-

-materialista; seria a reivindicação de uma necessidade básica. E, pelo contrário, entre "ocupantes selvagens" de Berlim e de São Paulo não haverá só diferenças.

Na África de língua oficial portuguesa os NMSs são os movimentos de libertação que conduziram os seus países à independência. São movimentos dos anos 60, passaram por várias fases e não admira que estejam hoje a envelhecer. Deixando de lado as muitas diferenças entre eles, pode dizer-se que numa primeira fase, até à independência, foram movimentos políticos de guerrilha, com apoio popular de tipo plebiscitário informal ou de ratificação e que nas zonas libertadas implantaram por vezes formas de democracia participativa que, nas condições difíceis em que ocorreram, se podem considerar avançadas, como terá sido particularmente o caso do PAIGC na Guiné-Bissau. Numa segunda fase, entre a independência e o final dos anos 80, esses movimentos começaram por institucionalizar-se em partidos de movimento e gradualmente, e com diferenças entre eles, evoluíram para partidos de vanguarda de tipo leninista. A memória democrática cedeu então ao autoritarismo. Hoje, estão a passar por uma nova fase de institucionalização, dolorosa, radical e promissora: a conversão em partidos democráticos no emergente sistema de democracia representativa. O PAIGC de Cabo Verde e o MLSTP de São Tomé e Príncipe são já hoje partidos da oposição.

Portugal é um país semiperiférico no contexto europeu, pelo que no espaço mundial de língua oficial portuguesa não é possível verificar o contraste, em termos de NMSs, entre países centrais e periféricos. Se a tradição dos velhos movimentos sociais (partidos, sindicatos, movimentos agrários) é, no Brasil, acidentada, não o é menos em Portugal e os quarenta e oito anos de ditadura salazarista foram mesmo neste domínio um "acidente" mortal[86]. Daí que o que caracteriza verdadeiramente Portugal nestes últimos vinte anos é o facto de os velhos movimentos sociais serem novos e os NMSs, no sentido político corrente, serem muito fracos, nalguns casos, mesmo inexistentes. A longevidade do interregno salazarista não impediu que subsistissem na clandestinidade o Partido Comunista e, nos últimos anos da ditadura, o Partido Socialista; tão pouco impediu a existência de um movimento sindical clandestino, autónomo em relação ao credo corporativo mas sob a tutela do Partido Comunista. Mas a verdade é que, nas condições da clandestinidade, nem partidos nem sindicatos podiam ter impacto alargado na vida política e social.

A revolução de 25 de Abril de 1974 permitiu finalmente aos velhos movimentos sociais da democracia representativa assumirem uma presença ampliada e

---

[86] A análise comparada desta tradição está por fazer e clama para ser feita.

PELA MÃO DE ALICE. O SOCIAL E O POLÍTICO NA PÓS-MODERNIDADE 221

nova na sociedade portuguesa. Mas porque o fez num contexto revolucionário, durante um curto período (1974-76) emergiram, paralelamente aos velhos--novos movimentos sociais, NMSs norteados pelos princípios da democracia participativa e com objectivos, ora pós-materialistas e culturais, ora de satisfação de necessidades básicas (movimento pacifista contra o envio de tropas para as ainda colónias, movimento ecológico, movimento feminista, movimento de autoconstrução, movimento de ocupação de casas, movimento de ocupação de terras, movimento de creches e clínicas populares, movimento de educação de base e de dinamização cultural etc., etc.). Devido à revolução, os velhos e os novos movimentos sociais nasceram, por assim dizer, ao mesmo tempo e, durante um curto período, conviveram em regime de grande tensão e contradição social, em disputa pela forma de democracia a privilegiar, democracia representativa ou democracia participativa.

Passado, porém, esse breve período, os velhos-novos movimentos sociais conquistaram gradualmente plena hegemonia; em contrapartida, os NMSs estiolaram, desapareceram e não reemergiram até hoje (ainda que, nos últimos tempos, tenham começado a dar alguns sinais de vida, nomeadamente o movimento ecológico). A análise deste fenómeno está por fazer e não pode obviamente ser feita aqui. O défice de movimento social na sociedade portuguesa de hoje não é certamente reconduzível a um só factor. Entre as pistas de investigação a prosseguir, as seguintes parecem de privilegiar. A memória exaltante mas também cafarnaúnica do período revolucionário investiu a democracia representativa, a sua estabilidade e as suas rotinas, de um especial capital político e simbólico. Acresce que, sendo nova, a democracia representativa não esgotou ainda a sua capacidade de mobilização, tanto mais que, num curto espaço de tempo – e, de facto, em curto-circuito histórico – a cidadania cívica e política e a cidadania social ampliaram-se extraordinariamente, ainda que a última bastante limitadamente e hoje, mesmo assim, em fase de recessão. Poderá, pois, admitir-se, como hipótese de trabalho, que a produtividade social e política dos velhos-novos movimentos sociais foi suficiente para dispensar a emergência forte dos NMSs.

Uma outra pista de investigação tem a ver com a possível ligação, acima anotada, entre a lógica dos velhos movimentos e a dos NMSs. A falta de tradição em Portugal de uma forte acção classista abre o caminho, quer para a acção anarco-basista em períodos de convulsão social, quer para a acção hiperpolitizada de cúpula em períodos de estabilidade democrática. Zermeño, citado por Paulo Krischke, refere como particularidade da história mexicana o facto de os movimentos sociais gerarem muito cedo a sua "superpolitização" (Krischke,

1987:799). Curiosamente, e por certo por razões diferentes, Lipietz refere a "tendência especificamente francesa" de os movimentos sociais "se politizarem demasiado rapidamente" a fim de conquistarem representação política e mediática (Lipietz, 1988:91). Por razões também diferentes destas, seria de propor, como hipótese de trabalho, que a forma de superpolitização em Portugal consiste em os germens de NMSs se desviarem facilmente para o político constituído antes mesmo de conduzirem à criação dos movimentos. Uma ilustração disto mesmo estaria na ligação grotesca que uma fracção do movimento ecológico tem mantido a nível parlamentar com o Partido Comunista, misturando, por conveniência deste último, o antiprodutivismo ecológico e o hiperprodutivismo de raiz leninista.

Uma última pista de investigação, relacionada com as anteriores, consistiria na averiguação do impacto da falta de "agentes externos" que se dediquem aos movimentos e invistam neles o capital profissional, ideológico, cultural ou político de que dispõem. O papel dos agentes externos tem sido salientado por diversos autores, ainda que tal papel seja objecto de debate. No Brasil, por exemplo, tem sido referido o papel de profissionais e da Igreja Católica e mesmo de alguns partidos políticos na organização dos movimentos sociais (Jacobi, 1987:264). A hipótese de trabalho seria, neste caso: a) que em Portugal os partidos políticos "nasceram" em 1974 contra os movimentos sociais; b) que a Igreja Católica é conservadora e tem sabido esmagar ou cooptar quaisquer veleidades de militância progressista de padres ou leigos; c) que, finalmente, os profissionais têm sido até agora eficazmente cooptados pelos partidos com o aliciante da participação clientelística nos benefícios da governação ou mesmo da oposição.

Esta breve referência aos NMSs no espaço de língua oficial portuguesa do sistema mundial teve por objectivo ilustrar a extrema diversidade de situações que se esconde por detrás da "nova era política" (Kuechler e Dalton, 1990:285) instaurada pelos NMSs. Do que não restam dúvidas, porém, é que os NMSs, nos países onde ocorreram com mais intensidade, significaram uma ruptura com as formas organizativas e os estilos políticos hegemónicos e o seu impacto na cultura e na agenda política desses países transcende em muito as vicissitudes de trajectória dos movimentos em si mesmos. O impacto residiu especificamente numa tentativa de inverter o trânsito da modernidade para a regulação e para o excesso de regulação, com o esquecimento essencial da emancipação, ao ponto de fazer passar por emancipação o que não era, afinal, senão regulação sob outra forma. A emancipação pôde, assim, regressar aos dizeres e fazeres da intersubjectividade, da socialização, da inculcação cultural e da prática política.

PELA MÃO DE ALICE. O SOCIAL E O POLÍTICO NA PÓS-MODERNIDADE   223

O impacto residiu também numa tentativa de procurar um novo equilíbrio entre subjectividade e cidadania. Se na aparência alguns NMSs se afirmaram contra a cidadania, foi em nome de uma cidadania de nível superior capaz de compatibilizar o desenvolvimento pessoal com o colectivo e fazer da "sociedade civil" uma sociedade política onde o Estado seja um autor privilegiado mas não único.

Por todas estas razões, os NMSs não podem deixar de ser uma referência central quando se trata de imaginar os caminhos da subjectividade, da cidadania e da emancipação nos anos 90.

Os anos 90

Se as duas últimas décadas foram experimentais, é natural que os anos 90 tragam o aprofundamento de algumas das experiências, a menos que a sociedade do futuro passe a dispensar um modo específico e dominante de se autoproduzir e faça da instabilidade das experiências novas a única forma viável de estabilidade. É também possível pensar, como quer algum pós-modernismo, que o que houve de novo nestes últimos vinte anos não cessará de se repetir, como novo, nos anos vindouros, não nos restando outra atitude senão perder o hábito de imaginar outras possibilidades para além do que existe e celebrar o que existe como sendo o conjunto de todas as possibilidades imagináveis. Esta teoria, que tem a peculiaridade de ser indeterminista em relação ao presente e determinista em relação ao futuro, não nos impede contudo de imaginar outras teorias possíveis onde caiba a diferença do futuro e a nossa diferença em relação a ele.

Se fosse correcto falar de "patologias da modernidade", diríamos que elas consistiram até agora em subsínteses entre subjectividade, cidadania e emancipação que resultaram em excessos de regulação, os quais, aliás, se insinuaram por vezes sob a forma de emancipações, posteriormente denunciadas como falsas. Nas secções anteriores referimos tais excessos em suas diferentes formas e o Quadro 2 apresenta-o de modo sinóptico.

Quadro 2
Excessos de Regulação

SUBSÍNTESE	EXCESSO
Cidadania sem subjectividade nem emancipação	normalização disciplinar foucaultiana
Subjectividade sem cidadania nem emancipação	narcisismo; autismo dessocializante; consumismo
Emancipação sem subjectividade nem cidadania	despotismo; totalitarismo; reformismo autoritário
Emancipação com cidadania e sem subjectividade	reformismo social-democrático
Emancipação com subjectividade e sem cidadania	basismo; messianismo

Seria descabido analisar aqui cada um deles. Concebo-os como diferentes subsínteses da modernidade, isto é, constelações sócio-políticas que, por uma ou outra via, ficaram aquém de uma síntese conseguida entre subjectividade, cidadania e emancipação, dando dela uma versão truncada, desfigurada, perversa. Perante os fracassos da teoria crítica moderna, que está, aliás, por detrás de algumas das formas de falsa emancipação, a tarefa da teoria crítica pós-moderna consiste em apontar de novo os caminhos da síntese, tomando como método, por um lado, a citação de tudo o que de positivo existiu na experiência histórica da nossa contemporaneidade, por mais negativa que tenha ocasionalmente sido, e, por outro lado, a disponibilidade para identificar o que de novo caracteriza o tempo presente e dele faz verdadeiramente o nosso tempo. O esforço teórico a empreender deve incluir uma *nova teoria da democracia* que permita reconstruir o conceito de cidadania, uma *nova teoria de subjectividade* que permita reconstruir o conceito de sujeito e uma *nova teoria da emancipação* que não seja mais que o efeito teórico das duas primeiras teorias na transformação da prática social levada a cabo pelo *campo social da emancipação*. Abordarei neste capítulo apenas a questão da nova teoria democrática e dos seus corolários para uma nova teoria da emancipação. O tratamento da teoria da subjectividade será feito noutro lugar.

PELA MÃO DE ALICE. O SOCIAL E O POLÍTICO NA PÓS-MODERNIDADE

Para uma nova teoria da democracia

O capitalismo não é criticável por não ser democrático mas por não ser suficientemente democrático. Sempre que o princípio do Estado e o princípio do mercado encontraram um *modus vivendi* na democracia representativa, esta significou uma conquista das classes trabalhadoras, mesmo que apresentada socialmente como concessão que lhes foi feita pelas classes dominantes. A democracia representativa é, pois, uma positividade e como tal deve ser apropriada pelo campo social da emancipação.

A democracia representativa constituiu até agora o máximo de consciência política possível do capitalismo. Este máximo não é uma quantidade fixa, é uma relação social. A complementação ou o aprofundamento da democracia representativa através de outras formas mais complexas de democracia pode conduzir à elasticização e aumento do máximo de consciência possível, caso em que o capitalismo encontrará um modo de convivência com a nova configuração democrática, ou pode conduzir, perante a rigidificação desse máximo, a uma ruptura ou, melhor, a uma sucessão histórica de micro-rupturas que apontem para uma ordem social pós-capitalista. Não é possível determinar qual será o resultado mais provável. A transformação social ocorre sem teleologia nem garantia. É esta indeterminação que faz o futuro ser futuro.

A renovação da teoria democrática assenta, antes de mais, na formulação de critérios democráticos de participação política que não confinem esta ao acto de votar. Implica, pois, uma articulação entre democracia representativa e democracia participativa. Para que tal articulação seja possível é, contudo, necessário que o campo do político seja radicalmente redefinido e ampliado. A teoria política liberal transformou o político numa dimensão sectorial e especializada da prática social – o espaço da cidadania – e confinou-o ao Estado. Do mesmo passo, todas as outras dimensões da prática social foram despolitizadas e, com isso, mantidas imunes ao exercício da cidadania. O autoritarismo e mesmo o despotismo das relações sociais "não-políticas" (económicas, sociais, familiares, profissionais, culturais, religiosas) pôde assim conviver sem contradição com a democratização das relações sociais "políticas" e sem qualquer perda de legitimação para estas últimas.

A nova teoria democrática deverá proceder à repolitização global da prática social e o campo político imenso que daí resultará permitirá desocultar formas novas de opressão e de dominação, ao mesmo tempo que criará novas oportunidades para o exercício de novas formas de democracia e de cidadania. Esse novo campo político não é, contudo, um campo amorfo. Politizar significa identificar relações de poder e imaginar formas práticas de as transformar em relações de autoridade partilhada. As diferenças entre as relações de poder são o princípio da diferenciação e estratificação do político. Enquanto tarefa analítica e pressuposto de acção prática, é tão importante a globalização do político como a sua diferenciação.

Como referi no capítulo 5, distingo quatro espaços políticos estruturais: o espaço da cidadania, ou seja, o espaço político segundo a teoria liberal; o espaço doméstico; o espaço da produção; e o espaço mundial. Todos estes espaços configuram relações de poder, embora só as que são próprias do espaço da cidadania liberal sejam consideradas políticas e, portanto, susceptíveis de democratização política. Cada um deles é um espaço político específico a suscitar uma luta democrática específica adequada a transformar as relações de poder próprias desse espaço nas relações de autoridade partilhada.

O *espaço doméstico* continua a ser o espaço privilegiado de reprodução social e a forma de poder que nele domina é o patriarcado. Entre os NMSs, o movimento feminista tem desempenhado um papel crucial na politização do espaço doméstico, ou seja, na desocultação do despotismo em que se traduzem as relações que o constituem e na formulação das lutas adequadas a democratizá-las. Obviamente, a discriminação sexual não se limita ao espaço doméstico nem é sempre resultado do exercício do poder patriarcal; mas este como que estabelece a matriz a partir da qual outras formas de poder são socialmente legitimadas para produzir discriminação sexual.

O capitalismo não inventou o patriarcado e pode mesmo dizer-se que tem em relação a ele uma trajectória histórica ambivalente. Se, por um lado, se aproveitou dele para se apropriar do trabalho não pago das mulheres, levando este a participar – a outra mão invisível a fazer par com a do mercado – nos custos da reprodução da força de trabalho que deviam, noutras circunstâncias, ser integralmente cobertos pelo salário, por outro lado, libertou parcialmente a mulher de submissões ancestrais, mesmo se só para a submeter à submissão moderna do trabalho assalariado. Apesar de debatível é, no entanto, altamente improvável que o máximo de consciência possível do capitalismo possa vir a integrar o fim da discriminação sexual. Em qualquer caso, a politização do espaço doméstico – e, portanto, o movimento feminista – é um componente fundamental da nova teoria da democracia.

O *espaço da produção* é o espaço das relações sociais de produção e a forma de poder que lhe é própria é a exploração (extracção de mais-valia). A difusão social da produção e o isolamento político do operariado na produção ajudaram, nos últimos vinte anos, a tornar social e politicamente menos importante o quotidiano do trabalho assalariado, uma evolução para que de resto contribuíram os cientistas sociais ao desviarem a sua atenção analítica, tanto da brutalidade das relações concretas de produção (a violência dos ritmos de produção; a violentação física e psicológica dos trabalhadores; a degradação das condições do local de trabalho, nomeadamente das condições de segurança e de salubridade), como da brutalidade das relações *na* produção (as rivalidades e a concorrência, a delação e os furtos entre trabalhadores; a degradação moral das relações face-a-face e o isolamento autístico como exigência de sobrevivência).

Por esta razão, o espaço da produção perdeu protagonismo social e cultural e os sujeitos sociais nele constituídos, sobretudo o operariado, peso político. Mas enquanto espaço de organização multímoda da força de trabalho assalariado, o espaço da produção é hoje mais central do que nunca e a sua hegemonia aumenta com a difusão social da produção, com a ideologia do produtivismo e do mercado, com a compulsão do consumo. A articulação entre o isolamento político do operariado e a difusão social da força de trabalho assalariada é responsável pela situação paradoxal de a força de trabalho assalariada ser cada vez mais crucial para explicar a sociedade contemporânea e o operariado ser cada vez menos importante e menos capaz de organizar a transformação não-capitalista desta.

Se tal transformação não pode ser feita só com o operariado, tão pouco pode ser feita sem ele ou contra ele. Para isso, porém, é preciso alterar as estratégias e as práticas dos velhos movimentos sociais do operariado, dos partidos operários e dos sindicatos. O movimento operário obteve conquistas notáveis – sobretudo no segundo período, o capitalismo organizado, e nos países centrais – no sentido de integrar social e politicamente os trabalhadores mediante uma partilha mais justa da riqueza por eles criada. Tais conquistas foram, no entanto, obtidas, entre outras coisas, à custa da total separação entre o espaço da cidadania e o espaço da produção por via do qual o operário-cidadão renunciou à possibilidade de vir a ser um cidadão-operário. A negociação sindical e a representação política do movimento operário, que foram tão importantes para melhorar as condições de vida dos trabalhadores, foram também decisivas para naturalizar, trivializar e, em suma, despolitizar as relações de produção. Neste domínio, os dilemas da situação presente derivam de estarmos a entrar num período em que a negociação sindical e a representação política tradicionais perdem eficácia e até legitimidade junto dos trabalhadores sem que, contudo, as relações sociais de produção se desnaturalizem, se destrivializem e, em suma, se repolitizem. Pelo contrário, a eficácia passada do movimento operário transformou-se perversamente no maior obstáculo à sua sobrevivência nas novas condições de acumulação de capital.

Nestas condições, uma das tarefas centrais da nova teoria democrática consiste na politização do espaço da produção. Numa tradição que vem de Marx, de Karl Renner e de Michael Burawoy, defendi noutro lugar (Santos, 1985)[87] que a fábrica é um micro-Estado onde é possível detectar instituições isomórficas do campo político liberal, só que muito mais despóticas (o direito da produção, a lealdade à empresa, a distinção entre o público e o privado, a representação dos trabalhadores, as coligações, etc.). A evolução recente tem sido, contudo, no sentido de heterogeneizar e descaracterizar cada vez mais as relações de produção. No pólo benevolente, são detectáveis relações de produção relativamente horizontalizadas, com uma convivência entre capital-trabalho que mais parece organizada segundo o princípio da comunidade do que segundo o princípio do mercado; são as empresas-comunidade, onde trabalha a nova aristocracia do operariado. No pólo despótico, pululam as *sweat shops* do fim do século e a exploração do trabalho infantil, caracterizados por relações de produção cuja violência as aproxima da pilhagem típica da acumulação primitiva; são as empresas-campos de concentração onde trabalham os hilotas do nosso tempo. Entre os dois pólos são imensas as gradações e as variações.

Esta heterogeneidade das relações sociais de produção, que, obviamente, sempre existiu mas é hoje mais descaracterizadora do que nunca, torna a relação social entre capital e trabalho menos específica e a relação económica entre lucros e salários menos definida. A mais-valia económica é cada vez mais tão-só um dos componentes de uma relação de poder onde se misturam, para além dela, mais-valias étnicas, sexuais, culturais e políticas. Se esta nova impureza das relações de produção contribui para a crescente ineficácia e desactualização do movimento operário tradicional, por outro lado, cria oportunidades insuspeitas para cidadanizar o espaço da produção. Quanto menos o trabalhador for *só* trabalhador, mais viável se torna o trânsito político e simbólico entre o trabalhador-cidadão e o cidadão-trabalhador.

A politização do espaço da produção é multidimensional. Envolve, em primeiro lugar, a relação capital-trabalho. Independentemente da sua qualidade, a quantidade desta relação continua a ser a sua característica mais específica mesmo apesar de nos últimos tempos se ter de algum modo informalizado. Daí que as lutas pela diminuição da jornada de trabalho tenham um forte conteúdo

---

[87] Consulte também o capítulo 5.

político. E o mesmo sucede com as lutas que visem o aumento da participação e da co-determinação nas decisões da empresa. Em segundo lugar, a politização do espaço da produção envolve as relações *na* produção. O que distingue as mais-valias étnicas, sexuais, culturais e políticas é que elas, ao contrário da mais--valia económica, podem existir nas relações entre trabalhadores. O "operário de massa" ou o "operário colectivo" terminou (se alguma vez existiu) e é preciso tirar disso todas as consequências. As relações de poder entre trabalhadores na produção podem violentar o quotidiano do trabalho assalariado tanto ou mais que a relação entre capital e trabalho. A ocultação desta forma de poder em nome de míticas solidariedades constitui um acto de despolitização e de desarme político.

Em terceiro lugar, a politização do espaço da produção envolve os processos de trabalho e de produção e nomeadamente a componente tecnológica e a das chamadas matérias-primas. Vivemos num tempo de automatismo tecnológico que leva ao paroxismo a assimetria entre capacidade de acção e capacidade de previsão. Decorrem daí riscos e danos possíveis totais, insocializáveis e inse-guráveis, demasiado grandes para poderem ser por eles responsabilizados os indivíduos, como consta do paradigma liberal da responsabilidade, e obviamente impunes se a humanidade for responsabilizada no seu todo. Neste domínio, a politização do espaço da produção consiste na desocultação das relações sociais de poder que constituem o automatismo tecnológico – o qual, por essa via, deixa de ser automático – e na imaginação de alternativas tecnológicas que possibilitem o reequilíbrio entre capacidade de acção e capacidade de previsão.

A politização da tecnologia não é possível sem a das chamadas matérias--primas, ou seja, sem a politização da relação natureza-sociedade no espaço da produção. A distinção natureza-sociedade faz hoje pouco sentido, uma vez que a natureza é cada vez mais a segunda natureza da sociedade. A natureza é uma relação social que se oculta atrás de si própria e que por isso é duplamente difícil de politizar. Contudo, perante os riscos da catástrofe ecológica, tal politização está já a impor-se e as clivagens políticas do futuro assentarão crescentemente nas diferentes percepções destes riscos. A politização da natureza envolve a extensão a esta do conceito de cidadania, o que significa uma transformação radical da ética política da responsabilidade liberal, assente na reciprocidade entre direitos e deveres. Será então possível atribuir direitos à natureza sem, em contrapartida, ter de lhe exigir deveres.

A ecologia e o movimento ecológico são, assim, partes integrantes do processo de politização do espaço da produção, embora os seus objectivos se estendam por qualquer dos outros espaços estruturais. Nas condições do fim do século, a forma de politização mais conseguida do espaço da produção é o antiprodutivismo.

O *espaço mundial* é o conjunto dos impactos em cada formação social concreta decorrentes da posição que ela ocupa no sistema mundial. A forma dominante de poder no espaço mundial é a troca desigual entendida em termos sociológicos, mais amplos que os termos económicos em que a teoria da troca desigual foi originalmente desenvolvida. As relações de troca desigual entre países centrais, periféricos e semiperiféricos sempre tiveram uma forte dimensão política como o atestam as guerras, o direito internacional público e as organizações políticas internacionais. Em tempos recentes, esta dimensão, que sempre conviveu com outras, económicas, culturais e religiosas, tem vindo a perder terreno face às outras dimensões e tem-se mesmo deixado interpenetrar por elas ao ponto de ser difícil determinar o que é especificamente político nas relações entre Estados. Em meu entender, esta tendência parece irreversível e só poderá ser eventualmente contrariada através da politização das diferentes práticas transnacionais, entre as quais se devem incluir as relações entre Estados.

Trata-se de uma tarefa difícil devido à emergência nos últimos vinte anos de dois importantes factores. O primeiro são, como já referi, os imperativos económicos impostos pelas empresas multinacionais no processo de transnacionalização da produção. Trata-se das decisões de investimento das empresas multinacionais feitas à escala mundial, articuladas com condições e exigências localizadas postas às diferentes economias nacionais e seus Estados. Tais decisões e condições investem-se de tal necessidade e inevitabilidade que se furtam a qualquer controle político nacional ou internacional. E, por não poderem ser tratadas politicamente, tendem a deixar de ser consideradas políticas. O segundo factor consiste no que Leslie Sklair designa por "cultura-ideologia do consumismo" (1991:41). Trata-se da estratégia simbólica do capitalismo transnacional no sentido de integrar na lógica do consumo todas as classes sociais do sistema mundial e muito especialmente as classes populares dos países periféricos e semiperiféricos. É um processo antigo mas que nos últimos anos assumiu uma qualidade diferente com a nova ordem da informação mundial e com o controle global dos mercados mediáticos e da publicidade. Pressupõe uma separação grande entre a prática do consumismo e o consumo de produtos, ou seja, entre o consumismo, enquanto prática cultural-ideológica, e os produtos em que ele na maioria dos casos não se pode concretizar.

Os dois factores estão interligados, como seria de esperar. As empresas multinacionais são os grandes veículos da cultura-ideologia do consumismo e têm desempenhado um papel crucial em aumentar expectativas consumistas que não podem ser satisfeitas, num futuro previsível, pela massa da população do chamado Terceiro Mundo.

A politização das práticas transnacionais é uma condição *sine qua non* da desocultação das relações de poder que se escondem por detrás das necessidades "naturais" de produção e de consumo e da transformação de tais relações de poder em relações de autoridade partilhada. Neste campo, a prática transformadora assentará na criação de obrigações políticas horizontais de âmbito transnacional, entre cidadãos e grupos sociais das diferentes regiões do sistema mundial. E não devem ser escamoteadas as dificuldades de tal empreendimento, pois é sabido como, no passado, o desenvolvimento da cidadania nos países centrais foi obtido à custa da exclusão das populações coloniais e pós-coloniais nas periferias e semiperiferias do sistema mundial.

A nova teoria de democracia – que também poderíamos designar por teoria democrática pós-moderna para significar a sua ruptura com a teoria democrática liberal – tem, pois, por objectivo alargar e aprofundar o campo político em todos os espaços estruturais da interacção social. No processo, o próprio espaço político liberal, o espaço da cidadania, sofre uma transformação profunda. A diferenciação das lutas democráticas pressupõe a imaginação social de novos exercícios de democracia e de novos critérios democráticos para avaliar as diferentes formas de participação política. E as transformações prolongam-se no conceito da cidadania, no sentido de eliminar os novos mecanismos de exclusão da cidadania, de combinar formas individuais com formas colectivas de cidadania e, finalmente, no sentido de ampliar esse conceito para além do princípio da reciprocidade e simetria entre direitos e deveres. Aqui entronca a necessidade de uma nova teoria da subjectividade que será tratada noutra ocasião.

Para uma nova teoria da emancipação

A nova teoria da emancipação parte da ideia de que – do ponto de vista do político, alargado e aprofundado pela nova teoria democrática – os anos 60 apenas começaram e continuarão a ser uma referência central nos anos 90. Isto porque, com todas as limitações e fracassos atrás assinalados, os movimentos sociais dos anos 60 tentaram pela primeira vez combater os excessos de regulação da modernidade através de uma nova equação entre subjectividade, cidadania e emancipação. É certo que o não conseguiram eficazmente, mas provaram pelo seu fracasso a necessidade de continuar esse combate.

O colapso dos regimes totalitários do Leste Europeu teve, entre muitas outras, duas consequências que aqui interessa realçar. Por um lado, fez com que perdesse sentido a distinção entre industrialismo e capitalismo de que se alimentaram as teorias do pós-industrialismo e do pós-capitalismo. O sistema mundial é um sistema industrial capitalista transnacional que integra em si, tanto sectores pré-industriais, como sectores pós-industriais. Por outro lado, a ideia do socialismo foi libertada da caricatura grotesca do "socialismo real" e está, assim, disponível para voltar a ser o que sempre foi, a utopia de uma sociedade mais justa e de uma vida melhor, uma ideia que, enquanto utopia, é tão necessária quanto o próprio capitalismo.

Designar-se o conjunto das práticas emancipatórias por socialismo não tem outra legitimidade senão a que lhe advém da história, uma história de claros--escuros que, por não termos outra, não deve ser enjeitada sob pena de ficarmos suspensos sobre um montão imenso de lixo histórico com a ilusão de não sermos nós próprios a parte vazia da clepsidra donde escorreu esse lixo. Porque a trans-formação emancipatória não tem teleologia nem garantia, o socialismo não é, à partida, nem mais nem menos provável que qualquer outro futuro.

Mas, enquanto futuro, o socialismo não será nunca mais do que uma *qualidade ausente*. Isto é, será um princípio que regula a transformação emancipatória do que existe sem, contudo, nunca se transformar em algo existente. Dada a acu-mulação de riscos insocializáveis e inseguráveis, da catástrofe nuclear à catástrofe ecológica, a transformação emancipatória será cada vez mais investida de nega-tividade. Sabemos melhor o que não queremos do que o que queremos. Nestas condições, a emancipação não é mais que um conjunto de lutas processuais, sem fim definido. O que a distingue de outros conjuntos de lutas é o sentido político da processualidade das lutas. Esse sentido é, para o campo social da emancipação, a ampliação e o aprofundamento das lutas democráticas em todos os espaços estruturais da prática social conforme estabelecido na nova teoria democrática acima abordada. *O socialismo é a democracia sem fim.*

Porque é uma qualidade ausente, o socialismo será tão adjectivado quanto for exigido pelas lutas democráticas. Neste momento, o socialismo será ecológico, feminista, antiprodutivista, pacifista e anti-racista. Quanto mais profunda for a desocultação das opressões e das exclusões, maior será o número de adjectivos. O socialismo é o conjunto dos seus adjectivos em equilíbrio dinâmico, socialmente dinamizados pela democracia sem fim.

Uma tal concepção da emancipação implica a criação de um *novo senso comum político*. A conversão da diferenciação do político no modo privilegiado de estruturação e diferenciação da prática social tem como corolário a descentração relativa do Estado e do princípio do Estado. A nova cidadania, tanto se constitui na obrigação política vertical entre os cidadãos e o Estado como na obrigação política horizontal entre cidadãos. Com isto, revaloriza-se o princípio da comunidade e, com ele, a ideia da igualdade sem mesmidade, a ideia de autonomia e a ideia de solidariedade. Entre o Estado e o mercado abre-se um campo imenso – que o capitalismo só descobriu na estrita medida em que o pode utilizar para seu benefício – não estatal e não mercantil onde é possível criar utilidade social através de trabalho auto-valorizado (trabalho negativo, do ponto de vista da extracção da mais-valia): uma sociedade-providência transfigurada que, sem dispensar o Estado das prestações sociais a que o obriga a reivindicação da cidadania social, sabe abrir caminhos próprios de emancipação e não se resigna à tarefa de colmatar as lacunas do Estado e, deste modo, participar, de forma benévola, na ocultação da opressão e do excesso de regulação.

O cultivo desse campo imenso, que tem vindo a ser tentado com êxito diferenciado pelos NMSs, será o produto-produtor de uma nova cultura. Não "cultura política" porque toda a cultura é política. Cabe recordar aqui, a terminar, o maior teórico africano deste século, Amílcar Cabral, para quem a cultura e o renascimento cultural constituem, por excelência, a pedagogia da emancipação.

CAPÍTULO 9
O NORTE, O SUL E A UTOPIA

Introdução

Em 1841, Charles Fourier, o grande pensador da utopia, invectivava os cientistas sociais – que ele designava como "os filósofos das ciências incertas" – por sistematicamente se esquecerem dos problemas fundamentais das ciências de que se ocupam. Assim, dizia, se tratam da economia industrial, esquecem-se de estudar a associação entre os homens que é a base de toda a economia; se tratam da política, esquecem-se de tratar da taxa de população cuja medida justa está na base do bem-estar do mundo; se tratam da administração não especulam sobre os meios de operar a unidade administrativa do globo sem a qual não pode existir nem ordem fixa nem garantia do futuro dos impérios; se tratam da indústria prática, esquecem-se de investigar as medidas opressivas da burla, do açambarcamento e da agiotagem que são a espoliação dos proprietários e os entraves diretos à circulação; se tratam da moral, esquecem-se de reconhecer e de reclamar os direitos da mulher cuja opressão destrói as bases da justiça; e, finalmente, se tratam dos direitos do homem, esquecem-se de reconhecer o direito ao trabalho que, em verdade, não é possível na sociedade atual, mas sem o qual todos os outros direitos são inúteis (Fourier, [1841], 1967: 181). Concluía assim que os cientistas sociais tinham essa "propriedade bizarra", essa "étourderie méthodique", de se esquecerem dos problemas fundamentais, das questões primordiais.

Em retrospecto, as razões e os exemplos invocados por Fourier são bastante convincentes, pelo que cabe perguntar se hoje, cento e cinquenta anos depois, a situação mudou significativamente ou não. Será que as ciências sociais estão hoje mais bem equipadas para não se esquecerem dos problemas fundamentais ou, pelo contrário, continuam a esquecê-los sistematicamente? Será que são hoje menos ou mais incertas que o eram há cento e cinquenta anos? É verdade que alguns dos problemas que Fourier considerava então fundamentais foram mais tarde reconhecidos e tratados pelas ciências sociais, mas será que os problemas fundamentais com que hoje nos defrontamos são diferentes desses e continuam a ser esquecidos por nós? Formulada assim, esta pergunta contém uma dupla armadilha. Se os problemas continuam a ser os mesmos, isso significa que não têm provavelmente solução e nessa medida não há que culpar por isso as ciências sociais; se, ao contrário, os problemas fundamentais são hoje diferentes, o fato de nos lembrarmos de os ter esquecido significa que não estão de todo em todo esquecidos, pelo que algum progresso ocorreu neste domínio. Em ambos os casos, as ciências sociais surgem a uma luz mais favorável do que aquela que Fourier lhes dirigiu.

Neste capítulo parto de três pressupostos. O primeiro pressuposto é que as ciências sociais são hoje mais incertas que o eram ao tempo de Fourier. Por um lado, a certeza a que ele aspirava não foi obtível através de refinamentos técnicos e matemáticos e muito menos quando estes se arrogaram, pela imaginação de Fourier, conferir precisão e rigor aos prodígios da utopia e às extravagâncias do desejo e da paixão. Por outro lado, a incerteza decorreu da extrema diversidade e da conflitualidade internas das correntes científicas, que aumentaram exponencialmente de Fourier até aos nossos dias. O segundo pressuposto é que, em resultado dessa diversidade e conflitualidade, se é verdade que algumas correntes científicas continuam a esquecer-se dos problemas fundamentais, outras primam em tentar identificá-los. Os cientistas sociais que omitem tratar dos problemas fundamentais fazem-no quase sempre com a justificação de que a ciência tem um campo cognitivo próprio e privilegiado e que tudo o que não cabe nele, longe de ser fundamental, não é sequer relevante. Pelo contrário, os cientistas sociais que se afadigam na identificação dos problemas fundamentais partem da ideia de que a dificuldade destes, longe de lhes ser imputada, deve ser imputada à inadequação dos meios científicos e políticos que têm sido adotados para a sua identificação ou solução. Entre eles, é grande a divisão quanto à identificação dos problemas julgados fundamentais e ainda maior quanto às soluções para eles propostas. O terceiro pressuposto deste capítulo é que hoje, em final do século, os cientistas sociais não podem deixar de se posicionar num ou noutro campo. Pela minha parte, coloco-me no campo daqueles que sentem uma dupla obrigação científica e política de não se furtarem ao tratamento dos problemas fundamentais, de o fazerem conhecendo os limites do conhecimento que mobilizam e aceitando a diversidade e a conflitualidade de opiniões como sendo a um tempo reflexo desses limites e meio da sua sempre incompleta superação.

O que são problemas fundamentais? Como se pode ver pelos exemplos dados por Fourier, são problemas que estão na raiz das nossas instituições e das nossas práticas, modos profundamente arreigados de estruturação e de ação sociais considerados por alguns como fontes de contradições, antinomias, incoerências, injustiças que se repercutem com intensidade variável nos mais diversos sectores da vida social. Tais repercussões são cumulativas, pelo que são vistas em processo de agravamento contínuo e com a possibilidade de desenlaces mais ou menos graves a médio ou a longo prazo. A profundidade e a amplitude deste tipo de problemas suscitam soluções também profundas e amplas e aí reside a dificuldade específica deste tipo de problemas. As aporias que eles levantam às ciências sociais resultam em boa medida do fato de estas, na sua versão hegemónica moderna, se terem especializado na produção do conhecimento adequado à engenharia de soluções de curto prazo, estreitas no âmbito e superficiais na espessura. Este tipo de conhecimento científico, e mais do que isso, uma cultura dominada por este tipo de cientismo deslegitimou, à partida, a ideia de alternativas globais e, sempre que o não conseguiu, deslegitimou a vontade coletiva de lutar por elas. Talvez, por isso, o nosso século tenha sido tão pobre em pensamento utópico. Mesmo o socialismo, sempre que se pretendeu como uma alternativa global, apresentou-se como científico.

É notório que a ciência moderna em geral e as ciências sociais em particular atravessam hoje uma profunda crise de confiança epistemológica. Paradoxalmente, uma maior consciência dos limites do conhecimento científico veio criar uma maior disponibilidade para a abordagem dos problemas fundamentais, das questões primordiais. Os antolhos que antes orientavam o olhar científico têm vindo a perder opacidade e progressivamente tudo o que dantes ficava na obscuridade ilumina-se agora e revela-se afinal como possivelmente muito importante. Esta perda de confiança epistemológica está certamente relacionada com processos de transformação social que não só cessaram de agravar os problemas fundamentais identificados por Fourier, como deram origem a muitos outros cuja turbulência nos processos societais é cada vez mais sentida e sofrida, se não por toda a humanidade, pelo menos pela esmagadora maioria dela.

Desta convergência entre dinâmicas epistemológicas e societais resulta não só a maior visibilidade dos problemas fundamentais, como também a maior urgência no encontrar soluções para eles. É por esta razão que alguns, entre os quais me incluo, entendem que estamos a entrar num período de transição paradigmática, tanto no plano epistemológico – da ciência moderna para um conhecimento pós-moderno – como no plano societal – da sociedade capitalista para outra forma societal que tanto pode ser melhor como pior. Para quem assim pense, a época em que entramos é uma época de grande turbulência, de equilíbrios particularmente instáveis e regulações particularmente precárias, uma época de bifurcações prigoginianas em que pequenas alterações de estado podem dar origem a convulsões incontroláveis, em suma, uma época fractal com mudanças de escala imprevisíveis e irregularidades difíceis de conceber dentro dos nossos parâmetros ainda euclidianos. No entanto, como já referi nos capítulos anteriores, se é verdade que as formas de regulação social da modernidade – sejam elas o direito estatal, o fordismo, o Estado-Providência, a família heterossexual excluída da produção, o sistema educativo oficial, a democracia representativa, o sistema crime-repressão, a religião institucional, o cânone literário, a dualidade entre a cultura oficial baixa e a cultura oficial alta, a identidade nacional – parecem hoje cada vez mais precárias e questionáveis, não é menos verdade que estão igualmente fragilizadas e desacreditadas as formas de emancipação social que lhes corresponderam até agora, sejam elas o socialismo e o comunismo, os partidos operários e os sindicatos, os direitos cívicos, políticos e sociais, a democracia participativa, a cultura popular, a filosofia crítica, os modos de vida alternativos, a cultura de resistência e de protesto. Perante isto, perfila-se uma dupla responsabilidade e uma dupla urgência. Por um lado, ir às raízes da crise da regulação social e, por outro, inventar ou reinventar não só o pensamento emancipatório como também a vontade de emancipação.

É nesta postura que me proponho analisar de seguida alguns dos vectores dos problemas que, em minha opinião, são já hoje fundamentais e sê-lo-ão, e muito mais, nas próximas décadas para, na última parte, traçar o mapa do terreno onde podem ser queridas e buscadas algumas alternativas emancipatórias em nada envergonhadas ou ofendidas por serem ditas utópicas.

Os problemas fundamentais nos diferentes espaços-tempo
O espaço-tempo mundial
Entre os cientistas sociais que se não têm furtado à abordagem dos problemas fundamentais da sociedade contemporânea são muitas as diferenças e, com algum risco de simplificação, são discerníveis as seguintes posições principais, apresentadas sem qualquer ordem de hierarquia. A primeira é a dos que reconhecem que a sociedade liberal moderna tem vindo a defrontar-se com alguns problemas fundamentais, o mais fundamental dos quais tem sido a oposição radical que nos últimos cem anos lhe foi movida pelos movimentos socialista e comunista. Concluem que, no entanto, a sociedade liberal moderna não só acabou por neutralizar esta oposição como resolveu todos os grandes problemas que lhe foram postos. Por essa razão é legítimo admitir que estamos perante o fim da história, uma posição a que Fukuyama (1992) deu recentemente grande notoriedade.

Segundo outra posição, se a sociedade contemporânea, sobretudo a capitalista avançada, defronta algum problema fundamental, ele é antes de todos o

PELA MÃO DE ALICE. O SOCIAL E O POLÍTICO NA PÓS-MODERNIDADE   239

problema de não ser possível pensar os problemas fundamentais. A sociedade de consumo, a cultura de massas e a revolução da informação e da comunicação superficializou tanto as condições de existência como os modos de a pensar. Isto não é necessariamente um mal. É um facto, e pode até ser mais auspicioso que o contrário. Muitas das concepções ditas pós-modernas, que eu designo por pós--modernismo reconfortante, perfilham esta posição, e nela cabem Baudrillard, Lyotard, Vattimo, etc.

Um terceiro grupo de cientistas sociais tem vindo a privilegiar o questionamento dos pressupostos epistemológicos da modernidade, mantendo que foram eles, bem como o tipo de racionalidade cognitivo-instrumental e de conhecimento técnico-científico em que desembocaram, os grandes responsáveis pelo abandono da reflexão sobre os problemas fundamentais. A distinção sujeito-objecto, a separação total entre meios e fins, a concepção mecanicista da natureza e da sociedade, o cisma entre fatos e valores e a objetividade concebida como neutralidade, uma ideia do rigor quantitativo e euclidiano inimiga da complexidade e insensível à fractalidade dos fenómenos, uma teorização pretensamente universalista, mas na realidade androcêntrica e etnocêntrica – tudo isto conspirou para criar um buraco negro epistemológico à volta dos grandes problemas da vida coletiva e das relações interculturais. Trata-se de um grupo muito heterogéneo onde é possível incluir Habermas, Toulmin, Hirschman, Murray, Bookchin, Wallerstein e Giddens, por um lado, Foucault e Derrida e a epistemologia feminista, por outro, e talvez um terceiro grupo, Fredric Jameson, Edward Said e G. Spivak.

Por último, o grupo de longe mais heterogéneo é o dos cientistas para quem o problema fundamental da sociedade contemporânea, que uns concebem como industrial e outros como capitalista, reside no esgotamento das virtualidades de desenvolvimento societal. Assiste-se, por um lado, à erosão dramática dos mecanismos institucionais e culturais que até agora corrigiam e compensavam os excessos e os déficits sociais do desenvolvimento capitalista – do que resulta uma sensação de desregulação global – e, por outro lado, é visível um total bloqueamento de soluções para o impasse, não apenas de soluções mais radicais como de soluções relativamente moderadas. Daí que os cientistas sociais incluídos neste grupo tentem combinar a análise do bloqueamento com o desenho, a discussão ou a especulação de possíveis alternativas. Alguns autores ou correntes centram--se em alternativas ecológicas (entre muitos exemplos, as correntes de ecologia radical à volta da revista *Capitalism, Nature, and Socialism* ou Lester Brown e o grupo do *State of the World*), outros em alternativas sócio-políticas, como Alain

Touraine, André Gorz, Ernest Laclau, (Chantal de Mouffe, Joshua Cohen, Joel Rogers, e outros ainda em alternativas socioeconômicas, como Alain Lipietz, Michel Aglietta, John Roemer, e finalmente outros, em alternativas de governo transnacional, como Richard Falk e Saul Mendlowitz.

Estas diferentes posições, diferem, entre outras coisas, quanto ao elenco dos problemas fundamentais que estabelecem, ainda que sejam muitas e, por vezes, fastidiosas as sobreposições. Por outro lado, diferentes diagnósticos suscitam diferentes ênfases analíticas e interesses prospectivos. Como se tornará claro adiante, a análise e a prospectiva que apresentarei a seguir estão próximas das duas últimas posições, ou seja, da posição dos que procedem a uma crítica epistemológica da modernidade e dos que se centram no bloqueamento societal e na busca de alternativas.

Parto de um modelo analítico que identifica os principais processos de estruturação e da prática social, constelações de relações sociais que asseguram no conjunto o sentido e o ritmo da transformação social ou o bloqueamento desta. Ao contrário de outros modelos, como, por exemplo, o que distingue entre o Estado e a sociedade civil, este modelo pode aplicar-se tanto a sociedades nacionais como a sociedades subnacionais e sociedades transnacionais. Como referi no quinto capítulo, distingo quatro constelações de relações sociais que designo por espaços-tempo estruturais: o espaço-tempo doméstico, o espaço-tempo da produção, o espaço-tempo da cidadania e o espaço-tempo mundial. Em relação a cada um deles, passo a identificar os problemas que se me afiguram fundamentais, advertindo, no entanto, desde já, que a problematicidade do tempo presente e a das próximas décadas (digamos até 2025) não advêm de nenhum desses problemas em separado, mas da conjunção entre eles.

Começarei pelo espaço-tempo mundial, o espaço-tempo das relações sociais entre sociedades territoriais, nomeadamente entre Estado-Nação no interior do sistema mundial e da economia-mundo. A intensificação da globalização da economia e das interações transnacionais em geral nas duas últimas décadas tem vindo a conferir a este espaço-tempo uma relevância crescente em virtude do poder conformador das suas vibrações no interior de cada um dos restantes espaços-tempo. O problema fundamental do espaço-tempo mundial é a crescente e presumivelmente irreversível polarização entre o Norte e o Sul, entre países centrais e países periféricos no sistema mundial. Este problema comporta uma grande pluralidade de vectores. Salientarei apenas três deles: a explosão demográfica, a globalização da economia e a degradação ambiental.

A explosão demográfica

Em primeiro lugar, o vetor da explosão demográfica. Entre 1825 e 1925 a população mundial duplicou de 1 bilhão de pessoas para 2 bilhões. Nos cinquenta anos seguintes voltou a duplicar para 4 bilhões e entre 1975 e 1990 passou de para 5,3 bilhões de pessoas. As projeções para as próximas décadas variam, mas, a fazer jus a uma projeção moderada, em 2025 a população mundial será de 8,5 bilhões de pessoas. O fato mais decisivo desta explosão é que ela terá lugar em esmagadora medida nos países periféricos. A média do crescimento populacional mundial esconde diferenças abissais e é por isso que a população de África, que era em 1985 cerca de metade da população da Europa, será provavelmente em 2025 três vezes maior que a população da Europa. Noutras partes do Sul o crescimento populacional será do mesmo teor. A Índia poderá passar no mesmo período dos 853 milhões atuais para 1,5 bilhões, uma população semelhante à que terá então a China; o México poderá passar de 88 milhões para 150 milhões; o Irão de 56 milhões para 122 milhões; e o Brasil de 154 milhões para 245 milhões. Acresce que mais de 50% desta população viverá em cidades congestionadas, sem habitação nem saneamento adequados, sem serviços sociais mínimos, a braços com a fome e o desemprego de vastas massas de população, com o colapso ecológico e provavelmente a violência. Segundo as melhores projeções, no final do século, 11 das 20 maiores cidades do mundo (com 11 milhões ou mais de pessoas) serão cidades dos países periféricos ou semiperiféricos: Cidade do México com 24,4 milhões, São Paulo com 23,6 milhões, Calcutá com 16 milhões, Xangai com 14,7 milhões.

A explosão demográfica torna-se um problema quando produz um desequilíbrio entre a população e os recursos naturais e sociais para a sustentar adequadamente, e é um problema tanto mais sério quanto mais grave for esse desequilíbrio. Sendo assim, cabe perguntar se ao fazer previsões tendencialmente desastrosas não estaremos no final do século XX a cometer o mesmo erro que Thomas Malthus cometeu no final do século XVIII ao prever que o poder da população da Inglaterra, da França e da América seria cada vez maior que o poder da terra para assegurar a sua subsistência e que, em conseqüência disso, a intervenção da natureza para reduzir a população envolveria fatalmente a fome, a guerra e a doença.

Provou-se que ele estava enganado; a população continuou a aumentar, mas os recursos para assegurar a sua subsistência aumentaram também. Não se poderá hoje voltar a repetir a história? Tudo leva a crer que não. Segundo Paul Kennedy, três fatores principais contribuíram para infirmar a previsão pessimista de Malthus: a emigração maciça dos ingleses e dos europeus em geral; o aumento da produtividade da terra com a revolução agrícola; e o aumento da produtividade do trabalho com a revolução industrial (1993: 6 e ss.). Ora, destes fatores, só o primeiro parece estar hoje ao alcance dos países periféricos. O aumento da produtividade da terra ou do trabalho parece estar-lhes em grande medida vedado e em qualquer caso tudo indica que não poderá acompanhar o aumento da população. A diferença entre o tempo de Malthus e o nosso reside em que no século XVIII e XIX a explosão demográfica e a explosão tecnológica tiveram lugar na mesma região do sistema mundial, enquanto hoje a primeira ocorre no Sul e a segunda ocorre no Norte. Aliás, a disparidade entre o Norte e o Sul é tão grande que, enquanto o Sul se debate com o problema da explosão demográfica, o Norte começa a preocupar-se com o crescimento negativo da população e com o envelhecimento desta.

Estas disparidades ilustram um fenómeno mais vasto, que consiste no fato de o âmbito transnacional de alguns problemas emergentes não eliminar, e antes pelo contrário agravar, a polarização entre o Norte e o Sul. Disso acima que das três vias históricas de solução positiva da explosão demográfica, os países do Sul têm à sua disposição apenas a emigração. A verdade é que, na prática, essa via está quase totalmente bloqueada. Entre 1820 e 1930, 50 milhões de Europeus emigraram para o Ultramar e quase sempre (com exceção dos EUA) para países menos desenvolvidos e sujeitos ao domínio colonial ou pós-colonial. Hoje nenhum movimento de âmbito proporcional poderá ocorrer. Não esqueçamos que o movimento é agora do Sul para o Norte, para a Europa, a América do Norte e a Austrália, e os países centrais têm meios eficazes para se defender da emigração maciça. É certo que há milhões de pessoas em processo de deslocação e cerca de 15 milhões aguardam em campos de internamento a oportunidade de poderem vir a refazer noutro lugar a sua vida, mas o controlo das fronteiras, o protecionismo, o racismo e a xenofobia serão obstáculos poderosos à busca de uma vida melhor. Tudo leva, pois, a crer que os elevados padrões de vida e de consumo vigentes no Norte não serão partilhados com o Sul.

Por outro lado, é hoje generalizado o consenso de que esses padrões não podem ser alargados à população mundial no seu conjunto, sob pena de os recursos naturais e os equilíbrios ecológicos sofrerem a curto prazo desgastes fatais para a sobrevivência da vida na terra tal como a conhecemos. Isto será assim, mesmo que a população não aumente tanto quanto se prevê. Apesar de uma desaceleração global no crescimento anual da população desde 1970 – no período 1965-70 o crescimento era de 2,06, no período 1985-90 era de 1,73 –

as disparidades entre o Norte e o Sul agravaram-se (Derlugian, 1992a). Só um exemplo: no período de 1965-70 o crescimento anual em África era de 2,63 e na Europa de 0,67, enquanto no período 1985-90 a cifra africana disparou para 3,00 e a europeia baixou para 0,22. Combinadas com o aumento global da população, o qual, apesar de desacelerado, continua elevado, estas disparidades entre o Norte e o Sul tornam ainda mais questionável a universalização, do modelo de desenvolvimento capitalista. Este modelo parece de fato confrontar-se com uma situação dilemática: por um lado, ele pretende-se hoje, sobretudo depois do colapso do regime comunista, universalmente válido; por outro lado, é cada vez mais claro que ele não pode ser aplicado universalmente ou, o que é ainda mais dilemático, quanto mais universal for a sua aplicação, maior desigualdade criará entre os poucos que ganham com isso e os muitos Perdem, isto é, entre o Norte e o Sul.

A globalização da economia
Isto me conduz ao segundo vetor da desigualdade Norte/Sul no espaço técnico mundial: a globalização da economia. Mesmo admitindo que existe uma economia-mundo desde o século XVI, é inegável que os processos de globalização se intensificaram enormemente nas últimas décadas. Isto é reconhecido mesmo por aqueles que pensam que a economia internacional não é ainda uma economia global, em virtude da continuada importância dos mecanismos nacionais de gestão macroeconómica e da formação de blocos comerciais. Entre 1945 e 1973 a economia mundial teve uma enorme expansão: uma taxa de crescimento anual do produto industrial de cerca de 6%. A partir de 1973 esse crescimento abrandou significativamente, o que para os adeptos dos ciclos de Kondratieff significou o início da fase B do ciclo que se tinha iniciado em 1945. Mesmo assim, a economia mundial cresceu mais do pós-guerra até hoje do que em toda a história mundial anterior (Kennedy, 1993: 48).

Dos traços desta evolução sobretudo nas duas últimas décadas seleciono os mais importantes para a minha tese. O primeiro traço é a *deslocação da produção mundial para a Ásia consolidando-se esta como uma das grandes regiões do sistema mundial*, constituída, como todas as outras regiões, por uni centro (o Japão), uma semiperiferia (os novos países industriais: a Coreia do Sul, Taiwan, Hong Kong e Singapura) e uma periferia (o resto da Ásia). Esta deslocação é tanto maior quanto mais elevado é o teor tecnológico da produção medida pelo investimento em investigação e desenvolvimento. Assim, no domínio da indústria de alta tecnologia, dois exemplos são particularmente significativos: a produção de transistores e a produção de televisões (Irwan, 1992). No que respeita à produção de transistores, incluindo semicondutores, a distribuição regional da percentagem da produção mundial teve uma alteração dramática entre 1965 e 1989. A quota da Ásia, que era em 1965 de 28,8%, passou cm 1989 para 95%; a quota da América do Norte, que era, na mesma altura, de 64,3%, passou para 1,1%; e a quota da Europa, que era de 6%, passou para 3,9%. No que respeita à produção de televisores, a quota da Asia era em 1965 de 14,2% (quase só o Japão) e passou em 1989 para 58,2%, enquanto a quota da América do Norte passou no mesmo período de 37,2% da produção mundial para 16,4% e a quota da Europa passou de 34,5 para 16,1%.

No domínio da indústria de média tecnologia como, por exemplo, na indústria de automóvel, a deslocação foi também significativa: a Ásia, que produzia 14,2% dos automóveis em 1965 passou a produzir 28,6% em 1989, enquanto a América do Norte que produzia 54,3% em 1965 passou a produzir apenas 25,8% em 1989 e a Europa manteve e mesmo melhorou ligeiramente a sua quota (de 39,5% em 1965 para 41,2% em 1989). A importância desta deslocação não pode ser subestimada. Pela primeira vez, depois de cinco séculos, o motor do capitalismo parece ter passado do Ocidente para o Oriente. As condições únicas do Ocidente, que segundo Weber explicaram a emergência do capitalismo, deixaram de ter grande significado, uma vez consolidado este modo de produção e quando muito haveria agora de averiguar as condições únicas do Oriente para o desenvolvimento pujante do capitalismo no final do século.

O segundo traço da globalização da economia é a *primazia total das empresas multinacionais, enquanto agentes do "mercado global"*. A própria evolução do nome por que são conhecidas assinala a constante expansão das atividades destas empresas com actividades em mais que um Estado nacional: de empresas multinacionais para empresas transnacionais e, mais recentemente, para empresas globais. Quaisquer que sejam os indicadores utilizados – investimento destas empresas enquanto percentagem do investimento total; percentagem da produção mundial; percentagem do comércio intra-empresas no total do comércio mundial; número de filiais no estrangeiro – é evidente o aumento da importância das empresas multinacionais. Entre as muitas causas deste fato, duas são de salientar: a desregulação dos mercados financeiros e a revolução nas comunicações transcontinentais (Kennedy, 1993: 50). Por vias diferentes, funcionaram ambas com um grande incentivo à internacionalização das empresas ao mesmo tempo que contribuíram para a separação entre fluxos financeiros, por um lado, e comércio de mercadorias e serviços, pelo outro. Calcula-se, por

PELA MÃO DE ALICE. O SOCIAL E O POLÍTICO NA PÓS-MODERNIDADE   245

exemplo, que os fluxos mundiais de moeda estrangeira – transações, de resto, exclusivamente eletrónicas – rondam um trilhão de dólares por dia. É difícil determinar o número exato de empresas multinacionais, mas apesar de serem certamente largos milhares, é notável o grau de concentração que faz com que o valor anual das vendas de algumas destas empresas seja superior ao produto doméstico bruto de muitos países periféricos. A título de exemplo, as 10 maiores empresas do sector químico foram responsáveis por 21% do total das vendas de produtos químicos em 1990 e as 15 maiores empresas do sector farmacêutico concentraram cerca de 30% do comércio mundial de produtos farmacêuticos (Ikeda, 1992).

Concomitantemente com a primazia das multinacionais, dois outros traços de globalização da economia devem ser mencionados pela importância que têm para a polarização da desigualdade entre o Norte e o Sul. O primeiro é *a erosão da eficácia do Estado na gestão macroeconómica*. A transnacionalização da economia significa, entre outras coisas, precisamente tal erosão e não seria possível sem ela. A desregulação dos mercados financeiros e a revolução das comunicações reduziram a muito pouco o privilégio que até há pouco o Estado detinha sobre quis aspectos da vida nacional – a moeda e a comunicação considerados atributos da soberania nacional e vistos como peças estratégicas da segurança nacional. Por outro lado, as multinacionais, dotadas de um poder de intervenção global e se beneficiando da mobilidade crescente dos processos de produção podem facilmente pôr em concorrência dois ou mais Estados ou duas ou mais regiões dentro do mesmo Estado sobre as condições que decidirão da localização do investimento por parte da empresa multinacional. Entre partes com poder tão desigual – atores globais, por um lado, e atores nacionais ou subnacionais por outro – a negociação não pode deixar de ser desigual.

O outro traço de globalização da economia fortemente vinculado à pro- eminência das multinacionais é o *avanço tecnológico das últimas décadas quer na agricultura com a biotecnologia, quer na indústria com a robótica, a automação e também a biotecnologia*. Os aumentos de produtividade com que são propagandeadas estas novas tecnologias escondem freqüentemente o fato de que elas contribuem para a polarização entre o Norte e o Sul, dados os investimentos de capital, os recursos científicos, a mão-de-obra qualificada e a escassez de mão-de-obra que pressupõem. Aliás, contribuem igualmente para o aprofundamento das assime- trias dentro do Norte, entre as suas várias regiões. Em 1988, dos 280.000 robots industriais existentes no mundo, 257.000 estavam concentrados no Japão, na Europa ocidental e nos EUA. Mas o mais notável é que, desses, o Japão detinha

246 BOAVENTURA DE SOUSA SANTOS

176.000, ou seja, mais do dobro da soma dos robots da Europa e dos EUA, cerca de 70% da população mundial de robots industriais (Kennedy, 1993: 88). As condições que levaram o Japão a esta liderança tornam difícil a competição dos outros países centrais e impossível a dos países periféricos e semiperiféricos do sistema mundial.

No que respeita à biotecnologia, o quadro é semelhante, pelo menos quanto às relações Norte/Sul. Entre 1950 e 1984, a produção agrícola mundial cresceu mais rapidamente que em qualquer período anterior e a produção de cereais cresceu mais que a população. Desde 1984, uma série de fatores, desde a degradação dos solos, ao abuso dos fertilizantes e à mercadorização crescente da alimentação, convergiram para que esse crescimento desacelerasse. É difícil de prever se estamos perante o início de uma tendência de longo prazo. É, de qualquer modo, significativo que, apesar de, segundo as previsões do *Worldwatch Institute*, ser necessário aumentar anualmente a produção de cereais de 28 milhões de toneladas para acompanhar o aumento da população, nos anos mais recentes o crescimento não tenha sido superior a 15 milhões de toneladas (Brown *et al.*, 1990: 65). As explicações naturalistas desta discrepância não são convincentes, pois, doutro modo, mal se justificaria que o Norte estivesse a braços com uma crise de sobreprodução e o Sul com uma crise de subprodução.

Que as razões devem ser outras ilustra-o a biotecnologia agrícola que nos últimos anos tem vindo a ser promovida como a grande solução para o problema alimentar mundial. Enquanto anteriormente a melhoria da produção agrícola se baseou em boa medida na seleção de sementes e de castas, do que se trata agora, na era da biotecnologia, é de recorrer a técnicas que usam organismos e processos vivos com vista a fazer ou modificar produtos ou a melhorar plantas ou animais. Está ainda por avaliar cabalmente o impacto da biotecnologia agrícola na saúde ou no meio ambiente. Se a produção pode aumentar exponencialmente, fa-lo-á à custa da biodiversidade. Se plantas e animais podem ser sujeitos à engenharia genética para se tornarem mais resistentes às doenças, à seca, ou aos herbicidas, isso é no fundo um incentivo a tolerar e até a promover a degradação ecológica. Mas o aspecto mais saliente da biotecnologia agrícola do ponto de vista das relações Norte/Sul é que ela certamente agravará tanto a sobreprodução do Norte como a subprodução do Sul. A grande novidade da biotecnologia é que ela é levada a cabo por grandes empresas multinacionais que sujeitam as patentes às descobertas biotécnicas e que, por isso, privam dos seus benefícios todos os que não puderem pagar os direitos autorais (royalties). Como diz Paul Kennedy, o DNA é o novo recurso industrial das grandes empresas, que não só pode vir

PELA MÃO DE ALICE. O SOCIAL E O POLÍTICO NA PÓS-MODERNIDADE   247

a substituir matérias-primas usualmente fornecidas pelos países periféricos, como pode conduzir à integração vertical da produção agrícola, colocando vastas regiões do mundo sob a alçada de umas poucas empresas multinacionais do ramo agroquímico e biotecnológico (Kennedy, 1993: 73). Tal como sucede com a robótica e a automação, são também visíveis conflitos entre os países centrais neste domínio, dado o diferente peso que neles têm a agricultura e sobretudo os agricultores (enquanto o Japão importa produtos alimentares, a Europa e os EUA têm grandes excedentes). Mas é no domínio das relações Norte/Sul que o impacto da biotecnologia mais se fará sentir. É que se, por um lado, o uso de patentes visa criar rendas que funcionam como transferências líquidas do Sul para o Norte, por outro lado, essas transferências ocorrem desde logo na própria engenharia dos produtos, pois, como bem salienta Kloppenburg, dado que a maioria dos recursos genéticos se encontram nos países do Sul, estes estão já a ser espoliados pelas grandes empresas multinacionais, o que já se designa por "imperialismo biológico" (Kloppenburg, 1988).

Todos estes traços da globalização da economia ajudam a compreender as razões por que nas últimas décadas as desigualdades entre o Norte e o Sul aumentaram significativamente. É já um lugar-comum afirmar que a década de oitenta foi uma década negra para os países periféricos. É menos comumente conhecido que as agências internacionais não esperam que a década de noventa seja melhor. Segundo a *South Commission*, "a década de noventa trará ainda mais privações para os povos do Sul, ainda maior instabilidade para estes países" (Ihonvbere, 1992: 999). Os dados são efetivamente alarmantes. Enquanto a África esta a atingir um ponto de colapso, na América Latina o nível de vida no início da década de noventa era mais baixo que o da década de setenta. Dos 84 países menos desenvolvidos, 54 tiveram quebras no rendimento nacional per capita na década de oitenta. Em 14 países, o rendimento per capita caiu cerca de 35% (Ihonvbere, 1992: 989). Em treze anos, a dívida externa dos países do Sul passou de 170 bilhões de dólares em 1975 para 1.200 bilhões em 1988.

Perante isto não admira que o cisma global entre os ricos e os pobres se tenha aprofundado. Calcula-se que 1 bilhão de pessoas – mais de 14 da população mundial – viva em pobreza absoluta, ou seja, dispondo de um rendimento inferior a cerca de 365 dólares por ano. Do outro lado do abismo, 15% da população mundial produziu e consumiu 70% do rendimento mundial. Enquanto a ajuda externa dos países centrais aos países periféricos caiu de 0,37% do PNB em 1980 para 0,33% em 1989, as taxas de juro da dívida externa dos países do Sul subiram 172% entre 1970 (3,7%) e 1987 (10%), o que leva alguns autores a calcular em 40 bilhões de dólares o montante anual de transferências líquidas do Sul para o Norte, sendo esse pois literalmente o valor da contribuição de um Sul mirrado de fome para a abastança do Norte. O aumento da dívida externa, combinado com a queda do preço mundial de alguns dos produtos exportáveis pelo Sul, levou alguns países ao colapso. Devido à continuada quebra do preço do cobre, o serviço da dívida externa da Zâmbia correspondia a 95% do total das exportações (Ihonvbere, 1992: 994).

O programa da Nova Ordem Económica Internacional lançado pela ONU em 1975, com vista a criar uma maior solidariedade entre o Norte e o Sul, redundou num total fracasso, sobretudo depois que os países do Norte conseguiram reciclar os excedentes de petrodólares e, por essa via, absorver a ameaça que inicialmente lhes pôs a OPEP, e depois também que os governos conservadores chegaram ao poder nos EUA, na Inglaterra e na Alemanha, inflamados do fogo neoliberal da desregulamentação, do corte da ajuda externa e dos subsídios, da abertura das economias do Sul empurradas para a exportação a fim de cumprir com os encargos da dívida externa em que entretanto foram armadilhados.

Para além dos poucos países do Sul que nesta década conseguiram beneficiar das transformações da economia mundial, a esmagadora maioria perdeu, e uma parte dela atingiu uma situação de colapso que se manifesta de múltiplas formas: na perda da pouca soberania efetiva dos Estados periféricos, que ficaram mais e mais sujeitos aos programas de ajustamento estrutural do Banco Mundial e do FMI; na conturbação interna, na violência urbana, nos motins dos esfomeados, na má nutrição; e finalmente na degradação do ambiente que, se não foi originada pela dívida externa, foi quase sempre agravada pela necessidade de aumentar as exportações de modo a fazer face aos encargos da dívida. A fome e a má nutrição aumentaram significativamente nas duas últimas décadas e a economia política internacional da alimentação é talvez, mais que nenhuma outra, reveladora das trocas desiguais entre o Norte e o Sul.

Antes de 1945, o chamado terceiro mundo exportava cereais e nos anos cinqüenta era auto-suficiente em produtos alimentares, apesar de a seca e outros fatores produzirem períodos de fome, como, por exemplo, na Índia, nos anos cinqüenta e sessenta e em África (Pelizzon, 1992: 7). Em 1954 os EUA iniciaram o programa de vendas subsidiadas de produtos alimentares designado Alimentação para a Paz. Sendo conhecido do público como um programa para combater a fome no mundo, a verdade é que, na lei que o estabeleceu, esse objetivo é referido em quarto lugar, sendo os três outros vinculados aos interesses económicos dos EUA: aliviar os excedentes agrícolas, desenvolver mercados de exportação para as mercadorias agrícolas americanas e expandir o mercado internacional. Não restam dúvidas que esse programa foi eficaz como mecanismo de desemprego: entre 1954 e 1964 a ajuda alimentar constituiu 34% do total das exportações de cereais dos EUA e 57% das importações totais de cereais pelos países do Terceiro Mundo (Pelizzon, 1992: 8). É muito mais duvidoso que este programa tenha efetivamente beneficiado os países do Sul e muitos dados convergem no sentido de que, ao contrário, os prejudicou pelos menos no longo prazo. Muitas das culturas tradicionais foram negligenciadas ou substituídas e estes países passaram a depender cada vez mais da importação de cereais, para além de as suas populações se terem de reduzir a uma dieta menos variada e estranha em relação aos seus hábitos alimentares ancestrais. Este processo foi particularmente notório em África, mas ocorreu noutras regiões, como por exemplo na Coreia do Sul, que no final da década de sessenta tinha passado de um país consumidor de arroz para um país consumidor de trigo. O mesmo enviesamento de objetivos a favor do aumento do comércio internacional e em detrimento do consumo real de alimentos por parte dos pobres verificou-se igualmente na Índia com a revolução verde, ainda que esta tenha permitido à Índia transformar-se num país exportador de cereais.

Nas duas últimas décadas a condição alimentar das massas empobrecidas do Sul agravou-se significativamente. A dependência alimentar que o *Food for Peace* tinha criado nos países periféricos revelou toda a sua negatividade quando a partir de 1972 os EUA eliminaram quase totalmente esse programa e o substituíram por vendas comerciais (Pelizzon, 1992: 15). Esta mudança de política surgiu num momento particularmente difícil para o terceiro mundo. A Índia e os países do Norte de África viviam períodos de grande seca, a produção mundial de cereais abrandou e os preços de fertilizantes subiram em resultado da crise do petróleo. Se, por um lado, os preços dos produtos alimentares subiu, por outro lado, os países do Sul viram-se forçados a prosseguir o abandono das culturas de subsistência a fim de promover as culturas de exportação como solução parcial para a crise produzida pela dívida externa. A subida dos preços dos produtos alimentares foi ainda provocada pela expansão para o terceiro mundo do mercado de produtos alimentares processados e enlatados controlado por grandes empresas multinacionais, uma subida de preços articulada com a perda de valor nutritivo dramaticamente ilustrada pela promoção dos substitutos da amamentação materna por parte da Nestlé com as consequências que são conhecidas.

A exportação agrícola para fazer face à dívida assumiu proporções dramáticas nalguns países. No Brasil, por exemplo, a produção de feijão preto, base da alimentação brasileira, foi negligenciada em favor da produção de soja. O aumento da produção de carne nos países da América Latina tão-pouco significou a melhoria da alimentação dos seus habitantes. Apesar de a Costa Rica ter aumentado muito a produção de carne entre 1950 e 1970, o consumo de carne per capita baixou nesse período de 49 libras para 33 libras (Pelizzon, 1992: 20). Num contexto internacional cada vez mais dominado pelas empresas agro-alimentares, a produção alimentar está cada vez mais vinculada à procura efectiva. A queda do rendimento dos países periféricos, sobretudo a partir da década de setenta, contribuiu fortemente para que na década seguinte a produção mundial de produtos agrícolas começasse a desacelerar. É esta a situação presente e por isso não surpreende que as estimativas da má nutrição no mundo estejam constantemente a ser corrigidas e sempre para pior.

O que há de mais novo na situação presente é que a má nutrição e a fome aumentaram nos próprios países centrais e muito particularmente nos EUA. O que prova à sociedade que a fome e a má nutrição não dependem tanto do nível de produção agrícola ou do nível geral da prosperidade do país, como das assimetrias sociais, do abismo crescente entre ricos e pobres. Estará certamente relacionada com isto a ênfase recente por parte das instituições internacionais na recuperação, da agricultura tradicional. Reconhece-se que uma parte significativa da população mundial estará nas próximas gerações abaixo do nível de solvência que lhes permita serem consumidores da agricultura comercial. Mas há também quem suspeite – com alguma razão, em vista do que mencionei acima – que o interesse na recuperação da agricultura tradicional pode estar também relacionado com a manutenção da biodiversidade e do *germ plasm* de que os países do Sul são o grande depósito. Como já aconteceu no passado noutras circunstâncias, não é absurdo pensar que os agricultores do Terceiro Mundo venham a fornecer às empresas de biotecnologia recursos genéticos a partir dos quais estas produzam bio-produtos a que os agricultores do Terceiro Mundo só terão acesso se tiverem recursos para pagar os elevados preços que elas cobrarão por eles.

A degradação ambiental
Disse acima que os fatores da transnacionalização do empobrecimento, da fome e da má nutrição tiveram entre muitas consequências adversas a da degradação ambiental. A pressão para intensificação das culturas de exportação combinada com técnicas deficientes de gestão de solos levaram à desertificação, à salinização e à erosão. A destruição das florestas tropicais, sobretudo no Brasil e na América

PELA MÃO DE ALICE. O SOCIAL E O POLÍTICO NA PÓS-MODERNIDADE   251

Latina mas também na Indonésia e nas Filipinas, é apenas o exemplo mais dramático. Em cada década, desde 1950, perderam-se 30 milhões de hectares de floresta na África tropical, 40 milhões na América Latina e 25 milhões na Asia meridional (Pelizzon, 1992: 2). Em África é plantada apenas 1 árvore por cada 29 que são cortadas (Kennedy, 1993: 115). Mas a degradação ambiental provocada por esta via é apenas um aspecto muito parcial de um fenómeno muito mais amplo – a crise ecológica – tão amplo que, em meu entender, constitui o terceiro vetor, juntamente com a explosão demográfica e a globalização da economia, do espaço-tempo mundial. Far-lhe-ei de seguida uma breve referência.

De todos os problemas enfrentados pelo sistema mundial, a degradação ambiental é talvez o mais intrinsecamente transnacional e, portanto, aquele que, consoante o modo como for enfrentado, tanto pode redundar num conflito global entre o Norte e o Sul, como pode ser a plataforma para um exercício de solidariedade transnacional e intergeracional. O futuro está, por assim dizer, aberto a ambas as possibilidades, embora só seja nosso na medida em que a segunda prevalecer sobre a primeira. As perspectivas não são, no entanto, animadoras. Por um lado, o Norte não parece disposto a abandonar os seus hábitos poluidores e muito menos a contribuir, na medida dos seus recursos e responsabilidades, para uma mudança dos hábitos poluidores do Sul, que são mais uma questão de necessidade que uma questão de opção. Por outro lado, os países do Sul tendem a não exercer a favor do equilíbrio ecológico o pouco espaço de manobra que neste domínio lhes resta. Para além de muitas outras razões, e por absurdo que pareça, depois do colapso do comunismo, a capacidade de poluição é talvez a única ameaça credível com que os países do Sul podem confrontar os países do Norte e extrair deles algumas concessões.

Cerca de um terço do solo do planeta é constituído por desertos e cidades em que pouca atividade biológica é gerada, um terço é constituído por florestas e savanas e um terço por terrenos de agricultura e pastorícia (Brown *et al.*, 1990: 5). Os dois últimos terços têm, por assim dizer, vindo a diminuir e obviamente que não apenas por razões diretamente ligadas, no caso dos países do Sul, à dívida externa. Entre 1950 e 1980 perderam-se 50% das reservas florestais dos Himalaias devido à duplicação da população e à procura que ela gerou, quer de solo agrícola, quer de pastos, quer de lenha (Kennedy, 1993: 99). A verdade, porém, é que a destruição maciça das florestas dos sopés dos Himalaias começou com o colonialismo no final do século XIX, princípios do século XX, com o corte de madeira para exportação e para construção dos caminhos de ferro (Rao, 1991: 14). Trata-se, pois, de uma agressão que, apoiada em vários cálculos económicos, tem-se mantido décadas a fio. Em Julho de 1991, num apelo dirigido aos presidentes das repúblicas da América Latina, denunciava-se que, ao ritmo da destruição atual, no ano 2000 3/4 das florestas tropicais da América Latina – que detém 60% do total mundial de florestas tropicais – terão sido destruídos e com eles 50% das espécies perdidas para sempre. Entre muitos outros efeitos, a desflorestação e a erosão do solo traz consigo a rarificação da água potável, o que sucede tanto nos países centrais como nos periféricos. Calcula-se que 40 milhões de camponeses chineses sofrem de escassez de água potável devido à poluição agrícola e, por outro lado, os resíduos de fertilizantes têm sido detectados nas reservas de água da França, da Alemanha, da Holanda, da Inglaterra e da Dinamarca (Pelizzon, 1992: 26). Em trinta anos, o mar Aral transformou-se num mar fantasma com menos 40% de área e com menos 60% de volume e, em menos de uma década, a Arábia Saudita reduziu em 1/5 os lençóis aquáticos acumulados em milhares de anos (World Resources, 1990: 171-177).

Os países do Norte "especializaram-se" na poluição industrial e em tempos mais recentes têm conseguido exportar parte dessa poluição para os países do Sul, quer sob a forma de venda de lixo tóxico, quer por transferência de algumas das indústrias mais poluentes por ser aí menor a consciência ecológica e serem menos eficazes (se de todo existentes) os controles antipoluição. De todos os efeitos da poluição e da degradação ambiental em geral, os mais ameaçadores são hoje em dia o efeito estufa e a degradação da camada de ozono, com consequências para o ecossistema da terra difíceis de prever em toda a sua extensão. As emissões de CO2, os clorofluorocarbonetos, a desflorestação e acidificação das florestas, a poluição dos rios, tudo isso tem contribuído para o efeito estufa. Neste século a concentração atmosférica de CO2 aumentou de 70 partes por milhão para cerca de 350 partes por milhão. Atualmente são lançados na atmosfera 6 bilhões de toneladas de carbono. Os Estados Unidos são o maior emissor mundial de gases que produzem o efeito estufa com 17,6% do total de emissores, seguidos pela ex-União Soviética com 12% e o Brasil com 10,5%, a China com 6,6%, a Índia com 3,9% e o Japão com 3,9%. Se nenhuma correção for introduzida – a começar nos EUA, onde 4% da população mundial consome 1/4 do petróleo mundial –, o ecossistema mundial dificilmente se poderá continuar a renovar na forma que nos é conhecida.

Qual o impacto da degradação ambiental nas relações Norte/Sul? O fato de esse impacto ser crescentemente global parece indicar que não há face a ele a possibilidade de uns só retirarem vantagens e outros só desvantagens, pelo que será "natural" a solidariedade internacional para o enfrentar. Na verdade, nada parece mais difícil que a construção da solidariedade neste. domínio. Em primeiro lugar, a gravidade do problema ambiental reside antes de mais no modo como afetará as próximas gerações, pelo que a sua resolução assenta forçosamente num princípio de responsabilidade intergeracional e numa temporalidade de médio e longo prazo. Sucede, porém, que tanto os processos políticos nacionais, como os processos políticos internacionais são hoje, talvez mais do que nunca neste século, dominados pelas exigências a curto prazo. Acresce que no Norte a proeminência dos mercados financeiros e de capitais atua no mesmo sentido, penalizando qualquer estratégia empresarial, assumida ou imposta, que diminua a lucratividade no presente, mesmo que em nome de uma lucratividade maior, mas necessariamente incerta, no futuro. Nos países do Sul os processos político-económicos são ainda mais complexos. Por um lado, a industrialização de muitos países periféricos e semiperiféricos nas duas últimas décadas ocorreu na mira de força de trabalho abundante e barata e de uma maior tolerância social e política da poluição. Nestas condições, qualquer medida pró-ambiente seria contra a lógica do investimento efetuado com as consequências previsíveis.

O dilema do México face ao tratado de comércio livre com os EUA e o Canadá é bem ilustrativo. A posição do México no tratado pressupôs sempre que a industrialização a sul do Rio Grande estaria sujeita a muito pouco controlo ecológico. Era sabido que o México tinha excelentes leis de proteção do meio ambiente mas sabia-se igualmente que não havia nem condições técnicas nem vontade política para as aplicar eficazmente. Antes pelo contrário. Hoje, com uma nova administração na Casa Branca, mais preocupada com as questões ambientais mas acima de tudo preocupada com o aumento do desemprego no país, o governo mexicano vê com preocupação a possibilidade de o tratado não trazer as "vantagens" esperadas por falta de salvaguardas ambientais na indústria mexicana. De facto, a lógica desta e do investimento estrangeiro que a criou assentou desde o início na transferência dos custos da degradação ambiental para as próximas gerações. Mas os países periféricos argumentam por vezes ao contrário, isto é, em nome do bem-estar das próximas gerações para justificar as políticas poluidoras do presente. A Índia e a China, por exemplo, não admitem ser privadas de tentar para as suas gerações futuras um nível de vida semelhante ao que hoje usufruem os habitantes dos países centrais, mesmo que para isso seja necessário agravar o efeito de estufa. Por sua vez, o Brasil, apesar de estar a mudar de política no que respeita à Amazónia, ressente que lhe sejam postas restrições à desflorestação por países cujos habitantes gastam 15 vezes mais energia que os brasileiros e sem que sejam evidentes as contrapartidas para compensar os custos de tais restrições no caso de elas serem levadas a cabo. Por seu lado, a Indonésia propõe-se eliminar 20% das suas florestas para que, nos termos dos anúncios governamentais, "os seus 170 milhões de habitantes tenham as mesmas aspirações que os habitantes dos EUA" (World Resources, 1990: 106).

Perante isto, tornou-se difícil imaginar medidas preventivas globais, apesar de reconhecida a sua urgência. Mas mesmo que algumas sejam adotadas, são muito desiguais os recursos dos diferentes países para que possam ser levadas a cabo coerentemente e de modo global. Acresce que, perante a concretização de um desastre ambiental, as medidas de proteção ou de contenção adequadas envolverão eventualmente custos que só alguns países podem assumir. Se, em consequência do efeito de estufa, aumentar ligeiramente o nível das águas do mar, tanto a Holanda como o Bangladesh deverão tomar medidas protectivas contra o avanço do mar, mas obviamente o Estado de Bangladesh não disporá para isso de recursos comparáveis aos do Estado holandês.

Analisado à luz dos três sectores selecionados – o aumento da população, a globalização da economia e a degradação ambiental – o espaço-tempo mundial parece defrontar-se com uma situação dilemática a vários níveis. Em primeiro lugar, o modelo de desenvolvimento capitalista assume uma hegemonia global no momento em que se torna evidente que os benefícios que pode gerar continuarão confinados a uma pequena minoria da população mundial, enquanto os seus custos se distribuirão por uma maioria sempre crescente. Se bem que a lógica e a ideologia do consumismo se globalizará, cada vez mais, a prática do consumo continuará inacessível a vastas massas populacionais. As desigualdades sociais entre o centro e a periferia do sistema mundial tenderão, pois, a agravar-se.

Em segundo lugar, e em aparente contradição com isto, os problemas mais sérios com que se confronta o sistema mundial são globais e como tal exigem soluções globais, marcadas não só pela solidariedade dos ricos para com os pobres do sistema mundial, como pela solidariedade das gerações presentes para com as gerações futuras. No entanto, os recursos económicos, sociais, políticos e culturais que tais medidas pressupõem não parecem disponíveis no sistema mundial e, em verdade, parecem hoje menos disponíveis que antes. Por um lado, a globalização da economia deu uma proeminência sem precedentes a sujeitos económicos poderosíssimos que não se sentem devedores de lealdade ou de responsabilidade para com nenhum país, região ou localidade do sistema mundial. Lealdade e responsabilidade, só as assumem perante os acionistas e, mesmo assim, dentro de alguns limites. Por outro lado, os processos políticos dos Estados que compõem o sistema interestatal estão cada vez mais dominados por lógicas, cálculos e compromissos de curto prazo, avessos, por natureza, a objetivos intergeracionais ou de longo prazo. Acresce que a própria globalização da economia e dos problemas que ela gerou minou a eficácia dos dispositivos institucionais que lhe poderiam fazer face e nisto reside o terceiro dilema do espaço-tempo mundial.

A perda de centralidade institucional e de eficácia reguladora dos Estados nacionais, por todos reconhecida, é hoje um dos obstáculos mais resistentes à busca de soluções globais. É que a erosão do poder dos Estados nacionais não foi compensada pelo aumento de poder de qualquer instância transnacional com capacidade, vocação e cultura institucional viradas para a resolução solidária dos problemas globais. De fato, o caráter dilemático da situação reside precisamente no fato de a perda de eficácia dos Estados nacionais se manifestar antes de mais na incapacidade destes para construírem instituições internacionais que colmatem e compensem essa perda de eficácia.

O quarto e último dilema do espaço-tempo mundial reside em que, no momento em que os países centrais e as instituições internacionais sob seu controle impõem aos países periféricos e semiperiféricos a adoção de regimes de democracia representativa e de defesa dos direitos humanos, as relações entre Estados no interior do sistema interestatal são cada vez menos democráticas, na medida em que os países do Sul têm cada vez menos autonomia interna e estão sujeitos a imposições externas de toda a ordem, por vezes indiciadoras do início de um novo ciclo de colonialismo ou, pelo menos, de neocolonialismo. Paradoxalmente, o colapso do "grande inimigo" da democracia ocidental, o comunismo, traduz-se não em maior mas antes em menor poder democrático internacional por parte dos países periféricos e semiperiféricos. As próprias Nações Unidas, que foram durante décadas uma das plataformas de concorrência entre as duas superpotências e com isso granjearam um certo poder de arbitragem e uma cultura de imparcialidade, estão hoje crescentemente prisioneiras dos interesses geo-estratégicos dos Estados Unidos da América (sem, no entanto, serem capazes de os servir de acordo com as "expectativas" norte-americanas).

Perante uma situação multiplamente dilemática, há quem não cruze os braços e procure saídas. Não é fácil porque, como já referi, a erosão recente dos processos de regulação social, quer a nível nacional, quer a nível transnacional, acarretou consigo a erosão – e não o fortalecimento, como muitos esperavam – dos projetos emancipatórios e da vontade política de transformação social. Mesmo assim, temos vindo a assistir à emergência de lutas que pretendem ser como que a negação dialética dos dilemas acima referidos. Os seus promotores são sociologicamente muito heterogêneos, tanto quanto o são os seus modos de organização e os seus objetivos. São os movimentos ecológicos, os movimentos dos direitos humanos, os movimentos dos povos indígenas, os movimentos de mulheres, os movimentos de operários de vários países a trabalhar em diferentes filiais da mesma empresa multinacional, etc., etc. O que há de comum entre estes grupos é a tentativa de dar espessura política transnacional a problemas transnacionais por natureza (como, por exemplo, o buraco de ozono) ou a problemas transnacionalizáveis por via das ligações entre as suas múltiplas manifestações locais em diferentes partes do globo (como, por exemplo, os movimentos de operários dos vários países onde opera a mesma multinacional, ou os movimentos dos povos indígenas pelo controlo dos recursos naturais existentes nos seus territórios ancestrais de que foram espoliados no período colonial). Muitos destes movimentos deram origem ou estão ligados a organizações não-governamentais transnacionais. Também não podem deixar de ser mencionados os esforços da comunidade internacional no sentido de dar uma resposta transnacional a alguns problemas do espaço-tempo mundial, procurando renovar o direito internacional com doutrinas como a do patrimônio comum da humanidade e tratados como a lei do mar ou o tratado da Antártida.

Disse acima que a prática social está estruturada em quatro espaços-tempo. Até agora debrucei-me exclusivamente sobre o espaço-tempo mundial, mas não porque ele detenha alguma primazia apriorística na explicação dos processos sociais da nossa contemporaneidade. É, sem dúvida, um espaço-tempo com crescente poder conformador, mas a sua eficácia depende em última instância das articulações que entretece com os restantes espaços-tempo. Por sua vez, estes têm uma autonomia própria que lhes advém das relações sociais de âmbito local ou nacional que os constituem. Referirei a seguir muito brevemente os problemas fundamentais com que cada um destes espaços-tempo se debate no presente e provavelmente se debaterá nas próximas décadas e o modo como tais problemas se articulam com os problemas dilemáticos do espaço-tempo mundial que acabei de mencionar.

O espaço-tempo doméstico
O espaço-tempo doméstico é o espaço-tempo das relações familiares, nomeadamente entre cônjuges e entre pais e filhos. As relações sociais familiares estão dominadas por urna forma de poder, o patriarcado, que está na origem da discriminação sexual de que são vítimas as mulheres. Obviamente, tal discriminação

não existe apenas no espaço-tempo doméstico e é aliás visível no espaço-tempo da produção ou no espaço-tempo da cidadania, como terei ocasião de referir. Mas o patriarcado familiar é em meu entender a matriz das discriminações que as mulheres sofrem mesmo fora da família, ainda que atue sempre em articulação com outros fatores. Esse caráter matricial manifesta-se, por exemplo, no facto, frequentemente notado, de que a divisão sexual do trabalho no espaço-tempo doméstico tende a ser homogênea e relativamente estável em formações sociais com diferentes divisões sexuais do trabalho noutros espaços-tempo.

Um pouco por toda a parte a mulher tem a seu cargo, para alem da reprodução biológica, a preparação dos alimentos, as compras para consumo doméstico e o trabalho de organização e de execução que permite a reprodução funcional da unidade familiar. De uma outra perspectiva, essa homogeneidade e estabilidade da divisão sexual do trabalho doméstico foi recentemente defendida por E. O. Wright ao demonstrar que, entre as famílias norte-americanas e suecas, o montante de trabalho doméstico realizado por homens não variava significativamente segundo a classe social (Wright *et al.*, 1992). Fourier estava provavelmente a ser bom sociólogo ao afirmar que a igualdade dos sexos só seria possível numa sociedade que abolisse a família e permitisse o amor livre. A ideologia patriarcal do espaço-tempo doméstico tende, de fato, a influenciar a subordinação da mulher no mercado de trabalho, sendo apropriada tanto pelo capital no espaço-tempo da produção, como pelo Estado no espaço-tempo da cidadania que a institucionaliza, nomeadamente no domínio do direito penal, direito de família e da segurança social. Como de resto noutros domínios, a distinção entre o espaço-tempo doméstico e o espaço-tempo da produção, por exemplo, é tão importante quanto as profundas articulações entre eles. Por exemplo, I. Wallerstein e outros têm chamado a atenção para a importância crucial do trabalho não pago realizado pelas mulheres no espaço-tempo doméstico, na determinação capitalista dos custos do trabalho produtivo e, portanto, na rentabilidade do capital (Wallerstein, 1983; Chase-Dunn, 1991: 233). Trata-se de uma forma não-salarial de exploração do trabalho feminino que indiretamente facilita a exploração salarial do trabalho masculino. Este mecanismo funciona amplamente quando a mulher entra no mercado do trabalho, o que vem a acontecer com cada vez mais intensidade nas últimas décadas.

A articulação das relações sociais do espaço-tempo doméstico com o espaço-tempo mundial é complexa. Refiro alguns dos seus aspectos tendo em mente os três grandes sectores analisados: o aumento populacional, a globalização da economia e a degradação do meio ambiente. Dado o papel primacial das mulheres na reprodução biológica da humanidade, a posição delas na família e na sociedade, a sua maior ou menor autonomia para tomar decisões, a sua educação e os seus valores, as suas atitudes perante o controlo da natalidade e a educação dos filhos são fatores cruciais em qualquer política coerente de controlo populacional. Por exemplo, as estatísticas das Nações Unidas mostram que, salvo algumas exceções, a taxa de fertilidade está intimamente relacionada com o nível educacional das mulheres, baixando à medida que este aumenta. Assim, segundo o *World Resources Institute*, a fertilidade das mulheres analfabetas em Portugal é de 3,5 enquanto a das mulheres com sete ou mais anos de escolaridade é de 1,8 (World Resources, 1990: 266). Em geral, a taxa total de fertilidade varia na razão direta da taxa de analfabetismo das mulheres. A explicação desta correlação é complexa. Entre outros fatores é de mencionar o fato de o aumento do nível educacional tornar mais amplas e exigentes as perspectivas de vida ativa, profissional ou não, das mulheres e de, portanto, seu comportamento reprodutivo tender a ser uma resposta à falta de condições sociais de apoio à maternidade que lhe permitam compatibilizar a maternidade com outros aspectos da vida ativa. A maior ou menor realização destas condições explica diferenças de comportamento reprodutivo das mulheres em diferentes países centrais, por exemplo, na Suécia e no Japão.

A globalização da economia tem vindo a ter um impacto significativo e multifacetado no espaço-tempo doméstico e, também neste caso, a posição das mulheres neste espaço é um ângulo privilegiado de análise. O impacto tem a ver com o crescente emprego da mulher no sector industrial, com os efeitos do investimento multinacional no trabalho das mulheres, com a forte participação do trabalho feminino no sector desregulamentado ou informal da economia e, finalmente, com a intensificação do trabalho doméstico à medida que a dívida externa de muitos países do Sul provoca a queda dos salários reais e do nível de vida da grande maioria da população.

Sobretudo depois do trabalho de Esther Boserup intitulado *Women's Role in Economic Development*, publicado em 1970, tem prevalecido a tendência para distinguir entre as posições das mulheres – tanto no espaço-tempo doméstico, como no espaço-tempo da produção – nos países do Norte e nos países do Sul. São três os argumentos principais apresentados por Boserup. Em primeiro lugar, a transição da chamada sociedade tradicional para a chamada sociedade moderna tem envolvido sempre a queda do status social das mulheres. Em segundo lugar, o aumento do nível tecnológico da produção agrícola e da produção industrial afeta negativamente a taxa de emprego das mulheres relativamente à dos

PELA MÃO DE ALICE. O SOCIAL E O POLÍTICO NA PÓS-MODERNIDADE   259

homens. Em terceiro lugar, em toda a parte há certas tarefas, nomeadamente as relacionadas com a subsistência, que são quase exclusivamente desempenhadas por mulheres.

Apesar da validade geral destes argumentos, eles correm o risco de criar uma imagem abstrata da "mulher do Terceiro Mundo", perdendo de vista as diferenças da situação das mulheres em diferentes países do Terceiro Mundo e as diferenças de classe das mulheres no interior de cada país. Para além disso, tais argumentos podem estar parcialmente desatualizados pelos processos de globalização da economia nas duas últimas décadas, os quais fizeram convergir em alguns aspectos significativos a situação das mulheres operárias do Norte e do Sul[88]. É certo que a grande maioria das mulheres ativas no Terceiro Mundo trabalham na agricultura, uma percentagem que ronda os 70% na Ásia, na África e no Médio Oriente. Mas, em geral, tem-se verificado unia feminização da força de trabalho assalariado e a presença das mulheres tende a ser particularmente forte nas áreas e sectores de exportação onde o investimento multinacional se tem concentrado, ainda que, segundo Lourdes Benaria, tais áreas e sectores não representem mais que 3% do emprego multinacional global. No entanto, esta percentagem oculta as extremas desigualdades de distribuição. Em certos países, as mulheres chegam a atingir 80% a 90% da força de trabalho nas zonas e sectores de exportação. Por outro lado, esta percentagem subestima o total do trabalho feminino para as empresas multinacionais, uma vez que muito desse trabalho é indireto, realizado através das empresas locais por elas subcontratadas.

Mais importante ainda é o fato de as mulheres serem sistematicamente víti-mas de discriminação salarial, sendo-lhes na prática negada a fruição do princípio do salário igual para trabalho igual consagrado na legislação da maior parte dos países. A segmentação do mercado do trabalho ocorre por outros fatores que não o sexo, por exemplo, pela raça e pela etnicidade. Mas a segmentação pelo sexo é talvez um dos fatores mais universais e a globalização da economia em nada tem contribuído para o atenuar. Pelo contrário, a existência de um vasto potencial de força de trabalho feminino a nível mundial torna a prática da discriminação mais fácil. Aliás, a crescente internacionalização do capital contribui por uma outra via para a transferência, para o espaço-tempo da produção, da dominação patriarcal organizada no espaço-tempo doméstico. Trata-se da prostituição e do chamado turismo sexual, de que é principal cliente a classe executiva interna-

---

[88] Uma apreciação crítica do livro de Boserup em face das transformações sociais ocorridas nos dez anos seguintes à sua publicação pode ler-se em Benaria e Sen (1981).

cional. Nas Filipinas, as "hospedeiras" (*hospitality girls*) registadas no Ministério do Trabalho e do Emprego ascendem a 100.000, enquanto os cálculos para Banguecoque eram, em 1977, de 500.000 e para a Tailândia em geral de 700.000. Estes números não cessaram de crescer na última década.

Como em muitos países periféricos a globalização da economia e a crise da dívida externa são dois fenómenos gémeos, a proletarização da família corre de par com a queda dos rendimentos reais da família e o impacto negativo disso no espaço-tempo doméstico tende a ser suportado majoritariamente pelas mulheres. As múltiplas estratégias de sobrevivência exercitadas pelas mulheres têm uma aura de imaginação desesperada e muitas vezes transbordam do espaço-tempo doméstico para a comunidade como, por exemplo, nos "comedores populares" dos bairros de lata de Lima no Peru ou nas "oleas comunes" da Bolívia (cozinhas comunitárias sediadas na vizinhança).

As transformações do espaço-tempo doméstico sob o impacto da internacionalização dos processos produtivos podem vir a ser no futuro ainda mais profundas, tanto no Norte, como no Sul. Como se sabe, uma das transformações históricas da família por parte do capitalismo consistiu na conversão da família numa unidade de reprodução social (habitação, alimentação, socialização, reprodução biológica) separada da unidade de produção que, com a primeira revolução industrial, passou a ser a fábrica, um fenómeno analisado com particular detalhe por Max Weber. Hoje em dia as novas tecnologias da informação, da comunicação, da automação estão a atuar no sentido de superar esta distinção e fazer de novo convergir na família as funções de produção e de reprodução. Sob diferentes formas, que, mais uma vez, tendem a reproduzir as hierarquias do sistema mundial, este fenómeno está a ocorrer tanto no Norte como no Sul, e de tal modo que muitos milhares de pessoas trabalham hoje em casa. No Norte, trata-se sobretudo de trabalhadores altamente qualificados que, munidos do seu computador pessoal integrado em múltiplas redes, fazem em casa e com relativa autonomia o trabalho que antes os fazia deslocar-se à empresa, perder horas nos congestionamentos de trânsito e trabalhar segundo horários mecânicos e estandardizados. No Sul, o trabalho em casa é quase sempre feito por mulheres e crianças; é o trabalho realizado à peça, em geral nas indústrias trabalho-intensivas do sector têxtil e do calçado. Em conclusão, o problema fundamental do espaço-tempo doméstico em condições da crescente globalização da economia reside em que, por um lado, a entrada no mercado permite às mulheres transcender a dominação patriarcal do espaço-tempo doméstico, por outro lado, esta dominação transborda deste espaço para o espaço-tempo da produção e, por essa via, reproduz, se não mesmo amplia, a discriminação sexual contra as mulheres.

O impacto da degradação ambiental no espaço-tempo doméstico faz-se sentir com mais intensidade no Sul, onde as tarefas domésticas são feitas em íntima relação com a natureza. É sabido que a "modernização" e comercialização da agricultura na periferia e semiperiferia do sistema mundial foi em geral feita em prejuízo dos camponeses e em especial das mulheres camponesas. Para além da expulsão dos camponeses das terras mais férteis, selecionadas para culturas comerciais e de exportação, os projetos de desenvolvimento agrícola (grandes barragens, projetos de irrigação) têm vindo a produzir múltiplos desequilíbrios ecológicos, tais como desertificação e salinização, que tornam mais difíceis a sobrevivência diária e a vida doméstica dos camponeses. A desflorestação e a comercialização da floresta, por exemplo, têm produzido a escassez de lenha para cozinhar os alimentos nos campos. Apanhar a lenha é em quase todas as partes do sistema mundial uma tarefa feminina e os dados revelam que o tempo despendido nessa tarefa não tem parado de aumentar (Rao, 1991: 13). Segundo Agarwal, na Gâmbia as mulheres despendem mais de meio dia a apanhar lenha (Agarwal, 1988). Por outro lado, a exploração desordenada dos lençóis aquáticos e a desertificação tornam mais difícil a obtenção da água, outra tarefa que está em geral a cargo da mulher no Terceiro Mundo.

Em conclusão, pode dizer-se que espaço-tempo doméstico está a passar por profundas transformações sob o impacto do espaço-tempo mundial. Como referi atrás, o problema fundamental em verdade, dilemático – que tais transformações suscitam é que se, por um lado, elas criam condições para uma maior emancipação da mulher, por exemplo, através da entrada desta no mercado de trabalho, o qual em alguma medida a liberta da dominação patriarcal doméstica, por outro lado, permitem que a lógica desta dominação transborde do espaço-tempo doméstico para o espaço-tempo da produção, por vias tão variadas quanto a discriminação sexual e o assédio sexual, reproduzindo assim e até ampliando a discriminação contra as mulheres. Acresce que, como ao entrar no espaço da produção não são aliviadas das tarefas no espaço-tempo doméstico, as mulheres tendem a ser duplamente vitimizadas com os efeitos negativos da globalização da economia. A consciência deste problema, apesar da sua natureza dilemática, não tem impedido e, pelo contrário, tem motivado a emergência de importantes movimentos de mulheres em luta por melhores condições de igualdade e de dignidade, tanto no espaço-tempo doméstico, como no espaço-tempo da produção. Nada mais erróneo que transformar as mulheres em vítimas abstratas e irrecuperáveis nas teias que a dominação sexual e a dominação de classe entre si tecem. Os movimentos de mulheres, quer autónomos, quer integrados noutros movimentos populares, como, por exemplo, o movimento operário e o movimento ecológico, dão testemunho das possibilidades de reconstrução da subjetividade, tanto individual, como coletiva.

O espaço-tempo da produção

O espaço-tempo da produção é o espaço-tempo das relações sociais através das quais se produzem bens e serviços que satisfazem as necessidades tal como elas se manifestam no mercado enquanto procura efetiva. Caracteriza-se por uma dupla desigualdade de poder: entre capitalistas e trabalhadores, por um lado, e entre ambos e a natureza, por outro. Esta dupla desigualdade assenta numa dupla relação de exploração: do homem pelo homem e da natureza pelo homem. A importância do espaço-tempo da produção reside em que nele se gera a divisão de classes que juntamente com a divisão sexual e a divisão étnica constitui um dos grandes fatores de desigualdade social e de conflito social. É também nele que se constituem as relações sociais básicas que geram, legitimam e tornam inevitável a degradação do meio ambiente. A conversão instrumentalizadora da força de trabalho em fator de produção e a conversão da natureza em condição da produção são processos concomitantes que conjuntamente tornaram possível uma exploração sem precedentes na história da humanidade, tanto da energia humana, como dos recursos naturais. Por último, a importância deste espaço--tempo advém-lhe por ter sido nele que se geraram as lutas sociais que durante décadas no nosso século ameaçaram por fim à (des)ordem social capitalista, o movimento operário comunista e socialista.

A importância estrutural do espaço-tempo da produção tem vindo a ser questionada nas três últimas décadas. Três argumentos principais, de algum modo contraditórios, têm sido apresentados. O primeiro argumento é que a sociedade capitalista evoluiu gradualmente para uma sociedade de lazer. O desenvolvimento tecnológico tem permitido ganhos tais de produtividade que o nível de vida e o tempo livre podem aumentar conjuntamente. A robótica e automação representam talvez a fase mais avançada deste desenvolvimento e eventualmente libertarão o homem do trabalho produtivo. O segundo argumento, de algum modo ligado ao anterior, é que a pauta de valores e os dispositivos culturais que orientam a ação e constituem a subjetividade já não são, como eram dantes, determinados pela experiência operária. São cada vez mais determinados por práticas sociais fora do espaço-tempo da produção na esfera

PELA MÃO DE ALICE. O SOCIAL E O POLÍTICO NA PÓS-MODERNIDADE   263

privada ou esfera pública e com isto a categoria matricial da sociabilidade deixa de ser o trabalho para passar a ser a interação. O terceiro argumento, formulado pela primeira vez pelo movimento estudantil no final da década de sessenta, é que a importância do espaço-tempo da produção para a transformação social decaiu a partir do momento em que o movimento operário, os sindicatos e os partidos operários se renderam à lógica capitalista a troco de aumentos salariais, segurança no emprego e de outros benefícios sociais, os quais se, por um lado, representaram concessões importantes por parte do capital, por outro lado, consolidaram a hegemonia deste, transformando-o no único horizonte possível de transformação social. Este argumento convergiu com outros nas décadas de setenta e de oitenta no sentido de relativizar o valor explicativo das classes sociais e das lutas de classe nas práticas sociais e, em especial, nos processos de transformação social.

Como facilmente se vê, estes argumentos tiveram sempre em mente mais as realidades dos países do Norte do que as realidades dos países do Sul, onde afinal vive 4/5 da população mundial. Faz, pois, sentido, antes de avaliar estes argumentos, passar em revista brevemente as transformações do espaço-tempo da produção nas duas últimas décadas em resultado da globalização da economia. Aliás, algumas delas já foram mencionadas acima ao analisar as articulações entre o espaço-tempo doméstico e o espaço-tempo mundial. A perda da lucratividade capital a partir da década de setenta foi um dos fatores da transnacionalização da produção. A agudização da concorrência criou uma dupla exigência com impacto direto na relação salarial. Por um lado, a busca da redução dos custos do trabalho e, por outro, o aumento da disciplina sobre o trabalho. Esta dupla exigência conduziu à maciça industrialização de alguns países periféricos e a uma certa desindustrialização, com a consequente perda postos de trabalho, nos países centrais onde, entretanto, o crescimento dos serviços aumentou significativamente.

O processo de globalização da economia afetou assim tanto o centro como a periferia do sistema mundial. Afetou-os de modo diferente, é certo, mas a hierarquia entre o centro e a periferia não se alterou muito. Mesmo assim, as transformações são importantes e legitimam que as "questões do desenvolvimento" tenham deixado de ser um "privilégio" do Sul para se aplicarem também, ainda que de forma modificada, no Norte. Em primeiro lugar, se é verdade que o capital emigrou para o Sul, também é verdade que, pelo menos na América, houve alguma emigração do trabalho do Sul para o Norte, onde se instalaram indústrias explorando mão-de-obra barata e dócil, em modos muito semelhantes aos que dominaram a industrialização do Sul. A emergência em Nova Iorque de fábricas de vestuário empregando trabalhadores imigrantes clandestinos levou a falar-se da "periferização do centro" (Chase-Dunn, 1991: 80). Por outro lado, tanto na periferia, como no centro, alastraram a subcontratação e a informalização da relação salarial à margem da negociação coletiva e da legislação laboral (quando existentes) com justificações semelhantes: flexibilidade, adaptação ao mercado e redução de custos. Por último, o crescimento acelerado dos serviços nos países centrais esconde enormes assimetrias internas: serviços altamente remunerados ao lado de novos serviços muito mal pagos, sem qualquer segurança nem perspectiva de promoção.

Sem dúvida que a globalização da economia representou maior prosperidade para alguns países, mas não só manteve intactas, se não mesmo agravou, as assimetrias globais no sistema mundial, como agravou claramente as desigualdades sociais, tanto nos países do centro, como nos países do Sul. O que este processo suscita do ponto de vista analítico é a necessidade de pensarmos globalmente as transformações sociais sem contudo perdermos de vista as especificidades locais e nacionais com que se articulam. E é à luz desta exigência que devemos confrontar os argumentos acima referidos sob a perda de centralidade do espaço-tempo da produção. Ao fazê-lo, procurarei dar conta dos problemas fundamentais das relações sociais deste espaço-tempo.

Quanto ao argumento da produtividade enquanto geradora de lazer, os dados estão longe de o confirmar. Pelo contrário, Juliet Schor, num livro recente e importante, significativamente intitulado *The Overworked American: The Unexpected Decline of Leisure*, vem demonstrar que, ao contrário do senso comum dos economistas e sociólogos, o lazer dos trabalhadores americanos tem vindo a diminuir consistentemente nos últimos trinta anos (Schor, 1991). É evidente que neste período a produtividade aumentou dramaticamente, mas o contexto social em que ela ocorreu fez com que, em vez de reduzir as horas de trabalho, as aumentasse. Esse contexto foi, segundo a autora, caracterizado pela grande fraqueza do movimento sindical, incapaz de lutar pela redução do tempo de trabalho, e pela compulsão do consumo, que transformou os americanos em escravos de um ciclo infernal do ganhar-gastar e os levou a aceitar como natural que os ganhos da produtividade se traduzissem sempre em aumentos de rendimento, e não em menores horas de trabalho, como teria sido possível. Assim, segundo os seus cálculos, os trabalhadores americanos trabalhavam cm 1987 mais 163 horas por ano do que em 1969, ou seja, o equivalente a um mês adicional de trabalho (Schor, 1991: 79 e ss.). Este aumento não foi distribuído igualmente pelos sexos: enquanto o aumento de horas de trabalho dos homens foi de 98 horas, o das mulheres foi de 305.

A autora contrasta a situação dos trabalhadores americanos com a dos trabalhadores de alguns países da Europa, onde os aumentos da produtividade levaram de facto a uma diminuição do tempo de trabalho, fato que ela atribui predominantemente à força do movimento sindical. Julgo, contudo, que este contraste resultará atenuado se analisarmos a evolução do tempo real de trabalho de 1987 para cá e, sobretudo, se incluirmos nesse cálculo os países da semiperiferia europeia, como Portugal, Espanha, Grécia e Irlanda. Mas o mais importante a reter é que as reduções do tempo de trabalho que foram sendo obtidas destes meados do século XIX até à segunda guerra mundial são reduções de um longuíssimo tempo de trabalho, imposto, pela primeira vez, com a primeira revolução industrial, e que representa uma ruptura total com o tempo de trabalho e de lazer nas sociedades pré-capitalistas, onde, aliás, a distinção entre trabalho e lazer é bem mais difícil de fazer. A investigação recente sobre o tempo medieval europeu ou sobre o tempo nas sociedades ditas primitivas põe em causa a ideologia da libertação do trabalho, propalada pelo capitalismo. Em verdade, não só o ritmo, o tempo e a monotonia do trabalho aumentaram, como aumentou a disciplina sobre o trabalho. Hoje em dia, se alargarmos o nosso ângulo de visão para além da comparação entre países do Norte, e tivermos em conta a duração do trabalho nos países da periferia e da semiperiferia do sistema mundial, onde a industrialização das duas últimas décadas ocorreu, estou certo de que a conclusão será aí também de um significativo aumento do trabalho e do controlo sobre o trabalho. E, à luz do que disse acima sobre o espaço-tempo doméstico, este aumento foi, por certo, particularmente pronunciado no caso do trabalho feminino.

Em vista disto, a centralidade do trabalho e da produção, ao invés de diminuir, tem de fato aumentado. E a razão para isto reside na crescente mercadorização da satisfação das necessidades e na cultura que lhe está associada e a legítima – o consumismo. Através delas, o crescimento infinito da produção ocorre simetricamente com o crescimento infinito do consumo e cada um deles alimenta-se do outro. Talvez, por isto, o segundo argumento sobre a perda da centralidade do espaço-tempo da produção tenha uma ponta de verdade. A maior presença da prática do trabalho na vida das pessoas pode, em certas condições, ocorrer de par com a inculcação de formas de socialização e de universos culturais e éticos em que o trabalho e a experiência operária têm muito pouca importância ou são até substituídos pela cultura do consumo e da cidadania.

Como já referi no oitavo capítulo, a dispersão social do trabalho obtida nas duas últimas décadas por processos tão diferentes como a transnacionalização dos sistemas produtivos, a precarização e informalização da relação salarial, o aumento do trabalho autônomo e ao domicílio, ao mesmo tempo que dificulta a mobilização sindical, marginaliza a experiência do trabalho nos processos de construção da subjetividade, quer do não trabalhador, quer do trabalhador. No que diz respeito a este último, tal marginalização corresponde a um processo de supressão e de silenciamento ideológicos semelhante ao que ocorre na experiência prisional. Especulo mesmo se, para a esmagadora maioria dos trabalhadores não qualificados do sistema mundial, o recente e crescente aumento do ritmo e controlo sobre o trabalho não aproxima arquetipicamente, pela sua penosidade, o tempo produtivo do tempo prisional.

Estes processos de dispersão social e de disjunção entre práticas e ideologias ajudam a situar o terceiro argumento sobre a perda da importância do espaço-tempo da produção, ou seja, a ideia de que o operariado deixou de ser uma força privilegiada de transformação social. Esta ideia parece hoje amplamente confirmada. O colapso do regime soviético e dos partidos comunistas, o abandono de alternativas socialistas por parte dos partidos socialistas, a integração dos sindicatos nos sistemas neocorporativos de concertação social, a queda dos níveis de sindicalização e o enfraquecimento global do movimento sindical no controlo efetivo das condições de trabalho, tudo isto aponta no sentido de retirar ao operariado qualquer privilégio nos processos de transformação social. No entanto, à luz do que disse atrás, não se pode deduzir daqui que o trabalho, a produção e as classes sociais que neles se geram tenham deixado de ser centrais para compreender e explicar a sociedade tal qual ela existe. Pelo contrário, o que é preciso é compreender ou explicar por que é que esta centralidade nas práticas sociais dominantes não se traduz em capacidade coletiva para as transformar. Este é, para mim, um dos problemas fundamentais com que se confronta o espaço-tempo da produção.

Quando vistas de uma perspectiva do sistema mundial as concessões do capital perante a força do movimento sindical – designadas em geral por fordismo, compromisso histórico, Estado-Providência, social-democracia, etc. – correspondem a um período relativamente limitado do desenvolvimento do capitalismo e abrangem um pequeno número de países e uma pequena percentagem da força do trabalho global. Tais concessões foram muito importantes e, à luz delas, é compreensível, em retrospecto, que elas tenham conduzido à cooptação e à desradicalização do movimento sindical. O que é talvez menos

PELA MÃO DE ALICE. O SOCIAL E O POLÍTICO NA PÓS-MODERNIDADE   267

compreensível é que a erosão atual dessas concepções decorrente da crise do fordismo, do Estado-Providência e do enfraquecimento dos sindicatos não esteja a provocar nenhuma reanimação da capacidade emancipatória do operariado. De algum modo, a cooptação e a desradicalização prosseguem por inércia muito para além dos factores que as originaram. O dilema reside em que, num contexto ideológico, saturado pelo consumismo, a erosão das concessões e o aumento da disciplina e dos ritmos de trabalho que a acompanham eliminam, em vez de promover, a vontade de lutar por uma vida diferente e mesmo a capacidade de a imaginar.

Inconformados com este problema dilemático, um pouco por toda a parte surgem movimentos, organizações, redes operárias muito diferentes entre si, mas partilhando a característica de assumirem plenamente as condições pós-fordistas. Por exemplo, emergem redes de trabalhadores trabalhando para a mesma empresa multinacional em diferentes países com o objectivo de fazer frente comum a problemas comuns. Por outro lado, alguns sindicatos e movimentos operários começam a expandir o horizonte das suas expectativas, das suas exigências e também das suas solidariedades para além do espaço-tempo da produção, para o consumo e para a qualidade de vida, para a habitação e para a degradação ambiental, para a fome e para os desempregados, para os sem abrigo, etc., etc. As dificuldades destas iniciativas que procuram romper o bloqueio são enormes. Duas delas merecem especial referência. Em primeiro lugar, se são muito diferentes as condições de produção de país para país, são-no ainda mais as condições de vida, pelo que uma ação concertada e transnacional é difícil de organizar e muito mais de manter. Em segundo lugar, uma das ironias deste fim de século é o ter invertido as expectativas de internacionalização formuladas no seu início: em vez da internacionalização do operariado, deu-se a internacionalização do capital. Apesar de alguma migração, o trabalho é hoje uma realidade sitiada às ordens de um capital que circula global e incessantemente. A equação abstrata entre trabalho e capital esconde uma profunda assimetria: é que enquanto o trabalho é uma abstração tão-só de pessoas físicas, o capital é urna abstração de pessoas físicas e de títulos, decisões e documentos. Se os empresários e seus representantes passaram a mobilizar-se muito mais facilmente com o desenvolvimento dos transportes aéreos, os títulos, as decisões e os documentos passaram a mobilizar-se instantaneamente com a revolução eletrónica. Dada esta assimetria estrutural, quanto mais fácil é ao capital organizar transnacionalmente o trabalho a seu favor, mais difícil é ao trabalho organizar-se transnacionalmente contra o capital.

O espaço-tempo da produção compreende ainda, como uma dimensão relativamente autónoma, o núcleo das relações sociais de troca mercantil[89]. Abrange, portanto, as relações sociais de consumo. Não todas, como está bem de ver. Há, pelo menos, dois tipos de relações sociais de consumo que não são feitas através do mercado. Por um lado, os bens e serviços fornecidos pelo Estado no âmbito das suas políticas redistribuitivas (o Estado-Providência); por outro lado, os bens e serviços transacionados nas redes de solidariedade, de ajuda mútua, de reciprocidade, o que em geral designamos por sociedade- providência. Em suma, cabem no nosso âmbito analítico tão-só as relações sociais de consumo mercadorizado, isto é, as relações mediadas pelo mercado.

Nas sociedades capitalistas este espaço-tempo é habitado por uma forma de poder, o feiticismo das mercadorias, que estabelece uma desigualdade estrutural entre produtores e distribuidores, por um lado, e consumidores, pelo outro. Esta forma de poder consiste no processo pelo qual a satisfação das necessidades por via do mercado se transforma numa dependência em relação a necessidades que só existem como antecipação do consumo mercantil e que, como tal, são a um tempo plenamente satisfeitas por este e infinitamente recriadas por ele. Resulta das análises precedentes que o espaço-tempo do mercado tem vindo a adquirir uma importância crescente. O problema da saturação do mercado com que o capitalismo recorrentemente se confronta tem sido resolvido pelo desenvolvimento de novos produtos, pela abertura de novos mercados, pela promoção do consumo ligada à publicidade e ao crédito ao consumo.

É debatível a medida em que a globalização da economia das últimas décadas contribuiu para a expansão do consumo na periferia do sistema mundial. O aumento da pobreza e a permanência de formas de subsistência tradicional revelam que uma larga maioria da população mundial tem ainda muito pouco contacto com o consumo mercadorizado e que, portanto, a maior parte da produção multinacional nos países periféricos não se destina obviamente ao mercado interno. É difícil generalizar neste domínio, mas as disparidades de consumo entre o centro e a periferia estão certamente relacionadas com o facto de a expansão do consumo dos trabalhadores do centro ter sido feita à custa da exploração e da contração do consumo dos trabalhadores da periferia. Sidney Mintz, no seu trabalho sobre o consumo do açúcar no século XIX, mostra como

---

[89] O mercado constitui um conjunto de relações sociais cuja autonomia em relação ao espaço-tempo da produção não cessa de crescer. É possível que, em futuras revisões deste modelo analítico, o mercado passe a constituir um espaço-tempo estrutural específico.

PELA MÃO DE ALICE. O SOCIAL E O POLÍTICO NA PÓS-MODERNIDADE   269

o açúcar produzido pelo trabalho escravo nas Caraíbas permitiu aos trabalhadores ingleses o acesso a um produto alimentar e fonte de calorias que antes era considerado de luxo e privilégio das elites (Mintz, 1985). E de algum modo aconteceu o mesmo com o consumo do chá e de outros produtos, hoje de consumo corrente. No domínio da produção de carnes, o aumento da produção na Costa Rica foi de par com a diminuição do consumo interno de carne.

O que parece ser novo neste domínio é o aumento exponencial da exportação da cultura de massas produzida no centro para a periferia e com ela das "estruturas de preferências" pelos objetos de consumo ocidental. Está-se a criar assim uma ideologia global consumista que se propaga com relativa independência em relação às práticas concretas de consumo de que continuam arredadas as grandes massas populacionais da periferia. Estas são duplamente vitimizadas por este dispositivo ideológico: pela privação do consumo efetivo e pelo aprisionamento no desejo de o ter. Pior que reduzir o desejo ao consumo é reduzir o consumo ao desejo do consumo.

Esta dupla vitimização é também uma dupla armadilha. Por um lado, nem o desenvolvimento desigual do capitalismo, nem os limites do eco-sistema planetário permitem a generalização a toda a população mundial dos padrões de consumo que são típicos dos países centrais. Por isso, a globalização da ideologia consumista oculta o fato de que o único consumo que essa ideologia torna possível é o consumo de si própria. Por outro lado, esta ideologia é verdadeiramente uma constelação de ideologias onde se incluem a perda da auto-estima pela subjetividade não alienada pelas mercadorias, a deslegitimação dos produtos e dos processos tradicionais de satisfação das necessidades, o privatismo e o desinteresse pelas formas de solidariedade e de ajuda mútua ou o seu uso instrumentalista. Por esta via, a alienação capitalista pode chegar muito mais longe que o feiticismo das mercadorias. Processos de inculcação ideológica, aparentemente os mesmos e recorrendo a dispositivos semelhantes – os mesmos anúncios da Coca Cola ou da Pepsi mostrados em todas as televisões do mundo, 600 milhões segundo os cálculos –, podem estar, em contextos diferentes, ao serviço de práticas de dominação também diferentes. Esta dupla armadilha coloca uma grande parte da população mundial numa situação dilemática: não está dentro da sociedade de consumo e tão-pouco está fora dela.

Algumas iniciativas e movimentos populares nos países periféricos têm vindo a tentar romper este dilema reinventando processos e conhecimentos locais para a satisfação de necessidades, transformando-os e adaptando-os a novas necessidades, relegitimando solidariedades e produtos tradicionais, tudo isto com o objetivo de criarem espaços de autonomia prática ideológica onde seja possível pensar formas de transformação social alternativas à do consumismo capitalista, assente na desigualdade, no desperdício e na destruição do meio ambiente. No entanto, estas iniciativas e movimentos, para serem verdadeiramente eficazes, deveriam estabelecer uma ligação entre o seu âmbito local e o âmbito global em que se desenrola a ideologia do consumismo. Essa ligação exigiria, por um lado, a articulação com outras iniciativas e movimentos locais noutras partes da periferia do sistema mundial e, por outro lado, a articulação com as iniciativas e movimentos de consumidores nos países centrais. No entanto, se a primeira articulação é difícil, ainda o é mais a segunda. Esta última seria de importância particular porque, de todas as disparidades entre o Norte e o Sul, as disparidades no consumo são, sem dúvida, as mais evidentes e, como tal, potencialmente as mais adequadas a traduzirem-se em representações sociais dc injustiça e em energias solidaristas. A verdade é que tal possibilidade se encontra em grande medida bloqueada pela própria lógica consumista que privatiza as energias de auto-realização e as desvia das relações interpessoais para as relações entre pessoas e objetos.

O espaço-tempo da cidadania
Finalmente, o espaço-tempo da cidadania é constituído pelas relações sociais entre o Estado e os cidadãos, e nele se gera uma forma de poder, a dominação, que estabelece a desigualdade entre cidadãos e Estado e entre grupos e interesses politicamente organizados. Muito do que ficou dito atrás tem implicações diretas com as transformações por que tem passado nas três últimas décadas este espaço-tempo que tão crucial foi para a implantação social e política da modernidade.

O Estado tem sido desde o século XVII e sobretudo desde o século XIX a unidade política fundamental do sistema mundial, e o seu impacto nos demais espaços-tempo foi sempre decisivo. O espaço mundial, se é espaço da economia mundial, é também o espaço do sistema interestatal, assente na soberania absoluta dos Estados e nos consensos entre eles obtidos como meio de prevenir a guerra. O espaço-tempo doméstico começou a ser fortemente regulado pelo Estado a partir do século XIX num crescendo que atingiu o seu clímax no Estado-Providência. Por sua vez, o espaço-tempo da produção viveu sempre dependente da "mão visível" do Estado e a regulamentação cresceu com o crescimento das relações mercantis.

PELA MÃO DE ALICE. O SOCIAL E O POLÍTICO NA PÓS-MODERNIDADE   271

Este estado de coisas tem, no entanto, vindo a mudar desde a década de sessenta, e de algumas das mudanças já dei conta atrás. Tanto no plano internacional como no plano interno, muitas dessas mudanças são o reverso das que têm ocorrido nos outros espaços. No plano interno, tanto as privatizações e a desregulamentação do mercado, como a reemergência das identidades étnicas e religiosas são, cada uma a seu modo, manifestações de uma certa retração do Estado. A mesma retração se observa com a crise da função providencial com a devolução aos espaços doméstico e da produção dos serviços sociais, antes prestados pelo Estado. Tal retração é ainda observável quando o Estado perde o monopólio da violência legítima que durante dois séculos foi considerada a sua característica mais distintiva. Calcula-se que hoje, nos EUA, 1 em cada 3 polícias é privado; no ano 2000 a proporção será de 1 em cada 2 (Delurgian, 1992a: 18). Em geral os Estados periféricos nunca atingiram na prática o monopólio da violência, mas parecem estar hoje mais longe de o conseguirem do que nunca. São muitos os países em que partes do território são controladas por forças paralelas ao Estado. Entre eles, as Filipinas, o Camboja, o Myanniar, a Tailândia, o Sri Lanka, a India, o Afeganistão, o Líbano, o Chad, o Uganda, Moçambique, Angola, a Somália, a Libéria, o Sudão, a Etiópia, a Colômbia, El Salvador, a Guatemala, o México e agora, na Europa, os Estados que resultaram do colapso da União Soviética e da Jugoslávia.

Mas se no plano interno o Estado está a ser cada vez mais confrontado com forças subestatais, no plano internacional confronta-se com as forças supra-estatais que já acima assinalei ao falar nas transformações do espaço-tempo mundial. A erosão da soberania de que tanto hoje se fala não é de facto um fenómeno novo. Ao contrário, tem caracterizado desde sempre a experiência dos Estados periféricos e semiperiféricos nas suas interações com Estados centrais. O que é novo é o fato de essa erosão e de essa permeabilidade da soberania estar hoje a ocorrer nos Estados centrais.

Este processo de erosão da soberania, que faz desta menos um valor absoluto do que um título negociável, apesar de ocorrer globalmente, não elimina, e, pelo contrário, agrava as disparidades e as hierarquias no sistema mundial. Como referi acima, este facto torna urgente uma nova ordem trans- nacional adaptada a novas condições, a qual, no entanto, parece estar a ser bloqueada precisamente pelas condições que a tornam urgente: a erosão da soberania do Estado e a perda de centralidade do Estado em face de forças subestatais e supra-estatais. E se a democratização das relações entre os Estados parece estar longe, tão-pouco está perto da democratização interna dos Estados, apesar das proclamações e injunções em sentido contrário. A perda de eficácia dos Estados, combinada com a erosão da soberania no interior de um sistema interestatal muito hierárquico, e a ausência de condições que tornem efetiva a democracia na grande maioria dos países do sistema mundial, não augura um futuro risonho para o sistema interestatal tal como o conhecemos.

O espaço-tempo da cidadania compreende ainda, como uma dimensão relativamente autónoma, a comunidade, ou seja, o conjunto das relações sociais por via das quais se criam identidades coletivas de vizinhança, de região, de raça, de etnia, de religião, que vinculam os indivíduos a territórios físicos ou simbólicos e a temporalidades partilhadas passadas, presentes ou futuras[90]. As relações sociais que constituem este espaço-tempo geram uma forma de poder que designo por diferenciação desigual e que produz desigualdades, tanto no interior do grupo ou comunidade, como nas relações intergrupais ou intercomunitárias. Tais desigualdades podem ser abissais ou mínimas; correspondentemente, o espaço-tempo comunitário pode ser despótico ou convivencial. É enorme a diversidade de relações sociais que compreendem este espaço-tempo. Tendo em vista a perspectiva analítica aqui adoptada de tentar identificar os problemas fundamentais deste espaço-tempo a partir das transformações por que passaram nas duas últimas décadas, em articulação com as transformações do espaço-tempo mundial e, em especial, com a globalização da economia, farei uma menção breve a dois tipos de relações sociais – as relações étnicas e as relações religiosas.

Curiosamente, qualquer destas relações sociais e, em verdade, todas as que constituem o espaço-tempo comunitário, foram declaradas em declínio irreversível pela modernidade. O racionalismo iluminista, em conexão com o capitalismo liberal e individualista, por um lado, e o Estado moderno, democrático, por outro, pareceram capazes de destronar para sempre, tanto na Europa, corno no mundo por ela colonizado, as identidades ditas tradicionais, retrógradas, primitivas que sustentavam tais relações, e o Estado foi o dispositivo privilegiado para levar a cabo essa tarefa. Enquanto Estado nacional, assente num princípio de cidadania, criava uma nova comunidade, a comunidade nacional, que substituiria a comunidade étnica; enquanto Estado secular, assente num princípio de separação entre a igreja e o Estado, criava uma cultura pública específica, o

---

[90] A comunidade tem vindo a conquistar uma autonomia crescente cm relação ao espaço-tempo da cidadania. E possível que em futuros trabalhos a comunidade passe a constituir um espaço-tempo estrutural autónomo.

secularismo, que a prazo tornaria a identidade religiosa obsoleta. A verdade é que nas últimas décadas este projeto modernista foi posto drasticamente em causa quando, para surpresa de muitos, as identidades e as lealdades primordiais da etnia e da religião ganharam nova força, ao mesmo tempo que o caráter nacional do Estado e o secularismo entravam em crise.

A reemergência das identidades étnicas está a ocorrer um pouco por toda a parte e é certamente incorreto atribuí-la a uma só causa. No entanto, uma das mais importantes é certamente o próprio processo histórico da constituição de muitos dos Estados modernos, tanto na Europa, como no contexto pós-colonial. Apesar de assentes na equação entre Estado e nação, muitos desses Estados são multi-étnicos e assentam na imposição de uma dada etnia sobre as restantes existentes no mesmo espaço geopolítico. Num momento em que as promessas de progresso e bem-estar feitas pelos Estados mais e mais se descumprem à medida que a globalização da economia elimina todas as veleidades de autonomia por parte dos países periféricos, é talvez de esperar que as massas populares voltem a revalorizar e a recriar identidades ancestrais que afinal asseguraram a sobrevivência e a dignidade coletivas durante séculos, as "comunidades humanas, naturais e imediatas" de que fala Ernest Wamba Dia Wamba (1991: 221).

Se as fronteiras nacionais têm sempre algo de artificial, em alguns casos esse artificialismo é particularmente acentuado. Isto acontece mesmo na Europa, no caso da Europa do Leste, onde as fronteiras foram marcadas e desmarcadas recorrentemente ao longo de uma história muito conturbada. Os acontecimentos recentes e aí em curso são indicativos de que só agora se está a pôr fim, e de maneira novamente dolorosa, aos três últimos impérios da Europa: o Otomano, o dos Habsburgos e o Russo. Fora da Europa o problema acentua-se ainda mais em virtude da imposição colonial que está na base de muitas fronteiras estatais. Aliás, alguns dos Estados da periferia mundial são quase imperiais, na medida em que incluem grupos populacionais importantes com identidades diferentes da que é oficialmente reconhecida, como, por exemplo, a Índia, o Paquistão, a China, a Nigéria ou a Etiópia. Mas para além deles existem muitos outros e para tanto basta ver a lista de Estados com "minorias muito amplas" organizada por Anthony Smith (1988).

A crise do Estado e das ideologias desenvolvimentistas abre neste domínio uma caixa de Pandora donde podem sair, lado a lado, e às vezes misturados, o racismo, o chauvinismo étnico e mesmo o etnocídio, por um lado, e a criatividade cultural, a autodeterminação, a tolerância pela diferença e a solidariedade, por outro. A dificuldade dilemática neste domínio reside precisamente em que à partida é difícil prever qual destes processos prevalecerá ou sequer se qualquer deles pode em dadas circunstâncias transmutar-se no outro. Os termos em que se deu e continua a dar a globalização do sistema mundial origina recorrentemente processos de fragmentação e de localização. Nas condições presentes, a articulação entre estes é fundamental para potenciar o que há de progressivo e emancipatório neles e para neutralizar o que há neles de retrógrado e mesmo reacionário. No entanto, dado que tal articulação implica em si mesmo um processo de globalização, como é que se podem globalizar as diferenças sem esmagar, no processo, algumas delas?

As identidades e lealdades religiosas têm vindo a ter um ressurgimento paralelo ao das identidades e lealdades étnicas e, em algumas situações, as duas sobrepõem-se. A partir da Revolução Francesa, o Estado moderno assumiu gradualmente muitas das tarefas e posições sociais que eram antes ocupadas pela Igreja, um processo que se designou em geral por secularização e que, pelo seu papel crucial, passou a ser considerado como um dos traços principais da modernidade. Se no espaço colonial a relação entre o Estado e a religião foi mais complexa devido à coexistência de religiões europeias, não européias e de novas religiões sincréticas, e devido também à relação de suporte mútuo entre o Estado colonial e a religião europeia, no período pós-colonial, os novos Estados assumiram o mesmo papel de modernizadores colocando, também eles, a religião numa posição defensiva de resistência e de adaptação semelhante à que ela assumiu no quadro europeu.

A verdade é que, durante estes quase dois séculos, nenhuma das grandes religiões colapsou e algumas delas expandiram-se enormemente, como é o caso do Islão, cuja expansão, depois ele correr a África e o Sudeste Asiático, alastrou à Europa Ocidental e à América do Norte. Há hoje 1,5 milhão de muçulmanos na Inglaterra, mais que os metodistas e batistas juntos, e na França esse número atinge cerca de 7 milhões (Delurgian, 1992b: 7). Por outro lado, as primeiras décadas do século XX presenciaram, tanto no centro, como na periferia do sistema mundial, um surto de fundamentalismo religioso. Movimentos evangélicos nos EUA, o integralismo e a Opus Dei na Europa, o culto dos milagres em Fátima e mais tarde em Medjugorie, na Croácia, são manifestações de fundamentalismo no centro e na semiperiferia que ocorrem quase simultaneamente com movimentos paralelos e igualmente fundamentalistas na periferia, como, por exemplo, a Irmandade islâmica fundada no Egito em 1988 (Delurgian, 1992b: 11).

Apesar disto, durante os anos cinquenta e sessenta, o secularismo parecia haver triunfado e o fundamentalismo parecia ter sido reduzido à ínfima expressão.

PELA MÃO DE ALICE. O SOCIAL E O POLÍTICO NA PÓS-MODERNIDADE   275

A partir da década de setenta, no entanto, o secularismo começou a regredir ou, pelo menos, assim foi interpretado o revivalismo religioso que então emergiu e que em boa verdade tem vindo a crescer até ao presente sob múltiplas formas: novas religiões, movimentos fundamentalistas dentro das religiões históricas, aumento da prática religiosa de camadas sociais anteriormente tidas por secularizadas (por exemplo, os jovens). Trata-se de um fenómeno internamente muito diferenciado em termos de composição social e da orientação política. De um lado, a teologia da libertação dos bairros da lata e da selva indígena na América Latina, do outro, a direita religiosa nos EUA. Em geral, este renascimento religioso tem provocado alguma perturbação no interior das hierarquias das religiões históricas, sobretudo quando se traduz em práticas e objetivos não sancionados pelas instituições religiosas.

Longe de significar um regresso ao passado, o novo surto da religiosidade exprime, acima de tudo, um ressentimento perante as promessas modernizadoras e progressistas não cumpridas e, portanto, uma grande desconfiança face às instituições que se proclamaram arautos dessas promessas, sobretudo o Estado e o mercado. Na periferia do sistema mundial, o revivalismo fundamentalista, sobretudo do fundamentalismo islâmico, deve ser visto em geral como uma resposta ao fracasso do nacionalismo e do socialismo, e como uma alternativa que, ao contrário do que sucedeu com estes dois últimos, não assenta na imitação do Ocidente e na rendição ao imperialismo cultural deste, e antes se baseia na possibilidade de um projeto social, político e cultural autónomo. Nos países centrais, alguns movimentos protagonizados por minorias étnicas partilham alguns dos traços desta postura cultural com o objetivo de denunciarem o colonialismo interno de que são vítimas, enquanto outros, com forte composição de classe média, assumem a postura de autonomia e separação a partir do pólo oposto, traduzindo-a em retórica e práticas racistas e xenofóbicas dirigidas sobretudo contra imigrantes do Terceiro Mundo.

Tal como sucede com as identidades e lealdades étnicas e, como vimos, muitas vezes interpenetradas por elas, as identidades e lealdades religiosas constituem uma caixa de Pandora de que podem jorrar tanto energias destrutivas, como energias construtivas. O dilema reside em que a crítica radical que, sobretudo os países periféricos dirigem às promessas da modernidade e do capitalismo eurocêntricos, ocorre num momento de crise profunda do paradigma da modernidade e, portanto, num momento em que se começa a reconhecer que essas promessas tão-pouco foram cumpridas nos países centrais e tão pouco podem vir a sê-lo dentro deste paradigma. Este reconhecimento, na medida em que relativiza e questiona as realizações do paradigma ocidental, cria condições para uma nova tolerância discursiva, para uma interação mais horizontal entre alternativas epistemológicas, culturais e sociais. No entanto, este potencial de tolerância manifesta-se paradoxalmente e, por agora, pelo separatismo e pela incomunicação e, afinal, pela intolerância.

As dificuldades fundamentais

Os problemas com que as sociedades contemporâneas e o sistema mundial se confrontam no fim do século são complexos e difíceis de resolver. São fundamentais, na designação de Fourier, a exigir soluções fundamentais. Eis um breve resumo dos problemas que identifiquei na análise precedente. Emergiram ou agravaram-se nas duas últimas décadas uma série de problemas transnacionais, alguns transnacionais por natureza e outros transnacionais pela natureza do seu impacto. São os problemas da degradação ambiental, do aumento da população e do agravamento das disparidades de bem-estar entre o centro e a periferia, tanto ao nível do sistema mundial, como ao nível de cada um dos Estados que o compõem. Há quem prefira, como Paul Kennedy, conceber estes problemas como grandes desafios e especule sobre os países que, com base nas soluções técnicas disponíveis, mais ou menos bem preparados para os defrontar (os vencedores e os vencidos). A verdade é que em relação a muitos destes desafios temos razões de sobra para suspeitar que as chamadas soluções técnicas não produzirão senão vencidos; e em relação a outros desafios, aceitar a ideia de que inevitavelmente uns países vencerão e outros serão vencidos equivale a subscrever uma solução malthusiana, o que, nas condições presentes e perante os riscos em jogo, pode significar abrir mão de preciosos recursos naturais, humanos e morais em todo o sistema mundial.

Os desafios são, de fato, problemas fundamentais a reclamar soluções fundamentais, no fundo, uma nova ordem transnacional e uma nova ordem nacional com as linhas entre ambas cada vez mais difíceis de estabelecer. Como vimos, as dificuldades de uma tal nova ordem são enormes. Em resumo, são três as principais. Em primeiro lugar, a dificuldade do sujeito. Nas condições presentes, os Estados nacionais terão de ser forçosamente um sujeito privilegiado, ainda que complementado por movimentos sociais e organizações não governamentais transnacionais e organizações internacionais, etc. Vimos, porém, que a crise de Estado, que potencia a urgência de uma nova ordem internacional, é afinal a crise do sujeito dessa ordem. No plano interno, parece que essa crise se vai traduzir nos próximos anos no aumento das convulsões sociais, no fundamen-

PELA MÃO DE ALICE. O SOCIAL E O POLÍTICO NA PÓS-MODERNIDADE   277

talismo religioso, na criminalidade, nos motins motivados pelas iniquidades do consumo, na guerra civil e, nalguns casos, na perda de controle político sobre parte do território nacional. Esta crise do sujeito significa que o sistema mundial capitalista, ao mesmo tempo que transnacionaliza os problemas, localiza as soluções e, efetivamente, dada a crise do Estado, faz baixar o patamar de localização para o nível subnacional. Aliás, é possível argumentar que, sobretudo nos países centrais, o horizonte social das soluções, mais do que localizado, está privatizado. O capitalismo é hoje menos um modo de produção que um modo de vida. O individualismo e o consumismo transferiram para a esfera privada a equação entre interesse e capacidade. É nessa esfera que hoje os indivíduos identificam melhor os seus interesses e as capacidades para lhes dar satisfação. A redução à esfera privada desta equação faz com que muitas das desigualdades e opressões que ocorrem em cada um dos espaços-tempo estruturais sejam invisíveis ou, se visíveis, trivializadas.

A segunda dificuldade diz respeito à temporalidade própria de uma solução fundamental. Essa temporalidade é intergeracional, portanto, de médio e longo prazo. Mas, como vimos, tudo parece conspirar contra tal temporalidade. Durante décadas, o comunismo manteve viva essa temporalidade, ainda que a pratica dos regimes comunistas a negasse grosseiramente sobretudo no domínio ecológico. Hoje, a classe política vive atascada nos problemas e nas soluções de curto prazo, segundo a temporalidade própria dos ciclos eleitorais, nos países centrais, ou dos golpes e contra-golpes, nos países periféricos. Por outro lado, uma parte significativa da população nos países centrais vive dominada pela temporalidade cada vez mais curta e obsolescente do consumo, enquanto uma grande maioria da população dos países periféricos vive dominada pelo prazo imediato e pela urgência da sobrevivência diária. As condições e os sujeitos do pensamento estratégico, de longo prazo, parecem cada vez menos presentes no sistema mundial. De facto, hoje em dia apenas um sujeito tem condições para pensar estrategicamente: um grupo reduzido de empresas multinacionais dominantes. Mais do que os Estados hegemónicos, é este grupo que amarra os países periféricos e semiperiféricos à urgência dos ajustamentos estruturais (que têm, em verdade, muito pouco de estrutural) e as classes políticas, ao curto prazo político que em parte deles decorre. Mais do que os Estados hegemónicos, é este grupo que amarra uma parte do mundo à compulsão do consumo imediatista e outra ao imediatismo da luta pela sobrevivência.

O problema das soluções intergeracionais é que elas têm de ser executada. intrageracionalmente. Por isso, os problemas que elas criam no presente cm nome do futuro tendem a ser mais visíveis e certos que os problemas futuros que elas pretendem resolver no presente. Isto me conduz à terceira e última dificuldade das soluções fundamentais: a questão do inimigo. Ao contrário do que se poderia pensar, a globalização dos problemas não torna os seus causadores mais visíveis ou mais facilmente identificáveis. De algum modo, a globalização dos problemas globaliza o inimigo e se o inimigo está em toda a parte, não está em parte nenhuma. Esta é uma dificuldade verdadeiramente dilemática, porque as coligações revolucionárias ou reformistas foram sempre organizadas contra um inimigo bem definido. Se, como disse acima, há certos problemas em relação aos quais ninguém poderá a prazo ganhar com a sua irresolução, parece ser impossível, nesses casos pelo menos, determinar o inimigo contra o qual seja preciso organizar uma solução do problema. É certo que mencionei acima o papel das empresas multinacionais na criação dos nossos problemas pelo simples facto de serem elas hoje os únicos titulares de pensamento estratégico no sistema mundial. Mas é evidente que não são o único inimigo identificável nem tão-pouco me parece que o inimigo possa ser identificado apenas ou sobretudo ao nível institucional. Os nossos problemas são mais fundos, e as instituições só podem resolvê-los depois de transformadas e reinventadas ao nível a que os problemas ocorrem.

Quatro axiomas fundamentais da modernidade estão, em meu entender, na base dos problemas com que nos confrontamos. O primeiro, deriva da hegemonia que a racionalidade científica veio a assumir e consiste na transformação dos problemas éticos e políticos em problemas técnicos. Sempre que tal transformação não é possível, uma solução intermédia é buscada: a transformação dos problemas éticos e políticos em problemas jurídicos. O segundo axioma é o da legitimidade da propriedade privada independentemente da legitimidade do uso da propriedade. Este axioma gera ou promove uma postura psicológica e ética – o individualismo possessivo – que, articulada com a cultura consumista, induz o desvio das energias sociais da interação com pessoas humanas para a intração com objetos porque mais facilmente apropriáveis que as pessoas humanas. O terceiro axioma é o axioma da soberania dos Estados e da obrigação política vertical dos cidadãos perante o Estado. Por via deste axioma, tanto a segurança internacional, como a segurança nacional, adquirem "natural" precedência sobre a democracia entre Estados e a democracia interna, respectivamente. O quarto e último axioma é a crença no progresso entendido como um desenvolvimento infinito alimentado pelo crescimento económico, pela ampliação das relações e pelo desenvolvimento tecnológico.

PELA MÃO DE ALICE. O SOCIAL E O POLÍTICO NA PÓS-MODERNIDADE 279

Estes axiomas moldaram a sociedade e a subjetividade, criaram uma epistemologia e uma psicologia, desenvolveram uma ordem de regulação social e, à imagem desta, uma vontade de desordem e de emancipação. Daí que o inimigo das soluções fundamentais tenha de ser buscado em múltiplos lugares, inclusivamente em nós mesmos. Daí também que a crise da ordem social torne mais difícil, e não mais fácil, pensar a desordem verdadeiramente emancipadora.

Perante isto, que fazer?

A utopia e os conflitos paradigmáticos
"O futuro já não é o que era", diz um graffitti numa rua de Buenos Aires. O futuro prometido pela modernidade não tem, de facto, futuro. Descrê dele, vencida pelos desafios, a maioria dos povos da periferia do sistema mundial, porque em nome dele negligenciaram ou recusaram outros futuros, quiçá menos brilhantes e mais próximos do seu passado, mas que ao menos asseguravam a subsistência comunitária e uma relação equilibrada com a natureza, que agora se lhes deparam tão precárias. Descrêem dele largos sectores dos povos do centro do sistema mundial, porque os riscos que ele envolve – sobretudo os ecológicos – começam a ser mais ilimitados que ele próprio. Não admira que em face disto muitos tenham assumido uma atitude futuricida; assumir a morte do futuro para finalmente celebrar o presente, como sucede em certo pós-modernismo, ou mesmo para celebrar o passado, como sucede com o pensamento reacionário. A verdade é que, depois de séculos de modernidade, o vazio do futuro não pode ser preenchido nem pelo passado nem pelo presente. O vazio do futuro é tão-só um futuro vazio.

Penso, pois, que, perante isto, só há uma saída: reinventar o futuro, abrir um novo horizonte de possibilidades, cartografado por alternativas radicais às que deixaram de o ser.

Com isto assume-se que estamos a entrar numa fase de crise paradigmática, e portanto, de transição entre paradigmas epistemológicos, sociais, políticos e culturais. Assume-se também que não basta continuar a criticar o paradigma ainda dominante, o que, aliás, está feito já à saciedade. É necessário, além disso, definir o paradigma emergente. Esta última tarefa, que é de longe a mais importante, é também de longe a mais difícil. É-o sobretudo porque o paradigma dominante, a modernidade, tem um modo próprio, ainda hoje hegemónico, de combinar a grandeza do futuro com a sua miniaturização. Consiste na classificação e fragmentação dos grandes objetivos em soluções técnicas que têm de característico o serem credíveis para além do que é tecnicamente necessário.

Este excesso de credibilidade das soluções técnicas, que é parte intrínseca da cultura instrumental da modernidade, oculta e neutraliza o défice de futuro delas. Por isso, tais soluções não deixam pensar o futuro, mesmo quando elas próprias já deixaram de o pensar.

Perante isto, como proceder? Penso que só há uma solução: a utopia. A utopia é a exploração de novas possibilidades e vontades humanas, por via da oposição da imaginação à necessidade do que existe, só porque existe, em nome de algo radicalmente melhor que a humanidade tem direito de desejar e porque merece a pena lutar. A utopia é, assim, duplamente relativa. Por um lado, é uma chamada de atenção para o que não existe como (contra)parte integrante, mas silenciada, do que existe. Pertence à época pelo modo como se aparta dela. Por outro lado, a utopia é sempre desigualmente utópica, na medida em que a imaginação do novo é composta em parte por novas combinações e novas escalas do que existe. Uma compreensão profunda da realidade é assim essencial ao exercício da utopia, condição para que a radicalidade da imaginação não colida com o seu realismo. Na fronteira entre dentro e fora, a utopia é tão possuída pelo *Zeitgeist* como pela *Weltschmerz*.

Não é fácil hoje defender ou propor a utopia, apesar de o pensamento utópico ser uma constante da cultura ocidental, se não mesmo de outras culturas. A dificuldade não deixa, no entanto, de ser, à primeira vista, surpreendente, pois a modernidade é uma época fértil em utopias, a começar com a Utopia que criou a designação comum, a de Thomas More, escrita em 1515 e 1516, e a culminar nas utopias socialistas do século XIX. A verdade é que a expansão da racionalidade científica e da ideologia cientista a partir de meados do século XIX e a sua expansão do estudo da natureza para o estudo da sociedade foram criando um ambiente intelectual cada vez mais hostil ao pensamento utópico, e isso é bem evidente, ainda que de modo muito diferente, no pensamento de Fourier e no pensamento de Marx. No caso deste último, a dimensão utópica da sociedade comunista é suprimida sob o determinismo científico, como se as leis da evolução da sociedade pudessem prever um futuro radicalmente diferente do presente. No caso de Fourier, o impacto do cientismo é mais complexo, pois em vez de negar a utopia por via da ciência procura criar uma utopia científica. Daí que, para ele, as leis de Newton sejam apenas uma aplicação local de um princípio muito vasto, o princípio da atração passional, de que se pretende arauto; daí também a sua compulsão pelos cálculos matemáticos, as simetrias e as analogias, pela determinação do número preciso de pessoas em cada falanstério ou do número preciso de anos de vida dos harmonianos.

PELA MÃO DE ALICE. O SOCIAL E O POLÍTICO NA PÓS-MODERNIDADE   281

Por esta razão, o nosso século tem sido paupérrimo em pensamento utópico, o que durante muito tempo foi pensado como sendo um efeito normal do progresso da ciência e do processo de racionalização global da vida social por ela tornada possível. No entanto, a crise da ciência moderna, hoje bem evidente, obriga a questionar esta avaliação e esta explicação. Não será que a morte do futuro que hoje tememos foi anunciada há muito pela morte da utopia? Não será que a perda da inquietação e busca de uma vida melhor contribui para a emergência da subjetividade conformista que considera melhor, ou pelo menos inevitável, tudo o que for ocorrendo só porque ocorre e por pior que seja? Diz Sartre que "uma ideia antes de ser realizada se parece estranhamente com a utopia". Será que a recusa da utopia não acabou por redundar na recusa das ideias por realizar? A verdade é que, como tem sido frequentemente assinalado, as utopias antecipam, por vezes em séculos, a anti-utopia. Num período particularmente fértil em utopias, o século XVII, Fontenelle, depois de divagar sobre como das tábuas postas a flutuar num regato se chegou aos grandes navios que dão a volta ao mundo, acrescenta num dos seus célebres *Entretiens* com a Marquise de G. publicados em 1686, o da segunda noite, "e a arte de voar só agora está a nascer; aperfeiçoar-se-á e um dia o homem irá à lua" (1955: 92).

Apesar de algumas ideias utópicas serem eventualmente realizadas, não é da natureza da utopia ser realizada. Pelo contrário, a utopia é a metáfora de uma hipercarência formulada ao nível a que não pode ser satisfeita. O que é importante nela não é o que diz sobre futuro, mas a arqueologia virtual do presente que a torna possível. Paradoxalmente, o que é importante nela é o que nela não é utópico. As duas condições de possibilidade de utopia são uma nova epistemologia e uma nova psicologia. Enquanto nova epistemologia, a utopia recusa o fechamento do horizonte de expectativas e de possibilidades e cria alternativas; enquanto nova psicologia, a utopia recusa a subjetividade do conformismo e cria a vontade de lutar por alternativas. Como Ernst Cassirer mostrou magistralmente no caso da Renascença e do Iluminismo, uma transição paradigmática implica sempre uma nova psicologia e uma nova epistemologia (Cassirer, 1960; 1963). O conhecimento sem reconhecimento nem a si mesmo se conhece.

A nova epistemologia e a nova psicologia anunciadas e testemunhadas pela utopia assentam na arqueologia virtual presente. Trata-se de uma arqueologia virtual porque só interessa escavar sobre o que não foi feito e, porque não foi feito, ou seja, porque é que as alternativas deixaram de o ser. Neste sentido, a escavação é orientada para os silêncios e para os silenciamentos, para as tradições suprimidas, para as experiências subalternas, para a perspectiva das vítimas, para os oprimidos, para as margens, para a periferia, para as fronteiras, para o Sul do Norte, para a fome da fartura, para a miséria da opulência, para a tradição do que não foi deixado existir, para os começos antes de serem fins, para a inteligibilidade que nunca foi compreendida, para as línguas e estilos de vida proibidos, para o lixo intratável do bem-estar mercantil, para o suor inscrito no pronto-a-vestir lavado, para a natureza nas toneladas de CO_2 imponderavelmente leves nos nossos ombros. Pela mudança de perspectiva c de escala, a utopia subverte as combinações hegemónicas do que existe, destotaliza os sentidos, desuniversaliza os universos, desorienta os mapas. Tudo isto com um único objetivo de descompor a cama onde as subjetividades dormem um sono injusto.

O que proponho a seguir não é uma utopia. É tão-só uma heterotopia. Em vez da invenção de um lugar totalmente outro, proponho uma deslocação radical dentro de um mesmo lugar, o nosso. Uma deslocação da ortotopia para a heterotopia, do centro para a margem. O objetivo desta deslocação é tornar possível uma visão telescópica do centro e, do mesmo passo, uma visão microscópica do que ele exclui para poder ser centro. Trata-se, também, de viver a fronteira da sociabilidade como forma de sociabilidade.

A heterotopia que proponho chama-se Pasárgada 2. Não é um lugar inventado, é o nome inventado de um lugar da nossa sociedade, de qualquer sociedade onde vivamos, a uma distância subjectivamente variável do lugar onde vivemos. Em Pasárgada 2 vigora a ideia de que estamos efectivamente num período de transição paradigmática e que é preciso tirar todas as consequências disso. Todas ou algumas, pois também se reconhece que este período de transição está ainda no começo e portanto não apresenta ainda todos os seus traços. Em Pasárgada 2 estuda-se com muita atenção o século XVII porque foi um século em que circularam vários paradigmas científicos. Por exemplo, conviveram a par e par o paradigma ptolomaico e o paradigma copernicano-galilaico. Talvez por isso se aceitou neste século a relativização do conhecimento, a distância lúdica em relação às verdades adquiridas e se viveu o fascínio por outros mundos, outras formas de pensar e agir, enfim, outras formas de vida.

Fontenelle, já citado, é um bom exemplo disto mesmo. A sua obra mais conhecida intitula-se significativamente *Entretiens sur la Pluralité des Mondes* e nela disserta o autor sobre a possibilidade de a lua e de outros planetas serem habitados. Segundo ele, se a diferença de costumes e de aparência física são tão grandes entre a Europa e a China, não nos devemos surpreender que sejam ainda maiores entre os habitantes da terra e os habitantes da lua. Como exercício, convida-nos a entrar na pele dos Índios Americanos, os quais, ao verem Colombo, devem ter

PELA MÃO DE ALICE. O SOCIAL E O POLÍTICO NA PÓS-MODERNIDADE   283

tido a mesma surpresa que nós teríamos se contactássemos os habitantes da lua. E sobre o nosso conhecimento afirma que ele tem limites para além dos quais nunca poderá conhecer e que de outros planetas ou perspectivas é possível ver coisas que não vemos do nosso planeta ou das nossas perspectivas. Aliás, especula que as nossas peculiaridades não serão menores que as dos lunares e conclui, com a distância lúdica que nos recomenda, "estarmos reduzidos a dizer que os deuses estavam bêbados quando fizeram os homens e que quando olharam a sua obra, já sóbrios, não puderam deixar de rir" (1955: 90).

É inspirado nesta atitude que Pasárgada 2 decidiu adotar o princípio da transição paradigmática. Pasárgada 2 é, para já, apenas uma comunidade educacional: os estudantes são todos os cidadãos enquanto trabalham, descansam e estudam. É pautada por um duplo objectivo: ampliar o conhecimento dos paradigmas em presença e promover a competição entre eles de modo a expandir as alternativas de prática social e pessoal e as possibilidades de lutar por elas. Ao contrário das outras utopias, Pasárgada 2 não está organizada em detalhe, pelo que não cabe aqui senão referir os seus princípios de organização e o perfil geral dos paradigmas em competição.

Quanto à organização, o princípio institucional mais importante é a constituição de uma Câmara Paradigmática em que estão igualmente representados os diferentes paradigmas em competição através dos seus adeptos eleitos pela comunidade educacional. Convém dizer uma palavra sobre a origem desta Câmara. Convencida pelos argumentos de alguns filósofos, cientistas e humanistas de que o paradigma da modernidade estava a entrar numa crise final e que a competição com um paradigma emergente estava de facto aberta, a comunidade educacional de Pasárgada 2 verificou que as suas instituições educacionais não davam qualquer sinal de que essa crise existia e suprimiam de vários modos, uns mais subtis que outros, a ideia de que um novo paradigma poderia estar no horizonte e de que era do interesse dos cidadãos-estudantes conhecê-lo. A simples hipótese de uma alternativa radical deixava-os nervosos e escondiam os nervos silenciando ou ridicularizando os que admitiam tal hipótese. Os nervos e a sua ocultação eram tanto maiores quanto maiores eram as responsabilidades profissionais das instituições. Por exemplo, ao nível universitário, as Faculdades de Economia, Direito, Medicina e Engenharia eram particularmente notadas por esta atitude.

Perante isto, a comunidade de cidadãos-estudantes decidiu formar uma Câmara Paradigmática com o objectivo de criar um fórum alternativo de discussão sobre os paradigmas. Esta Câmara não tem qualquer poder deliberativo sobre os processos e conteúdos de ensino nas instituições, mas está em permanente diálogo com eles. A única deliberação que tomou foi suspender temporariamente a concessão de diplomas. Como as instituições continuam, por agora, a ensinar apenas o paradigma até agora vigente, a Câmara entendeu que, como os diplomas certificam conhecimento apenas desse paradigma, do ponto de vista do paradigma emergente os diplomas correspondem a diplomas de ignorância. Como seria embaraçoso que no futuro os cidadãos-estudantes tivessem um diploma de ignorância, e como de pouco lhes servia um diploma que tanto podia ser considerado de conhecimento como de ignorância, a Câmara decidiu suspendê-los temporariamente, admitindo mesmo poder aboli-los mais tarde e para sempre. A suspensão dos diplomas deu muito mais liberdade aos cidadãos-estudantes e criou um incentivo para as instituições se abrirem discussão paradigmática. Desprovidas do privilégio de certificação, se nao se abrirem à discussão, correm o risco de perder os estudantes.

Procurarei agora analisar, em traços largos, o conteúdo das discussões para-digmáticas que a Câmara Paradigmática está a promover. Não falo com sociólogo independente, pois que isso, do ponto de vista da Câmara Paradigmática, cor-responderia a falar como ignorante diplomado. Falo como sociólogo membro da Câmara que nela defende o paradigma emergente tal qual ele, e outros, o concebem. Daí que, no que se segue, eu analise os termos da transição e da competição paradigmática tal qual eu a vejo e, portanto, sem que isso vincule a Câmara. Apenas espero que as análises e os argumentos que apresento sejam persuasivos e nessa medida conquistem adeptos.

O diagnóstico da condição presente que apresentei na primeira parte deste capítulo dá indicações bastantes sobre o modo como vejo a transição paradig-mática e sobre a concepção que tenho e a avaliação que faço do paradigma ainda dominante, embora decadente – o paradigma da modernidade. Concentrar-me-ei agora no paradigma emergente. Em boa verdade não há um paradigma emergente. Há antes um conjunto de "vibrações ascendentes", como diria Fourier, de fragmentos pré-paradigmáticos que têm em comum a ideia de que o paradigma da modernidade exauriu a sua capacidade de regeneração e desen-volvimento e que, ao contrário do que ele proclama – modernidade ou barbárie –, é possível (e urgente) imaginar alternativas progressivas. Têm também em comum o saberem que só é possível pensar para além da modernidade a partir dela, ainda que na forma das suas vítimas ou das tradições que ela própria gerou e depois suprimiu ou marginalizou. Neste sentido, pode dizer-se que a moderni-dade fornece muitos dos materiais para a construção do novo paradigma. Só não

PELA MÃO DE ALICE. O SOCIAL E O POLÍTICO NA PÓS-MODERNIDADE   285

fornece o plano de arquitetura nem a energia necessária para o concretizar; se, por hipótese, visitasse o edifício, não saberia como entrar e, se entrasse, morreria instantaneamente com as correntes de ar.

Os fragmentos pré-paradigmáticos são por enquanto um paradigma virtual e nem sequer é seguro que à modernidade se seguirá um outro paradigma com a mesma coerência global e pretensão totalizadora que ela teve. Pode ser que os paradigmas emergentes sejam vários e permaneçam vários e conflituem tanto entre si corno, cm conjunto, conflituam com a modernidade. Considero que são hoje identificáveis três grandes áreas de conflitualidade paradigmática: conhecimento e subjetividade, padrões de transformação social, poder e política. Em relação a cada unia destas áreas identifico a seguir os traços em meu entender mais característicos do paradigma emergente.

Conhecimento e subjetividade
Nesta área o conflito é já bem evidente e tem lugar entre a ciência moderna – galilaica, cartesiana, newtoniana, durkheimiana, weberiana, marxista – e o que tenho vindo a designar por ciência pós-moderna e que outros designam por "nova ciência". E porque todo o conhecimento é autoconhecimento, o conflito epistemológico desdobra-se num conflito psicológico entre a subjetividade moderna e a subjetividade pós-moderna.

Analisei noutro lugar as diferentes dimensões do conflito epistemológico, pelo que me limitarei a breve referências, detendo-me um pouco mais nas que representam desenvolvimentos posteriores ao que já está publicado (Santos, 1989b). Para o velho paradigma, a ciência é uma prática social muito específica e privilegiada porque produz a única forma de conhecimento válido. Essa validade pode ser demonstrada e a verdade a que aspira é intemporal, o que permite fixar determinismos e formular previsões. Este conhecimento é cumulativo e o progresso científico assegura, por via do desenvolvimento tecnológico que torna possível, o progresso da sociedade. A racionalidade cognitiva e instrumental e a busca permanente da realidade para além das aparências fazem da ciência uma entidade única, totalmente distinta de outras práticas intelectuais, tais como as artes ou as humanidades.

O novo paradigma constitui uma alternativa a cada um destes traços. Em primeiro lugar, nos seus termos não há uma única forma de conhecimento válido. Há muitas formas de conhecimento, tantas quantas as práticas sociais que as geram e as sustentam. A ciência moderna é sustentada por uma prática de divisão técnica profissional e social do trabalho e pelo desenvolvimento tecnológico infinito das forças produtivas de que o capitalismo é hoje único exemplar. Práticas sociais alternativas gerarão formas de conhecimento alternativas. Não reconhecer estas formas de conhecimento implica deslegitimar as práticas sociais que as sustentam e, nesse sentido, promover a exclusão social dos que as promovam. O genocídio que pontuou tantas vezes a expansão europeia foi também um epistemicídio: eliminaram-se povos estranhos porque tinham formas de conhecimento estranho e eliminaram-se formas de conhecimento estranho porque eram sustentadas por práticas sociais e povos estranhos. Mas o epistemicídio foi muito mais vasto que o genocídio porque ocorreu sempre que se pretendeu subalternizar, subordinar, marginalizar, ou ilegalizar práticas e grupos sociais que podiam constituir uma ameaça à expansão capitalista ou, durante boa parte do nosso século, à expansão comunista (neste domínio tão moderna quanto a capitalista); e também porque ocorreu tanto no espaço periférico, extra-europeu e extra-norte-americano do sistema mundial, como no espaço central europeu e norte-americano, contra os trabalhadores, os índios, os negros, as mulheres e as minorias em geral (étnicas, religiosas, sexuais).

O novo paradigma considera o epistemicídio como um dos grandes crimes contra a humanidade. Para além do sofrimento e da devastação indizíveis que produziu nos povos, nos grupos e nas práticas sociais que foram por ele alvejados, significou um empobrecimento irreversível do horizonte e das possibilidades de conhecimento. Se hoje se instala um sentimento de bloqueamento pela ausência de alternativas globais ao modo como a sociedade está organizada, é porque durante séculos, sobretudo depois que a modernidade se reduziu à modernidade capitalista, se procedeu à liquidação sistemática das alternativas, quando elas, tanto no plano epistemológico, como no plano prático, não se compatibilizaram com as práticas hegemónicas.

Contra o epistemicídio, o novo paradigma propõe-se revalorizar os conhecimentos e as práticas não hegemônicas que são afinal a esmagadora maioria das práticas de vida e de conhecimento no interior do sistema mundial. Como medida transitória propõe que aprendamos com o Sul, sendo neste caso o Sul uma metáfora para designar os oprimidos pelas diferentes formas de poder, sobretudo pelas que constituem os espaços-tempo estruturais acima descritos, tanto nas sociedades periféricas, como nas sociedades semiperiféricas, como ainda nas sociedades centrais. Esta opção pelos conhecimentos e práticas oprimidas, marginalizadas, subordinadas, não tem qualquer objetivo museológico. Pelo contrário, é crucial conhecer o Sul para conhecer o Sul nos seus próprios termos, mas também para conhecer o Norte. É nas margens que se faz o centro e é no escravo que se faz o senhor.

O que se pretende é, pois, uma concorrência epistemológica leal entre conhecimentos como processo de reinventar as alternativas de prática social de que carecemos ou que afinal apenas ignoramos ou não ousamos desejar. Esta concorrência não significa relativismo no sentido que a epistemologia moderna tem dele. Segundo ela, é relativismo e portanto fonte de obscurantismo – toda a atitude epistemológica que recuse reconhecer o acesso privilegiado à verdade que ela julga possuir por direito próprio. A possibilidade de uma relação horizontal entre conhecimentos é-lhe totalmente absurda. Ora o novo paradigma propõe tal horizontalidade como ponto de partida, e não necessariamente como ponto de chegada. Entendida assim, a horizontalidade é a condição *sine qua non* da concorrência entre conhecimentos. Só haveria relativismo se o resultado da concorrência fosse indiferente para a comparação dos conhecimentos, o que não é o caso, dado haver um ponto de chegada que não é totalmente determinado pelas condições do ponto de partida.

Esse ponto de chegada depende do processo argumentativo no interior das comunidades interpretativas. O conhecimento do novo paradigma não é validável por princípios demonstrativos de verdades intemporais. E, pelo contrário, um conhecimento retórico cuja validade depende do poder de convicção dos argumentos em que é traduzido. Daí que o novo paradigma preste particular atenção à constituição das comunidades interpretativas e considere seu objetivo) principal garantir e expandir a democraticidade interna dessas comunidades, isto é, a igualdade do acesso ao discurso argumentativo. Daí também a preferência pelo Sul como uma espécie de discriminação positiva que aumenta o âmbito da diversidade e dá alguma garantia de que o silenciamento, ou seja, a expulsão das comunidades argumentativas, que foi o timbre da ciência moderna, não ocorra ou ocorra o menos possível. Por isso o novo conhecimento, sendo argumentativo, tem um interesse especial pelo silêncio para averiguar até que ponto ele é um silêncio genuíno, ou seja, o resultado de uma opção argumentativa e até que ponto ele é um silenciamento, ou seja, o resultado de uma imposição não argumentativa. Porque o Sul é o campo privilegiado do silêncio e do silenciamento, é esta outra das razões por que o novo paradigma lhe confere uma atenção particular.

Um dos princípios reguladores da validação é, pois, a democraticidade interna da comunidade-interpretativa. O outro princípio é um valor ético intercultural, o valor da dignidade humana. O novo paradigma não distingue entre meios e fins, entre cognição e edificação. O conhecimento, estando vinculado a uma prática e a uma cultura, tem um conteúdo ético próprio. Esse conteúdo assume diferentes formas em diferentes tipos de conhecimento, mas entre elas é possível a comunicabilidade e a permeabilidade, na medida em que todas as culturas aceitam um princípio de dignidade humana. Por exemplo, na cultura ocidental tal princípio é hoje expresso através do princípio de direitos humanos. Outras culturas exprimem-se noutros termos, mas a tradução recíproca é possível a partir da inteligibilidade intercultural assegurada pelo princípio da dignidade humana.

Sendo um conhecimento argumentativo, o novo paradigma recusa totalmente duas outras características da ciência moderna – a intemporalidade das verdades científicas e a distinção absoluta entre aparência e realidade – por achar que cada uma delas, a seu modo, tem uma vocação totalitária. O conhecimento no novo paradigma é tão temporal como as práticas e a cultura a que se vincula. Assume plenamente a sua incompletude, pois que sendo um conhecimento presente só permite a inteligibilidade do presente. O futuro só existe enquanto presente, enquanto argumento a favor ou contra conhecimentos e práticas presentes. Esta radical contemporaneidade dos conhecimentos tem consequências fundamentais para o diálogo e a concorrência entre eles. É que se todos os conhecimentos são contemporâneos, são igualmente contemporâneas as práticas sociais e os sujeitos ou grupos sociais que nelas intervêm. Não há primitivos nem subdesenvolvidos, há, sim, opressores e oprimidos. E porque o exercício do poder é sempre relacional, todos somos contemporâneos. Para dar um exemplo caseiro, o conhecimento dos camponeses portugueses não é menos desenvolvido que o dos engenheiros agrónomos do Ministério da Agricultura; é lhe contemporâneo, ainda que subordinado. Do mesmo modo que a agricultura familiar portuguesa não é mais primitiva que a agro-indústria. É-lhe contemporânea, mas subordinada.

A intemporalidade da verdade científica permitiu à ciência moderna autoproclamar-se contemporânea de si mesma e, do mesmo passo, descontemporaneizar todos os outros conhecimentos, nomeadamente os que dominaram na periferia do sistema mundial no momento do contacto com a expansão europeia. Assim nasceram os selvagens, pelo mesmo processo por que hoje se continuam a reproduzir comportamentos racistas e xenófobos. A ideia da superioridade biológica da raça ariana não teria sido possível sem a ideia da superioridade temporal da atitude e do comportamento racistas.

PELA MÃO DE ALICE. O SOCIAL E O POLÍTICO NA PÓS-MODERNIDADE   289

Com a mesma prevenção antitotalitária, o novo paradigma suspeita da distinção entre aparência e realidade. Nos termos em que ela foi feita pela ciência moderna, trata-se muito mais de uma hierarquização do que de uma distinção. A aparência é a não-realidade, a ilusão que cria obstáculos à inteligibilidade do real existente. Daí que a ciência tenha por objetivo identificar-denunciar a aparência, e ultrapassá-la para atingir a realidade, a verdade sobre a realidade. Esta pretensão de saber distinguir e hierarquizar entre aparência e realidade e o facto de a distinção ser necessária em todos os processos de conhecimento tornaram possível o epistemicídio, a desclassificação de todas as formas de conhecimento estranhas ao paradigma da ciência moderna sob o pretexto de serem conhecimento tão-só de aparências. A distribuição da aparência aos conhecimentos do Sul e da realidade ao conhecimento científico do Norte está na base do eurocentrismo. E dada a vinculação mútua de conhecimentos e práticas, esta mesma distribuição permitiu eliminar ou marginalizar, por ilusórias e mistificatórias, as práticas do Sul que discrepavam com as práticas do Norte, ditas reais por coincidirem, aos olhos de quem as olhava, com as aparências familiares.

Para o novo paradigma, a distribuição entre aparência e realidade nem sempre faz sentido e quando faz é sempre relativa e a aparência não é necessariamente o lado inferior do par. O novo paradigma prevalece-se neste domínio de Schiller e da sua defesa da aparência estética (*das aesthetische Schein*) nas *Cartas sobre a Educação Estética do Homem*, publicadas em 1795 (Schiller, 1967). Aliás, Schiller representa, para o novo paradigma, uma das tradições suprimidas da modernidade e, como tal, susceptível de contribuir para a configuração da nova inteligibilidade. Schiller faz uma crítica radical da ciência e da desumanizarão administrativa e especialização profissional que ela promove, uma crítica, de resto, bastante semelhante à feita por Rousseau. E tal como acontece cone Rousseau, não anima Schiller nenhuma veleidade passadista, mas antes o desejo de reconstruir a totalidade da personalidade nas novas condições criadas pela modernidade. Tal totalidade não é obtível, nem pelo domínio das forças da natureza que a ciência possibilita, nem pelas leis ou a moral que o Estado promulga, mas por uma mediação entre eles, por urna terceira entidade, a forma estética, o Estado estético: "no meio do terrível reino das forças da natureza e do reino sagrado das leis, o impulso estético da forma trabalha para criar o reino do lúdico e da aparência" (Carta 27 §8). Mas Schiller está consciente que a aparência estética só será universal quando a cultura tornar o seu abuso impossível. Por enquanto, diz Schiller, "a maioria das pessoas humanas está demasiado cansada e exausta pela luta pela existência para poder envolver-se numa luta nova e mais dura contra o erro" (Carta 8 §6). É por isso que, com tantas razões, que ele enumera, para a sociedade se considerar iluminada, faz sentido perguntar: "porquê então ainda permanecemos bárbaros?".

A importância de Schiller para o novo paradigma é dupla. Em primeiro lugar, ao afirmar a centralidade da forma estética enquanto transformação radical da matéria que, no entanto, tem uma dimensão lúdica e não está sujeita ao ídolo da utilidade, Schiller propõe uma nova relação entre a ciência e a arte, uma combinação dinâmica de gêneros, em que a realização plena da ciência é também a sua dissolução no reino mais vasto da arte, do sentimento estético e da vivência lúdica. Semelhantemente, segundo o novo paradigma, a ciência é um conhecimento discursivo, cúmplice de outros conhecimentos discursivos, literários nomeadamente. A ciência faz parte das humanidades. Enquanto narrativa não ficcional, tem um grau de criatividade menor, mas, precisamente, é apenas uma questão de grau o que a distingue da ficção criativa. Nestas condições, está preludida qualquer possibilidade de demarcações rígidas entre disciplinas ou entre gêneros, entre ciências naturais, sociais e humanidades, entre arte e literatura, entre ciência e ficção.

Mas Schiller tem importância para o novo paradigma por uma outra razão. Pelo modo como reabilita os sentimentos e as paixões enquanto forças mobilizadoras da transformação social. Como vimos, uma das preocupações centrais do novo paradigma é criar alternativas e a concorrência entre elas. A outra preocupação é a de criar uma subjetividade que queira lutar por elas. Efetivamente, a síndrome de bloqueamento global que hoje se vive talvez não se deva tanto à falta de alternativas (porque elas existem) como à falta de vontade individual e coletiva para lutar por elas.

A incredibilidade das alternativas é o reverso da indolência da vontade. Escrevendo no final do século XVIII, Schiller teme que o ídolo da utilidade venha a matar a vontade de realização pessoal e coletiva. Por isso afirma no § 3 da Carta 8: "[A] razão realizou tudo o que pode realizar ao descobrir e ao apresentar a lei. A sua execução pressupõe uma vontade resoluta e o ardor do sentimento. Para a verdade vencer as forças que conflituam com ela, tem ela própria de tornar-se uma força (...) pois os instintos são a única força motivadora no mundo sensível". E conclui no §7 da mesma carta: "o desenvolvimento da capacidade do homem para sentir é, portanto, a necessidade mais urgente da nossa época".

O novo paradigma entende que o racionalismo estreito, mecanicista, utilitarista e instrumental da ciência moderna, combinado com a expansão da sociedade de consumo, obnubilou, muito para além do que previra Schiller, a

PELA MÃO DE ALICE. O SOCIAL E O POLÍTICO NA PÓS-MODERNIDADE   291

capacidade de revolta e de surpresa, a vontade de transformação pessoal e coletiva e que, por isso, a tarefa de reconstrução dessa capacidade e dessa vontade
é, em finais do século XX, muito mais urgente do que era em finais do século
XVIII. De resto, para além de Schiller, outros criadores culturais, cujas ideias e
utopias foram ainda mais suprimidas ou marginalizadas que as de Schiller, podem
ser convocados para levar a cabo tal tarefa. Refiro-me muito particularmente a
Fourier, ao lugar central. que as paixões ocupam no seu pensamento – ele que
na vida prática foi, tal como Fernando Pessoa, um fiel servidor da monótona
vida comercial – e ao princípio da atração apaixonada por ele concebido como
o grande motor do movimento universal.

Como referi acima, o novo paradigma epistemológico aspira igualmente a
uma nova psicologia, à construção de uma nova subjetividade. Não basta criar
um novo conhecimento, é preciso que alguém se reconheça nele. De nada valerá
inventar alternativas de realização pessoal e coletiva, se elas não são apropriáveis
por aqueles a quem se destinam. Se o novo paradigma epistemológico aspira a um
conhecimento complexo, permeável a outros conhecimentos, local e articulável
em rede com outros conhecimentos locais, a subjetividade que lhe faz jus deve
ter características similares ou compatíveis.

A subjetividade engendrada pelo velho paradigma é o indivíduo unidimensional, maximizador da utilidade que escolhe racionalmente segundo o
modelo arquetípico do *homo economicus*. As alternativas credíveis perante uma
tal subjetividade têm de se medir por ela e por isso não supreende que a equação
entre interesse e capacidade tenha sido completamente privatizada à medida
que se aprofundou o enlaço entre modernidade e capitalismo. Ao contrário, o
novo paradigma aspira a uma ressocialização da equação interesse-capacidade e,
portanto, a uma subjetividade que seja capaz dela. A multidimensionalidade da
subjetividade no novo paradigma está já indicada no modelo dos qualm espaços
tempo estruturais descrito no quinto capítulo. Efetivamente, cada espaço tempo
cria uma forma ou dimensão de subjetividade, pelo que os indivíduos e os grupos
sociais são, de fato, constelações de subjetividades, articulações particulares,
variáveis de contexto para contexto, entre as diferentes formas ou dimensões.
Isto significa que a construção da vontade das alternativas e da concorrência
entre elas tem de ser feita em relação a cada uma das dimensões e, portanto, em
cada um dos espaços-tempo estruturais. Não é, pois, tarefa fácil, uma vez que a
fricção é igualmente multidimensional: os obstáculos à construção de uma tal
subjetividade não estão localizados num dado espaço-tempo, mas estão antes
disseminados por todos eles. Tais obstáculos constituem quatro *habituses* de

regulação, subordinação, e conformismo, aos quais é necessário opor quatro *habituses* de emancipação, insubordinação e revolta.

Esta multidimensionalidade exige que as energias emancipatórias sejam simultaneamente muito amplas e muito concretas. No paradigma da modernidade, foi, ao contrário, a unidimensionalidade que tornou possível tomar amplitude por abstração: o indivíduo abstrato pode aspirar a uma amplitude universal, mas obtida à custa do esvaziamento total de atributos contextuais. A amplitude no novo paradigma significa, antes de mais, o alargamento das razões com que se podem justificar as condutas, um alargamento da racionalidade cognitivo-instrumental para uma racionalidade mais ampla onde caiba, além dela, a racionalidade moral-prática e a racionalidade estético-expressiva, um alargamento da demonstração racional para a argumentação racional, em suma, um alargamento da racionalidade para a razoabilidade, do conhecimento epidítico para a fronese. Paradoxalmente, quanto mais ampla é, melhor a racionalidade conhece os seus limites. Neste domínio, as paixões de Schiller e dos românticos e a atração apaixonada de Fourier são dois campos privilegiados de escavação arqueológica da modernidade.

Mas esta ampliação das energias emancipatórias só faz sentido se a sua extensão for igualada pela sua intensidade, se a energia emancipatória se souber condensar nos atos concretos de emancipação protagonizados por indivíduos ou grupos sociais. A desconfiança das abstrações é fundamental no novo paradigma. Não que elas não possam ser aceites, mas que só o sejam quando os contextos da sua realização lhes fazem jus. Por exemplo, o conceito abstrato de direitos humanos começa hoje, dois séculos depois da sua formulação, a fazer verdadeiro sentido na medida em que por todo o sistema mundial grupos sociais estão a organizar lutas de emancipação guiadas por ele.

Para a construção da amplitude concreta da subjetividade, dois outros campos de escavação arqueológica se me afiguram fundamentais: Montaigne e Kropotkin, outros dois criadores culturais cujas ideias foram suprimidas ou marginalizadas pela concepção hegemónica da modernidade capitalista. A importância de Montaigne reside em ter desenvolvido um dispositivo intelectual que combinava a inteligibilidade mais concreta – a dele próprio enquanto ser humano – com a problematização mais ampla do sentido da vida e da sociedade. Montaigne escreveu sobre si próprio porque, como costumava dizer, esse era o tema de que tinha algum conhecimento seguro e concreto. Mas não o fez de modo narcisista, fechado sobre si próprio; pelo contrário, soube, a partir do mais profundo de si, buscar a intelegibilidade do mais amplo e também mais profundo da vida coletiva. Para isso, rompeu radicalmente com a distinção sujeito/objecto em que assenta a ciência moderna, antecipando assim de muitos séculos o que hoje é pretendido pelo novo paradigma. Como Montaigne viu muito bem, o problema da distinção sujeito/objeto é que induz a abstração não só do objeto como também do próprio sujeito. A arrogância epistemológica deste último é o resultado de um auto-esquecimento. Esse auto-esquecimento, oculto no esquecimento do outro, foi eloquentemente denunciado por Frantz Fanon quando, num dos seus desabafos irónicos, se perguntava porque é que os europeus falavam tanto do indivíduo em geral e não eram capaz de o reconhecer quando o encontravam (1974: 230).

Se Montaigne insistiu na necessidade de não perder de vista o indivíduo concreto, Kropotkin insistiu na solidariedade concreta, nos laços de ajuda mútua que ligam os indivíduos uns aos outros e sem os quais a vida individual, e não apenas a coletiva, não seria possível. Contra o individualismo possessivo e o darwinismo social da época, Kropotkin procurou reivindicar a evidência que as pessoas são capazes de solidariedade e, na prática, têm-na vindo a exercer através da história ([1902] 1955). Não procurou sequer abstratizar essa capacidade como de algum modo o fez Marx ao centrá-la na classe operária. Procurou antes dar-lhe voz onde quer que a viu e a viu violentada pelo paradigma psicológico dominante.

Padrões de transformação social
A conflitualidade paradigmática no domínio dos padrões de transformação social é talvez mais recente que a que ocorre na epistemologia e na subjetividade, mas adquiriu nas duas ultimas décadas uma enorme acuidade. Neste domínio, a conflitualidade tem lugar entre dois grandes paradigmas de desenvolvimento social, que designo simplesmente por paradigma capital-expansionista e paradigma eco-socialista. Duas notas preliminares sobre este conflito. A primeira é que, tal como sucede no caso da conflitualidade epistemológica, cada um dos paradigmas em conflito e internamente muito diferenciado, e tanto que algumas das versões de cada um deles se aproximam de tal modo que parecem constituir uma zona cinzenta, intermédia, mista. No entanto, defendo que esta zona, longe de negar a existência do conflito paradigmático, é pressuposta por ele e é por isso que põe limites à própria possibilidade de combinação e intermediação entre os paradigmas. São as diferenças inegociáveis que tornam o conflito paradigmático.

A segunda nota é que o conflito paradigmático não é apenas terçado a nível intelectual, como tem acontecido, pelo menos até agora, com o conflito epistemológico; é, além disso, e cada vez mais, um conflito social e político sustentado por grupos e interesses organizados, ainda que com poder e organização muito desiguais. De algum modo, este conflito paradigmático funciona como charneira entre os dois outros conflitos: porque se traduz em práticas sociais alternativas, aspira também a práticas epistemológicas alternativas e está por isso profundamente interlaçado com o paradigma epistemológico; porque essas práticas sociais têm lugar num campo político e, de facto, aspiram a uma redefinição global desse campo, o conflito entre o paradigma capital-expansionista e o paradigma eco-socialista tem profundas vinculações ao conflito paradigmático sobre o poder e a política, descrito brevemente a seguir.

O paradigma capital-expansionista é o paradigma dominante e tem as seguintes características gerais: o desenvolvimento social é medido essencialmente pelo crescimento económico; o crescimento económico é contínuo e assenta na industrialização e no desenvolvimento tecnológico virtualmente infinitos; é total a descontinuidade entre a natureza e a sociedade: a natureza é matéria, valorizável apenas enquanto condição de produção; a produção que garante a continuidade da transformação social assenta na propriedade privada e especificamente na propriedade privada dos bens de produção, a qual justifica que o controlo sobre a força de trabalho não tenha de estar sujeito a regras democráticas. O modelo de transformação social proposto por Marx partilha as três primeiras características, pelo que se pode considerar um modelo subparadigmático, situado na zona cinzenta, intermédia.

O paradigma eco-socialista é o paradigma emergente e, tal como eu o concebo, tem as seguintes características: o desenvolvimento social afere-se pelo modo como são satisfeitas as necessidades humanas fundamentais e é tanto maior, a nível global, quanto mais diverso e menos desigual; a natureza é a segunda natureza da sociedade e, como tal, sem se confundir com ela, tão-pouco lhe é descontínua; deve haver um estrito equilíbrio entre três formas principais de propriedade: a individual, a comunitária, e a estatal; cada uma delas deve operar de modo a atingir os seus objetivos com o mínimo de controlo do trabalho de outrem.

O paradigma eco-socialista enquanto construção intelectual decorre de um diálogo intercultural muito amplo e, tanto quanto possível, horizontal. A base desse diálogo é dupla. Por um lado, as necessidades humanas fundamentais não variam muito no sistema mundial, o que varia são os meios para as satisfazer (os *satisfactores*). Daí que se deva partir de uma inteligibilidade intercultural das necessidades para, através dela, se atingir a inteligibilidade intercultural

PELA MÃO DE ALICE. O SOCIAL E O POLÍTICO NA PÓS-MODERNIDADE   295

dos satisfactores. Por outro lado, todas as culturas têm um valor de dignidade humana, o qual, sendo único, permite uma hermenêutica transvalorativa e multicultural. Tal hermenêutica constitui o desafio central do paradigma emergente.

O paradigma eco-socialista assenta em tradições muito variadas. No que respeita às tradições europeias, são de mencionar a tradição comunitarista, o organicismo leibniziano, o movimento romântico, o socialismo utópico, marxismo, e, no que respeita às tradições não-europeias, as culturas Indos, chinesas e africanas, a cultura islâmica e as culturas dos povos nativos americanos. O paradigma eco-socialista alimenta-se das margens e do Sul e, como se calcula, elas são muitas, muito plurais e mesmo babélicas. São como que o outro do centro, eurocêntrico, moderno, capitalista, o qual faz proliferar as margens e o Sul na exata medida do seu autoritarismo e do seu caráter excludente. Esta babel de raízes é convocada e ativada por uma enorme diversidade, igualmente babélica de movimentos sociais e organizações não governamentais locais e transnacionais, ecológicos, feministas, operários, pacifistas, de defesa dos direitos humanos, dos direitos dos consumidores, e dos direitos históricos dos povos indígenas, de luta contra o ajustamento estrutural ou a violência urbana, de luta pelos direitos dos imigrantes ilegais, dos refugiados, das minorias, das sexualidades alternativas, etc., etc. Muitos destes movimentos têm muito pouco ou mesmo nada a ver com as características que acima atribuí ao paradigma eco-socialista. Têm de comum serem um campo de experimentação social vastísssimo onde se vão temperando as energias e a subjetividade necessária para uma luta civilizacional como aquela que o paradigma emergente propõe. A experimentação tem de ser a mais vasta, tão vasta quanto a tradição em que assenta, para que o paradigma, que é apenas emergente, se vá construindo numa base sólida, mas em permanente retificação, à medida que vai sendo credível para grupos sociais cada vez mais amplos. Pela mesma razão, o paradigma emergente busca a competição e a concorrência com o paradigma capital-expansionista. O objetivo fundamental é, de facto, desenhar várias formas de sociabilidade em que a concorrência entre os paradigmas seja prática, controlável e avaliável.

Na transição paradigmática, o Estado será dito Estado-Providência quando assegurar a concorrência em igualdade de circunstâncias entre os paradigmas rivais. A concorrência entre os paradigmas tem uma dimensão de contradição e uma dimensão de competição. A primeira visa esclarecer analítica e normativamente o que separa os paradigmas; a segunda dirige-se à articulação dos paradigmas com a experiência subjetiva dos indivíduos e dos grupos e visa, por isso, criar a subjetividade adequada a cada um deles, a energia e a paixão necessárias para lutar por eles. A concorrência entre os paradigmas terá de ter lugar no interior de cada um dos quatro espaços-tempo estruturais e em cada um deles assume uma forma particular. No espaço-tempo doméstico, o conflito é entre a divisão sexual patriarcal do trabalho e a comunidade eco-feminista doméstica, entre a família reprodutiva da força do trabalho e a família produtora de satisfactores de necessidades, organizadora do lazer e do convívio com a natureza. A segurança social prestada pelo Estado às famílias deve ser prestada, em igualdade de circunstâncias, às duas organizações da domesticidade.

No espaço-tempo da produção, o conflito e a concorrência será entre unidades capitalistas de produção e unidades eco-socialistas de produção. Nestas últimas cabem organizações de muito diferente tipo, mas que partilham o facto de não serem orientadas, nem exclusivamente, nem primordialmente, para a obtenção de lucros: unidades de produção cooperativa, pequena agricultura familiar, serviços comunitários, instituições particulares de solidariedade social, organizações não governamentais, produção autogestionária, etc., etc. A segunda dimensão providencial do Estado reside em apoiar em igualdade de circunstâncias unidades produtivas de ambos os tipos para que possam em igualdade de circunstâncias mostrar o que valem, quer pelo resultado da produção, quer pelos valores da subjetividade que suscitam e promovem.

Neste espaço-tempo promove-se ainda um outro conflito: o conflito entre o paradigma consumista, individualista e o paradigma das necessidades humanas e do consumo solidarista. É neste espaço-tempo que verdadeiramente se moldam os estilos e os modos de vida porque é nele que a equação entre necessidades e satisfactores é decidida. Enquanto no primeiro paradigma as necessidades estão ao serviço dos satisfactores, no segundo paradigma os satisfactores estão ao serviço das necessidades. Enquanto para o primeiro paradigma o mercado é a única instituição organizadora do consumo e as necessidades são convertidas em preferências objetivadas em objetos, para o segundo, o mercado é uma instituição entre outras e as necessidades são experiências subjetivas que podem expressar-se de muitos modos diferentes, consoante os contextos e as culturas, umas vezes através de objetos desejados, outras vezes através de desejos de intersubjetividade.

Finalmente, para o primeiro paradigma as necessidades são uma privação, enquanto para o segundo são simultaneamente uma privação e um potencial. A terceira dimensão providencial do Estado consiste em promover e assegurar a conflitualidade intelectual e social destes dois paradigmas dando a ambos iguais condições para testarem as suas virtualidades e conquistarem adeptos.

PELA MÃO DE ALICE. O SOCIAL E O POLÍTICO NA PÓS-MODERNIDADE   297

Ao nível do espaço-tempo da cidadania, a confrontação entre os paradigmas é particularmente crucial e difícil de manter, uma vez que, sendo o Estado a forma institucional deste espaço-tempo, tem de promover o conflito paradigmático no interior de si mesmo e é por isso que a quarta dimensão providencial do Estado em Pasárgada 2 é a autoprovidência do Estado para consigo mesmo. Neste espaço-tempo, o conflito paradigmático ocorre entre o paradigma da obrigação política vertical e o paradigma da obrigação política horizontal. O primeiro preside à constituição do Estado liberal, e tem as seguintes características: o Estado tem o monopólio da violência legítima e do direito, para o que dispõe de uma organização burocrática de larga escala, centralizada e centralizadora; a cidadania é atribuída a indivíduos pelo Estado de que são nacionais, pelo que em princípio não há cidadania sem nacionalidade e vice-versa; os cidadãos são formalmente iguais e estão todos igualmente sujeitos ao poder de império do Estado.

O paradigma da obrigação horizontal confere ao Estado o monopólio da violência legítima, mas não o monopólio da produção do direito. Pelo contrário, existe na sociedade uma pluralidade de ordens jurídicas, com diferentes centros de poder a sustentá-los, e diferentes lógicas normativas. Na constituição da cidadania, é tão importante a obrigação vertical como a obrigação horizontal e por essa razão a cidadania não tem de ser nem individual, nem nacional; pode ser individual ou coletiva, nacional, local ou transnacional. A eficácia interna do Estado reside no modo como negoceia e perde o poder de império interno a favor de outras organizações sociais. Para essa negociação e essa partilha é funcional a larga escala e o centralismo organizativos do Estado, mas a função que desempenham consiste na criação, na promoção de estruturas organizativas de menor escala, descentralizadas, locais. O caráter providencial e redistributivo do Estado reside antes de mais no modo como redistribui as suas próprias prerrogativas, e um dos veículos privilegiados é, como tenho vindo a defender, a promoção da competição entre os paradigmas em cada um dos espaços-tempo estruturais. É esta a quarta dimensão providencial do Estado na transição paradigmática.

No espaço-tempo da cidadania, a contradição e a concorrência paradigmáticas ocorrem ainda a um outro nível, ao nível da dimensão comunitária do espaço público. Aqui a concorrência é entre o paradigma das comunidades- fortaleza e o paradigma das comunidades de fronteira. O paradigma capital expansionista sempre que não destruiu os espaços identitários colectivos privilegiou a constituição de comunidades identitários excludentes, quer excludentes-agressivas, quer excludentes-defensivas. As primeiras, as excludentes-agressivas, de que o exemplo arquetípico é a "sociedade colonial", são constituídas por grupos sociais dominantes que se fecharam na sua superioridade para não serem conspurcados pelas comunidades inferiores. As segundas, excludentes defensivas, são o reverso das primeiras. Historicamente, emergiram do contacto com as comunidades excludentes-agressivas, fechando-se para defender o pouco de dignidade que pôde escapar à pilhagem colonial. O exemplo arquetípico destas últimas são as comunidades indígenas. A consequência deste processo de fechamento recíproco é que as comunidades-fortaleza tendem a ser internamente muito hierárquicas, ou seja, são excludentes para o exterior, mas também no interior.

Para o paradigma das comunidades de fronteira, a identidade é sempre multímoda, inacabada, em processo de reconstrução e de reinvenção, é, em verdade, um processo de identificação em curso. Por isso, a comunidade para que aponta é vorazmente inclusiva, permeável, alimentando-se das fontes que lança para outras comunidades, buscando na comparação e na tradução intercultural o sentido mais profundo da dignidade humana que a habita e os modos de estabelecer coligações de dignidade humana com outras comunidades identitárias. Os movimentos populares da América Latina, as comunidades eclesiais de base, os movimentos dos direitos humanos em todo o sistema mundial, alguns movimentos ecológicos e feministas, tendem a estar habitados pelo paradigma das comunidades de fronteira. Ao contrário, o movimento sindical tradicional no Norte, algumas correntes do movimento feminista e muitos movimentos de homossexuais e lésbicas tendem a prefigurar o paradigma das comunidades-fortaleza. Sobretudo estes últimos tendem a constituir comunidades excludentes-defensivas.

Para o paradigma emergente, o objetivo central é lutar contra o *apartheid* identitário e cultural que o paradigma dominante pressupõe e tem vindo a desenvolver constantemente. A quinta dimensão providencial do Estado em Pasárgada 2 consiste em promover a pluralidade e a permeabilidade das identidades pelo incentivo à confrontação entre os dois paradigmas, com base na ideia de que o apartheid se reproduz incessantemente na sociedade, e a muitos mais níveis do que vulgarmente se julga, sendo, de resto, um dos recursos estratégicos do paradigma capital-expansionista.

Por último, no espaço-tempo mundial o conflito paradigmático é entre o paradigma do desenvolvimento desigual e da soberania excludente e o paradigma do desenvolvimento democraticamente sustentável e da soberania reciprocamente permeável. O primeiro paradigma, dominante, foi acima descrito com algum detalhe, pelo que me dispenso de o caracterizar aqui. O segundo paradigma, emergente, convoca um novo sistema mundial organizado segundo

PELA MÃO DE ALICE. O SOCIAL E O POLÍTICO NA PÓS-MODERNIDADE   299

princípios eco-socialistas. É, de algum modo, um sistema mais globalizador que o atual, porque a globalização ocorre sob o signo da identificação transnacional das necessidades humanas fundamentais e do princípio da dignidade humana. Depois de séculos de modernidade capitalista, a hierarquia Norte/Sul tornou-se uma mega-fricção, uma marca profunda das experiências sociais no interior do sistema mundial, e como tal não pode ser erradicada de um momento para o outro. Mas deve, a partir de agora, ser posta sob suspeita sistemática.

O princípio da acção social neste espaço-tempo passa a ser que tudo o que contribui para aumentar a hierarquia Norte/Sul é uma prática de lesa-humanidade, como tal devendo ser avaliada. O sistema interestatal tem um papel importante na promoção dessa suspeita sistemática, mas para o exercer cabalmente tem ele próprio que se transformar profundamente. Daí, o princípio das soberanias recíproca e democraticamente permeáveis. O princípio da soberania exclusiva, tal como foi desenvolvido pelo paradigma dominante, torna na prática possível que os Estados mais fortes, invocando interesses nacionais, nomeadamente de segurança nacional, possam exercer as suas prerrogativas de soberania à custa da soberania dos Estados mais fracos. Efetivamente, a soberania dos Estados periféricos e semiperiféricos tem sido tradicionalmente muito permeável às pretensões dos Estados hegemónicos. O que é necessário é assumir a permeabilidade como um processo recíproco e democrático por via do qual os Estados negoceiam a perda da sua soberania a favor de organizações internacionais e de organizações não governamentais transnacionais mais bem equipadas que o Estado para realizar as tarefas eco-socialistas transnacionais. Tal como no espaço-tempo da cidadania o Estado negoceia democraticamente a perda de soberania interna a favor de grupos e organizações que passam, por transferência, a exercer algumas prerrogativas de autogoverno, no espaço-tempo mundial os Estados negoceiam entre si e organizações internacionais e transnacionais a perda de soberania externa de modo a que estas disponham de um conjunto de prerrogativas de soberania que lhes permita criar formas de governação transnacional para os temas e problemas que não podem ser adequadamente resolvidos, nem a nível estatal, nem sequer a nível interestatal.

Poder e política
A terceira grande área de contradição e competição paradigmática é o poder e a política. Esta área é talvez mais importante que as demais na medida em que nela se concebem e forjam as coligações capazes de conduzir a transição paradigmática. A dificuldade de tal tarefa está em que a transição paradigmática reclama,

muito mais que uma luta de classes, uma luta de civilizações, e reclama-o num momento em que nem sequer a luta de classes parece estar na agenda política. No entanto, do ponto de vista do paradigma emergente, tal situação longe de ser paradoxal ou dilemática, exprime a um nível muito profundo as potencialidades paradigmáticas que o tempo presente encerra e que é preciso fazer desabrochar.

Na verdade, o definhamento da luta de classes ou, para sermos mais exatos, a derrota global do movimento operário organizado significa, não que os objetivos desta luta estejam cumpridos – provavelmente nunca estiveram tão longe de o estar – mas antes que eles só são obtíveis dentro de um contexto mais amplo, civilizacional, em que efetivamente estiveram integrados na sua origem, mas que, a pouco e pouco, foi perdido. Se analisarmos o movimento operário revolucionário desde o início do século XIX até à Comuna de Paris, verificamos que os seus objetivos, mais que uma luta de classes, implicavam uma luta civilizacional. Assim, as suas lutas não tinham por objetivo uma mera mudança das relações de produção. Aspiravam a uma nova sociabilidade, à transformação radical da educação e do consumo, à eliminação da família, à emancipação da mulher e ao amor livre. É só no último quartel do século XIX, e em boa medida devido à ascendência do marxismo no movimento operário, que os objetivos civilizacionais vão ceder o passo aos meros objetivos de classe. É nesse processo que o movimento operário passa a ser integrado na modernidade capitalista, no mesmo processo em que Marx desenha a estratégia para a superar. Uma estratégia que, à partida, estava votada ao fracasso, uma vez que, nesse momento, a modernidade estava já reduzida, enquanto projecto social, à modernidade capitalista e não era por isso, possível eliminar a última salvaguardando a primeira.

O objetivo de um pensamento heterotópico é exatamente o de repor, no final do século XX e em moldes radicalmente diferentes, a luta civilizacional por que mereceu a pena lutar no princípio do século XIX. Esta luta civilizacional é sem dúvida uma luta epistemológica e psicológica e uma luta por padrões alternativos de sociabilidade e de transformação social, mas é acima de tudo uma luta entre paradigmas de poder e de política. As lutas estão obviamente interligadas porque, em cada uma delas, tanto o paradigma dominante, como o paradigma emergente recebem o apoio cúmplice dos paradigmas correspondentes em competição nas outras lutas. É esta sobreposição de lutas que confere o âmbito e a intensidade específicos de uma luta civilizacional. E se esta sobreposição cria o potencial de uma transformação radical, torna também particularmente difícil, sobretudo numa fase inicial de transição paradigmática, a criação e a consolidação das coligações e das organizações portadoras de uma nova equação entre interesses e capacidades.

PELA MÃO DE ALICE. O SOCIAL E O POLÍTICO NA PÓS-MODERNIDADE   301

Contra tais coligações e organizações milita a eficácia multiplicadora da sobreposição dos paradigmas dominantes em cada uma das áreas de sociabilidade. Isto explica que, como notei acima, sejam fracos, fragmentados e localizados os grupos e as lutas que um pouco por toda a parte tentam romper com os dilemas que descrevi e propor uma saída civilizacional. O que lhes falta não é tanto a capacidade organizativa ou recursos embora estes também escasseiem – mas antes a legitimidade e muitas vezes a autolegitimidade para a partir de espaços sociais tão circunscritos propor transformações que só são eficazes se forem globais. O objetivo central da Câmara Paradigmática de Pasárgada 2 na área do poder e da política consiste precisamente em elevar o nível crítico de legitimidade dos grupos em luta pelo paradigma emergente, através da explicitação das mediações entre o local e o global.

O conflito paradigmático nesta área é entre o paradigma da democracia autoritária e o paradigma da democracia eco-socialista. O paradigma da democracia autoritária está inscrito na matriz do Estado moderno liberal e já referi algumas das suas características. Acrescentarei agora apenas as que têm diretamente a ver com o seu caráter autoritário. Tal caráter consiste, em primeiro lugar, em conceber como política apenas uma das formas de poder que circulam na sociedade e limitar a ela o dispositivo democrático. Consiste, em segundo lugar, em limitar este dispositivo democrático a um princípio mono-organizativo, a democracia representativa, supostamente o único isomórfico com a forma de poder que pretende democratizar. Consiste, em terceiro lugar, em conferir ao Estado o monopólio de poder político através do princípio da obrigação política vertical entre Estado e cidadão. Consiste, finalmente, em esse monopólio estatal ser exercido na dependência financeira e ideológica dos interesses económicos hegemónicos que, na sociedade capitalista, são os que se afirmam como tal à luz do princípio do mercado.

Do ponto de vista do paradigma da democracia eco-socialista, estas características são autoritárias porque a sua eficácia social confere aos poderosos, aos grupos e classes dominantes, uma enorme legitimidade, que não só reproduz, como aprofunda a hierarquia e a injustiça social. Assim, ao considerar como apenas política uma das formas de poder, a do espaço-tempo da cidadania, o paradigma dominante demite-se da exigência de democratização das restantes formas do poder. Em segundo lugar, esta demissão acarreta o fechamento do potencial democrático num modelo institucional e organizativo (a democracia representativa) especificamente vocacionado para funcionar setorial e profissionalmente sem perturbar o despotismo com que outras formas de poder são socialmente exercidas e sem também se deixar perturbar por elas. Em terceiro lugar, a democracia representativa assenta num desequilíbrio estrutural entre o seu eixo vertical (a relação Estado-cidadãos) e o seu eixo horizontal (a relação cidadão-cidadãos) nos termos do qual a fraqueza deste segundo eixo potencia em geral o autoritarismo do eixo vertical, ao mesmo tempo que permite que ele se exerça desigualmente em relação a diferentes grupos de cidadãos, tanto mais autoritariamente quanto socialmente mais vulneráveis forem tais grupos. Por último, e ligado ao que acabei de dizer, o autoritarismo deste paradigma reside em que o Estado moderno, sendo o Estado que historicamente maior exterioridade em relação ao poder económico revela, é, de facto, muito mais dependente dele, quer porque os governantes deixaram de ter fortuna pessoal, quer porque o Estado assumiu novas funções que exigem a mobilização de vastos recursos. Daí a necessidade de o Estado ter de manter uma relação de diálogo cúmplice com o poder económico ou, em casos extremos, ter de romper o diálogo para garantir a sua sobrevivência (as nacionalizações).

O potencial autoritário do paradigma dominante é enorme e os regimes distinguem-se pelo maior ou menor grau com que o realizam. Daí que os regimes ditos autoritários ou mesmo totalitários não sejam uma aberração total, estranha ao paradigma.Pelo contrário, pertencem-lhe genuinamente e apenas representam as formas extremas que ele pode assumir. O fascismo, por um lado, e o comunismo, por outro, são, cada um a seu modo formas extremas do Estado liberal moderno e da democracia autoritária que lhe é constitutiva. Este autoritarismo reproduz-se hoje sob novas formas, menos visíveis e por isso talvez unais perigosas e difíceis de erradicar, sob a forma da destruição do meio ambiente, do consumismo compulsivo, da dívida externa e da hierarquia do sistema mundial, do ajustamento estrutural e das leis de imigração e do imperialismo cultural.

O paradigma emergente, o paradigma da democracia eco-socialista, é radicalmente democrático, no sentido em que visa instaurar a democracia a partir das diferentes raízes do autoritarismo e sob as múltiplas formas por que ele se manifesta. Para este paradigma são quatro as fontes principais de autoritarismo na nossa sociedade, correspondendo aos quatro espaços-tempo estruturais que tenho vindo a referir. Como notei a seu tempo, as relações sociais destes espaços-tempo são relações de poder e de desigualdade e como tal fontes de autoritarismo. O projeto democrático tem, pois, para ser consequente, de alvejar cada uma destas formas de poder no sentido de o democratizar. E deve fazê-lo de modo a maximizar o uso eficaz de processos de democratização especificamente adequados à forma de poder em causa. Ou seja, para o paradigma emergente, não há uma, mas quatro formas estruturais de democracia e cada uma permite variação interna.

A concentração exclusiva do paradigma dominante apenas numa forma, a democracia representativa, adequada ao espaço-tempo da cidadania, significou um empobrecimento dramático do potencial democrático que a modernidade trazia no seu projecto inicial. É, pois, necessário reinventar esse potencial, o que pressupõe inaugurar dispositivos institucionais adequados a transformar as relações de poder em relações de autoridade partilhada. Nisso consiste o processo global de democratização. Este paradigma envolve uma enorme expansão do conceito da democracia e em várias direções, uma delas está já explicitada no que acabei de descrever. Como vimos, a democracia deve ser expandida do espaço-tempo da cidadania – onde aliás vigora com fortes limitações, como vimos – aos restantes espaços-tempo estruturais. Isto significa que a democracia não é uma especificidade normativa da instituição do Estado nacional. Pelo contrário, a democracia é, por assim dizer, específica de todos os espaços estruturais e de todos os níveis de sociabilidade. A especificidade reside no modo variado como ela é institucionalizada. Em cada um dos espaços-tempo, o paradigma emergente está vinculado à transformação das relações sociais, de relações de poder em relações de partilha da autoridade, mas tal transformação assume necessariamente formas diferentes nas unidades eco-socialistas de consumo e nas unidades eco-socialistas de produção, por exemplo.

A expansão estrutural da democracia envolve também uma diversificação da escala. O pensamento democrático da modernidade concebeu a escala nacional como a "escala natural" de institucionalização da democracia. Trata-se efetivamente de uma redução arbitrária porque, por um lado, existiu sempre uma tradição de democracia local que a modernidade teve de suprimir para poder instaurar a sua originalidade. E porque, por outro lado, com o conceito de soberania impermeável, suprimiu preventivamente um futuro de relações democráticas internacionais que ela tornava contraditoriamente urgente e impossível.

O paradigma da democracia eco-socialista expande a democracia ainda numa terceira direcção: a duração intertemporal e intergeracional. Segundo este paradigma, a proximidade do futuro é hoje tão grande que nenhum presente é democrático sem ele. Por assim dizer, as gerações futuras votam com igual peso que as gerações presentes. Aliás, a democracia das relações interestatais visa sobretudo a democracia das relações intergeracionais e é em nome desta que a cooperação entre os Estados é mais imprescindível e urgente.

Esta tripla expansão da democracia – estrutural, escalar e intergeracional – pressupõe um enorme investimento de inovação institucional. Como todas as formas estruturais de poder são políticas e como em todas elas a transformação paradigmática visa constituir, a partir delas, formas de partilha de autoridade, a democracia eco-socialista é internamente muito diversa. Na sua definição mais simples, o eco-socialismo é democracia sem fim. Tal objetivo utópico pode funcionar eficazmente como critério dos limites da democracia na modernidade capitalista. Não se trata de obter a transparência total nas relações sociais, mas antes de lutar sem limites contra a opacidade que as despolitiza e desingulariza.

Uma luta democrática com esta amplitude não pode confiar num sujeito privilegiado nem contentar-se com um conceito unívoco de direitos. São quatro as posições subjetivas estruturais que se combinam e articulam de diferente forma na prática social dos sujeitos, tanto individuais, como coletivos. A família, a classe, a cidadania e a nacionalidade são dimensões ou posições de subjetividade que se combinam nos indivíduos e nos grupos sociais de modos diferentes segundo os contextos e as culturas, segundo as práticas e as tradições, segundo os objetivos e os obstáculos. Dada esta multiplicidade de posições subjetivas e das combinações a que dão azo, são recorrentes as constelações contraditórias de subjetividades parciais, ou seja, a articulação no mesmo indivíduo ou grupo social de posições de subjetividade incongruentes, do que resultam padrões de acção que a racionalidade moderna considera tortuosos, ineficazes, contraditórios ou mesmo absurdos. São precisos critérios de racionalidade mais amplos para compreender a complexidade de tais constelações de subjetividades e os obstáculos à sua mobilização no sentido da transição paradigmática. A luta pelo paradigma emergente avança tanto mais quanto mais dimensões da subjetividade o adotam como princípio de razão prática. Trata-se de um objetivo difícil, pois o mais normal é que, numa situação de transição paradigmática, o indivíduo, tal como a sociedade, esteja dividido, com algumas das suas dimensões de subjetividade próximas do paradigma dominante e outras, próximas do paradigma emergente. As coligações a favor do paradigma emergente são possíveis na exata medida em que a ele aderem, uma a unta, as diferentes dimensões da subjetividade dos indivíduos e dos grupos sociais.

Concluo assim um percurso telescópico sobre as formas que assume a confrontação entre o paradigma dominante e o paradigma emergente nos domínios do conhecimento e subjetividade, dos padrões de transformação social e do poder e política. A imaginação de tal debate na Câmara Paradigmática de Pasárgada 2 destina-se a desenvolver o campo das alternativas sociais práticas e a convocar as instituições educacionais a participar ativamente nessa tarefa ensinando e investigando por igual os paradigmas em confronto. O reconhecimento do conflito paradigmático tem por objetivo precisamente reconstituir o nível de complexidade a partir do qual é possível pensar e operacionalizar alternativas de desenvolvimento societal. Era já contra o reducionismo que Fourier se revoltava no princípio do século XIX ao referir-se aos economistas como "essa seita de repente saída da obscuridade" (1967). Na ciência moderna em geral, a perfetibilidade das palavras e dos cálculos tem coexistido com o absurdo das ações e das consequências. Daí que na transição paradigmática se tolere a imperfetibilidade das palavras e dos cálculos se ela se traduzir numa maior razoabilidade e equidade das ações e das consequências.

Não me propus neste capítulo formular uma nova teorização da realidade no final do século. Procurei, pelo contrário, desteorizá-la para a poder depois utopizar com o objetivo de contribuir para a criação de um novo senso comum que nos permita transformar a ordem ou desordem existente que Fourier significativamente designava por "ordem subversiva".

Não é tarefa fácil nem é uma tarefa individual. Mas se é verdade que a paciência dos conceitos é grande, a paciência da utopia é infinita.

Quarta Parte
O Grande Desafio: a Universidade na Transição Paradigmática

CAPÍTULO 10
DA IDEIA DE UNIVERSIDADE À UNIVERSIDADE DE IDEIAS

Um pouco por todo o lado a universidade confronta-se com uma situação complexa: são-lhe feitas exigências cada vez maiores por parte da sociedade ao mesmo tempo que se tornam cada vez mais restritivas as políticas de financiamento das suas actividades por parte do Estado. Duplamente desafiada pela sociedade e pelo Estado, a universidade não parece preparada para defrontar os desafios, tanto mais que estes apontam para transformações profundas e não para simples reformas parcelares. Aliás, tal impreparação, mais do que conjuntural, parece ser estrutural, na medida em que a perenidade da instituição universitária, sobretudo no mundo ocidental, está associada à rigidez funcional e organizacional, à relativa impermeabilidade às pressões externas, enfim, à aversão à mudança.

Começarei por identificar os principais parâmetros da complexa situação em que se encontra a universidade para, de seguida, construir o ponto de vista a partir do qual a universidade deve defrontar os desafios que lhe são postos.

Fins sem Fim
A notável continuidade institucional da universidade sobretudo no mundo ocidental sugere que os seus objectivos sejam permanentes. Em tom joco-sério Clark Kerr afirma que das oitenta e cinco instituições actuais que já existiam em 1520, com funções similares às que desempenham hoje, setenta são universidades (Kerr, 1982:152)[91]. Em 1946, repetindo o que afirmava já em 1923, Karl Jaspers, bem dentro da tradição do idealismo alemão, definia assim a missão eterna da universidade: é o lugar onde por concessão do Estado e da sociedade uma determinada época pode cultivar a mais lúcida consciência de si própria. Os seus membros congregam-se nela com o único objectivo de procurar, incondicionalmente, a verdade e apenas por amor à verdade (Jaspers, 1965:19). Daqui decorreriam, por ordem decrescente de importância, os três grandes objectivos da universidade: porque a verdade só é acessível a quem a procura sistematicamente, a investigação é o principal objectivo da universidade; porque o âmbito da verdade é muito maior que o da ciência, a universidade deve ser um centro

---

[91] Sobre a história das universidades, ver entre muitos Bayen (1978).

de cultura, disponível para a educação do homem no seu todo; finalmente, porque a verdade deve ser transmitida, a universidade ensina e mesmo o ensino das aptidões profissionais deve ser orientado para a formação integral (Jaspers, 1965:51 e ss.). No seu conjunto, estes objectivos – cada um deles inseparável dos restantes – constituiriam a ideia perene da universidade, uma ideia una porque vinculada à unidade do conhecimento. Esta ideia que, além de una, é também única na civilização ocidental, exigiria, para sua realização (aliás, nunca plena), um dispositivo institucional igualmente único.

Tendo certamente presente a tradição em que se integra Jaspers (Schelling, Humboldt e Schleiermacher), Ortega y Gasset insurgia-se em 1930 contra a "beataria idealista" que atribuía à escola uma força criadora "que, ela não tem nem pode ter" e considerava a universidade alemã, enquanto instituição, "uma coisa deplorável", para logo concluir que se "a ciência alemã tivesse que nascer exclusivamente das virtudes institucionais da universidade seria bem pouca coisa" (Ortega y Gasset, 1982: 28 e ss.). Apesar disto, ao enumerar as funções da universidade, Gasset não ia muito além de Jaspers: transmissão da cultura; ensino das profissões; investigação científica e educação dos novos homens de ciência (Ortega y Gasset, 1982:41).

Esta (aparente?) perenidade de objectivos só foi abalada na década de sessenta, perante as pressões e as transformações a que foi então sujeita a universidade. Mesmo assim, ao nível mais abstracto, a formulação dos objectivos manteve uma notável continuidade. Os três fins principais da universidade passaram a ser a investigação, o ensino e a prestação de serviços. Apesar de a inflexão ser, em si mesma, significativa e de se ter dado no sentido do atrofiamento da dimensão cultural da universidade e do privilegiamento do seu conteúdo utilitário, produtivista, foi sobretudo ao nível das políticas universitárias concretas que a unicidade dos fins abstractos explodiu numa multiplicidade de funções por vezes contraditórias entre si. A explosão das funções foi, afinal, o correlato da explosão da universidade, do aumento dramático da população estudantil e do corpo docente, da proliferação das universidades, da expansão do ensino e da investigação universitária a novas áreas do saber.

Em 1987, o relatório da OCDE sobre as universidades atribuía a estas dez funções principais: educação geral pós-secundária; investigação; fornecimento de mão-de-obra qualificada; educação e treinamento altamente especializados; fortalecimento da competitividade da economia; mecanismo de selecção para empregos de alto nível através da credencialização; mobilidade social para os filhos e filhas das famílias operárias; prestação de serviços à região e à comu-

PELA MÃO DE ALICE. O SOCIAL E O POLÍTICO NA PÓS-MODERNIDADE   311

nidade local; paradigmas de aplicação de políticas nacionais (ex. igualdade de oportunidades para mulheres e minorias raciais); preparação para os papéis de liderança social (OCDE, 1987:16 e ss.).

Uma tal multiplicidade de funções não pode deixar de levantar a questão da compatibilidade entre elas. Aliás, a um nível mais básico, a contradição será entre algumas destas funções (nomeadamente as que têm merecido mais atenção nos últimos anos) e a ideia da universidade fundada na investigação livre e desinteressada e na unidade do saber. Pode, no entanto, argumentar--se que esta contradição, mesmo que hoje exacerbada, existiu sempre, dado o carácter utópico e ucrónico da ideia de universidade (Bienaymé, 1986:3). Já o mesmo se não pode dizer das contradições entre as diferentes funções que a universidade tem vindo a acumular nas últimas três décadas. Pela sua novidade e importância e pelas estratégias de ocultação e de compatibilização que suscitam, estas contradições constituem hoje o tema central da sociologia das universidades.

A função da investigação colide frequentemente com a função de ensino, uma vez que a criação do conhecimento implica a mobilização de recursos financeiros, humanos e institucionais dificilmente transferíveis para as tarefas de transmissão e utilização do conhecimento. No domínio da investigação, os interesses científicos dos investigadores podem ser insensíveis ao interesse em fortalecer a competitividade da economia. No domínio do ensino, os objectivos da educação geral e da preparação cultural colidem, no interior da mesma instituição, com os da formação profissional ou da educação especializada, uma ·contradição detectável na formulação dos planos de estudos da graduação e na tensão entre esta e a pós-graduação. O accionamento de mecanismos de selecção socialmente legitimados tende a colidir com a mobilidade social dos filhos e filhas das famílias operárias tal como a formação de dirigentes nacionais pode colidir com a ênfase na prestação de serviços à comunidade local.

Qualquer destas contradições e quaisquer outras facilmente imagináveis criam pontos de tensão, tanto no relacionamento das universidades com o Estado e a sociedade, como no interior das próprias universidades, enquanto instituições e organizações. Dado que não parece possível nas condições macro-sociais presentes superar estas contradições, o objectivo das reformas da universidade propostas um pouco por toda a parte nos últimos anos tem sido fundamentalmente o de manter as contradições sob controlo através da gestão das tensões que elas provocam, recorrendo para isso a expedientes que noutro lugar designei por mecanismos de dispersão (Santos, 1982).

Esta gestão de tensões tem sido particularmente problemática em três domínios: a contradição entre a produção de alta cultura e de conhecimentos exemplares necessários à formação das elites de que a universidade se tem vindo a ocupar desde a idade média, e a produção de padrões culturais médios e de conhecimentos úteis para as tarefas de transformação social e nomeadamente para a formação da força de trabalho qualificada exigida pelo desenvolvimento industrial (Moscati, 1983:22); a contradição entre a hierarquização dos saberes especializados através das restrições do acesso e da credencialização das competências e as exigências sócio-políticas da democratização e da igualdade de oportunidades; e, finalmente, a contradição entre a reivindicação da autonomia na definição dos valores e dos objectivos institucionais e a submissão crescente a critérios de eficácia e de produtividade de origem e natureza empresarial.

Porque é de sua natureza não intervir ao nível das causas profundas das contradições, a gestão das tensões tende a ser sintomática e representa sempre a reprodução controlada de uma dada crise da universidade. A primeira contradição, entre conhecimentos exemplares e conhecimentos funcionais, manifesta-se como *crise de hegemonia*. Há uma crise de hegemonia sempre que uma dada condição social deixa de ser considerada necessária, única e exclusiva. A universidade sofre uma crise de hegemonia na medida em que a sua incapacidade para desempenhar cabalmente funções contraditórias leva os grupos sociais mais atingidos pelo seu défice funcional ou o Estado em nome deles a procurar meios alternativos de atingir os seus objectivos. A segunda contradição, entre hierarquização e democratização, manifesta-se como *crise de legitimidade*. Há uma crise de legitimidade sempre que uma dada condição social deixa de ser consensualmente aceite. A universidade sofre uma crise de legitimidade na medida em que se torna socialmente visível a falência dos objectivos colectivamente assumidos. Finalmente, a terceira contradição, entre autonomia institucional e produtividade social, manifesta-se como *crise institucional*. Há uma crise institucional sempre que uma dada condição social estável e auto-sustentada deixa de poder garantir os pressupostos que asseguram a sua reprodução. A universidade sofre uma crise institucional na medida em que a sua especificidade organizativa é posta em causa e se lhe pretende impor modelos organizativos vigentes noutras instituições tidas por mais eficientes.

A gestão das tensões produzidas por esta tripla crise da universidade é tanto mais complexa quanto é certo que as contradições entre as funções manifestas da universidade "sofrem" a interferência das funções latentes da universidade. Esta distinção entre funções manifestas e funções latentes, com longa tradição

PELA MÃO DE ALICE. O SOCIAL E O POLÍTICO NA PÓS-MODERNIDADE   313

na sociologia, é sobretudo útil para analisar relações intersistémicas, no caso, entre o sistema universitário e o sistema de ensino superior, ou entre este e o sistema educativo, ou ainda entre este e o sistema social global. Por exemplo, numa situação de estagnação económica, o défice de desempenho da função manifesta de formação da força de trabalho pode ser compensado, como de facto tem vindo a suceder, pela função latente de "parque de estacionamento". A universidade desempenha esta função ao acolher e ao deixar permanecer no seu seio por um período mais ou menos prolongado gente que não se arrisca a entrar no mercado de trabalho com credenciais de pouco valor e que se serve da universidade como compasso de espera entre conjunturas, usando-a produtivamente para acumular títulos e qualificações que fortaleçam num momento posterior a sua posição no mercado. Por outro lado, perante uma forte pressão social no sentido da expansão do sistema universitário, a universidade pode responder a essa pressão mediante o desempenho da função latente de "arrefecimento das aspirações dos filhos e filhas das classes populares", ou seja, reestruturando-se de modo a dissimular, sob a capa de uma falsa democratização, a continuação de um sistema selectivo, elitista.

A um nível mais geral, a sociologia tem vindo a mostrar como as aparentes contradições entre funções no seio do sistema educativo podem esconder articulações mais profundas entre este e os outros subsistemas sociais, articulações detectáveis nas distinções entre funções económicas e funções sociais, ou entre funções instrumentais e funções simbólicas. As dificuldades hoje comummente reconhecidas de planificar adequadamente o sistema educativo em função das necessidades previsíveis da mão-de-obra no mercado de trabalho dos próximos anos e, portanto, o deficiente desempenho das funções económicas e instrumentais da universidade não impedem esta, antes pelo contrário, de desempenhar adequadamente funções sociais e simbólicas, como, por exemplo, a função de inculcar nos estudantes valores positivos perante o trabalho e perante a organização económica e social de produção, regras de comportamento que facilitem a inserção social das trajectórias pessoais, formas de sociabilidade e redes de interconhecimento que acompanham os estudantes muito depois da universidade e muito para além do mercado de trabalho, interpretações da realidade que tornam consensuais os modelos dominantes de desenvolvimento e os sistemas sociais e políticos que os suportam.

Tanto Bourdieu e Passeron (1970) como Offe (1977) demonstraram que o sistema educativo funciona de modo a que a contradição entre o princípio da igualdade de oportunidades e da mobilidade social através da escola, por um lado, e a continuação, a consolidação e até o aprofundamento das desigualdades sociais, por outro, não seja socialmente visível, dessa forma contribuindo para perpetuar e legitimar uma ordem social estruturalmente incoerente, "obrigada" a desmentir na prática as premissas igualitárias em que se diz fundada. Daí que a análise das contradições e das crises de um dado subsistema, por exemplo, da universidade, deva ser sempre contextualizada no nível sistémico em que tem lugar. As contradições a um dado nível são congruências a um outro, a eclosão ou o agravamento das crises num dado subsistema pode ser compensada pela eliminação ou atenuação das crises noutro sistema. Talvez por isso a rigidez global do sistema social possa conviver sem problemas com as muitas turbulências sectoriais; talvez por isso a proliferação das crises raramente conduza à polarização cumulativa dos factores de crise; talvez por isso os mecanismos de dispersão das contradições passem tão facilmente por mecanismos de resolução das contradições.

Tanto a crise de hegemonia como a crise de legitimidade e a crise institucional eclodiram nos últimos vinte anos e continuam hoje em aberto. No entanto, são diferentes os tempos históricos dos factores que as condicionam, tal como são diferentes as lógicas das acções que visam controlá-las. A crise de hegemonia é a mais ampla porque nela está em causa a exclusividade dos conhecimentos que a universidade produz e transmite. É também aquela cujos factores condicionantes têm maior profundidade histórica. Se aceitarmos a divisão do desenvolvimento do capitalismo em três períodos – o período do capitalismo liberal (até finais do século XIX); o período do capitalismo organizado (de finais do século XIX até aos anos sessenta); e o período do capitalismo desorganizado (de finais dos anos sessenta até hoje)[92] – os factores da crise de hegemonia configuram-se logo no primeiro período. De facto, a proclamação da ideia da universidade é de algum modo reactiva, surge no momento em que a sociedade liberal começa a exigir formas de conhecimento (nomeadamente conhecimentos técnicos) que a universidade tem dificuldade em incorporar. Na crise de legitimidade está em causa o espectro social dos destinatários dos conhecimentos produzidos e, portanto, a democraticidade da transmissão destes. Os factores desta crise configuram-se no período do capitalismo organizado por via das lutas pelos direitos sociais (entre os quais, o direito à educação) e económicos cujo êxito conduziu ao Estado-Providência. Finalmente, na crise institucional está em causa a autonomia e a especificidade organizacional da instituição universitária. Os

---

[92] Sobre três períodos do capitalismo, consulte o capítulo 4.

PELA MÃO DE ALICE. O SOCIAL E O POLÍTICO NA PÓS-MODERNIDADE   315

factores desta crise configuram-se no período do capitalismo desorganizado e decorrem em geral, da crise do Estado-Providência.

Passarei agora a tratar com alguma extensão a crise de hegemonia, por ser a mais ampla e por estar, assim, presente nas demais. Por falta de espaço far-se--á apenas uma breve referência à crise de legitimidade e à crise institucional.

A crise de hegemonia

A centralidade da universidade enquanto lugar privilegiado da produção de alta cultura e conhecimento científico avançado é um fenómeno do século XIX, do período do capitalismo liberal, e o modelo de universidade que melhor o traduz é o modelo alemão, a universidade de Humboldt.

A exigência posta no trabalho universitário, a excelência dos seus produtos culturais e científicos, a criatividade da actividade intelectual, a liberdade de discussão, o espírito crítico, a autonomia e o universalismo dos objectivos fizeram da universidade uma instituição única, relativamente isolada das restantes instituições sociais, dotada de grande prestígio social e considerada imprescindível para a formação das elites.

Esta concepção da universidade, que já no período do capitalismo liberal estava em relativa dessintonia com as "exigências sociais" emergentes, entrou em crise no pós-guerra e sobretudo a partir dos anos sessenta[93]. Esta concepção repousa numa série de pressupostos cuja vigência se tem vindo a mostrar cada vez mais problemática à medida que nos aproximamos dos nossos dias. Estes pressupostos podem formular-se nas seguintes dicotomias: alta cultura – cultura popular; educação – trabalho; teoria – prática.

Alta cultura – cultura popular

A dicotomia alta cultura – cultura popular constitui o núcleo central do ideário modernista. A alta cultura é uma cultura-sujeito enquanto a cultura-popular é uma cultura-objecto, objecto das ciências emergentes, da etnologia, do folclore, da antropologia cultural rapidamente convertidas em ciências universitárias. A centralidade da universidade advém-lhe de ser o centro da cultura-sujeito. A crise desta dicotomia no pós-guerra resulta da emergência da cultura de massas, uma nova forma cultural com uma distinta vocação para cultura-sujeito e assim

---

[93] A crise de hegemonia é, sem dúvida, a mais profunda das que a universidade atravessa. A ela se quererá provavelmente referir Eduardo Lourenço quando fala da crise da universidade que "ultrapassa o acidental e corrigível estado de universidade em crise" (1988: 74).

disposta a questionar o monopólio até então detido pela alta cultura. A cultura de massas tem uma lógica de produção, de distribuição e de consumo completamente distinta e muito mais dinâmica da que é própria da cultura universitária e os seus produtos vão apertando o cerco à alta cultura universitária, quer porque reciclam constantemente os produtos desta, quer porque concorrem com ela na formação do universo cultural dos estudantes. Incapaz de transformar esta nova forma cultural numa cultura-objecto, a universidade deixa de ser o produtor central de cultura-sujeito e nessa medida perde centralidade.

A gestão da tensão daqui decorrente foi obtida por diferentes mecanismos de dispersão ao longo dos últimos trinta anos. Os anos sessenta foram dominados pela tentativa de confrontar a cultura de massas no seu próprio terreno, massificando a própria alta cultura. Foi este, sem dúvida, um dos efeitos, nem sempre assumido, do processo de democratização da universidade. A explosão da população universitária, a alteração significativa da composição de classe do corpo estudantil e a ampliação dos quadros de docentes e investigadores possibilitaram a massificação da universidade e com ela a vertigem da distribuição (senão mesmo da produção) em massa da alta cultura universitária. No limite, admitiu-se que a escolarização universal acabaria por atenuar consideravelmente a dicotomia entre alta cultura e cultura de massas.

Não foi, contudo, isto o que sucedeu. A massificação da universidade não atenuou a dicotomia, apenas a deslocou para dentro da universidade pelo dualismo que introduziu entre universidade de elite e universidade de massas. Tal como teve lugar, a democratização da universidade traduziu-se na diferenciação-hierarquização entre universidades e entre estas e outras instituições de ensino superior. A produção da alta cultura permaneceu em grande medida controlada pelas universidades mais prestigiadas, enquanto as universidades de massas se limitaram à distribuição da alta-cultura ou, quando a produziram, baixaram o nível de exigência e degradaram a qualidade. Este foi o preço que a universidade teve de pagar para tentar manter a sua centralidade na produção de cultura-sujeito. Nos anos setenta este preço começou a revelar-se demasiado alto. A atenuação da tensão entre alta cultura e cultura de massas provocara uma outra tensão que, não fora a *contradictio in adjecto*, se poderia designar entre alta cultura alta e alta cultura de massas. A denúncia insistentemente repetida da degradação da produção cultural na esmagadora maioria das universidades veio a dar origem, nos anos oitenta, à reafirmação do elitismo da alta cultura e à legitimação das políticas educativas destinadas a promovê-lo.

A última e mais dramática apologia do elitismo da alta cultura é, sem dúvida, o livro de Allan Bloom, *A Cultura Inculta* (1988)[94], pelo que merece uma referência mais detalhada. Segundo Bloom, a universidade tal como hoje a conhecemos é um produto do projecto iluminista e este é um projecto elitista, um projecto que implica a liberdade "para os raros homens teóricos se ocuparem da investigação racional no pequeno número de disciplinas que tratam os primeiros princípios de todas as coisas" (1988: 256). A universidade é, assim, uma instituição aristocrática destinada a "encorajar o uso não instrumental da razão por si própria, proporcionar uma atmosfera onde a superioridade moral e física do dominante não intimide a dúvida filosófica, preservar o tesouro dos grandes feitos, dos grandes homens e dos grandes pensamentos que se exige para alimentar essa dúvida" (1988: 244). Nestas condições, a universidade não pode ser uma instituição democrática e convive mal com a democracia, sobretudo porque nesta "não há uma classe não democrática" (1988: 245). É, pois, necessariamente uma instituição impopular que "deve resistir à tentação de querer fazer tudo pela sociedade" (1988: 249). À luz desta concepção, os anos sessenta foram "um desastre"; liquidaram por completo o que ainda restava da universidade: "não sei de nada de positivo que esse período nos tivesse trazido" (1988: 312). Aliás, a devastação foi tão completa que "é difícil imaginar que haja quer os meios quer a energia dentro da universidade para constituir ou reconstituir a ideia de um ser humano culto e estabelecer de novo uma educação liberal" (1988: 369). Não é aqui o lugar de proceder a uma apreciação global do manifesto bloomiano. Apenas desejo salientar que a divulgação e repercussão que ele tem tido é reveladora de um certo regresso aos anos cinquenta e à identificação, corrente neste período, da alta cultura com as humanidades e destas com a grande tradição ocidental.

Deste modo, a dispersão da contradição entre alta cultura e cultura de massas, que nos anos sessenta fora tentada no terreno desta última, através da massificação da universidade, passa agora, nos anos oitenta, a ser tentada no terreno da alta cultura, através da consagração dos privilégios que a esta são devidos. Este novo mecanismo de dispersão aponta para um certo regresso à condição que dominou até aos anos cinquenta, mas tem agora um significado social e político muito distinto, porque, ao contrário de então, a afirmação da

---

[94] Utilizo a versão portuguesa porque é a mais acessível aos leitores e porque nos passos aqui seleccionados a tradução está mais ou menos correcta. Em geral, porém, a tradução é indecorosamente descuidada.

inevitabilidade do elitismo implica agora a liquidação das aspirações democráticas que acompanharam nos anos sessenta as políticas de massificação. Entre os anos sessenta e os anos oitenta são, pois, accionados dois mecanismos de dispersão de sinal contrário. Através de ambos a universidade procura manter a sua centralidade enquanto produtora de cultura-sujeito, num caso diluindo-se mas correndo o risco de descaracterização, no outro, concentrando-se mas assumindo o risco do isolamento.

Educação – trabalho
A hegemonia da universidade não é pensável fora da dicotomia educação-trabalho. Esta dicotomia começou por significar a existência de dois mundos com pouca ou nenhuma comunicação entre si: o mundo ilustrado e o mundo do trabalho. Quem pertencia ao primeiro estava dispensado do segundo; quem pertencia ao segundo estava excluído do primeiro. Esta dicotomia atravessou, com este significado, todo o primeiro período do desenvolvimento capitalista, o período do capitalismo liberal, mas já no final do período começou a transformar-se e a assumir um outro significado que se viria a tornar dominante no período do capitalismo organizado. A dicotomia passou então a significar a separação temporal de dois mundos intercomunicáveis, a sequência educação-trabalho. Esta transformação da relação entre os termos da dicotomia acarretou inevitavelmente a transformação interna de cada um dos termos. De algum modo, a dicotomia instalou-se no interior de cada um deles. Assim, a educação, que fora inicialmente transmissão da alta cultura, formação do carácter, modo de aculturação e de socialização adequado ao desempenho da direcção da sociedade, passou a ser também educação para o trabalho, ensino de conhecimentos utilitários, de aptidões técnicas especializadas capazes de responder aos desafios do desenvolvimento tecnológico no espaço da produção. Por seu lado, o trabalho, que fora inicialmente desempenho de força física no manuseio dos meios de produção, passou a ser também trabalho intelectual, qualificado, produto de uma formação profissional mais ou menos prolongada. A educação cindiu-se entre a cultura geral e a formação profissional e o trabalho entre o trabalho não qualificado e o trabalho qualificado.

A resposta da universidade a esta transformação consistiu em tentar compatibilizar no seu seio a educação humanística e a formação profissional e assim compensar a perda de centralidade cultural provocada pela emergência da cultura de massas com o reforço da centralidade na formação da força de trabalho especializada. Esta resposta, plenamente assumida nos anos sessenta,

PELA MÃO DE ALICE. O SOCIAL E O POLÍTICO NA PÓS-MODERNIDADE 319

trouxe consigo, como já referi, a diferenciação interna do ensino superior e da própria universidade. Ao lado das universidades "tradicionais" surgiram ou desenvolveram-se outras instituições especificamente vocacionadas para a formação profissional, mantendo graus diversos de articulação com as universidades: Community and Junior Colleges nos EUA, Fachhochschule na Alemanha, Institutes Universitaires de Technologie na França, Polytechnics na Inglaterra. Por seu lado, as universidades, que entretanto se multiplicaram, passaram a conhecer novas formas de diferenciação e de estratificação: entre as faculdades profissionais tradicionais (Direito e Medicina), as novas ou ampliadas faculdades de especialização profissional (Engenharias, Ciências e Tecnologia, Economia, Administração), e as faculdades "culturais" (Letras e Ciências Sociais).

A diferenciação e a estratificação no interior do sistema universitário não deixou de perturbar a unidade do saber subjacente à "missão" e à forma institucional tradicional da universidade, mas garantiu, durante algum tempo, a centralidade desta num mundo tecnológico em mudança acelerada. No entanto, porque tal garantia assentava na dicotomia educação-trabalho, o questionamento desta no período do capitalismo desorganizado não poderia deixar de revelar a fragilidade desta estratégia de centralização.

O questionamento da dicotomia educação-trabalho processa-se hoje a dois níveis. Em primeiro lugar, a relação sequencial entre educação e trabalho pressupõe uma correspondência estável, entre a oferta de educação e a oferta de trabalho, entre titulação e ocupação. A estagnação dos anos setenta e as saídas que se têm vindo a procurar para ela (tais como as novas formas de industrialização, o terciário de ponta, a indústria do conhecimento e da informação) têm, no seu conjunto, mostrado a crescente inviabilidade de tal correspondência estável. A duração do ciclo de formação universitária de um dado perfil profissional é cada vez maior que a do ciclo de consumo produtivo deste. Esta descoincidência é agravada pela rigidez institucional da universidade, e pela consequente dificuldade em captar atempadamente os sinais do mercado de trabalho e de agir em conformidade. Daí que a universidade seja constantemente confrontada, ora com a produção de excesso, ora com a produção deficiente de perfis profissionais, sem que as solicitações de profissionalização tenham o mínimo de estabilidade que permita esboçar uma resposta. Quando esta é tentada, o mais provável é que não atinja os seus objectivos ou até atinja os objectivos contrários.

Mas a dicotomia educação-trabalho é hoje questionada a um nível mais profundo, o questionamento da própria sequência educação-trabalho. Em primeiro lugar, a acelerada transformação dos processos produtivos faz com que a educação deixe de ser anterior ao trabalho para ser concomitante deste. A formação e o desempenho profissional tendem a fundir-se num só processo produtivo, sendo disso sintomas as exigências da educação permanente, da reciclagem, da reconversão profissional, bem como o aumento da percentagem de adultos e de trabalhadores-estudantes entre a população estudantil. Em segundo lugar, a própria concepção de trabalho tem vindo a alterar-se no sentido de tornar mais ténue a ligação entre trabalho e emprego, fazendo com que o investimento na formação deixe de ter sentido enquanto investimento num dado emprego. Acresce ainda que a miragem "pós-industrial" acena com ganhos de produtividade que farão diminuir significativamente o tempo de trabalho produtivo e, com isso, a centralidade do trabalho na vida das pessoas. Sendo certo que os conhecimentos adequados à formação de produtores não se adequam à formação de consumidores – num caso são necessários conhecimentos específicos, no outro são necessários conhecimentos gerais –, a tendência para privilegiar a formação de consumidores acabará por se repercutir no núcleo curricular.

Mas o questionamento da dicotomia educação-trabalho tem ainda duas implicações, de algum modo contraditórias, para a posição da universidade no mercado do trabalho. Por um lado, é hoje evidente que a universidade não consegue manter sob o seu controle a educação profissional. A seu lado, multiplicam--se instituições de menores dimensões, maior flexibilidade e maior proximidade ao espaço da produção com oferta maleável de formação profissional cada vez mais volátil. Aliás, o próprio espaço da produção transforma-se por vezes numa "comunidade educativa" onde as necessidades de formação, sempre em mutação, são satisfeitas no interior do processo produtivo. Por outro lado, e em aparente contradição com isto, a mutação constante dos perfis profissionais tem vindo a recuperar o valor da educação geral e mesmo da formação cultural de tipo humanista. Em face das incertezas do mercado de trabalho e da volatilidade das formações profissionais que ele reclama, considera-se que é cada vez mais importante fornecer aos estudantes uma formação cultural sólida e ampla, quadros teóricos e analíticos gerais, uma visão global do mundo e das suas transformações de modo a desenvolver neles o espírito crítico, a criatividade, a disponibilidade para inovação, a ambição pessoal, a atitude positiva perante o trabalho árduo e em equipa, e a capacidade de negociação que os preparem para enfrentar com êxito as exigências cada vez mais sofisticadas do processo produtivo.

Verifica-se, assim, um certo regresso ao generalismo, ainda que agora concebido, não como saber universalista e desinteressado próprio das elites, mas antes como formação não-profissional para um desempenho pluriprofissionalizado.

PELA MÃO DE ALICE. O SOCIAL E O POLÍTICO NA PÓS-MODERNIDADE   321

O relatório da OCDE sobre a universidade a que já fiz referência privilegia "a preparação ampla para uma grande variedade de condições subsequentes imprevisíveis" em detrimento de "um treinamento específico para uma tarefa que daqui a cinco ou dez ou vinte anos pode já não existir" (OCDE, 1987:12). E a propósito cita os resultados de um inquérito recente a empresários ingleses sobre as suas expectativas a respeito da formação universitária. Sem surpresa, o inquérito revela que se espera que a universidade seleccione os jovens mais capazes e lhes forneça alguns conhecimentos específicos. Mas, curiosamente, espera-se acima de tudo que a universidade os submeta a experiências pedagógicas que, independentemente do curso escolhido, criem flexibilidade, promovam o desenvolvimento pessoal e agucem a motivação individual (OCDE, 1987:66).

Colocada perante transformações que não controla e pressionada por exigências contraditórias, a universidade procura gerir a sua posição ameaçada através de uma contabilidade de ganhos e perdas de desempenho funcional. Confrontada com as antimonias da formação profissional a que, sob pressão social, pretendeu vincular a sua hegemonia, não deixa de manter em segunda linha, e ainda que marginalizada, a educação humanística, pronta a ser reactivada no momento em que for nesse sentido a pressão social dominante. A permanência e estabilidade da universidade são, para isso, um recurso inestimável e mesmo a rigidez institucional de que frequentemente é criticada funcionará por vezes a favor, se não da sua centralidade, pelo menos da sua sobrevivência. Mas a contradição de base permanece e não deixará de se manifestar em novas tensões. É que uma coisa é a reivindicação da hegemonia por via da autonomia funcional (o desempenho de uma função que lhe é própria e que, por isso, lhe é atribuída em exclusivo) e outra, a reivindicação da hegemonia por via da dependência funcional (a tentativa de manter a exclusividade por via da incorporação das funções em dado momento importantes). Esta diferença está particularmente bem documentada na dicotomia que se segue.

Teoria – prática

Desde o século XIX a universidade pretende ser o lugar por excelência da produção de conhecimento científico. Não admira, pois, que a sua reputação seja tradicionalmente medida pela sua produtividade no domínio da investigação. É possível que alguns tipos de universidades conquistem reputação apesar de predominantemente dedicadas ao ensino, como, por exemplo, alguns *Liberal Arts Colleges* americanos ou as *Grandes Écoles* francesas, mas são excepções que confirmam a regra. A busca desinteressada da verdade, a escolha autónoma de métodos e temas de investigação, a paixão pelo avanço da ciência constituem a marca ideológica da universidade moderna. São a justificação última da autonomia e da especificidade institucional da universidade. Subjazem às regras e aos critérios de contratação e de promoção na carreira, tanto dos investigadores, o que não surpreenderia, como dos docentes. De facto, os docentes são sempre considerados investigadores-docentes. Se é verdade que o objectivo da formação profissional, apesar de toda a atenção que tem merecido desde a década de sessenta, não conseguiu eliminar o objectivo educacional geral da universidade, não é menos verdade que este, apesar de inerente à ideia da universidade, não conseguiu nunca suplantar o objectivo primordial da investigação. Aliás, a investigação foi sempre considerada o fundamento e a justificação da educação de "nível universitário" e a "atmosfera de investigação", o contexto ideal para o florescimento dos valores morais essenciais à formação do carácter[95].

A marca ideológica do desinteresse e da autonomia na busca da verdade fez com que o prestígio se concentrasse na investigação pura, fundamental ou básica e que incluísse nesta as humanidades e as ciências sociais. Daí a dicotomia entre teoria e prática e a prioridade absoluta da primeira.

Qualquer que tenha sido a sua tradução real no período do capitalismo liberal e na primeira fase do período do capitalismo organizado, esta ideologia universitária entrou em crise no pós-guerra e nos anos sessenta viu-se frontalmente confrontada com a reivindicação do envolvimento da universidade e do conhecimento por ela produzido na resolução de problemas económicos e sociais prementes. Foi assim posta em questão a dicotomia entre a teoria e a prática, e as tensões daí decorrentes têm vindo a ser geridas com recurso a diferentes mecanismos de dispersão.

A vertente principal do apelo à prática foram as exigências do desenvolvimento tecnológico, da crescente transformação da ciência em força produtiva, da competitividade internacional das economias feita de ganhos de produtividade cientificamente fundados. As mesmas condições que, no domínio da educação, reclamaram mais formação profissional reclamaram, no domínio da investigação, o privilegiamento da investigação aplicada. Mas o apelo à prática teve uma outra vertente, mais sócio-política, que se traduziu na crítica do isolamento da universidade, da torre de marfim insensível aos problemas do mundo contemporâneo,

---

[95] Não é por acaso que na classificação (hierarquização) das universidades americanas elaborada pela Carnegie Foundation as universidades mais prestigiadas são incluídas no grupo "Research Universities I".

PELA MÃO DE ALICE. O SOCIAL E O POLÍTICO NA PÓS-MODERNIDADE   323

apesar de sobre eles ter acumulado conhecimentos sofisticados e certamente utilizáveis na sua resolução.

Posta perante a questão da sua relevância económica, social e política, a universidade procurou mais uma vez usar expedientes que salvaguardassem a sua centralidade sem, no entanto, comprometer a sua identidade funcional e institucional tradicional. E mais uma vez os resultados ficaram aquém das promessas, mas não tanto que tenham feito perigar, pelo menos até agora, a permanência da universidade. Neste caso, a razão talvez resida no facto de os apelos à prática decorrerem de interesses muito distintos e até antagónicos, sustentados por grupos ou classes sociais com desigual poder social, e de a universidade, sem deixar de privilegiar os interesses e os grupos sociais dominantes, ter procurado dar alguma resposta (mesmo que apenas cosmética) aos interesses e aos grupos sociais dominados. Convocada em direcções opostas, a universidade pôde tomar cada uma delas sem mudar de lugar.

À luz disto, deve ter-se presente que, ao contrário do que fazem crer os relatórios oficiais, nacionais e internacionais, a questão da relevância económica, social e política da universidade, tal como foi levantada a partir dos anos sessenta, incluiu vertentes muito diversas e discrepantes. O amalgamento destas em palavras de ordem abstractas, como, por exemplo, o apelo à "inserção da universidade na comunidade", facilitou todos os reducionismos, e a verdade é que esta palavra de ordem significa, nos relatórios de hoje, pouco mais que as relações entre a universidade e a indústria ou entre a universidade e a economia. Ao contrário, procurarei distinguir no que se segue entre o papel da universidade no acréscimo de produtividade industrial e o papel da universidade na valorização social e cultural da comunidade envolvente.

A universidade e a produtividade

A interpelação da universidade no sentido de participar activamente no desenvolvimento tecnológico do sistema produtivo nacional tem vindo a ser formulada com cada vez maior insistência e traduz-se em duas problemáticas principais: a da natureza da investigação básica e a das virtualidades e limites da investigação aplicada nas universidades.

A natureza da investigação básica tornou-se problemática nos últimos trinta anos, quer porque os seus custos aumentaram exponencialmente, quer porque a conversão progressiva da ciência em força produtiva acabou por pôr em causa a própria validade da distinção entre investigação básica e aplicada. A questão dos custos agravou-se nos anos setenta com a crise financeira do Estado e com a multiplicação dos centros universitários de investigação resultante da explosão universitária da década anterior. Em consequência, a centralidade e, nalguns países, a exclusividade da universidade na investigação básica, que fora até então pensada como solução e contabilizada como benefício, passou a ser pensada como problema e contabilizada como custo. As manifestações desta inversão foram várias. Em primeiro lugar, as grandes empresas multinacionais, transformadas em agentes económicos privilegiados da nova ordem económica internacional, criaram os seus próprios centros de investigação básica e aplicada e a excelência dos seus resultados pôde rivalizar com os dos centros universitários. Em segundo lugar, o próprio Estado criou centros de investigação não universitários, dotados de maior flexibilidade e isentos dos "vícios da universidade", especializados em áreas de ponta (novos materiais, biotecnologia, inteligência artificial, robótica, energia) e disponíveis para articulações de diferentes tipos e graus com os centros universitários. Em terceiro lugar, o Estado procurou seleccionar as universidades e os centros de investigação com maior capacidade de investigação e concentrar neles os recursos financeiros disponíveis.

Enquanto os dois primeiros tipos de medidas afectaram a centralidade da universidade a partir de fora, o último tipo afectou-a a partir de dentro. Tal como já sucedera no contexto das dicotomias alta cultura – cultura de massas e educação – trabalho, produziu-se a diferenciação e estratificação entre universidades. Neste caso, o processo foi facilitado pela convicção de que a expansão da universidade nos anos sessenta relaxara os critérios de contratação e de promoção, fazendo entrar para o corpo docente pessoas abaixo do nível de excelência e sem motivação para a investigação. Este processo está de resto em curso e as propostas vão no sentido de concentrar a maioria dos recursos nalgumas universidades, financiando nas restantes as tarefas de síntese e de disseminação do conhecimento e os programas de actualização dos docentes[96]. A execução de tais propostas está, no entanto, a debater-se com múltiplas dificuldades e resistências. É que, apesar de apenas uma fracção dos docentes de uma fracção das universidades fazer efectivamente investigação e contribuir para o avanço do conhecimento, a verdade é que o universo simbólico da vida universitária continua povoado pela prioridade da investigação e a definição do prestígio, tanto institucional, como pessoal, continua vinculada à realidade ou à ficção verosímil da *performance* científica. A concentração dos recursos para

---

[96] Por exemplo, no Canadá 26 das 71 universidades absorvem 90% dos fundos disponíveis para a investigação (OCDE, 1987: 31).

PELA MÃO DE ALICE. O SOCIAL E O POLÍTICO NA PÓS-MODERNIDADE   325

a investigação cria nas instituições excluídas uma marginalização muito mais ampla que a que decorre do fecho de centros de investigação, com repercussões dificilmente previsíveis tanto no corpo docente como no corpo discente.

A política de concentração de recursos tem vindo a ser complementada por uma outra, a do incitamento à procura de recursos externos, não estatais. Esta última implica uma pressão no sentido do privilegiamento da investigação aplicada e é responsável pela grande actualidade da questão das relações entre a universidade e a indústria. Os factores macro-económicos determinantes deste processo são a relativa estagnação económica dos países centrais no início da década de setenta, com prolongamentos até ao presente, e a convicção, hoje generalizada, de que tal estagnação se ficou a dever menos aos choques do petróleo do que ao declínio absoluto e relativo da produtividade da indústria (OCDE, 1984:11), declínio esse que, também consensualmente, é atribuído à desaceleração da inovação tecnológica. Este fenómeno é particularmente evidente nos EUA onde, no início da década de oitenta, a indústria gastava em investigação e desenvolvimento uma percentagem dos seus lucros inferior à que gastava em meados da década de sessenta e o investimento incidia mais em transformações parcelares dos produtos existentes do que em inovações estruturais (Bok, 1982:137).

O consenso sobre a relação entre declínio da produtividade e desacelera-ção da mudança tecnológica coloca no centro da saída da crise a questão da velocidade e eficiência com que se pode traduzir o conhecimento científico em produtos e processos úteis e, consequentemente, no centro da questão, a universidade e a investigação científica que nela tem lugar. Sendo certo que a universidade sempre se imaginou vocacionada para a investigação básica e orga-nizada em função das exigências desta, não será difícil imaginar a turbulência simbólica e institucional produzida pelo incitamento cada vez mais insistente à investigação aplicada e pelas medidas em que se vai traduzindo. Expressão disso é o facto de a discussão sobre este tema estar a incidir primordialmente na análise dos custos e dos benefícios para a universidade decorrentes de uma ligação mais intensa à indústria. É sintomático também que os benefícios mais convictamente reconhecidos sejam os financeiros, quer os que decorrem direc-tamente dos projectos de investigação financiados pela indústria, quer os que indirectamente podem resultar do aumento da competitividade internacional da economia (mais fundos estatais e não estatais disponíveis para a universidade).

Pelo contrário, os custos e os riscos são muitos e variados. Em primeiro lugar, o risco de alteração degenerativa das prioridades científicas. Até agora, os investigadores universitários imaginaram-se a decidir os temas de investigação em função do seu interesse intrínseco, do desafio que colocam às teorias consagradas, das promissoras descobertas que sugerem. O privilegiamento da investigação aplicada pode perturbar estes critérios de prioridade e, tendencialmente, substituí-los por outros: relevância económica e perspectivas de lucros dos temas de investigação; virtualidade destes para criarem novos produtos e processos; probabilidade de serem financiados por empresas sediadas na região da universidade. Se estas se permitirem impor a investigação de temas intrinsecamente pouco importantes mas economicamente muito relevantes, o resultado será provavelmente o de investigadores capazes serem "desviados" para a investigação de rotina empreendida apenas em razão da sua rentabilidade.

Este risco está relacionado com um outro, o do pacto fáustico. Os investigadores que aceitam ou promovem o financiamento industrial das suas investigações podem ficar na dependência da empresa financiadora. As remunerações vultuosas que recebem e os melhores equipamentos e outras infraestruturas de investigação de que passam a dispor são obtidos à custa da perda de autonomia, de conflitos constantes entre as pressões do curto prazo da empresa e as perspectivas de longo prazo próprias dos critérios científicos de investigação e de inevitáveis cedências na avaliação da maturidade, representatividade ou fiabilidade dos resultados.

O imaginário universitário é dominado pela ideia de que os avanços de conhecimento científico são propriedade da comunidade científica, ainda que a sua autoria possa ser individualizada. A discussão livre dos procedimentos e etapas da investigação e a publicidade dos resultados são considerados imprescindíveis para sustentar o dinamismo e a competitividade da comunidade científica. A "comunidade" industrial tem outra concepção de dinamismo, assente nas perspectivas de lucro, e outra concepção de competitividade, assente nos ganhos de produtividade. Se as suas concepções se sobrepuserem às da comunidade científica, teremos, em vez da publicidade dos resultados, o secretismo, em vez da discussão enriquecedora, o mutismo sobre tudo o que é verdadeiramente importante no trabalho em curso, em vez da livre circulação, as patentes. As investigações mais interessantes e os dados mais importantes serão mantidos em segredo para não destruir as vantagens competitivas da empresa financiadora e os resultados só serão revelados quando forem patenteáveis. Os sinais de uma tal "perversão" têm vindo a acumular-se e a perturbação que estão a causar em alguns sectores da comunidade científica está já presente e, até com insistência, nos relatórios oficiais (OCDE, 1984; OCDE, 1987: 58 e ss.).

PELA MÃO DE ALICE. O SOCIAL E O POLÍTICO NA PÓS-MODERNIDADE   327

Uma lógica de investigação e de divulgação dominada pelas patentes acarreta um outro risco, o das vantagens "desleais" conferidas às empresas financiadoras decorrentes do acesso privilegiado à informação para além do que respeita estritamente ao projecto de investigação financiado. Este risco converte-se por vezes num tema de discussão pública como, por exemplo, no caso do contrato no valor de 23 milhões de dólares entre a empresa Monsanto e a Faculdade de Medicina de Harvard. Trata-se de uma questão complexa que obriga a distinguir (com que critérios, é o que se discute) entre vantagens merecidas em função do esforço de financiamento e vantagens não merecidas. Uma das suas repercussões tem lugar na política de licenciamento de patentes quando estes pertencem à universidade (licenciamento em regime de exclusividade ou em regime de não exclusividade?).

Embora a seriedade de muitos destes riscos só seja avaliável a longo prazo, a discussão a seu respeito tende a ser feita em função dos impactos imediatos. E estes são sobretudo visíveis a dois níveis. Ao nível do corpo docente, pela acentuação das diferenças de salários entre os docentes cujos temas de investigação são economicamente exploráveis e os restantes docentes, diferenças que se repercutem nos investigadores e docentes mais jovens quando têm de optar entre vários objectos possíveis de investigação. A esta diferenciação corresponde um alargamento, que alguns consideram perigoso, do que se deve entender por "actividade aceitável ou legítima" de um investigador universitário (predominância do trabalho de consultoria de empresas; formação e gestão de empresas, etc.) (OCDE, 1987:60). A "distorção comercial" acaba por transformar-se numa "distorção institucional"[97]. O segundo nível diz respeito ao declínio das humanidades e das ciências sociais, áreas de menor comerciabilidade, tradicionalmente prestigiadas, com grande expansão nos anos sessenta e que agora correm o risco de marginalização, apesar de reclamadas pelo novo generalismo a que acima fiz referência.

A preocupação com os impactos imediatos tem vindo a impedir uma reflexão mais cuidada sobre as consequências a médio e a longo prazo. Por outro lado, tem contribuído para ocultar o facto de que a situação emergente não significa uma alteração de qualidade, mas tão-só de grau em relação à situação anterior. Os valores da ética científica – o comunismo, o desinteresse, o universalismo, o cepticismo organizado, para usar o elenco de Merton (Merton, 1968: 604 e

---

[97] Os perigos decorrentes desta distorção são hoje evidentes e aparecem com cada vez mais insistência em publicações de organismos internacionais que ainda há pouco viam sobretudo benefícios na ligação universidade-indústria. Ver, OCDE (1988).

ss.; Santos, 1978) – são parte integrante do universo simbólico universitário e são importantes enquanto tal, mas a prática universitária esteve sempre mais ou menos longe de os respeitar. As relações com a indústria começaram já no século XIX e, com a indústria da guerra, no início dos anos quarenta; as lutas de prestígio e de prioridade entre departamentos e entre centros de investigação vem de há muito; a cobiça dos prémios (Nobel e outros) é há muito responsável pelo secretismo e pelo "individualismo possessivo"; os critérios de avaliação e as exigências burocráticas das instituições estatais e não estatais de financiamento sempre obrigaram a "distorções" variadas na avaliação e na apresentação dos resultados e esses mesmos financiamentos, através dos seus critérios de prioridade dos temas a investigar, sempre estabeleceram diferenças entre áreas e entre remunerações dos docentes. Estamos, pois, perante uma alteração de grau, que, de resto, não é por isso menos significativa.

Como se verá melhor adiante ao analisar a crise institucional, o modo como tem vindo a ser discutida esta questão é reveladora de uma estratégia de dispersão das contradições por parte da universidade. Fragilizada por uma crise financeira e incapaz, por isso, de resistir ao impacto da luta pela produtividade ou de definir soberanamente os termos desta luta, a universidade procura adaptar-se criativamente às novas condições, tentando maximizar os benefícios financeiros e exorcizando os riscos através de um apelo ao "equilíbrio de funções" e à prevenção contra a "sobrecarga funcional" (OCDE, 1984:12).

A universidade e a comunidade

Como referi atrás, para além da vertente economicista e produtivista, o apelo à prática, teve, a partir dos anos sessenta, uma outra vertente, de orientação social e política, que consistiu na invocação da "responsabilidade social da universidade" perante os problemas do mundo contemporâneo, uma responsabilidade raramente assumida no passado, apesar da premência crescente desses problemas e apesar de a universidade ter acumulado sobre eles conhecimentos preciosos. Esta vertente teve, assim, um cunho marcadamente crítico. A universidade foi criticada, quer por raramente ter cuidado de mobilizar os conhecimentos acumulados a favor de soluções dos problemas sociais, quer por não ter sabido ou querido pôr a sua autonomia institucional e a sua tradição de espírito crítico e de discussão livre e desinteressada ao serviço dos grupos sociais dominados e seus interesses.

A reivindicação da responsabilidade social da universidade assumiu tonalidades distintas. Se para alguns se tratava de criticar o isolamento da universidade

PELA MÃO DE ALICE. O SOCIAL E O POLÍTICO NA PÓS-MODERNIDADE   329

e de a pôr ao serviço da sociedade em geral, para outros tratava-se de denunciar que o isolamento fora tão-só aparente e que o envolvimento que ele ocultara, em favor dos interesses e das classes dominantes, era social e politicamente condenável. Por outro lado, se para alguns a universidade devia comprometer--se com os problemas mundiais em geral e onde quer que ocorressem (a fome no terceiro mundo, o desastre ecológico, o armamentismo, o apartheid, etc.), para outros, o compromisso era com os problemas nacionais (a criminalidade, o desemprego, a degradação das cidades, o problema da habitação, etc.) ou mesmo com os problemas regionais ou locais da comunidade imediatamente envolvente (a deficiente assistência jurídica e assistência médica, a falta de técnicos de planeamento regional e urbano, a necessidade de educação de adultos, de programas de cultura geral e de formação profissional, etc.).

O movimento estudantil dos anos sessenta foi, sem dúvida, o porta-voz das reivindicações mais radicais no sentido da intervenção social da universidade. Entre estas reivindicações e as reivindicações dos conservadores e tradicionalistas que recusavam, por corruptor do ideário universitário, qualquer tipo de intervencionismo, foi emergindo ao longo da década um tipo de intervencionismo moderado, reformista, que teve a sua melhor formulação na ideia da *multiversidade* americana teorizada por Clark Kerr (1982) a partir de 1963. Ancorada numa longa tradição que remonta às "land-grant universities", a multiversidade é, muito sucintamente, uma universidade funcionalizada, disponível para o desempenho de serviços públicos e a satisfação de necessidades sociais conforme as solicitações das agências financiadoras, estatais e não estatais. Trata-se de uma "instituição no centro dos acontecimentos" (Kerr, 1982:42) e estes tanto podem ser a colaboração com as forças armadas e a CIA, a ligação à indústria ou às associações de agricultores, como a assistência técnica aos países do terceiro mundo, o apoio às escolas das zonas urbanas degradadas, a organização de "clínicas de vizinhança" para as classes populares, a assistência jurídica e judiciária aos pobres.

A ideia e a prática da multiversidade foi sujeita a um fogo cruzado. Os tradicionalistas fizeram duas críticas principais. A primeira era que o intervencionismo sujeitaria a universidade a pressões e tentações descaracterizadoras: muitos dos programas de extensão não estariam baseados em conhecimentos sólidos; os professores envolvidos em actividades de consultoria e de extensão dedicariam menos tempo ao ensino e à investigação e, com o decorrer do tempo, perderiam a lealdade à universidade e aos seus verdadeiros objectivos; os programas socialmente relevantes expandir-se-iam à custa do definhamento dos departamentos de filosofia, de cultura clássica ou de história medieval. A segunda crítica era que o crescimento precipitado da universidade conduziria à ampliação desmesurada dos serviços administrativos e à criação de burocracias poderosas, asfixiadoras da iniciativa e da liberdade dos docentes. Em suma, do ponto de vista conservador, a vocação da universidade seria o investimento intelectual de longo prazo, a investigação básica, científica e humanística, uma vocação por natureza isolacionista e elitista.

Mas a multiversidade foi também atacada pelo movimento estudantil e em geral pela esquerda intelectual (Wallerstein e Starr, 1971). A crítica fundamental foi a de que a universidade, com sua total disponibilidade para ser funcionalizada e financiada acabava por se tornar dependente dos interesses e grupos sociais com capacidade de financiamento, ou seja, da classe dominante, do *establishment*. Recusando-se a estabelecer as suas prioridades sociais, e a propor definições alternativas para os problemas e as necessidades sociais selecionados pelo governo e outras instituições, a universidade capitulava à subserviência e à passividade ainda que sob a capa de frenético activismo. Num notável texto de reflexão escrito no meio da turbulência estudantil, Wallerstein afirmava que "a questão não está em decidir se a universidade deve ou não deve ser politizada, mas sim em decidir sobre a política preferida. E as preferências variam". (Wallerstein, 1969:29).

A crítica conservadora passou a ouvir-se com mais insistência nos anos setenta e nos anos oitenta. Um bom exemplo é o debate actual sobre as teses de Alan Bloom, já analisadas. Muitos dos programas orientados para a minoração dos problemas sociais das classes desprivilegiadas e das minorias étnicas e rácicas foram cancelados. Outros, mais vinculados ao *establishment* (sobretudo militar), que tinham sido cancelados nos anos sessenta sob pressão da crítica estudantil, voltavam a ser activados. Em muitas universidades, a responsabilidade social da universidade foi sendo reduzida às ligações com a indústria. No entanto, no caso americano, a tradição de reformismo universitário e a especificidade das relações jurídicas (sobretudo fiscais) e institucionais das universidades com as cidades e as comunidades onde estão instaladas fez com que a ideia da multiversidade mantivesse o seu apelo ideológico e se continuasse a traduzir em programas de orientação social, sobretudo de âmbito comunitário. Das iniciativas exaltantes dos anos sessenta – escritórios de advocacia gratuita e clínicas médicas e dentárias instalados no *ghetto* por iniciativa das faculdades de direito e de medicina, respectivamente; programas de investigação e de consultoria sobre problemas urbanos organizados de colaboração entre os departamentos de sociologia e de

PELA MÃO DE ALICE. O SOCIAL E O POLÍTICO NA PÓS-MODERNIDADE   331

urbanismo por um lado, e as agências administrativas locais, por outro; acções de educação contínua e de educação de adultos a cargo dos departamentos de educação; abertura das bibliotecas universitárias à população; múltiplas iniciativas do tipo "universidade aberta"; etc. etc. – algumas sobreviveram até aos nossos dias e outras têm-se mesmo expandido. Por exemplo, em muitas faculdades de direito, os serviços de assistência jurídica e judiciária gratuita, que eram extracurriculares nos anos sessenta, foram integrados no plano de estudos enquanto forma de "educação clínica", isto é, de trabalho prático de estudantes sob a orientação dos professores. Têm-se também mantido alguns dos programas de apoio técnico à renovação urbana, sobretudo das zonas degradadas, tal como os programas para grupos especialmente carenciados (crianças abandonadas, velhos, cegos, deficientes) e os programas de reciclagem (a *midcareer education*) para quadros médios e superiores da administração pública e privada.

A teorização hoje dominante dos programas de extensão é reveladora dos limites da abertura da universidade à comunidade e dos objectivos que lhe subjazem. Em primeiro lugar, a abertura desempenha um importante papel de relações públicas em comunidades com longo rol de queixas e ressentimentos contra a universidade, desde as isenções fiscais, ao expansionismo das infraes-truturas em detrimento de outras actividades locais e ao desassossego provo-cado pela boémia estudantil. Em segundo lugar, considera-se que os serviços de extensão comunitária devem ter uma forte componente técnica de modo a evitar que a universidade se substitua ilegitimamente a outras instituições ou se descaracterize no desempenho das funções. Por último, devem ser privilegiados os programas que envolvem poucos recursos (sobretudo humanos) e que visam ajudar um dado grupo local sem antagonizar outros. Esta última orientação revela bem em que medida a universidade pretende controlar o seu desenvolvi-mento comunitário e exercê-lo de modo a manter um distanciamento calculado perante conflitos sociais. Incapaz de se isolar completamente das pressões que lhe são feitas, a universidade procura geri-las de modo a reproduzir, em con-dições sempre novas, a sua centralidade simbólica e prática sem comprometer demasiado a sua estabilidade institucional.

Na Europa, tanto o modelo alemão da universidade, como o modelo inglês, como ainda as diferentes combinações entre eles, criaram uma ideia de uni-versidade que, à partida, oferece a esta melhores condições para manter-se resguardada das pressões sociais e para fazer desse isolamento a razão de ser da sua centralidade. Em última análise, essa ideia consiste em fazer esgotar as responsabilidades sociais da universidade na investigação e no ensino. Mostrei atrás que o isolamento obtido por esta via será sempre muito relativo, pois que o questionamento, recorrente nas últimas décadas, sobre o que se deve investigar (investigação básica ou aplicada) ou sobre o que se deve ensinar (cultura geral ou formação profissional) tem vindo a ser accionado por pressões sociais a que a universidade de uma ou de outra forma vai dando resposta. Deve, no entanto, salientar-se a eficácia selectiva desta ideia europeia de universidade. Se é certo que ela contribuiu para resguardar relativamente a universidade (sobretudo no continente europeu) das reivindicações mais radicais dos anos sessenta no sentido do envolvimento da universidade no equacionamento ou mesmo na solução dos problemas mundiais, nacionais ou locais, não impediu que as universidades, a braços com uma grave crise financeira, se lançassem na luta pela produtividade e na abertura à "comunidade" industrial. E de tal modo que hoje a responsabilidade social da universidade está virtualmente reduzida aos termos da sua cooperação com a indústria.

No entanto, a concepção mais ampla de responsabilidade social, de participação na valorização das comunidades e de intervenção reformista nos problemas sociais continua vigente no imaginário simbólico de muitas universidades e de muitos universitários e tende a reforçar-se em períodos históricos de transição ou de aprofundamento democráticos. Na América Latina, por exemplo, tem vindo a concretizar-se de forma inovadora em países em processo de transição democrática. Entre outros exemplos possíveis, o mais importante foi talvez o da universidade de Brasília, sob o reitorado de Cristovam Buarque, acima de tudo pelo modo como procurou articular a tradição elitista da universidade com o aprofundamento do seu compromisso social. Num notável texto programático intitulado *Uma Ideia de Universidade*, Buarque afirma que "a política da universidade deve combinar o máximo de qualidade académica com o máximo de compromisso social... O que caracterizará o produto, portanto, é a sua qualidade, sua condição de elite, mas o que caracterizará o seu uso é o seu compromisso amplo – a sua condição antielitista" (1986:22). Com base nestas premissas é formulada uma política de extensão muito avançada: "considera-se que o conhecimento científico tecnológico e artístico gerado na Universidade e Institutos de pesquisa não são únicos. Existem outras formas de conhecimento surgidas da prática de pensar e de agir dos inúmeros segmentos da sociedade ao longo de gerações que, por não serem caracterizadas como científicas, são desprovidas de legitimidade institucional. Essas práticas estão sendo recuperadas à luz de uma actividade orgânica com a maioria da população" (Buarque, 1986:63). Do ambicioso Programa Permanente de Participação Colectiva elabo-

PELA MÃO DE ALICE. O SOCIAL E O POLÍTICO NA PÓS-MODERNIDADE   333

rado pelo Decanato de Extensão, destaco o projecto Ceilândia constituído por dois subprojectos: "o subprojecto de história popular que visa resgatar a luta dos moradores da área pelos lotes residenciais, conteúdo que será incorporado ao sistema escolar como material básico de ensino no local; e o subprojecto de saúde popular, baseado no trabalho com plantas medicinais, com a implantação de hortas medicinais e farmácia verde e com grande participação de raizeiros, benzedoras, curandeiros, profissionais de saúde, estudantes, agrónomos, etc". De salientar ainda o projecto do *Direito Achado na Rua* que visa recolher e valorizar todos os direitos comunitários, locais, populares, e mobilizá-los em favor das lutas das classes populares, confrontadas, tanto no meio rural, como no meio urbano, com um direito oficial hostil ou ineficaz[98].

O espaço concedido a esta proposta da Universidade de Brasília tem por objectivo mostrar a extrema ductilidade do apelo à prática e da concepção de responsabilidade social da universidade em que se traduziu. Em plena década de oitenta, a mesma concepção pode, em áreas diferentes do globo e em condições sociais e políticas distintas, circunscrever-se à cooperação com a indústria ou, pelo contrário, abranger um amplo programa de reforma social. Tal ductilidade, servida pela estabilidade e pela especificidade institucional da universidade, torna possível que esta continue a reclamar uma centralidade social que a cada momento vê escapar-se-lhe mas que, a cada momento, procura recuperar com recurso a diferentes mecanismos de dispersão, um imenso arsenal de estratégias de ampliação e de retracção, de inovação ou de regressão, de abertura e de fechamento, que estão inscritas na sua longa memória institucional.

Dado o modo como se reproduzem as contradições e as tensões nas dicotomias alta cultura-cultura popular, educação-trabalho, teoria-prática, em processos sociais cada vez mais complexos e acelerados, a universidade não pode deixar de perder a centralidade, quer porque a seu lado vão surgindo outras instituições que lhe disputam com sucesso algumas das funções, quer porque, pressionada pela "sobrecarga funcional", é obrigada a diferenciar-se internamente com o risco permanente de descaracterização. Daí, a crise de hegemonia que tenho vindo a analisar. Os recursos de que a universidade dispõe são inadequados para resolver a crise, uma vez que os parâmetros desta transcendem em muito o âmbito universitário, mas têm sido até agora suficientes para impedir que a crise se aprofunde descontroladamente.

---

[98] No âmbito deste projecto, foi publicada uma notável antologia de textos cuja última edição é de 1990 (Curso de Extensão Universitária à Distância, 1990).

Como resulta da análise precedente, a crise de hegemonia é a mais ampla de todas as crises que a universidade atravessa, e de tal modo que está presente nas restantes. Por esta razão, e também por falta de espaço, limito-me, a seguir, a uma breve referência à crise de legitimidade e à crise institucional.

A crise de legitimidade

Enquanto não foi posta em causa, a hegemonia da universidade constituiu fundamento bastante da legitimidade da universidade e, portanto, da aceitação consensual da sua existência institucional. No entanto, os factores que conduziram à crise de hegemonia no pós-guerra e que foram referidos na secção anterior só parcialmente explicam a crise de legitimidade tal como ela se veio a configurar, e é por isso que se devem distinguir as duas crises, apesar de a crise de hegemonia estar presente na crise de legitimidade.

Na sociedade moderna o carácter consensual de uma dada condição social tende a ser medido pelo seu conteúdo democrático; o consenso a seu respeito será tanto maior quanto maior for a sua consonância com os princípios filosófico--políticos que regem a sociedade democrática. Há-de ser este também o critério de legitimidade da universidade moderna. E à luz dele não admiraria que a legitimidade da universidade fosse, à partida, bastante precária. A universidade moderna propunha-se produzir um conhecimento superior, elitista, para o ministrar a uma pequena minoria, igualmente superior e elitista, de jovens, num contexto institucional classista (a universidade é uma sociedade de classes) pontificando do alto do seu isolamento sobre a sociedade.

Apesar disto, a legitimidade da universidade não foi seriamente questionada durante o período do capitalismo liberal e para isso contribuiu decisivamente o facto de o Estado liberal, que foi a forma política da sociedade moderna neste período, não ter, ele próprio, um forte conteúdo democrático. Este, de resto, começou por ser mesmo muito débil e só se foi fortalecendo à medida que foram tendo êxito as lutas dos trabalhadores pelo sufrágio universal, pelos direitos civis e políticos, pela organização autónoma dos interesses, pela negociação sobre a distribuição da riqueza nacional. O êxito destas lutas provocou alterações tão profundas que veio a configurar, a partir de finais do século XIX, um novo período de desenvolvimento capitalista, o período do capitalismo organizado, em cujo decurso a forma política do Estado liberal foi substituída, nas sociedades europeias desenvolvidas, pelo Estado-Providência, ou Estado social de direito, uma forma política muito mais democrática apostada em compatibilizar, dentro do marco das relações sociais capitalistas, as exigências do

PELA MÃO DE ALICE. O SOCIAL E O POLÍTICO NA PÓS-MODERNIDADE   335

desenvolvimento económico com os princípios filosófico-políticos da igualdade, da liberdade e da solidariedade que subjazem ao projecto social e político da modernidade.

Compreende-se, pois, que a legitimidade da universidade moderna, apesar de sempre precária, só tenha entrado em crise no período do capitalismo organizado e de resto, tal como a crise da hegemonia, só no final do período, na década de sessenta. A crise da legitimidade é em grande medida o resultado do êxito das lutas pelos direitos sociais e económicos, os direitos humanos da segunda geração, entre os quais pontifica o direito à educação (Santos,1989a).

A crise de legitimidade ocorre, assim, no momento em que se torna socialmente visível que a educação *superior* e a *alta* cultura são prerrogativas das classes superiores, altas. Quando a procura de educação deixa de ser uma reivindicação utópica e passa a ser uma aspiração socialmente legitimada, a universidade só pode legitimar-se, satisfazendo-a. Por isso, a sua função tradicional de produzir conhecimentos e de os transmitir a um grupo social restrito e homogéneo, quer em termos das suas origens sociais, quer em termos dos seus destinos profissionais e de modo a impedir a sua queda de status, passa a ser duplicada por estoutra de produzir conhecimentos a camadas sociais muito amplas e heterogéneas e com vista a promover a sua ascensão social. Daí, a implicação mútua da crise de hegemonia e da crise da legitimidade: o tipo de conhecimentos produzidos (questão de hegemonia) tende a alterar-se com a alteração do grupo social a que se destina (questão de legitimidade). Por isso, as respostas da universidade à crise de hegemonia analisada acima – incorporação limitada da cultura de massas, da formação profissional, da investigação aplicada e da extensão à comunidade – só são plenamente compreensíveis se tivermos em mente que com elas a universidade pretende incorporar, de modo igualmente limitado, grupos sociais até então excluídos (filhos da classe operária, da pequena burguesia, e de imigrantes, mulheres, minorias étnicas).

No momento em que a procura da universidade deixou de ser apenas a procura de excelência e passou a ser também a procura de democracia e de igualdade, os limites da congruência entre os princípios da universidade e os princípios da democracia e da igualdade tornaram-se mais visíveis: como compatibilizar a democratização do acesso com os critérios de selecção interna?; como fazer interiorizar numa instituição que é, ela própria, uma "sociedade de classes" os ideais de democracia e de igualdade?; como fornecer aos governados uma educação semelhante à que até agora foi fornecida aos governantes sem provocar um "excesso de democracia" e, com isso, a sobrecarga do sistema político para além do que é tolerável?; como é possível, em vez disso, adaptar os padrões de educação às novas circunstâncias sem promover a mediocridade e descaracterizar a universidade?

Posta perante tais questões, a universidade mais uma vez se prestou a soluções de compromisso que lhe permitiram continuar a reclamar a sua legitimidade sem abrir mão, no essencial, do seu elitismo. Em resumo, pode dizer-se que se procurou desvincular na prática, e à revelia do discurso ideológico, a procura da universidade da procura de democracia e de igualdade, de tal modo que a satisfação razoável da primeira não acarretasse a satisfação exagerada da segunda. Isto foi possível sobrepondo à diferenciação e estratificação da universidade segundo o tipo de conhecimentos produzidos, analisadas acima, a diferenciação e estratificação segundo a origem social do corpo estudantil. Os múltiplos dualismos referidos, entre ensino superior universitário e não universitário, entre universidades de elite e universidades de massas, entre cursos de grande prestígio e cursos desvalorizados, entre estudos sérios e cultura geral, definiram-se, entre outras coisas, segundo a composição social da população escolar.

A partir da década de sessenta, os estudos sociológicos foram revelando que a massificação da educação não alterava significativamente os padrões de desigualdade social. Hoje, são os relatórios oficiais a atestá-lo. Em jeito de balanço à "ênfase igualitária" dos últimos vinte anos, o relatório da OCDE a que me tenho vindo a referir afirma: "Apesar de a expansão do ensino superior que teve lugar na maioria dos países nos anos sessenta e princípios dos anos setenta ter melhorado, ao que parece, as oportunidades dos grupos socialmente desprivilegiados, a verdade é que a posição *relativa* destes grupos não melhorou significativamente sobretudo depois de meados dos anos setenta" (OCDE, 1987:34). Segundo, o mesmo relatório, a percentagem de filhos de famílias operárias a frequentar as universidades alemãs aumentou significativamente nos anos sessenta, mas mantém-se entre 12% e 15% desde 1970. Semelhantemente, em França essa percentagem era de 8% em 1962 e de apenas 12% em 1982, apesar de a população estudantil ter aumentado nesse período de 282.000 para 773.000. Ao contrário, ainda segundo o mesmo relatório, em praticamente todos os países da OCDE é mais elevada a percentagem de filhos de famílias operárias a frequentar o ensino superior não universitário (OCDE, 1987:35). O facto de o direito à educação ter vindo a significar, para os filhos das famílias operárias, o direito à formação técnica profissional é revelador do modo como a reivindicação democrática da educação foi subordinada, no marco das relações sociais capitalistas, às exigências

PELA MÃO DE ALICE. O SOCIAL E O POLÍTICO NA PÓS-MODERNIDADE   337

do desenvolvimento tecnológico da produção industrial fortemente sentidas a partir da década de sessenta[99].

Perante a reivindicação social de um modelo de desenvolvimento mais igualitário, a universidade expandiu-se segundo uma lei de desenvolvimento desigual (Moscati, 1983:66). Para aqueles que sempre estiveram contra a expansão, como, por exemplo, A. Bloom, a universidade descaracterizou-se de modo irremediável. Para os que promoveram o desenvolvimento desigual, a universidade, apesar de todas as transformações para quebrar o seu isolamento ancestral, não mudou no essencial, pois manteve sempre um núcleo duro capaz de impor os critérios de excelência e os objectivos de educação integral. Para os adeptos da expansão democrática, a universidade deixou-se funcionalizar pelas exigências do desenvolvimento capitalista (mão-de-obra qualificada) e defraudou as expectativas de promoção social das classes trabalhadoras através de expedientes de falsa democratização[100]. A diversidade de opiniões é, neste caso, reveladora da ambiguidade própria da lei do desenvolvimento desigual. É de crer que esta continue em vigor no futuro próximo, e, de resto, sem grandes sobressaltos, quer porque a pressão demográfica terminou, quer porque está a aumentar o número de estudantes com expectativas mais limitadas (adultos[101], estudantes trabalhadores, estudantes financiados pelas empresas[102], etc.). Perante estas condições diminuem os custos de uma política de discriminação social e por isso não admira que em muitos países a prioridade em garantir o acesso à universidade aos grupos sociais desprivilegiados seja hoje menor do que era nos anos sessenta e setenta (OCDE, 1987:21).

A crise institucional

De todas as crises da universidade, a crise institucional é, sem dúvida, a que tem vindo a assumir maior acuidade nos anos oitenta. Em parte, porque nela

---

[99] Ver, também, Courtois (1988).

[100] Num pequeno livro publicado em 1975, já eu denunciava a falsa democratização da universidade, ao mesmo tempo que defendia uma democratização global da universidade que incluía a democratização administrativa, geográfica, curricular, pedagógica, institucional, profissional e sócio-económica (Santos, 1975).

[101] O *Center for Education Statistics* dos EUA previu que em 1990, 47% dos estudantes do ensino superior americano teriam mais de 25 anos de idade.

[102] Cada vez mais empresas estão dispostas a financiar parte da educação dos seus empregados mas a maioria estabelece restrições quanto ao tipo de cursos que financiam (cursos curtos; cursos relacionados com o emprego). A isenção de impostos do financiamento da educação dos empregados tem funcionado como um incentivo poderoso. Ver Mitchell (1989).

se repercutem, tanto a crise de hegemonia, como a crise de legitimidade, em parte, porque os factores mais marcantes do seu agravamento pertencem efectivamente ao terceiro período do desenvolvimento capitalista, o período do capitalismo desorganizado.

O valor que está em causa na crise institucional é a autonomia universitária e os factores que têm vindo a tornar cada vez mais problemática a sua afirmação são a crise do Estado-Providência e a desaceleração da produtividade industrial nos países centrais. Os dois factores, ambos caracterizadores do período do capitalismo desorganizado, estão interligados, mas é possível, e conveniente, analisá-los em separado.

A crise do Estado-Providência é muito complexa e tratei dela com algum detalhe noutro lugar (Santos, 1990). Bastará aqui mencionar que essa crise se tem vindo a manifestar através da deterioração progressiva das políticas sociais, da política da habitação e da política da saúde à política da educação. Invocando a crise financeira – nem sempre comprovada e quase nunca causa suficiente – o Estado tem vindo a proceder a reestruturações profundas no seu orçamento e sempre no sentido de desacelerar, estagnar e mesmo contrair o orçamento social. Mas mais dramática que a evolução do nível das despesas é a evolução do seu conteúdo. Rapidamente o Estado tem vindo a passar da condição de produtor de bens e serviços (escolas, ensino) para a de comprador de bens e serviços produzidos no sector privado. Em consequência, a universidade pública, que na Europa tem um predomínio absoluto no sistema de ensino superior, tem vindo a sofrer cortes orçamentais mais ou menos significativos, sobretudo na área das ciências sociais e humanidades, ao mesmo tempo que é obrigada a defrontar-se com a crescente concorrência da universidade privada, fortemente financiada pelo Estado.

Os cortes orçamentais provocam três efeitos principais na vida institucional da universidade. Porque são selectivos, alteram as posições relativas das diferentes áreas do saber universitário e das faculdades, departamentos ou unidades onde são investigadas e (ou) ensinadas, e, com isto, desestruturam as relações de poder em que assenta a estabilidade institucional. Porque são sempre acompanhados do discurso da produtividade, obrigam a universidade a questionar-se em termos que lhe são pouco familiares e a submeter-se a critérios de avaliação que tendem a dar do seu produto, qualquer que ele seja, uma avaliação negativa. Por último, porque não restringem as funções da universidade na medida das restrições orçamentais, os cortes tendem a induzir a universidade a procurar meios alternativos de financiamento, para o que se socorrem de um discurso aparentemente contraditório que salienta simultaneamente a autonomia da universidade e a sua responsabilidade social.

Este último efeito liga-se com o segundo factor da crise institucional da universidade: a desaceleração da produtividade industrial. Qualquer que tenha sido o diagnóstico deste fenómeno, a terapêutica centrou-se desde cedo na investigação científica e tecnológica, e a partir desse momento a universidade viu-se convocada a uma participação mais activa na luta pela produtividade industrial. Vimos atrás que a universidade reagiu a essa convocação seguindo uma estratégia de minimização do risco de perda de hegemonia. Em face dos cortes orçamentais não admira que entre os benefícios esperados dessa participação os financeiros tenham sido os mais acarinhados. No entanto, os fluxos provindos das empresas, porque subordinados aos critérios de rentabilidade do investimento próprios da indústria, acabaram por exercer uma pressão, convergente com a dos cortes orçamentais, no sentido da avaliação do desempenho da universidade. Por outras palavras, a participação da universidade na luta pela produtividade acabou por virar essa luta contra a própria universidade e o impacto institucional daí decorrente não se fez esperar.

Conformada por estes factores, a crise institucional da universidade assume variadíssimos aspectos. Referir-me-ei brevemente a um deles, em meu entender, o mais importante: a avaliação do desempenho universitário.

A avaliação do desempenho universitário

A pretensão hegemónica da universidade como centro de produção de conhecimentos científicos e de educação superior, combinada com a sua especificidade organizativa e a natureza difusa dos serviços que produz, fez com que a ideia da avaliação do desempenho funcional da universidade fosse olhada com estranheza e até hostilidade. À primeira vista, compreende-se mal uma tal atitude, pois a universidade é uma sociedade compulsivamente virada para a avaliação, da avaliação do trabalho escolar dos estudantes à avaliação dos docentes e investigadores para efeitos de promoção na carreira. Mas, por outro lado, é compreensível que a compulsão da avaliação interna desenvolva por si uma certa rejeição da avaliação externa, pois é disso que se trata quando se fala da avaliação do desempenho da universidade. Mesmo que seja efectuada pela própria universidade, tal avaliação será sempre externa, quer porque coloca a utilidade social da universidade num conjunto mais amplo de utilidades sociais, quer porque envolve, mesmo que implicitamente, uma comparação entre modelos institucionais e seus desempenhos.

Seja como for, a exigência da avaliação é concomitante da crise de hegemonia. À medida que a universidade perde centralidade torna-se mais fácil justificar e até impor a avaliação do seu desempenho. Não admira, pois, que esta exigência tenha crescido muito nas duas últimas décadas. Confrontada com ela, a universidade não encontrou até hoje uma via própria e inequívoca de lhe dar resposta. Se, por um lado, a exigência da avaliação parece estar em contradição com a autonomia universitária, por outro lado, parece ser desta o correlato natural. A universidade tem tendido a ver sobretudo a contradição e a assumir uma posição defensiva, traduzida no accionamento de vários mecanismos de dispersão. Por sua vez, uma tal posição tem impedido a universidade de assumir um papel mais activo na fixação do sentido e dos critérios de avaliação.

São reconhecidas as múltiplas dificuldades da avaliação do desempenho funcional da universidade. Podem agrupar-se em três grandes problemáticas: a definição do produto universitário, os critérios da avaliação e a titularidade da avaliação.

Quanto à definição do produto da universidade, as dificuldades são o correlato da multiplicidade de fins que a universidade tem vindo a incorporar e a que acima fiz referência. Perante tal multiplicidade perguntar-se-á qual é o produto da universidade ou sequer se faz sentido falar em produto. Como afirma Bienaymé, a variedade de produtos esperados da universidade é tal que torna tão difícil exigir que a universidade os produza todos com a mesma eficácia como estabelecer entre eles uma hierarquia inequívoca (Bienaymé, 1986: 106). A produção e transmissão do conhecimento científico, a produção de trabalhadores qualificados, a elevação do nível cultural da sociedade, a formação do carácter, a identificação de talentos, a participação na resolução dos problemas sociais são produtos, não só muito variados, como difíceis de definir. Aliás, como deixei dito atrás, a produção de um deles colide frequentemente com a de um outro, pelo que, se não for estabelecida uma hierarquia, a universidade estará sempre aquém do desempenho adequado em alguns destes produtos. Questionável é ainda se se pode falar de "produtos" em alguns dos desempenhos, como, por exemplo, a formação do carácter ou a elevação do nível cultural. Pode mesmo entender-se que o uso do termo "produto" e "produção" envolve a opção por uma metáfora economicista e materialista que introduz um enviesamento de base na avaliação do desempenho da universidade.

Esta questão prende-se com a dos *critérios de avaliação*. Neste domínio, a dificuldade maior está em estabelecer medidas para a avaliação da qualidade e da eficácia. Mesmo aceitando que a universidade produz "produtos", é reconhecido que muitos deles não são susceptíveis de mensuração directa. Como

PELA MÃO DE ALICE. O SOCIAL E O POLÍTICO NA PÓS-MODERNIDADE   341

medir a formação do carácter ou mesmo o progresso científico? Não há medidas directas, e mesmo o recurso a medidas indirectas não deixa de levantar alguns problemas. Mencionarei dois, o quantitativismo e o economicismo.

Perante a inefabilidade das qualidades inscritas nos produtos a avaliar, os agentes e instituições avaliadoras tendem a privilegiar as medidas quantitativas, um procedimento bastante familiar aos cientistas sociais, desde há muito confrontados com a necessidade de operacionalizar os conceitos e estabelecer indicadores do comportamento das variáveis seleccionadas. É, no entanto, hoje reconhecido que a qualidade transborda sempre das quantidades em que é operacionalizada. Tomemos um exemplo. Perante a verificação de que a França produz mais diplomas universitários que a Alemanha apesar de possuir uma taxa de enquadramento (número de alunos por docente) muito inferior (23 na França; 9 na Alemanha) (Bienaymé, 1986: 317), fácil será concluir que o sistema universitário francês é mais eficaz que o alemão. No entanto, tal conclusão nada diz sobre a qualidade dos diplomas, o nível de excelência exigido, ou o impacto do tipo de formação no desempenho profissional dos diplomados. É certo que qualquer destes factores pode ser, por sua vez, operacionalizado em indicadores quantitativos, mas, pelos mesmos motivos, acabará por reproduzir, no seu âmbito, a irredutibilidade da qualidade à quantidade.

O problema do quantitativismo não se põe apenas ao nível da falibilidade dos indicadores. O recurso à operacionalização quantitativa leva inconscientemente a privilegiar na avaliação os objectivos ou produtos mais facilmente quantificáveis (Simpson, 1985: 535). Por exemplo, por essa razão, pode fazer-se incidir a avaliação na produção de conhecimentos científicos (medida pelo número de publicações) em detrimento da formação do carácter dos estudantes. Por outro lado, a interiorização, no seio da comunidade universitária, da avaliação quantitativa pode distorcer as prioridades científicas dos docentes e investigadores. Como afirma Giannotti, se Frederico, O Grande, tivesse exigido quarenta "papers" para recontratar Kant para a cadeira de Filosofia, em Konigsberg, Kant não teria tido tempo para escrever a "Crítica da Razão Pura". (Chaui e Giannotti, 1987: A 21).

O quantitativismo está intimamente ligado com o economicismo. Na sociedade contemporânea, o arquétipo do produto social definido quantitativamente é o produto industrial. O economicismo consiste em conceber o produto universitário como um produto industrial, ainda que de tipo especial, e consequentemente em conceber a universidade como uma organização empresarial. Este viés está hoje muito difundido e a sua vigência incontrolada representa um perigo importante para a autonomia institucional da universidade.

O perigo deriva basicamente de dois vectores: o ciclo do produto e o processo da sua produção. Quanto ao primeiro vector, *o ciclo do produto,* o perigo resulta de o produto industrial ter um ciclo muito mais curto do que o do produto universitário. A lógica da rentabilidade do investimento tende a favorecer o curto prazo em detrimento do longo prazo, e por isso só um número reduzido de empresas faz investimento estratégico, orientado para o médio ou longo prazo. A aplicação desta lógica ao desempenho da universidade tende a favorecer utilidades de curto prazo, sejam elas cursos curtos em detrimento de cursos longos, formações unidireccionadas em detrimento de formações complexas, investigação competitiva em detrimento de investigação pré-competitiva, reciclagem profissional em detrimento de elevação do nível cultural, etc., etc. E isto é tanto mais perigoso quanto é certo que, como referirei adiante, a universidade é uma das poucas instituições da sociedade contemporânea onde é ainda possível pensar a longo prazo e agir em função dele.

A pressão do curto prazo tem um impacto institucional muito específico, pois conduz a reestruturações que visam adequar a actividade universitária às exigências da lógica empresarial. É este, de resto, um dos impactos da ligação da universidade à indústria que mais atenção merece. Tal ligação nada tem de negativo, antes pelo contrário[103], se a lógica institucional da universidade for respeitada. Acontece, porém, que o discurso dominante sobre os benefícios de tal ligação tende a pôr em confronto as duas lógicas institucionais e a desvalorizar a lógica universitária naquilo em que ela não coincide com a lógica empresarial. É, aliás, ilustrativo da perda de hegemonia da universidade o facto de o discurso da ligação universidade-indústria propor a submissão da lógica da universidade à lógica da indústria, e não o contrário, como seria pensável noutro contexto[104].

O perigo da desvalorização da especificidade da universidade torna-se ainda mais evidente quando se tem em conta o segundo vector, *o processo de produção.* A universidade é uma organização trabalho-intensiva, isto é, exige uma mobilização relativamente grande de força de trabalho (docentes, funcionários e estudantes) quando comparada com a mobilização de outros factores

---

[103] Neste sentido, identificando as alternativas entre diferentes sistemas de ligação à indústria e suas virtualidades para enfraquecer ou, pelo contrário, fortalecer a posição da universidade, ver Connor, Wylie, Young (1986).

[104] A comparação entre estruturas organizacionais das universidades e das empresas começa hoje a ser um tema de investigação. Sobre a comparação das práticas de planeamento estratégico, ver Kelly e Shaw (1987). Sobre a especificidade das estruturas organizativas da universidade, ver Millett (1977). Ver ainda Goldschmidt (1984) e Etzkowitz (1983).

de produção. Isto significa que, à luz dos critérios de produtividade vigentes na sociedade capitalista, a produtividade da universidade será sempre inferior à de uma organização capital-intensiva, como tendem a ser as empresas mais directamente interessadas na ligação com a universidade. Se a universidade não puder impor, como pressuposto de base, o princípio de que a sua produtividade, enquanto organização, será sempre inferior à produtividade que ela pode gerar noutras organizações, corre o risco de se deixar descaracterizar ao ponto da ligação universidade-indústria se transformar numa ligação indústria-indústria.

Este risco conduz-nos directamente ao terceiro grupo de dificuldades na avaliação do desempenho da universidade, as que decorrem da definição da *titularidade da avaliação*. Estas são talvez as dificuldades mais dificilmente contornáveis e, também por isso, aquelas em que a atitude defensiva da universidade mais se tem evidenciado. De facto, a questão da titularidade da avaliação é a que mais directamente confronta a autonomia da universidade. Hoje, mais do que nunca, será fácil à universidade pública reconhecer que, se a dependência exclusiva do orçamento do Estado a onerou com subordinações e submissões, gravosas e humilhantes, sobretudo em épocas de crise social ou política, por outro lado, grangeou-lhe alguns espaços de autonomia que agora, em perigo de perdê-los, se lhe afiguram preciosos[105]. Por outras palavras, a recente autonomia em relação ao Estado, decorrente da liberdade para procurar e gerir recursos doutras proveniências, redunda em dependência em relação aos novos financiadores. Acresce que o velho financiador, o Estado, ao mesmo tempo que procura desonerar-se da responsabilidade de financiar em exclusivo o orçamento da universidade, tem vindo a tornar-se mais vigilante e intromissor no que respeita à aplicação e gestão dos financiamentos que ainda mantém.

Por todas estas razões, a universidade vê-se confrontada com uma crescente pressão para se deixar avaliar, ao mesmo tempo que se acumulam as condições para que lhe escape a titularidade da avaliação. A titularidade da avaliação põe-se sobretudo quando se trata de avaliações globais, avaliações de departamentos, de faculdades ou mesmo de universidades no seu todo. Nestes casos, a auto--avaliação, embora possível e desejável, não satisfará certamente quem tem mais interesse na avaliação, os financiadores, sejam eles públicos ou privados. Aliás, dadas as dependências recíprocas que se criam no interior das unidades sob avaliação, é duvidoso que a auto-avaliação possa ser mais do que justificação das rotinas estabelecidas. Daí, a figura do avaliador externo e a ambivalência com que os departamentos e as universidades a têm aceitado.

[105] No mesmo sentido, ver Price (1984/5).

Mas a questão da titularidade não se levanta apenas a respeito da pessoa ou da filiação do avaliador mas também a respeito do controlo dos critérios de avaliação e dos objectos de avaliação. Quanto a estes últimos, o que está em causa é saber se a universidade pode reivindicar ser avaliada exclusivamente em função dos "produtos" que se propôs produzir. Se a universidade for avaliada à luz de objectivos que não se propôs, terá pedido a titularidade da avaliação mesmo que os avaliadores sejam internos.

A referência que acabei de fazer aos diferentes tipos de dificuldades da avaliação do desempenho funcional da universidade mostra que tais dificuldades são obviamente reais e algumas até insuperáveis, mas mostra também que algumas delas se devem ao modo como a universidade tem vindo a enfrentar a questão da avaliação. E, mais uma vez, é fácil concluir que a universidade se tem limitado a dispersar a contradição que vê existir entre a avaliação e a autonomia, entre autonomia e produtividade.

Teríamos um quadro bem diferente se, em vez de contradição, a universidade visse na avaliação a salvaguarda da sua autonomia. Nesse caso, a universidade estaria em melhores condições para negociar participativamente os objectos, os critérios e a titularidade da avaliação. Se é certo que a perda de hegemonia da universidade contribuiu para justificar junto das agências financeiras, e sobretudo do Estado, a exigência da avaliação, não é menos certo que, perante o público em geral, tal exigência está vinculada à crise de legitimidade da universidade. Efectivamente, numa sociedade democrática, parece evidente que a universidade dê conta dos fundos públicos, apesar de tudo significativos, que absorve, fundos, em grande medida, provindos dos impostos pagos pelos cidadãos. Em vez de enfrentar esta exigência, a universidade pública, sobretudo europeia, tem vindo a evitá-la sob múltiplos pretextos e recorrendo a formas variadas de resistência passiva. O perigo desta atitude está, entre outras coisas, na oportunidade que pode dar às universidades privadas para justificarem, sob os mesmos pretextos, a recusa a serem avaliadas. Num período em que as universidades privadas se multiplicam e absorvem fundos públicos cada vez mais importantes, a falta de transparência neste sector da educação universitária pode dar origem a formas de concorrência desleal de que as universidades públicas acabarão por ser as maiores vítimas.

A posição defensiva, "dispersiva", da universidade neste domínio tem uma justificação plausível: a universidade não tem hoje poder social e político para impor condições que garantam uma avaliação equilibrada e despreconceituosa do seu desempenho. Tal impotência é, como vimos, a outra face da perda de hegemonia. Mas, tal como referi, a gestão da crise de hegemonia deixa alguma margem para lutar contra tal impotência.

Trata-se, de facto, de uma questão política, por mais que as exigências da avaliação sejam formuladas em termos tecnocráticos (eficiência; conhecimento do produto universitário; gestão racional), e é como questão política que deve ser enfrentada pela universidade. Aliás, as abordagens tecnocráticas da problemática da avaliação escondem a fraqueza política da universidade, sobretudo da universidade pública. Perante isto, a universidade só poderá resolver a crise institucional se decidir enfrentar a exigência da avaliação e, para que tal possa ser feito com sucesso, a universidade tem de procurar coligações políticas, no seu interior e no seu exterior, que fortaleçam a sua posição na negociação dos termos da avaliação[106]. Se tal suceder, a universidade terá provavelmente condições de fazer duas exigências que a meu ver são fundamentais. Em primeiro lugar, que seja ela, em diálogo com as comunidades que lhe são mais próximas (internacionais, nacionais, locais), a decidir dos objectivos em função dos quais deve ser avaliada. Em segundo lugar, que a avaliação externa seja sempre *interpares*, isto é, seja feita "por gente da comunidade académica capaz de distanciar-se do clientelismo de cada centro" (Giannotti, 1987: 91).

Contudo, a autonomia e a especificidade institucional da universidade tem vindo a impedir a busca de tais coligações. No que respeita às coligações no interior, a "sociedade de classes" que a universidade tem sido tradicionalmente não facilita a constituição de uma comunidade universitária, certamente a várias vozes, mas que inclua docentes e investigadores em diferentes fases da carreira, estudantes e funcionários. Tal dificuldade é hoje particularmente gravosa, pois a universidade só pode ser uma força para o exterior se possuir uma força interior, e a democratização interna da universidade é a pré-condição da constituição desta força. No que respeita às coligações exteriores, a "torre de marfim" que a universidade também foi durante séculos é ainda uma memória simbólica demasiado forte para permitir à universidade a procura de aliados externos sem ver nisso uma perda de prestígio ou uma perda de autonomia.

Por estas razões, tem sido difícil à universidade resolver esta dimensão marcante da sua crise institucional. E porque assim tem sido, tem-se refugiado em mecanismos de dispersão que, no caso desta crise, dificilmente poderão manter controlados durante muito tempo os factores que a vão agravando.

---

[106] No mesmo sentido, ainda que com referência específica às universidades americanas, ver Benveniste (1985).

Para uma universidade de ideias

Neste capítulo ocupo-me da universidade em geral, tendo sobretudo em mente a universidade dos países centrais. Não me ocupo especificamente da universidade portuguesa. Adianto, no entanto, que a análise das crises da universidade feita na primeira parte deste capítulo se aplica em termos gerais e com adaptações à universidade portuguesa, apesar de a modernização desta ter ocorrido mais tarde que a das restantes universidades europeias[107]. Quanto à crise de hegemonia, pode dizer-se que ela não assumiu até agora as proporções que assumiu nos países mais desenvolvidos, o que tem a ver fundamentalmente com o estado intermédio do nosso desenvolvimento e com a estrutura do nosso sistema industrial. Quanto à crise de legitimidade, ela só veio a eclodir depois do 25 de Abril de 1974 no seguimento da explosão social, e também escolar, em que se traduziu. Por ter eclodido mais tarde que nos países centrais e também por ser suportada por uma estrutura demográfica relativamente específica, a crise de legitimidade tem hoje uma acuidade entre nós muito superior à que tem nos países centrais. Quanto à crise institucional, ela é sem dúvida a que mais atenções suscita neste momento. A estagnação ou mesmo a contracção do orçamento estatal da educação tem vindo a submeter a universidade a uma austeridade tanto mais difícil de suportar quanto a situação anterior fora sempre de evidente mediocridade em relação à das restantes universidades europeias. Tal austeridade, combinada com um discurso de privatização que incita a universidade a procurar fontes alternativas de financiamento que, entretanto, dado o nosso nível de desenvolvimento industrial, são difíceis de encontrar, coloca a universidade portuguesa perante dilemas muito mais sérios do que os que são enfrentados pelas restantes universidades europeias.

Talvez, por isso, a universidade portuguesa necessite, mais que a universidade dos países centrais, de reflectir sobre uma estratégia de longo prazo. É disso que trato nesta segunda parte. Ciente de que me refiro à universidade em geral, tenho sobretudo presente a universidade portuguesa.

Na primeira parte deste capítulo, procurei mostrar que o questionamento da universidade, sendo um fenómeno talvez tão antigo quanto a própria universidade, tem-se ampliado e intensificado significativamente nos últimos anos, razão por que é legítimo falar de crise da universidade, mesmo admitindo que tal caracterização, pelo seu uso indiscriminado, não seja talvez a melhor. Mos-

---

[107] Sobre o processo de laicização da universidade portuguesa (ao tempo, apenas a universidade de Coimbra), enquanto dimensão da sua modernização, ver Catroga (1988).

PELA MÃO DE ALICE. O SOCIAL E O POLÍTICO NA PÓS-MODERNIDADE   347

trei também que a universidade, longe de poder resolver as suas crises, tem vindo a geri-las de molde a evitar que elas se aprofundem descontroladamente, recorrendo para isso à sua longa memória institucional e às ambiguidades do seu perfil administrativo. Tem-se tratado de uma actuação ao sabor das pressões (reactiva), com incorporação acrítica de lógicas sociais e institucionais exteriores (dependente) e sem perspectivas de médio ou longo prazo (imediatista).

Penso que tal modelo de gestão das contradições não pode continuar a vigorar por muito mais tempo. As pressões tendem a ser cada vez mais fortes, as lógicas externas, cada vez mais contraditórias, o curto prazo, cada vez mais tirânico. Com isto, a universidade será uma instituição cada vez mais instável e os seus membros cada vez mais forçados a desviar energias das tarefas intelectuais e sociais da universidade para as tarefas organizativas e institucionais. A crise institucional tenderá a absorver as atenções da comunidade universitária e, para além de certo limite, tal concentração fará com que as outras duas crises se resolvam pela negativa: a crise de hegemonia, pela crescente descaracterização intelectual da universidade; a crise de legitimidade, pela crescente desvalorização dos diplomas universitários.

É, pois, necessário pensar noutro modelo de actuação universitária perante os factores de crise identificados, uma actuação "activa", autónoma, e estrategicamente orientada para o médio e longo prazo. Apresento a seguir as teses que, em meu entender, devem servir de bússola numa tal actuação.

Teses para uma universidade pautada pela ciência pós-moderna
1. A ideia da universidade moderna faz parte integrante do paradigma da modernidade. As múltiplas crises da universidade são afloramentos da crise do paradigma da modernidade e só são, por isso, resolúveis no contexto da resolução desta última.

2. A universidade constituiu-se em sede privilegiada e unificada de um saber privilegiado e unificado feito dos saberes produzidos pelas três racionalidades da modernidade: a racionalidade cognitivo-instrumental das ciências, a racionalidade moral-prática do direito e da ética e a racionalidade estético-expressiva das artes e da literatura. As ciências da natureza apropriaram a racionalidade cognitivo-instrumental e as humanidades distribuíram-se pelas outras duas racionalidades. As ciências sociais estiveram desde o início fracturadas entre a racionalidade cognitivo-instrumental e a racionalidade moral-prática. A ideia da unidade do saber universitário foi sendo progressivamente substituída pela da hegemonia da racionalidade cognitivo-instrumental e portanto, das ciências da natureza. Estas representam, por excelência, o desenvolvimento do paradigma da ciência moderna. A crise deste paradigma não pode deixar de acarretar a crise da ideia da universidade moderna.

3. Estamos numa fase de transição paradigmática, da ciência moderna para uma ciência pós-moderna (Santos, 1988; 1989b). Trata-se de uma fase longa e de resultados imprevisíveis. A universidade só sobreviverá se assumir plenamente esta condição epistemológica. Refugiando-se no exercício da "ciência-normal", para usar a terminologia de Thomas Kuhn (1970), num momento histórico em que a ciência futurante é a "ciência revolucionária", a universidade será em breve uma instituição do passado. Só o longo prazo justifica a universidade no curto prazo.

4. A universidade que se quiser pautada pela ciência pós-moderna deverá transformar os seus processos de investigação, de ensino e de extensão segundo três princípios: a prioridade da racionalidade moral-prática e da racionalidade estético-expressiva sobre a racionalidade cognitivo-instrumental; a dupla ruptura epistemológica e a criação de um novo senso comum; a aplicação edificante da ciência no seio de comunidades interpretativas[108].

5. A prioridade da racionalidade moral-prática e da racionalidade estético-expressiva sobre a racionalidade cognitivo-instrumental significa antes de mais que as humanidades e as ciências sociais, uma vez transformadas à luz dos princípios referidos, devem ter precedência na produção e distribuição dos saberes universitários. Isto não implica a marginalização das ciências naturais mas tão-só a recusa da posição dominante que hoje ocupam. A natureza é cada vez mais um fenómeno social e, enquanto tal, cada vez mais importante. Correspondentemente, o comportamento anti-social mais perigoso tende a ser o que viola as normas sociais da natureza. A investigação destas normas e a formação de uma "personalidade de base" socializada nelas deve ser a função prioritária da universidade.

6. A dupla ruptura epistemológica é a atitude epistemológica recomendada nesta fase de transição paradigmática. A ciência moderna constituiu-se contra o senso comum. Esta ruptura, feita fim de si mesma, possibilitou um assombroso desenvolvimento científico. Mas, por outro lado, expropriou a pessoa humana da capacidade de participar, enquanto actividade cívica, no desvendamento do mundo e na construção de regras práticas para viver sabiamente. Daí a necessidade de se conceber essa ruptura como meio e não como fim, de modo a recolher

---

[108] Sobre estes princípios, ver Santos (1989b).

dela os seus incontestáveis benefícios, sem renunciar à exigência de romper com ela em favor da construção de um novo senso comum.

As resistências à dupla ruptura epistemológica serão enormes, tanto mais que a comunidade científica não foi treinada para ela. Compete à universidade criar as condições para que a comunidade científica possa reflectir nos pesados custos sociais que o seu enriquecimento pessoal e científico acarretou para comunidades sociais bem mais amplas. A primeira condição consiste em promover o reconhecimento de outras formas de saber e o confronto comunicativo entre elas. A universidade deve ser um ponto privilegiado de encontro entre saberes. A hegemonia da universidade deixa de residir no carácter único e exclusivo do saber que produz e transmite para passar a residir no carácter único e exclusivo da configuração de saberes que proporciona.

7. A aplicação edificante da ciência é o lado prático da dupla ruptura epistemológica. A revalorização dos saberes não científicos e a revalorização do próprio saber científico pelo seu papel na criação ou aprofundamento de outros saberes não científicos implicam um modelo de aplicação da ciência alternativo ao modelo de aplicação técnica, um modelo que subordine o *know-how* técnico ao *know-how* ético e comprometa a comunidade científica existencial, ética e profissionalmente com o impacto da aplicação. À universidade compete organizar esse compromisso, congregando os cidadãos e os universitários em autênticas comunidades interpretativas que superem as usuais interacções, em que os cidadãos são sempre forçados a renunciar à interpretação da realidade social que lhes diz respeito.

8. A universidade é talvez a única instituição nas sociedades contemporâneas que pode pensar até às raízes as razões porque não pode agir em conformidade com o seu pensamento. É este excesso de lucidez que coloca a universidade numa posição privilegiada para criar e fazer proliferar comunidades interpretativas. A "abertura ao outro" é o sentido profundo da democratização da universidade, uma democratização que vai muito para além da democratização do acesso à universidade e da permanência nesta. Numa sociedade cuja quantidade e qualidade de vida assenta em configurações cada vez mais complexas de saberes, a legitimidade da universidade só será cumprida quando as actividades, hoje ditas de extensão, se aprofundarem tanto que desapareçam enquanto tais e passem a ser parte integrante das actividades de investigação e de ensino.

9. Na fase de transição paradigmática, a universidade tem de ser também a alternativa à universidade. O grau de dissidência mede o grau de inovação. As novas gerações de tecnologias não podem ser pensadas em separado das

novas gerações de práticas e imaginários sociais. Por isso, a universidade, ao aumentar a sua capacidade de resposta, não pode perder a sua capacidade de questionamento.

10. A diluição da universidade em tudo o que no presente aponta para o futuro da sociedade exige que a universidade reivindique a autonomia institucional e a especificidade organizacional. A universidade não poderá promover a criação de comunidades interpretativas na sociedade se não as souber criar no seu interior, entre docentes, estudantes e funcionários. Para isso é necessário submeter as barreiras disciplinares e organizativas a uma pressão constante. A universidade só resolverá a sua crise institucional na medida em que for uma anarquia organizada, feita de hierarquias suaves e nunca sobrepostas. Por exemplo, se os mais jovens, por falta de experiência, não podem dominar as hierarquias científicas, devem poder, pelo seu dinamismo, dominar as hierarquias administrativas.

As comunidades interpretativas internas só são possíveis mediante o reconhecimento de múltiplos *curricula* em circulação no interior da universidade. Não se trata de oficializar ou de formalizar os *curricula* informais, mas tão-só de os reconhecer enquanto tais. Um tal reconhecimento obriga a reconceptualizar a identidade dos docentes, dos estudantes e dos funcionários no seio da universidade. São todos docentes de saberes diferentes. As hierarquias entre eles devem ser estabelecidas num contexto argumentativo.

11. A universidade deve dispor-se estrategicamente para compensar o inevitável declínio das suas funções materiais com o fortalecimento das suas funções simbólicas. Numa sociedade de classes, a universidade deve promover transgressões interclassistas. Numa sociedade à beira do desastre ecológico, a universidade deve desenvolver uma apurada consciência ecológica. Numa sociedade de festas e prazeres industrializados, a universidade deve pós-modernizar os saberes festivos da pré-modernidade.

O verdadeiro mercado para o saber universitário reside sempre no futuro.

Disposições transitórias e ilustrações
Perante um longo prazo que pode ser exaltante, o curto prazo só será medíocre se se deixar medir por si mesmo. Para que tal não suceda, aponto, a seguir, sem qualquer preocupação de exaustividade, algumas disposições transitórias com as respectivas ilustrações. Algumas das disposições são verdadeiramente de curto prazo, outras só o serão aparentemente. O seu carácter programático e, por vezes, provocatório, visa apenas suscitar o debate sobre os problemas que me parecem

PELA MÃO DE ALICE. O SOCIAL E O POLÍTICO NA PÓS-MODERNIDADE   351

mais importantes. Por isso, as soluções ou ilustrações aqui propostas devem ser entendidas como ficções que ajudam a formular a realidade dos problemas.

Para as teses, em geral. O grande perigo para a universidade nas próximas décadas é o de os dirigentes universitários se limitarem a liderar inércias. As grandes transformações não podem ser postas de parte só porque a universidade criou a seu respeito o mito da irreformalidade. É de prever que a curto prazo a crise institucional monopolize o esforço reformista. A discussão, em anos recentes, dos estatutos das universidades portuguesas é disso exemplo. O importante é que tais estatutos sejam concebidos como "disposições transitórias", como soluções facilitadoras dos objectivos acima enunciados.

Para as teses 1, 2, 3, 4. A universidade deve promover a discussão transdisciplinar sobre a crise do paradigma da modernidade e, em especial, da ciência moderna, sobre a transição paradigmática e sobre os possíveis perfis da ciência pós-moderna. Deve procurar-se que a discussão inclua, desde o início, cientistas naturais, cientistas sociais, e investigadores de estudos humanísticos. Por se tratar de uma discussão de importância vital para o futuro da universidade, deve ser contabilizada como actividade curricular normal (tempo de investigação e de ensino) dos docentes e dos investigadores que nela se envolverem.

Esta discussão deve começar no seio de cada universidade e servir de estímulo à constituição de várias comunidades interpretativas com posições diferentes, e até antagónicas, sobre o tema em discussão. Deverá, posteriormente, envolver outras universidades, instituições de ensino, associações científicas, culturais e profissionais.

Os primeiros resultados das discussões deverão ser amplamente divulgados para servirem de premissas para novas discussões ainda mais amplas. A divulgação será multimédia. Os custos de tal divulgação podem ser cobertos por meios inovadores (por exemplo, as universidades procurarão celebrar contratos de prestação de serviços com as empresas de televisão a serem pagos através da concessão de tempo de antena). Ao lado dos prémios de investigação no campo da "ciência normal" devem instituir-se prémios de investigação no campo da "ciência revolucionária".

Para a tese 5. A universidade deve garantir o desenvolvimento equilibrado das ciências naturais, das ciências sociais e das humanidades, o que pode envolver, no curto prazo, uma política de favorecimento activo, tanto das ciências sociais, como das humanidades. Não é viável uma universidade que não disponha de amplas oportunidades de investigação e de ensino nestas áreas ou as não saiba integrar na investigação e ensino das ciências naturais. A ecologia e as belas artes

352 BOAVENTURA DE SOUSA SANTOS

podem ser catalisadores privilegiados de tal integração. Mas a integração não implica a negação de conflitos. O conflito entre as ciências e as humanidades é um dos conflitos culturais mais marcantes do nosso tempo e a universidade não tem querido até agora enfrentá-lo até às últimas consequências[109].

Activistas sociais (sobretudo os activistas sociais da natureza), artistas e escritores devem ser uma presença constante nas actividades curriculares de investigação e de ensino, pois que as normas sociais da natureza não são dedutíveis da "ciência normal".

Sendo certo que as actividades ditas "circum-escolares" dos estudantes tendem a privilegiar a intervenção social, humanística, artística e literária, a universidade deve deixar de as fazer girar à sua volta e, pelo contrário, tomar medidas para girar em volta delas. Para isso, a universidade considerará os estudantes nelas envolvidos como docentes e investigadores de tipo novo (animadores culturais) e valorizará adequadamente, no plano escolar, os seus desempenhos. Em muitas áreas, será possível substituir as formas de avaliação normal pela avaliação do aproveitamento social ou artístico dos conhecimentos adquiridos.

Deve promover-se o envolvimento de docentes, investigadores e funcionários nas actividades escolares de tipo circum-escolar. A atribuição de benefícios profissionais ligados a tal envolvimento deve depender da avaliação dos desempenhos.

Para a tese 6. No curto prazo, a dupla ruptura epistemológica será sempre assimétrica e a universidade estará muito mais à vontade na execução da primeira ruptura ("ciência normal") do que na execução da segunda ruptura ("ciência revolucionária"). Nas sociedades com menor nível de desenvolvimento científico, como é o caso de Portugal, admite-se mesmo que as universidades dêem temporariamente prioridade à primeira ruptura, desde que o façam tendo sempre em vista que se trata da primeira ruptura e não da única ruptura.

---

[109] No mesmo sentido, ver Graff, que acrescenta que apesar da sua importância o conflito entre ciências e humanidades não faz parte dos temas de investigação nem das ciências nem das humanidades: "o conflito não é estudado porque não é especialidade de ninguém – ou então é estudado (por uns poucos) porque é especialidade de todos" (Graff, 1985:70). Um desses estudos, feito pelo lado das humanidades, pode ler-se em Hartman (1979). Reconhecer e assumir esse conflito deve, contudo, ser entendido como primeiro passo de uma *demarche* epistemológica muito mais ambiciosa, a dupla ruptura epistemológica, de cujos labores tanto a ciência moderna como as humanidades, afinal, igualmente modernas, emergirão profundamente transformadas. Não admira, pois, que a concepção de humanidades que eu defendo esteja nos antípodas da que é defendida por Allan Bloom (1988).

PELA MÃO DE ALICE. O SOCIAL E O POLÍTICO NA PÓS-MODERNIDADE   353

A dupla ruptura epistemológica deverá pautar-se pelo princípio da equivalência dos saberes às práticas sociais em que são originados. A prática social que produz e se serve do saber científico é uma prática entre outras. A universidade deve participar na definição das virtualidades e dos limites desta prática no contexto doutras práticas sociais onde se geram outras formas de conhecimento: técnico, quotidiano, artístico, religioso, onírico, literário, etc.

As configurações de saberes são sempre, em última instância, configurações de práticas sociais. A democratização da universidade mede-se pelo respeito do princípio da equivalência dos saberes e pelo âmbito das práticas que convoca em configurações inovadoras de sentido. A universidade será democrática se souber usar o seu saber hegemónico para recuperar e possibilitar o desenvolvimento autónomo de saberes não-hegemónicos, gerados nas práticas das classes sociais oprimidas e dos grupos ou estratos socialmente discriminados.

Um novo senso comum estará em gestação quando essas classes e grupos se sentirem competentes para dialogar com o saber hegemónico e, vice-versa, quando os universitários começarem a ter consciência que a sua sabedoria de vida não é maior pelo facto de saberem mais sobre a vida, uma consciência que se adquire em práticas situadas nas fronteiras da competência profissional. Para tais situações-limite não há receitas nem itinerários. Cada um constrói os seus[110].

Para as teses 7 e 8. As chamadas actividades de extensão que a universidade assumiu sobretudo a partir dos anos sessenta constituem a realização frustrada de um objectivo genuíno. Não devem ser, portanto, pura e simplesmente eliminadas. Devem ser transformadas. As actividades de extensão procuraram "extender" a universidade sem a transformar; traduziram-se em aplicações técnicas e não em aplicações edificantes da ciência; a prestação de serviços a outrem nunca foi concebida como prestação de serviços à própria universidade. Tais actividades estiveram, no entanto, ao serviço de um objectivo genuíno, o de cumprir a "responsabilidade social da universidade", um objectivo cuja genuinidade, de resto, reside no reconhecimento da tradicional "irresponsabilidade social da universidade".

---

[110] Para mim, as situações-limite mais instrutivas foram as do período (1970) em que passei entre os favelados do Rio de Janeiro (Santos, 1981), a minha actuação enquanto delegado da Universidade de Coimbra nas relações com o Movimento das Forças Armadas durante o período de 1974-75 (Santos, 1985), o período em que partilhei, nas aldeias e bairros das ilhas de Cabo Verde, a sabedoria jurídica popular dos tribunais de zona (Santos, 1984) e, acima de tudo, a minha prática de doze anos enquanto sócio de uma cooperativa de pequenos agricultores dos arredores de Coimbra, a Cooperativa de Produção Agro-Pecuária de Barcouço (COBAR).

Deste núcleo genuíno, e por pequenos passos, se deve partir para transformar as actividades de extensão até que elas transformem a universidade. O envolvimento da universidade com a indústria na luta pelos acréscimos de produtividade não deve ser enjeitado, mas os serviços a prestar devem ter sempre um conteúdo de investigação forte e os benefícios financeiros que eles proporcionam só em pequena medida devem ser atribuídos aos docentes ou investigadores directamente envolvidos e, pelo contrário, devem engrossar um fundo comum com que a universidade financia prestações de serviços em áreas ou a grupos sociais sem capacidade de remuneração. Deve evitar-se a todo o custo que os "serviços à comunidade" se reduzam a serviços à indústria. A universidade deverá criar espaços de interacção com a comunidade envolvente, onde seja possível identificar eventuais actuações e definir prioridades. Sempre que possível, as actividades de extensão devem incluir estudantes e mesmo funcionários. Devem ser pensadas novas formas de "serviço cívico" em associações, cooperativas e comunidades, etc.

A avaliação destas actividades deve dar atenção privilegiada ao desempenho do *know-how ético*, à análise dos impactos e dos efeitos perversos e sobretudo à aprendizagem concreta de outros saberes no processo de "extensão".

O aprofundamento deste conteúdo edificante numa aplicação ainda predominantemente técnica deve prosseguir com a abertura preferencial da universidade (das suas salas de aula e dos seus laboratórios, das suas bibliotecas e das suas instalações de recreio) aos membros ou participantes das associações ou acções sociais em que a universidade tenha decidido envolver-se. A avaliação desta abertura deverá ser feita de modo a premiar tanto os processos em que a competência em saberes não científicos se sabe enriquecer enquanto tal no contacto comunicativo e argumentativo com a competência em saber científico, como os processos em que a competência em saberes científicos se sabe enriquecer enquanto tal no contacto comunicativo e argumentativo com a competência em saberes não científicos.

Para as teses 9 e 10. A universidade é a instituição que nas sociedades contemporâneas melhor pode assumir o papel de empresário schumpeteriano, o empreendedor cujo sucesso reside na "capacidade de fazer as coisas diferentemente" (Schumpeter, 1981: 131 e ss.). Com o aumento da complexidade social e da interdependência entre os diferentes subsistemas sociais, os riscos e os custos da inovação social (industrial ou outra) serão cada vez maiores e cada vez mais incomportáveis para as organizações sociais e políticas que a têm promovido, sejam elas os partidos, os sindicatos ou as empresas.

A autonomia institucional da universidade, o facto de dispor de uma população significativa relativamente distanciada das pressões do mercado, das prestações sociais e políticas, e ainda o facto de essa população estar sujeita a critérios de eficiência muito específicos e relativamente flexíveis, fazem com que a universidade tenha potencialidades para ser um dos equivalentes funcionais do empreendedor liquidado pela crescente rigidez social.

Para que tal potencialidade seja concretizada, a universidade tem de fazer coligações políticas com os grupos e as organizações em que a memória da inovação esteja ainda presente. A promoção das comunidades internas e o reconhecimento dos curricula informais visa formar uma universidade a várias vozes e com múltiplas aberturas para coligações alternativas. Sem estas, a autonomia da universidade pode ser o veículo da sua submissão a interesses sectoriais dominantes, e, como tal, afeitos ao que existe e hostis à inovação social. O medo que isto possa estar a ocorrer na universidade portuguesa não é inverosímil.

Para a tese 11. A mera permanência institucional da universidade faz com que a sua existência material tenha uma dimensão simbólica particularmente densa. Esta dimensão é um recurso inestimável, mesmo que os símbolos em que se tem traduzido devam ser substituídos. Numa sociedade desencantada, o re-encantamento da universidade pode ser uma das vias para simbolizar o futuro. A vida quotidiana universitária tem um forte componente lúdico que favorece a transgressão simbólica do que existe e é racional só porque existe. Da transgressão igualitária, à criação e satisfação de necessidades expressivas e ao ensino-aprendizagem concebido como prática ecológica, a universidade organizará *festas do novo senso comum*. Estas festas serão configurações de alta cultura, cultura popular e de cultura de massas. Através delas, a universidade terá um papel modesto mas importante no re-encantamento da vida colectiva sem o qual o futuro não é apetecível, mesmo se viável. Tal papel é assumidamente uma micro-utopia. Sem ela, a curto prazo, a universidade só terá curto prazo.

CAPÍTULO 11
A UNIVERSIDADE NO SÉCULO XXI: PARA UMA REFORMA DEMOCRÁTICA E EMANCIPATÓRIA DA UNIVERSIDADE

Introdução
O que aconteceu nestes últimos vinte anos? Como caracterizar a situação em que nos encontramos? Quais as respostas possíveis aos problemas que a universidade enfrenta nos nossos dias? Procurarei responder a estas três perguntas no que se segue. Na primeira parte, procederei à análise das transformações recentes no sistema de ensino superior e o impacto destas na universidade pública. Na segunda parte, identificarei e justificarei os princípios básicos de uma reforma democrática e emancipatória da universidade pública, ou seja, de uma reforma que permita à universidade pública responder criativa e eficazmente aos desafios com que se defronta no limiar do século XXI.

Os últimos vinte anos
Cumpriu-se, mais do que eu esperava, a previsão que fiz há quase vinte anos. Apesar de as três crises, de que dou conta no capítulo anterior, estarem intimamente ligadas e só poderem ser enfrentadas conjuntamente e através de vastos programas de acção gerados dentro e fora da universidade, previa (e temia) que a crise institucional viesse a monopolizar as atenções e os propósitos reformistas. Assim sucedeu. Previa também que a concentração na crise institucional pudesse levar à falsa resolução das duas outras crises, uma resolução pela negativa: a crise de hegemonia, pela crescente descaracterização intelectual da universidade; a crise da legitimidade, pela crescente segmentação do sistema universitário e pela crescente desvalorização dos diplomas universitários, em geral. Assim sucedeu também. Há, pois, que investigar o porquê de tudo isto.

A concentração na crise institucional foi fatal para a universidade e deveu--se a uma pluralidade de factores, alguns já evidentes no início da década de noventa, outros que ganharam um peso enorme no decorrer da década. A crise institucional era e é, desde há pelo menos dois séculos, o elo mais fraco da universidade pública porque a autonomia científica e pedagógica da universidade assenta na dependência financeira do Estado. Enquanto a universidade e os seus serviços foram um inequívoco bem público que competia ao Estado assegurar, esta dependência não foi problemática, à semelhança do que se passa, por exemplo, com o sistema judicial, em que a independência dos tribunais não é afectada pelo facto de serem financiados pelo Estado[111]. No momento, porém, em que o Estado, ao contrário do que se passou com a justiça, decidiu reduzir o seu compromisso político com as universidades e com a educação em geral, convertendo esta num bem que, sendo público, não tem de ser exclusivamente assegurado pelo Estado, a universidade pública entrou automaticamente em crise institucional. Se esta existia antes, aprofundou-se.

Pode dizer-se que nos últimos trinta anos a crise institucional da universidade na grande maioria dos países foi provocada ou induzida pela perda de prioridade do bem público universitário nas políticas públicas e pela consequente secagem financeira e descapitalização das universidades públicas. As causas e a sua sequência variaram de país para país[112].

Em países que ao longo das últimas três décadas viveram em ditadura, a indução da crise institucional teve duas razões: a de reduzir a autonomia da universidade até ao patamar necessário à eliminação da produção e divulgação livre de conhecimento crítico[113]; e a de pôr a universidade ao serviço de projectos modernizadores, autoritários, abrindo ao sector privado a produção do bem público da universidade e obrigando a universidade pública a competir em condições de concorrência desleal no emergente mercado de serviços universitários. Nos países democráticos, a indução da crise esteve relacionada com esta última razão, sobretudo a partir da década de 1980, quando o neoliberalismo se impôs como modelo global do capitalismo. Nos países que neste período passaram da ditadura à democracia, a eliminação da primeira razão (controlo político de

---

[111] Há sistemas diferentes de financiamento do sistema judicial e alguns garantem mais independência – como, por exemplo, no caso em que o sistema judicial tem poderes para formular o seu próprio orçamento e o apresentar ao Parlamento, como sucede no Brasil ao contrário do que ocorre em Portugal. A reflexão política sobre a relação entre independência e financiamento obrigaria a identificar as diferenças entre lugares que os tribunais e as universidades ocupam na reprodução do Estado.

[112] No caso do Brasil, o processo expansionista de industrialização, quase totalmente assente no endividamento externo, entre 1968 e 1979, conduziu, sobretudo depois de 1975, a uma profunda crise financeira cujos efeitos se tornaram particularmente graves a partir de 1981-1983 e que se prolonga até hoje. A crise financeira do Estado repercutiu-se na universidade pública, tanto mais que simultaneamente aumentou a demanda social pela expansão da educação básica. Sobre a crise da universidade brasileira, e suas especificidades no contexto da crise da universidade latino-americana, ver a excelente análise de Avritzer, 2002.

[113] No caso do Brasil é discutível até que ponto a ditadura militar afectou a autonomia universitária – sobretudo em comparação com o que aconteceu no Chile ou na Argentina – e se a afectou uniformemente ao longo de todo o período em que durou.

autonomia) foi frequentemente invocada para justificar a bondade da segunda (criação de um mercado de serviços universitários).

Nestes países, a afirmação da autonomia das universidades foi de par com a privatização do ensino superior e o aprofundamento da crise financeira das universidades públicas. Tratou-se de uma autonomia precária e até falsa: porque obrigou as universidades a procurar novas dependências bem mais onerosas que a dependência do Estado e porque a concessão de autonomia ficou sujeita a controlos remotos estritamente calibrados pelos Ministérios das Finanças e da Educação. Assim, da passagem da ditadura para a democracia correram, por debaixo das manifestas rupturas, insuspeitadas continuidades.

A indução da crise institucional por via da crise financeira, acentuada nos últimos vinte anos, é um fenómeno estrutural decorrente da perda de prioridade da universidade pública entre os bens públicos produzidos pelo Estado[114]. O facto de a crise institucional ter tido como motivo próximo a crise financeira não significa que as suas causas se reduzam a esta. Pelo contrário, há que perguntar pelas causas da própria crise financeira. A análise destas revelará que a prevalência da crise institucional foi o resultado de nela se terem condensado o agravamento das duas outras crises, a de hegemonia e a de legitimidade. E neste domínio houve, nos últimos anos, desenvolvimentos novos em relação ao quadro que descrevi no início da década de 1990. Passo a indicá-los.

A perda de prioridade na universidade pública nas políticas públicas do Estado foi, antes de mais, o resultado da perda geral de prioridade das políticas sociais (educação, saúde, previdência) induzida pelo modelo de desenvolvimento económico conhecido por neoliberalismo ou globalização neoliberal que, a partir da década de 1980, se impôs internacionalmente. Na universidade pública ele significou que as debilidades institucionais identificadas – e não eram poucas –, em vez de servirem de justificação a uma vasto programa político-pedagógico de reforma da universidade pública, foram declaradas insuperáveis e utilizadas para justificar a abertura generalizada do bem público universitário à exploração comercial. Apesar das declarações políticas em contrário e de alguns gestos reformistas, subjacente a este primeiro embate da universidade

---

[114] Como voltarei a acentuar adiante, não quero com isto ser entendido como estando a subscrever uma teoria conspiratória do Estado contra a universidade pública. Verificada a perda de prioridade – o que basta para o argumento que estou a desenvolver – há que averiguar os factores que levaram a universidade a perder a corrida na luta pelos fundos do Estado num contexto de maior competição, provocado pela redução global nos fundos e pelo aumento das demandas sociais.

com o neoliberalismo está a ideia de que a universidade pública é irreformável (tal como o Estado) e que a verdadeira alternativa está na criação do mercado universitário[115]. O modo selvagem e desregulado como este mercado emergiu e se desenvolveu são a prova de que havia a favor dele uma opção de fundo. E a mesma opção explicou a descapitalização e desestruturação da universidade pública a favor do emergente mercado universitário com transferências de recursos humanos que, por vezes, configuram um quadro de acumulação primitiva por parte do sector privado universitário à custa do sector público[116].

Nalguns países, havia uma tradição de universidades privadas sem fins lucrativos, as quais, aliás, com o tempo, tinham assumido funções muito semelhantes às públicas e gozavam e gozam de estatuto jurídico híbrido, entre o privado e o público. Também elas foram objecto da mesma concorrência por se considerar que a sua natureza não lucrativa não permitia a sua expansão. A opção foi, pois, pela mercadorização da universidade. Identifico neste processo duas fases. Na primeira, que vai do início da década de 1980 até meados da década de 1990, expande-se e consolida-se o mercado nacional universitário. Na segunda, ao lado do mercado nacional, emerge com grande pujança o mercado transnacional da educação superior e universitária, o qual, a partir do final da década, é transformado em solução global dos problemas da educação por parte do Banco Mundial e da Organização Mundial do Comércio. Ou seja, está em curso a globalização neoliberal da universidade. Trata-se de um fenómeno novo. É certo que a transnacionalização das trocas universitárias é um processo antigo, aliás, quase matricial, porque visível desde início nas universidades europeias medievais. Depois da segunda guerra mundial, traduziu-se na formação, ao nível da pós-graduação, de estudantes dos países periféricos e semiperiféricos nas universidades dos países centrais e, em tempos mais recentes, assumiu ainda

---

[115] Como mostrarei adiante, a ideia da irreformabilidade da universidade tem uma ponta de verdade que aliás vem de longe. No caso português (que nessa altura também era brasileiro), a reforma da Universidade de Coimbra levada a cabo pelo Marquês de Pombal em 1772 foi feita "a partir de fora" pelo entendimento que o Marquês tinha de que a universidade, entregue ao corporativismo dos lentes (como hoje diríamos), nunca se reformaria por si só. As universidades criam inércias como quaisquer outras instituições e, para além disso, são dotadas de um valor social – ligado à produção de conhecimento – que facilmente sobrepuja o valor real (em termos de produção e de produtividade) do conhecimento efectivamente produzido por alguns dos universitários.

[116] No caso do Brasil, este processo acelerou-se com o sistema privilegiado de aposentadorias do sector público que facultava aos professores universitários aposentar-se precocemente (milhares deles antes de completar 50 anos) e, na sequência, "migrar" para uma universidade privada.

outras formas (por exemplo, parcerias entre universidades de diferentes países), algumas delas de orientação comercial. Nos últimos anos, porém, avançou-se para um novo patamar. A nova transnacionalização é muito mais vasta que a anterior e a sua lógica, ao contrário desta, é exclusivamente mercantil.

Os dois processos marcantes da década – o desinvestimento do Estado na universidade pública e a globalização mercantil da universidade – são as duas faces da mesma moeda. São os dois pilares de um vasto projecto global de política universitária destinado a mudar profundamente o modo como o bem público da universidade tem sido produzido, transformando-o num vasto campo de valorização do capitalismo educacional. Este projecto, que se pretende de médio e longo prazo, comporta diferentes níveis e formas de mercadorização da universidade. Das formas tratarei adiante. Quanto aos níveis, é possível distinguir dois. O primeiro nível de mercadorização consiste em induzir a universidade pública a ultrapassar a crise financeira mediante a geração de receitas próprias, nomeadamente através de parcerias com o capital, sobretudo industrial. Neste nível, a universidade pública mantém a sua autonomia e a sua especificidade institucional, privatizando parte dos serviços que presta. O segundo nível consiste em eliminar tendencialmente a distinção entre universidade pública e universidade privada, transformando a universidade, no seu conjunto, numa empresa, uma entidade que não produz apenas para o mercado mas que se produz a si mesma como mercado, como mercado de gestão universitária, de planos de estudo, de certificação, de formação de docentes, de avaliação de docentes e estudantes. Saber se e quando este segundo nível for atingido ainda fará sentido falar de universidade como bem público é uma questão retórica.

Vejamos cada um dos pilares do vasto projecto político-educacional em curso. Antes disso, porém, duas notas de precaução. A primeira é que este projecto não deve ser entendido como resultado de uma qualquer teoria da conspiração contra a universidade pública. Trata-se, outrossim, de uma componente de um processo bem mais amplo, a incessante necessidade de submeter à valorização capitalista – transformando utilidades em mercadorias – novas áreas da vida social. A educação, tal como saúde, tal como o ar que respiramos estão sujeitos a essa lógica que só não é inelutável na medida em que os actores sociais lhe fizerem frente, explorando as suas contradições, aumentando os custos políticos da sua aplicação. A segunda nota diz respeito ao processo histórico que vulnerabilizou universidade pública e a tornou presa fácil da valorização capitalista. Nesse processo participaram certamente forças sociais externas, hostis à universidade pública, mas não podemos ocultar ou minimizar o papel do "inimigo interno", o facto de as universidades se terem isolado socialmente pelo modo como contemporizaram com a mediocridade e a falta de produtividade de muitos docentes; pela insensibilidade e arrogância que revelaram na defesa de privilégios e de interesses corporativos socialmente injustos; pela ineficiência por vezes aberrante no uso dos meios disponíveis, tornando-se presa fácil de burocracias rígidas, insensatas e incompreensíveis; pela falta de democracia interna e a sujeição a interesses e projectos partidários que, apesar de minoritários no seio da comunidade universitária, se impuseram pela força organizativa que souberam mobilizar; e, finalmente, pela apatia, o cinismo e o individualismo com que muitos docentes passaram ao lado destas realidades como se elas e a instituição que as vivia não lhe dissessem respeito. Como ficará claro ao longo deste texto, a defesa da universidade pública só faz sentido se for concomitante de uma profunda reforma da universidade pública que actualmente conhecemos.

A descapitalização da universidade pública

A crise da universidade pública por via da descapitalização é um fenómeno global, ainda que sejam significativamente diferentes as suas consequências no centro, na periferia e na semiperiferia do sistema mundial.

Nos países centrais, a situação é diferenciada. Na Europa onde o sistema universitário é quase totalmente público, a universidade pública tem tido, em geral, poder para reduzir o âmbito da descapitalização ao mesmo tempo que tem desenvolvido a capacidade para gerar receitas próprias através do mercado. O êxito desta estratégia depende em boa medida do poder da universidade pública e seus aliados políticos para impedir a emergência significativa do mercado das universidades privadas. Em Espanha, por exemplo, essa estratégia teve êxito até agora, enquanto em Portugal fracassou totalmente. Deve, no entanto, ter-se em conta que, ao longo da década, emergiu, em quase todos os países europeus, um sector privado não universitário dirigido para o mercado de trabalho. Este facto levou as universidades a responder com a modificação estrutural dos seus programas e com o aumento da variedade destes. Nos EUA, onde as universidades privadas ocupam o topo da hierarquia, as universidades públicas foram induzidas a buscar fontes alternativas de financiamento junto de fundações, no mercado e através do aumento dos preços das matrículas. Hoje, em algumas universidades públicas norte-americanas o financiamento estatal não é mais que 50% do orçamento total[117].

---

[117] Este fenómeno assume diversas formas noutros países. Por exemplo, no Brasil e em Portugal estão a proliferar fundações, com estatuto privado, criadas pelas universidades públicas

PELA MÃO DE ALICE. O SOCIAL E O POLÍTICO NA PÓS-MODERNIDADE   363

Na periferia, onde a busca de receitas alternativas no mercado ou fora dele é virtualmente impossível, a crise atinge proporções catastróficas. Obviamente que os males vinham de trás, mas agravaram-se muito na última década com a crise financeira do Estado e os programas de ajuste estrutural. Um relatório da UNESCO de 1997 sobre a maioria das universidades em África traçava um quadro dramático de carências de todo o tipo: colapso das infra estruturas, ausência quase total de equipamentos, pessoal docente miseramente remunerado e, por isso, desmotivado e propenso à corrupção, pouco ou nulo investimento em pesquisa. O Banco Mundial diagnosticou de modo semelhante a situação e, caracteristicamente, declarou-a irremediável.

Incapaz de incluir nos seus cálculos a importância da universidade na construção dos projectos de país e na criação de pensamento crítico e de longo prazo, o Banco entendeu que as universidades africanas não geravam suficiente "retorno". Consequentemente, impôs aos países africanos que deixassem de investir na universidade, concentrando os seus poucos recursos no ensino primário e secundário e permitissem que o mercado global de educação superior lhes resolvesse o problema da universidade. Esta decisão teve um efeito devastador nas universidades dos países africanos[118].

O caso do Brasil é representativo da tentativa de aplicar a mesma lógica na semiperiferia e, por ser bem conhecido, dispenso-me de o descrever[119]. Basta referir o relatório do Banco Mundial de 2002 onde se assume que não vão (isto é, que não devem) aumentar os recursos públicos na universidade e que, por isso, a solução está na ampliação do mercado universitário, combinada com a redução dos custos por estudante (que, entre outras coisas, serve para manter

---

para gerar receitas através da venda de serviços, alguns dos quais (cursos de especialização) competem com os que devem prestar gratuitamente. Tais receitas são, por vezes, utilizadas em complementos salariais.

[118] A política do Banco Mundial para o ensino superior em África teve várias vertentes. Uma delas foi a criação de institutos politécnicos anti-generalistas, orientados para a formação profissional; a outra consistiu em conceber o trabalho universitário como exclusivamente trabalho docente, sem espaço para a investigação. O pressuposto é que o Sul não tem condições para produção científica própria nem as terá no médio prazo. Daqui a concluir-se que o Sul não tem direito a ter produção científica própria vai um passo. Sobre a universidade em África com especial incidência em Angola ver Kajibanga, 2000. Ver também Meneses, 2005.

[119] Na defesa da universidade pública no Brasil tem-se destacado Marilena Chauí. Ver, por último, Chauí, 2003. Importante também Buarque, 1994, e Trindade, 1999. Ver também Avritzer, 2002.

a pressão sobre os salários de docentes) e com a eliminação da gratuitidade do ensino público, tal como está agora a ocorrer em Portugal[120].

Trata-se de um processo global e é a essa escala que deve ser analisado. O desenvolvimento do ensino universitário nos países centrais, nos trinta ou quarenta anos depois da segunda guerra mundial, assentou, por um lado, nos êxitos da luta social pelo direito à educação, traduzida na exigência da democratização do acesso à universidade, e, por outro lado, nos imperativos da economia que exigia uma maior qualificação da mão-de-obra nos sectores chave da indústria. A situação alterou-se significativamente a partir de meados da década de setenta com a crise económica que então estalou. A partir de então gerou-se uma contradição entre a redução dos investimentos públicos na educação superior e a intensificação da concorrência entre empresas, assente na busca da inovação tecnológica e, portanto, no conhecimento técnico-científico que a tornava possível e na formação de uma mão-de-obra altamente qualificada.

No que respeita às exigências de mão-de-obra qualificada, a década de 1990 veio revelar uma outra contradição: por um lado, o crescimento da mão-de-obra qualificada ligada à economia baseada em conhecimento, por outro, não o decréscimo, mas antes o crescimento explosivo de emprego com baixíssimo nível de qualificação. A globalização neoliberal da economia veio aprofundar a segmentação ou dualidade dos mercados de trabalho entre países e no interior de cada país. Veio, por outro lado, permitir que, tanto a *pool* de mão-de-obra qualificada, como a *pool* de mão-de-obra não qualificada, pudesse ser recrutada globalmente – a primeira, predominantemente através da fuga de cérebros (*brain drain*) e da subcontratação (*outsourcing*) de serviços tecnicamente avançados, a segunda, predominantemente através da deslocalização das empresas e também através da imigração, muitas vezes clandestina. A disponibilidade global de mão-de-obra qualificada fez com que o investimento na universidade pública dos países centrais baixasse de prioridade e se tornasse mais selectivo em função das necessidades do mercado. Acontece que, neste domínio, emergiu uma outra contradição entre a rigidez da formação universitária e a volatilidade das qualificações exigidas pelo mercado. Essa contradição foi contornada, por um lado, pela criação de sistemas não universitários de formação por módulos e, por

---

[120] À revelia disto, é mister reconhecer que, no caso do Brasil, se é verdade que o governo central não fez qualquer esforço para expandir o gasto com o ensino superior na década de 1990, não é menos verdade que muitos governos estaduais criaram universidades públicas nesse período (Ceará, Bahia e, mais recentemente, Rio Grande do Sul).

PELA MÃO DE ALICE. O SOCIAL E O POLÍTICO NA PÓS-MODERNIDADE   365

outro lado, pela pressão para encurtar os períodos de formação universitária e tornar a formação mais flexível e transversal e, finalmente, pela educação permanente. Apesar das soluções *ad hoc*, estas contradições continuaram a agudizar-se enormemente na década de 1990 com um impacto desconcertante na educação superior: a universidade, de criadora de condições para a concorrência e para o sucesso no mercado, transforma-se, ela própria, gradualmente, num objecto de concorrência, ou seja, num mercado.

Para além de certo limite, esta pressão produtivista desvirtua a universidade, até porque certos objectivos que lhe poderiam estar mais próximos têm sido esvaziados de qualquer preocupação humanista ou cultural. É o caso da educação permanente, que tem sido reduzida à educação para o mercado permanente. Do mesmo modo, a maior autonomia que foi concedida às universidades não teve por objectivo preservar a liberdade académica, mas criar condições para as universidades se adaptarem às exigências da economia[121].

No mesmo processo, com a transformação da universidade num serviço a que se tem acesso, não por via da cidadania, mas por via do consumo e, portanto, mediante pagamento, o direito à educação sofreu uma erosão radical. A eliminação da gratuitidade do ensino universitário e a substituição de bolsas de estudo por empréstimos foram os instrumentos da transformação dos estudantes de cidadãos em consumidores[122]. Tudo isto em nome da ideologia da educação centrada no indivíduo e da autonomia individual. Na Austrália, desde 1989 os estudantes universitários financiam um quarto das despesas anuais com a sua formação e, em 1998, a Inglaterra substituiu o sistema de bolsas de estudo pelo de empréstimos. O objectivo é pôr fim à democratização do acesso à universidade e ao efeito de massificação que ela provocara mesmo dentro dos fortes limites em que ocorreu. Por sua vez, nalguns países centrais as alterações demográficas dos últimos trinta anos contribuem também para abrandamento da pressão democrática pelo acesso à universidade[123]. Na Europa domina hoje a ideia de que entramos já num período de pós-massificação, uma ideia com

[121] Como nada acontece segundo determinações férreas, as universidades públicas podiam ter visto neste processo uma oportunidade para se libertarem do engessamento administrativo em que se encontravam (e encontram) mas não o fizerem por estarem minadas pelo corporativismo imobilista que se aproveita da hostilidade do Estado para não fazer o que sem ela igualmente não faria.
[122] Uma questão distinta é a de saber qual é a qualidade da cidadania quando só os filhos das classes altas têm o privilégio de aceder ao ensino gratuito, como tem sido o caso do Brasil.
[123] O caso do Brasil é emblemático da pressão oposta.

que também se pretende legitimar a mercantilização. Nalguns países europeus menos desenvolvidos a pressão pelo acesso continua mas é, de algum modo, suprimida pelos bloqueios a montante da universidade, sobretudo no ensino secundário. É o caso de Portugal onde a taxa de abandono do ensino médio é uma das mais altas da Europa.

A transnacionalização do mercado universitário

O outro pilar do projecto neoliberal para a universidade é a transnacionalização do mercado de serviços universitários. Como disse, este projecto está articulado com a redução do financiamento público, mas não se limita a ele. Outros factores igualmente decisivos são: a desregulação das trocas comerciais em geral; a defesa, quando não a imposição, da solução mercantil por parte das agências financeiras multilaterais; e a revolução nas tecnologias de informação e de comunicação, sobretudo o enorme incremento da Internet, ainda que uma esmagadora percentagem dos fluxos electrónicos se concentre no Norte. Porque se trata de um desenvolvimento global, ele atinge a universidade como bem público tanto no Norte como no Sul, mas com consequências muito diversas[124]. Aliás, através dele, as desigualdades entre universidades do Norte e universidades do Sul agravam-se enormemente.

As despesas mundiais com a educação ascendem a 2000 biliões de dólares, mais do dobro do mercado mundial do automóvel. É, pois, à partida, uma área aliciante e de grande potencial para um capital ávido de novas áreas de valorização. Desde o início da década de 1990, os analistas financeiros têm chamado a atenção para o potencial de a educação se transformar num dos mais vibrantes mercados no século XXI. Os analistas da empresa de serviços financeiros Merril Lynch consideram que o sector da educação tem hoje características semelhantes às que a saúde tinha nos anos 1970: um mercado gigantesco, muito fragmentado, pouco produtivo, de baixo nível tecnológico mas com grande procura de tecnologia, com um grande défice de gestão profissional e uma taxa de capitalização muito baixa. O crescimento do capital educacional tem sido exponencial e as taxas de rentabilidade são das mais altas: 1000 libras esterlinas investidas em 1996 valeram 3405 em 2000, ou seja, uma valorização de 240%, enormemente superior à taxa de valorização do índice geral da bolsa de Londres,

---

[124] Por Norte entendo neste capítulo os países centrais ou desenvolvidos, quer se encontrem no Norte geográfico, quer no Sul geográfico, como sucede com a Austrália e a Nova Zelândia. Por contraposição, o Sul é o conjunto dos países periféricos e semi-periféricos.

o FTSE: 65% (Hirtt, 2003: 20). Em 2002, o Fórum EUA-OCDE concluiu que o mercado global da educação se estava a transformar numa parte significativa do comércio mundial de serviços.

As ideias que presidem à expansão futura do mercado educacional são as seguintes:

1. Vivemos numa sociedade de informação[125]. A gestão, a qualidade e a velocidade da informação são essenciais à competitividade económica. Dependentes da mão-de-obra muito qualificada, as tecnologias de informação e de comunicação têm a característica de não só contribuírem para o aumento da produtividade, mas também de serem incubadoras de novos serviços onde a educação assume lugar de destaque.

2. A economia baseada no conhecimento exige cada vez mais capital humano como condição de criatividade no uso da informação, de aumento de eficiência na economia de serviços e ainda como condição de empregabilidade, uma vez que quanto mais elevado for o capital humano, maior é a sua capacidade para transferir capacidades cognitivas e aptidões nos constantes processos de reciclagem a que a nova economia obriga.

3. Para sobreviver, as universidades têm de estar ao serviço destas duas ideias mestras – sociedade de informação e economia baseada no conhecimento – e para isso têm de ser elas próprias transformadas por dentro, por via das tecnologias da informação e da comunicação e dos novos tipos de gestão e de relação entre trabalhadores de conhecimento e entre estes e os utilizadores ou consumidores.

4. Nada disto é possível na constância do paradigma institucional e político-pedagógico que domina as universidades públicas. Este paradigma não permite: que as relações entre os públicos relevantes sejam relações mercantis; que a eficiência, a qualidade e a responsabilização educacional sejam definidas em termos de mercado; que se generalize, nas relações professor-aluno, a mediação tecnológica (assente na produção e consumo de objectos materiais e imateriais); que a universidade se abra (e torne vulnerável) às pressões dos clientes; que a concorrência entre "os operadores do ensino" seja o estímulo para a flexibilidade e adaptabilidade às expectativas dos empregadores; que a selectividade orientada para a busca dos nichos de consumo (leia-se recrutamento de estudantes) com mais alto retorno para o capital investido.

---

[125] Como é fácil de ver, todas estas ideias traduzem o mundo à luz da realidade dos países centrais. Por exemplo, a fractura digital entre o Norte e o Sul mostra que o modo como vive a grande maioria da população mundial não tem nada a ver com a sociedade de informação.

368 BOAVENTURA DE SOUSA SANTOS

5. Em face disto, o actual paradigma institucional da universidade tem de ser substituído por um paradigma empresarial a que devem estar sujeitas tanto as universidades públicas, como as privadas, e o mercado educacional em que estas intervêm deve ser desenhado globalmente para poder maximizar a sua rentabilidade. O favorecimento dado às universidades privadas decorre de elas se adaptarem muito mais facilmente às novas condições e imperativos. São estas as ideias que presidem à reforma da educação proposta pelo Banco Mundial e mais recentemente à ideia da reconversão deste em banco de conhecimento[126]. São elas também as que estruturam o Acordo Geral sobre o Comércio de Serviços (GATS) na área da educação actualmente em negociação na Organização Mundial de Comércio, de que farei menção adiante. A posição do Banco Mundial na área da educação é talvez das mais ideológicas que este tem assumido na última década (e não têm sido poucas) porque, tratando-se de uma área onde ainda dominam interacções não mercantis, a investida não pode basear-se em mera linguagem técnica, como a que impõe o ajuste estrutural[127]. A inculcação ideológica serve-se de análises sistematicamente enviesadas contra a educação pública para demonstrar que a educação é potencialmente uma mercadoria como qualquer outra e que a sua conversão em mercadoria educacional decorre da dupla constatação da superioridade do capitalismo, enquanto organizador de relações sociais, e da superioridade dos princípios da economia neoliberal para potenciar as potencialidades do capitalismo através da privatização, desregulação, mercadorização e globalização.

O zelo reformista do Banco dispara em todas as direcções onde identifica as deficiências da universidade pública e, nelas, a posição de poder dos docentes é um dos principais alvos. A liberdade académica é vista como um obstáculo à empresarialização da universidade e à responsabilização da universidade ante as empresas que pretendem os seus serviços. O poder na universidade deve deslocar-se dos docentes para os administradores treinados para promover parcerias com agentes privados. Aliás, o Banco Mundial prevê que o poder dos docentes e a centralidade da sala de aula declinará inexoravelmente à medida que se for generalizando o uso de tecnologias pedagógicas *on line*. Em consonân-

---

[126] Muitas destas ideias não são originárias dos *think tanks* do Banco Mundial. A importância que o Banco assume, neste domínio, nos países periféricos e semiperiféricos reside no modo como sintetiza estas ideias e as transforma em condicionalidades de ajuda ao "desenvolvimento". Ver também Mehta, 2001.

[127] Em 1998 o Banco Mundial criou um novo organismo, a Edinvest, destinado especificamente a promover a educação privada a todos os níveis.

cia com isto, os países periféricos e semiperiféricos podem contar com a ajuda financeira do Banco dirigida prioritariamente para a promoção da educação superior privada, desde que reduzam o seu financiamento ao sector público e criem quadros legais que facilitem a expansão da educação superior privada enquanto complemento essencial da educação superior pública[128].

A transformação da educação superior numa mercadoria educacional é um objectivo de longo prazo e esse horizonte é essencial para compreender a intensificação da transnacionalização desse mercado actualmente em curso[129]. Desde 2000, a transnacionalização neoliberal da universidade ocorre sob a égide da Organização Mundial do Comércio no âmbito do Acordo Geral sobre o Comércio de Serviços (GATS)[130]. A educação é um dos doze serviços abrangidos por este acordo e o objectivo deste é promover a liberalização do comércio de serviços através da eliminação, progressiva e sistemática, das barreiras comerciais. O GATS transformou-se em pouco tempo num dos temas mais polémicos da educação superior, envolvendo políticos, universitários e empresários. Os seus defensores vêem nele a oportunidade para se ampliar e diversificar a oferta de educação e os modos de a transmitir de tal modo que se torna possível combinar ganho económico com maior acesso à universidade. Esta oportunidade baseia-se nas seguintes condições: forte crescimento do mercado educacional nos últimos anos, um crescimento apenas travado pelas barreiras nacionais; difusão de meios electrónicos de ensino e aprendizagem; necessidades de mão-de-obra qualificada que não estão a ser satisfeitas; aumento da mobilidade de estudantes,

---

[128] No Brasil, no governo de Fernando Henrique Cardoso, o Ministério da Educação, através do Programa de Recuperação e Ampliação dos Meios Físicos das Instituições de Ensino Superior e em parceria com o Banco Nacional de Desenvolvimento Económico e Social (BNDES), viabilizou uma linha de financiamento de cerca de R$ 750 milhões para instituições de ensino superior, com recursos provenientes de empréstimo do Banco Mundial. Estes recursos foram em grande parte canalizados para as universidades privadas. Desde 1999, o BNDES emprestou R$ 310 milhões às universidades privadas e apenas R$ 33 milhões às universidades públicas (universianet.com e comunicação pessoal de Paulino Motter).

[129] Para o caso Europeu deve ter-se em mente o papel do European Round Table of Industrialists (http://www.ert.be/) que ao longo dos anos tem vido a produzir relatórios sobre a educação em geral e a educação universitária em especial. Entre 1987 e 1999, um dos seus grupos de trabalho ocupava-se exclusivamente da educação. A interferência excessiva do ERT na configuração do processode Bolonha e as estreiteza das concepções do saber universitário que o animam – conhecimento como inovação quantificável emergindo linearmente de investigação orientada para o desenvolvimento económico – fazem temer o pior sobre o perfil e desempenho da universidade pós-Bolonha a médio prazo.

[130] Sobre o GATS ver, por exemplo Knight, 2003.

docentes e programas; incapacidade financeira de os governos satisfazerem a crescente procura de educação superior. É este potencial de mercado que o GATS visa realizar mediante a eliminação das barreiras ao comércio nesta área. O GATS distingue quatro grandes modos de oferta transnacional de serviços universitários mercantis: oferta transfronteiriça; consumo no superior. É este potencial de mercado que o GATS visa realizar mediante a eliminação das barreiras ao comércio nesta área.

O GATS distingue quatro grandes modos de oferta transnacional de serviços universitários mercantis: oferta transfronteiriça; consumo no estrangeiro; presença comercial; presença de pessoas.

A *oferta transfronteiriça* consiste na provisão transnacional do serviço sem que haja movimento físico do consumidor. Nela se incluem educação à distância, aprendizagem *on line*, universidades virtuais. É por enquanto um mercado pequeno mas com forte potencial de crescimento. Um quarto dos estudantes que seguem, a partir do estrangeiro, cursos em universidades australianas fá-lo pela Internet. Três grandes universidades norte-americanas (Columbia, Stanford e Chicago) e uma inglesa (London School of Economics) formaram um consórcio para criar a Cardean University que oferece cursos no mundo inteiro pela Internet[131].

O *consumo no estrangeiro* consiste na provisão do serviço através do movimento transnacional do consumidor. É esta actualmente a grande fatia da transnacionalização mercantil da universidade. Um estudo recente da OCDE calcula que este comércio valia, em 1999, 30 biliões de dólares. No início de 2000, 514 mil estrangeiros estudavam nos EUA, mais de 54% oriundos da Ásia. Só a Índia contribuía com 42 mil estudantes. Esta área, como qualquer das outras, é reveladora das assimetrias Norte/Sul. No ano lectivo de 1998/99, apenas 707 estudantes norte-americanos estudavam na Índia.

A terceira área é a *presença comercial* e consiste em o produtor privado de educação superior estabelecer sucursais no estrangeiro a fim de aí vender os seus serviços. Estão neste caso os pólos locais ou campi-satélite de grandes universidades globais e o sistema de franquia (*franchise*) contratado com instituições locais. É uma área de grande potencial e é aquela que mais directamente choca

---

[131] Outro exemplo é o da Western Governor's University, uma instituição de ensino on line nascida de uma parceria entre os governadores de alguns estados dos EUA e grandes empresas multinacionais das áreas de educação e informação. Outro caso é a Jones International University, criada pelo magnate da TV cabo, Glenn Jones.

com as políticas nacionais de educação, uma vez que implica que estas se submetam às regras internacionalmente acordadas para o investimento estrangeiro.

Finalmente, a *presença de pessoas* consiste na deslocação temporária ao estrangeiro de fornecedores de serviços sediados num dado país, sejam eles professores ou pesquisadores. Esta é uma área para a qual se prevê um grande desenvolvimento futuro dada a crescente mobilidade de profissionais. A vastidão de projecto de mercadorização da educação está patente no seu âmbito: educação primária, secundária, superior, de adultos e outra. Esta última categoria residual é importante porque é aqui que se inclui a transnacionalização de serviços, de testes de língua, recrutamento de estudantes e avaliação de cursos, programas, docentes e estudantes. Não vou entrar nos detalhes da aplicação do GATS sujeita a três princípios: a nação mais favorecida, tratamento nacional e acesso ao mercado. Se aplicados, sobretudo o segundo, significarão o fim da educação como um bem público[132]. É certo que estão previstas excepções, que são possíveis negociações e que a liberalização do comércio educacional será progressiva. Mas o processo está em curso e julga-se imparável. O GATS é descrito como um acordo voluntário, uma vez que serão os países a decidir os sectores que aceitam ser sujeitos às regras do acordo e a definir o calendário para que tal aconteça. Mas, como é sabido, nesta área, tal como tem acontecido noutras, os países periféricos e semiperiféricos serão fortemente pressionados para assumirem compromissos no âmbito do acordo e muitos deles serão forçados a isso como parte dos pacotes de ajuste estrutural e outros afins impostos pelo Banco Mundial, pelo FMI e por países credores ou doadores.

O GATS está a transformar-se em mais uma condicionalidade e é por isso que ele é tão polémico. Será, pois, importante ver o modo como os países estão a reagir ao GATS. Dados recentes mostram que a maior parte dos países ainda não assumiu compromissos na área da educação superior. Quatro dos países mais periféricos do mundo – Congo, Lesoto, Jamaica e Serra Leoa – assumiram compromissos incondicionais. Impossibilitados de desenvolver por si próprios a educação superior, entregam a fornecedores estrangeiros essa tarefa. Os EUA, a Nova Zelândia e a Austrália são os mais entusiastas dos benefícios do GATS por

---

[132] No momento em que os Estados tiverem que garantir a liberdade de acesso ao mercado universitário em condições de igualdade a investidores estrangeiros e nacionais, todos os condicionamentos políticos ditados pela ideia do bem público nacional serão vulneráveis à contestação, sobretudo por parte dos investidores estrangeiros, que verão neles obstáculos ao livre comércio internacional.

razões totalmente opostas às anteriores, pois são os países mais exportadores de mercadorias universitárias e, como tal, são os que têm mais a ganhar com a eliminação das barreiras comerciais. Dos 21 países que já assumiram compromissos na área da educação superior, são eles os únicos que já apresentaram propostas de negociação.

A União Europeia (UE) assumiu alguns compromissos mas com limitações e ressalvas. A estratégia da UE é baseada na ideia de que as universidades europeias não estão por agora preparadas para competir em boas condições (ou seja, em condições lucrativas) no mercado transnacional da educação superior. Há, pois, que defendê-las e prepará-las para competir. É este o sentido político das Declarações da Sorbonne e de Bolonha e das reuniões de seguimento que se seguiram. O objectivo é criar um espaço universitário europeu que, pese embora as especificidades de cada país – que são de manter, sempre que possível – deve ter regras comuns quanto às estruturas curriculares, sistemas de certificação e de avaliação, etc., de modo a facilitar a mobilidade de estudantes e professores no interior da Europa e a conferir coerência à oferta europeia quando se lançar em formas mais avançadas de transnacionalização. Esta estratégia, sendo defensiva, partilha contudo os objectivos da transnacionalização do mercado universitário e, por essa razão, tem sido contestada pelas associações de universidades europeias e pelas associações de docentes. Estas pedem aos países europeus que não assumam nenhum compromisso no âmbito do GATS e propõem em alternativa que sejam reduzidos os obstáculos à transnacionalização da educação (comercial ou não comercial) através de convenções e agendas bilaterais ou multilaterais, mas fora do regime de política comercial.

Entre os países semiperiféricos cito o caso da África do Sul por ser um caso que ilustra bem os riscos do GATS. A África do Sul tem vindo a assumir uma posição de total reserva em relação ao GATS: recusa-se a subscrever compromissos comerciais na área da educação e incita outros países a que façam o mesmo. Trata-se de uma posição significativa uma vez que a África do Sul exporta serviços educacionais para o resto do continente. Fá-lo, contudo, no âmbito de acordos bilaterais e num quadro de mútuo benefício para os países envolvidos e precisamente fora do regime da política comercial. Esta condicionalidade de benefício mútuo e de respeito mútuo está ausente da lógica do GATS e por isso ele é recusado, uma recusa aliás assente na experiência da oferta estrangeira de educação superior e da política do Banco Mundial que a apoia, a qual, segundo os responsáveis da educação da África do Sul, tem tido efeitos devastadores na educação superior do continente. A recusa do GATS baseia-se na ideia de que

PELA MÃO DE ALICE. O SOCIAL E O POLÍTICO NA PÓS-MODERNIDADE   373

lhe são estranhas quaisquer considerações que não as comerciais e que com isso inviabiliza qualquer política nacional de educação que tome a educação como um bem público e a ponha ao serviço de um projecto de país[133]. Um exemplo dado pelo próprio Ministro da Educação da África do Sul – ao tempo, o Professor Kader Asmal – em comunicação ao *Portfolio Committee on Trade and Industry* da África do Sul, em 4 de Março de 2004, ilustra isso mesmo. É sabido que, com o fim do *apartheid*, a África do Sul lançou um vastíssimo programa contra o racismo nas instituições de educação e que teve, entre os seus alvos principais, as chamadas "universidades historicamente brancas", um programa envolvendo uma multiplicidade de acções entre as quais a acção afirmativa no acesso. A luta anti-racista é assim uma parte central do projecto de país que subjaz as políticas de educação. É contra este pano de fundo que o Ministro da Educação dá como exemplo de conduta inaceitável o facto de uma instituição estrangeira se ter pretendido instalar na África do Sul, recrutando especificamente estudantes das classes altas e particularmente estudantes brancos. Comentou o Ministro: "Como podem imaginar, pode ser muito profundo o impacto destas agendas nos nossos esforços para construir uma educação superior não-racista na África do Sul (Asmal, 2003: 51).

Do conhecimento universitário ao conhecimento pluriversitário

Os desenvolvimentos da última década colocam desafios muito exigentes à universidade e especificamente à universidade pública. A situação é quase de colapso em muitos países periféricos e é difícil nos países semiperiféricos e mesmo nos países centrais, ainda que nestes haja mais capacidade de manobra para resolver os problemas conjunturais. Mas para além destes, há problemas estruturais que são identificáveis globalmente. Embora a expansão e transnacionalização do mercado de serviços universitários dos últimos anos tenham contribuído decisivamente para esses problemas, não são a única causa. Algo de mais profundo ocorreu e só isso explica que a universidade, apesar de continuar a ser a instituição por excelência de conhecimento científico, tenha perdido a hegemonia que tinha e se tenha transformado num alvo fácil de crítica social. Penso que na última década se começaram a alterar significativamente as relações entre conhecimento e sociedade e as alterações prometem ser profundas ao ponto de transformarem as concepções que temos de conhecimento e de

---

[133] Outros países africanos têm-se distinguido na defesa de projectos nacionais de educação e pesquisa. Por exemplo, o Senegal.

sociedade. Como disse, a comercialização do conhecimento científico é o lado mais visível dessas alterações. Penso, no entanto, que, apesar da sua vastidão, elas são a ponta do *iceberg* e que as transformações em curso são de sentido contraditório e as implicações são múltiplas, inclusive de natureza epistemológica. O conhecimento universitário – ou seja, o conhecimento científico produzido nas universidades ou instituições separadas das universidades, mas detentoras do mesmo *ethos* universitário – foi, ao longo do século XX, um conhecimento predominantemente disciplinar cuja autonomia impôs um processo de produção relativamente descontextualizado em relação às premências do quotidiano das sociedades. Segundo a lógica deste processo, são os investigadores quem determina os problemas científicos a resolver, define a sua relevância e estabelece as metodologias e os ritmos de pesquisa. É um conhecimento homogéneo e organizacionalmente hierárquico na medida em que agentes que participam na sua produção partilham os mesmos objectivos de produção de conhecimento, têm a mesma formação e a mesma cultura científica e fazem-no segundo hierarquias organizacionais bem definidas. É um conhecimento assente na distinção entre pesquisa científica e desenvolvimento tecnológico e a autonomia do investigador traduz-se numa certa irresponsabilidade social deste ante os resultados da aplicação do conhecimento. Ainda na lógica deste processo de produção de conhecimento universitário a distinção entre conhecimento científico e outros conhecimentos é absoluta, tal como o é a relação entre ciência e sociedade. A universidade produz conhecimento que a sociedade aplica ou não, uma alternativa que, por mais relevante socialmente, é indiferente ou irrelevante para o conhecimento produzido.

A organização universitária e o *ethos* universitário foram moldados por este modelo de conhecimento. Acontece que, ao longo da última década, se deram alterações que desestabilizaram este modelo de conhecimento e apontaram para a emergência de um outro modelo. Designo esta transição por passagem do conhecimento universitário para o conhecimento pluriversitário[134].

Ao contrário do conhecimento universitário descrito no parágrafo anterior, o conhecimento pluriversitário é um conhecimento contextual na medida em que o princípio organizador da sua produção é a aplicação que lhe pode ser

---

[134] Michael Gibbons e outros (1994) chamaram a esta transição a passagem de um conhecimento de modo 1 para um conhecimento de modo 2. Sobre as dificuldades da transição do conhecimento universitário para o conhecimento pluriversitário, com especial atenção ao caso português, ver a lúcida análise de Estanque e Nunes, 2003.

PELA MÃO DE ALICE. O SOCIAL E O POLÍTICO NA PÓS-MODERNIDADE   375

dada. Como essa aplicação ocorre extra-muros, a iniciativa da formulação dos problemas que se pretende resolver e a determinação dos critérios da relevância destes é o resultado de uma partilha entre pesquisadores e utilizadores. É um conhecimento transdisciplinar que, pela sua própria contextualização, obriga a um diálogo ou confronto com outros tipos de conhecimento, o que o torna internamente mais heterogéneo e mais adequado a ser produzido em sistemas abertos menos perenes e de organização menos rígida e hierárquica. Todas as distinções em que assenta o conhecimento universitário são postas em causa pelo conhecimento pluriversitário e, no fundo, é a própria relação entre ciência e sociedade que está em causa. A sociedade deixa de ser um objecto das inter-pelações da ciência para ser ela própria sujeita de interpelações à ciência. Esta contraposição entre estes dois modelos de conhecimento tem o exagero próprio dos tipos ideais. Na realidade, os conhecimentos produzidos ocupam lugares diferentes ao longo de *continuum* entre os dois pólos extremos, alguns mais pró-ximos do modelo universitário, outros mais próximos do modelo pluriversitário. Esta heterogeneidade não só desestabiliza a especificidade institucional actual da universidade, como interpela a hegemonia e a legitimidade desta na medida em que a força a avaliar-se por critérios discrepantes entre si[135].

O conhecimento pluriversitário tem tido a sua concretização mais consis-tente nas parcerias universidade-indústria e, portanto, sob a forma de conhe-cimento mercantil. Mas, sobretudo nos países centrais e semiperiféricos, o contexto de aplicação tem sido também não mercantil, e antes cooperativo, solidário, através de parcerias entre pesquisadores e sindicatos, organizações não-governamentais, movimentos sociais, grupos sociais especialmente vulnerá-veis (imigrantes ilegais, desempregados, doentes crónicos, idosos, portadores de HIV/AIDS, etc.), comunidades populares, grupos de cidadãos críticos e activos. É um vasto conjunto de utilizadores que vai desenvolvendo uma relação nova e mais intensa com a ciência e a tecnologia e que, por isso, exige uma maior partici-pação na sua produção e na avaliação dos seus impactos. Nos países pluriétnicos e multinacionais, o conhecimento pluriversitário está a emergir ainda do interior da própria universidade quando estudantes de grupos minoritários (étnicos ou

---

[135] Como resulta claro do texto, a passagem do conhecimento universitário ao conhecimento pluriversitário tem vindo a ocorrer nos países centrais e, muito selectivamente, nos países semiperiféricos. Mas não excluo que algumas universidades dos países periféricos sempre tenham produzido a sua própria versão de conhecimento pluriversitário, antes dele se ter transformado em algo que sucede ao conhecimento universitário.

outros) entram na universidade e verificam que a sua inclusão é uma forma de exclusão: confrontam-se com a tábua rasa que é feita das suas culturas e dos conhecimentos próprios das comunidades donde se sentem originários. Tudo isso obriga o conhecimento científico a confrontar-se com outros conhecimentos e exige um nível de responsabilização social mais elevado às instituições que o produzem e, portanto, às universidades. À medida que a ciência se insere mais na sociedade, esta insere-se mais na ciência. A universidade foi criada segundo um modelo de relações unilaterais com a sociedade e é esse modelo que subjaz à sua institucionalidade actual. O conhecimento pluriversitário substitui a unilateralidade pela interactividade, uma interactividade enormemente potenciada pela revolução nas tecnologias de informação e de comunicação.

À luz destas transformações, podemos concluir que a universidade tem vindo a ser posta perante exigências contrapostas, mas com o efeito convergente de desestabilizarem a sua institucionalidade actual. Por um lado, a pressão hiper-privatística da mercantilização do conhecimento, das empresas concebidas como consumidoras, utilizadoras e mesmo co-produtoras do conhecimento científico, uma pressão que visa reduzir a responsabilidade social da universidade à sua capacidade para produzir conhecimento economicamente útil, isto é, comercializável. Por outro lado, uma pressão hiper-publicista social difusa que estilhaça o espaço público restrito da universidade em nome de um espaço público muito mais amplo atravessado por confrontos muito mais heterogéneos e por concepções de responsabilização social muito mais exigentes[136]. Esta contraposição entre uma pressão hiper-privatista e uma pressão hiper-publicista não só tem vindo a desestabilizar a institucionalidade da universidade, como tem criado uma fractura profunda na identidade social e cultural desta, uma fractura traduzida em desorientação e tacticismo; traduzida, sobretudo, numa certa paralisia disfarçada por uma atitude defensiva, resistente à mudança em nome da autonomia universitária e da liberdade académica. A instabilidade causada pelo impacto destas pressões contrapostas cria impasses onde se torna evidente que as exigências de maiores mudanças vão frequentemente de par com as maiores resistências à mudança.

---

[136] Neste domínio deve ter-se em conta o papel decisivo da mídia. Aliás, as relações entre a universidade e a mídia, não tratadas neste texto, merecem uma reflexão detalhada.

O fim do projecto de país?

A passagem do conhecimento universitário para o conhecimento pluriversitário é, portanto, um processo muito mais amplo que a mercantilização da universidade e do conhecimento por ela produzido. É um processo mais visível hoje nos países centrais, ainda que também presente nos semiperiféricos e periféricos. Mas tanto nestes como nos países periféricos teve lugar, ao longo das duas últimas décadas, uma outra transformação altamente desestabilizadora para a universidade, uma transformação que, estando articulada com a globalização neoliberal, não tem apenas dimensões económicas nem se reduz à mercantilização da universidade. É, pelo contrário, uma transformação eminentemente política. Nestes países, a universidade pública – e o sistema educacional como um todo – esteve sempre ligada à construção do projecto de país, um projecto nacional quase sempre elitista que a universidade devia formar. Isso foi tão evidente nas universidades da América Latina no século XIX ou, no caso do Brasil, já no século XX, como no caso das universidades africanas e de várias asiáticas, como é o caso da Índia, depois da independência em meados do século XX. Tratava-se de conceber projectos de desenvolvimento ou de modernização nacionais, protagonizados pelo Estado, que visavam criar ou aprofundar a coerência e a coesão do país enquanto espaço económico, social e cultural, território geo-politicamente bem definido – para o que foi frequentemente preciso travar guerras de delimitação de fronteiras – dotado de um sistema político considerado adequado para promover a lealdade dos cidadãos ao Estado e a solidariedade entre cidadãos enquanto nacionais do mesmo país, um país onde se procura viver em paz, mas em nome do qual também se pode morrer. Os estudos humanísticos, as ciências sociais, mas, muitas vezes, também as próprias ciências naturais foram orientados para dar consistência ao projecto nacional, criar o conhecimento e formar os quadros necessários à sua concretização. Nos melhores momentos, a liberdade académica e a autonomia universitária foram parte integrante de tais projectos, mesmo quando os criticavam severamente. Este envolvimento foi tão profundo que, em muitos casos, se transformou na segunda natureza da universidade. A tal ponto que, questionar o projecto político nacional, acarretou consigo questionar a universidade pública. O defensismo reactivo que tem dominado a universidade, nomeadamente em suas respostas à crise financeira, decorrem de a universidade, dotada de uma capacidade reflexiva e crítica que nenhuma outra instituição social tem, estar a concluir – com uma lucidez que só surpreende os incautos – que deixou de haver projecto nacional e que, sem ele, não haverá universidade pública[137]. Efectivamente, nos últimos vinte anos, a globalização neoliberal lançou um ataque devastador à ideia de projecto nacional, concebido por ela como grande obstáculo à expansão do capitalismo global. Para o capitalismo neoliberal, o projecto nacional legitima lógicas de produção e de reprodução nacional tendo por referência espaços nacionais, não só heterogéneos entre si, como ciosos dessa heterogeneidade. Acresce que a caucionar essas lógicas está uma entidade política, o Estado nacional, com poder de império sobre o território, cuja submissão a imposições económicas é, à partida, problemática em função dos seus interesses próprios e os do capitalismo nacional de que tem estado politicamente dependente.

O ataque neoliberal teve, pois, por alvo privilegiado o Estado nacional e especificamente as políticas económicas e as políticas sociais onde a educação tinha vindo a ganhar peso. No caso da universidade pública, os efeitos deste ataque não se limitaram à crise financeira. Repercutiram-se directa ou indirectamente na definição de prioridades de pesquisa e de formação, não só nas áreas das ciências sociais e de estudos humanísticos, como também nas áreas das ciências naturais, sobretudo nas mais vinculadas a projectos de desenvolvimento tecnológico[138]. A incapacitação política do Estado e do projecto nacional repercutiu-se numa certa incapacitação epistemológica da universidade e na criação de desorientação quanto às suas funções sociais. As políticas de autonomia e de descentralização universitárias, entretanto adoptadas, tiveram como efeito deslocar o fulcro dessas funções dos desígnios nacionais para os problemas locais e regionais. A crise de identidade instalou-se no próprio pensamento crítico e no espaço público universitário – que ele alimentara e de que se alimentara – posto na iminência de ter de se esquecer de si próprio para não ter de optar entre, por um lado, o nacionalismo isolacionista do qual sempre se distanciara e agora se tornava

[137] Outra questão, bem distinta, é a de saber-se até que ponto a universidade não perdeu, ela própria, a capacidade para definir um projecto de país, estando agora reduzida à capacidade de identificar a sua ausência. As orientações para a reforma da universidade que adiante apresento visam criar as condições para que, no novo contexto em que a universidade se encontra, lhe seja possível definir, em termos igualmente novos, um projecto de país e não apenas a falta dele.
[138] As situações variam de país para país. Por exemplo, em Portugal o ataque neoliberal só se manifestou nos dois últimos anos e o seu impacto está ainda por definir. O Brasil tem mantido um elevado nível de financiamento das ciências sociais. No caso da política científica europeia, 7º Programa-Quadro de Investigação e Desenvolvimento Tecnológico, que enquadra as actividades de I&D a financiar pela Comissão Europeia no período 2006-2010, dá uma ênfase maior que o programa-quadro anterior às áreas tecnológicas ("plataformas tecnológicas", "política espacial", "investigação em segurança", etc.) (comunicação pessoal de Tiago Santos Pereira).

PELA MÃO DE ALICE. O SOCIAL E O POLÍTICO NA PÓS-MODERNIDADE   379

totalmente anacrónico, e, por outro lado, uma globalização que, por efeito de escala, miniaturiza o pensamento crítico nacional, reduzindo-o à condição de idiossincrasia local indefesa ante a imparável torrente global.

Trabalhando nas águas subterrâneas, esta falta de projecto de país não sabe afirmar-se se não através de mal-estar, defensismos e paralisias. Penso, no entanto, que a universidade não sairá do túnel entre o passado e o futuro em que se encontra enquanto não for reconstruído o projecto de país. Aliás, é isso precisamente o que está acontecer nos países centrais. As universidades globais dos EUA, da Austrália e da Nova Zelândia actuam no quadro de projectos nacionais que têm o mundo como espaço de acção. De outro modo, não se justificaria o apoio que a diplomacia desses países dá a tais projectos. É o colonialismo de terceira geração que tem, neste caso, por protagonista as colónias do colonialismo de segunda geração.

Para os países periféricos e semiperiféricos o novo contexto global exige uma total reinvenção do projecto nacional sem a qual não haverá reinvenção da universidade. Como se verá adiante, não há nesta exigência nada de nacionalismo. Há apenas a necessidade de inventar um cosmopolitismo crítico num contexto de globalização neoliberal agressiva e excludente.

Da fala ao écrã

Nesta última década, tão dominada pela mercantilização, há ainda um terceiro factor, não exclusivamente mercantil, responsável pelo abalo da universidade. Trata-se do impacto das novas tecnologias de informação e comunicação na proliferação das fontes de informação e nas possibilidades de ensino-aprendizagem à distância. A universidade é uma entidade com forte componente territorial bem evidente no conceito de campus. Essa territorialidade, combinada com o regime de estudos, torna muito intensa a co-presença e a comunicação presencial. As novas tecnologias de informação e de comunicação vêm pôr em causa esta territorialidade. Com a conversão das novas tecnologias em instrumentos pedagógicos, a territorialidade é posta ao serviço da extra-territorialidade e a exigência da co-presença está a sofrer a concorrência da exigência de estar *on line*. O impacto destas transformações na institucionalidade da universidade é uma questão em aberto. Para já, é sabido que a transnacionalização do mercado universitário assenta nelas e que, ao lado das universidades convencionais, estão a proliferar o ensino à distância e as universidades virtuais. É também sabido que esta transformação é responsável por mais uma desigualdade ou segmentação no conjunto global das universidades, a fractura digital. O que falta saber é, por um lado, em que medida estas transformações afectarão a pesquisa, a formação e a extensão universitária nos lugares e nos tempos em que elas se tornarem disponíveis e facilmente acessíveis, e, por outro lado, o impacto que terá a sua ausência nos lugares e nos tempos onde não estiverem disponíveis ou, se disponíveis, dificilmente acessíveis. Ao enumerar estas questões em aberto não quero sugerir uma visão pessimista ou negativa do uso potencial das novas tecnologias da informação e comunicação por parte das universidades. Pretendo apenas salientar que será desastroso se as inércias, atadas à ideia de que a universidade sabe estar orgulhosamente parada na roda do tempo, não permitirem enfrentar os riscos e maximizar as potencialidades.

Que fazer?

Na segunda parte deste capítulo, procurarei identificar algumas das ideias-mestras que devem presidir a uma reforma criativa, democrática e emancipatória da universidade pública[139]. Talvez a primeira questão seja a de saber quem são os sujeitos das acções que é preciso empreender para enfrentar eficazmente os desafios que defrontam a universidade pública. No entanto, para identificar os sujeitos, é necessário definir previamente o sentido político da resposta a tais desafios. À luz do precedente, torna-se claro que, apesar de as causas da crise da universidade serem múltiplas e algumas delas virem de longa data, elas estão hoje reconfiguradas pela globalização neoliberal e o modo como afectam hoje a universidade reflecte os desígnios desta última. Tal como tenho defendido para outras áreas da vida social (Santos, 2000; 2001 (org.); 2003a (org.); 2003b (org.); 2004 (org.), o único modo eficaz e emancipatório de enfrentar a globalização neoliberal é contrapor-lhe uma globalização alternativa, uma globalização contra-hegemónica. Globalização contra-hegemónica da universidade enquanto bem público significa especificamente o seguinte: as reformas nacionais da

---

[139] Ao longo deste texto, quando me refiro à universidade pública assumo o seu carácter estatal. Bresser Pereira, que foi Ministro da Ciência e Tecnologia e da Administração Federal e Reforma do Estado no governo de Fernando Henrique Cardoso, tem sido um dos mais destacados defensores da ideia da universidade pública não-estatal. Não é este o lugar para fazer uma crítica detalhada desta proposta. Direi apenas que, para além de ser pouco provável que se possa adoptar com êxito o modelo das universidades norte-americanas em contexto semiperiférico, esta proposta contém vários riscos: assume o fim da gratuitidade do ensino público; aprofunda o desvinculamento do Estado em relação à universidade pública, já que o Estado deixa de ser o seu financiador exclusivo; aumenta e desregula a competição entre a universidade pública e a universidade privada e como esta, ao contrário do que se passa nos EUA, é de qualidade inferior à universidade pública é natural que o nivelamento se dê por baixo.

PELA MÃO DE ALICE. O SOCIAL E O POLÍTICO NA PÓS-MODERNIDADE   381

universidade pública devem reflectir um projecto de país centrado em escolhas políticas que qualifiquem a inserção do país em contextos de produção e de distribuição de conhecimentos cada vez mais transnacionalizados e cada vez mais polarizados entre processos contraditórios de transnacionalização, a globalização neoliberal e a globalização contra-hegemónica.

Este projecto de país tem de resultar de um amplo contrato político e social desdobrado em vários contratos sectoriais, sendo um deles o contrato educacional e, dentro dele, o contrato da universidade como bem público. A reforma tem por objectivo central responder positivamente às demandas sociais pela democratização radical da universidade, pondo fim a uma história de exclusão de grupos sociais e seus saberes de que a universidade tem sido protagonista ao longo do tempo e, portanto, desde muito antes da actual fase de globalização capitalista. Se a resposta a esta última tem de ser hoje privilegiada é apenas porque ela inviabiliza qualquer possibilidade de democratização e muito menos de democratização radical. É por esta razão que as escalas nacional e transnacional da reforma se interpenetram. Não é, pois, possível uma solução nacional sem articulação global. A natureza política do projecto e do contrato deriva do tipo de articulação que se busca. O contexto global é hoje fortemente dominado pela globalização neoliberal, mas não se reduz a ela. Há espaço para articulações nacionais e globais baseadas na reciprocidade e no benefício mútuo que, no caso da universidade, recuperam e ampliam formas de internacionalismo de longa duração[140]. Tais articulações devem ser de tipo cooperativo mesmo quando contêm componentes mercantis, ou seja, devem ser construídas fora dos regimes de comércio internacional. A nova transnacionalização alternativa e solidária assenta agora nas novas tecnologias de informação e de comunicação e na constituição de redes nacionais e globais onde circulam novas pedagogias, novos processos de construção e de difusão de conhecimentos científicos e outros, novos compromissos sociais, locais, nacionais e globais. O objectivo consiste em resituar o papel da universidade pública na definição e resolução colectiva dos problemas sociais que agora, sejam locais ou nacionais, não são resolúveis sem considerar a sua contextualização global. O novo contrato universitário parte

---

[140] Deve ter-se em mente que uma articulação inter-universitária não comercial não é, em si mesma, benigna. No passado, muitas articulações desse tipo foram o veículo privilegiado de dominação colonial. No âmbito da reforma que aqui proponho deve submeter-se a escrutínio todo esse passado colonial. A reforma democrática da universidade fará pouco sentido se não for também uma reforma anti colonialista.

assim da premissa que a universidade tem um papel crucial na construção do lugar do país num mundo polarizado entre globalizações contraditórias.

A globalização neoliberal assenta na destruição sistemática dos projectos nacionais e, como estes foram muitas vezes desenhados com a colaboração activa das universidades e dos universitários, é de esperar que, da sua perspectiva, a universidade pública seja um alvo a abater enquanto não estiver plenamente sintonizada com os seus objectivos. O que está em causa não é isolar a universidade pública das pressões da globalização neoliberal, o que, além de ser impossível, podia dar a impressão de que a universidade tem estado relativamente isolada dessas pressões. Ora tal não é o caso e, aliás, pode mesmo dizer-se que parte da crise da universidade resulta de ela se ter já deixado cooptar pela globalização hegemónica. O que está em causa é uma resposta activa à cooptação, em nome de uma globalização contra-hegemónica.

A globalização contra-hegemónica da universidade como bem público, que aqui proponho, mantém a ideia de projecto nacional, só que o concebe de modo não nacionalista ou autárcico. No século XXI só há nações na medida em que há projectos nacionais de qualificação de inserção na sociedade global.

Para os países periféricos e semiperiféricos, não há qualificação sem que a resistência à globalização neoliberal se traduza em estratégias de globalização alternativa. A dificuldade e, por vezes, o drama da reforma da universidade em muitos países reside no facto de ela obrigar a repor a questão do projecto nacional que os políticos dos últimos vinte anos não querem em geral enfrentar, quer porque ela é uma areia na engrenagem da sua rendição ao neoliberalismo, quer porque a julgam ultrapassada enquanto instrumento de resistência. A universidade pública sabe que sem projecto nacional só há contextos globais e estes são demasiados poderosos para que a crítica universitária dos contextos não acarrete a descontextualização da própria universidade. O excesso de lucidez da universidade permite-lhe denunciar que o rei vai nu e só por isso a reforma da universidade será sempre diferente de todas as outras. Será autoritária ou democrática consoante a instância política se recusar ou aceitar ver-se ao espelho. Não há meio-termo[141].

---

[141] Dada a desmoralização da universidade pública, acredito que muitos não vejam nesta lucidez e muito menos "excesso de lucidez". Outros, sobretudo universitários, exercitam esse excesso de lucidez contra a universidade não vendo nela nada mais que privilégios e corporativismos. Com nenhum destes grupos de críticos será possível contar para levar a cabo uma reforma progressista e democrática da universidade pública.

PELA MÃO DE ALICE. O SOCIAL E O POLÍTICO NA PÓS-MODERNIDADE   383

A globalização contra-hegemónica da universidade como bem público é, pois, um projecto político exigente que, para ter credibilidade, tem de saber ultrapassar dois preconceitos contraditórios mas igualmente enraizados: o de que a universidade só pode ser reformada pelos universitários e o de que a universidade nunca se auto-reformará. Para isso, o projecto tem de ser sustentado por forças sociais disponíveis e interessadas em protagonizá-lo. O primeiro protagonista das reformas que proponho é a sociedade politicamente organizada: grupos sociais e profissionais, sindicatos, movimentos sociais, organizações não-governamentais e suas redes, governos locais progressistas, interessados em fomentar articulações cooperativas entre a universidade e os interesses sociais que representam. Ao contrário do Estado, este protagonista tem historicamente uma relação distante e por vezes mesmo hostil com a universidade precisamente em consequência do elitismo da universidade e da distância que esta cultivou durante muito tempo em relação aos sectores ditos não cultos da sociedade. É um protagonista que tem de ser conquistado por via da resposta à questão da legitimidade, ou seja, por via do acesso não classista, não racista, não sexista e não etnocêntrico à universidade e por todo um conjunto de iniciativas que aprofundem a responsabilidade social da universidade na linha do conhecimento pluriversitário solidário.

O segundo protagonista é a própria universidade pública, ou seja, quem nela está interessado numa globalização alternativa. Se o primeiro protagonista é problemático, este não o é menos, o que à primeira vista pode surpreender. A universidade pública é hoje um campo social muito fracturado e no seu seio digladiam-se sectores e interesses contraditórios. É certo que em muitos países, sobretudo periféricos e semiperiféricos, tais contradições são por enquanto latentes já que o que domina é a posição defensiva da manutenção do *status quo* e da recusa, quer da globalização neoliberal, quer da globalização alternativa. Esta é uma posição conservadora, não por advogar a manutenção do *status quo*, mas porque, desprovida de alternativas realistas, acabará por ficar refém dos desígnios da globalização neoliberal da universidade. Os universitários que denunciam esta posição conservadora e, ao mesmo tempo, recusam a ideia da inelutabilidade da globalização neoliberal serão os protagonistas da reforma progressista que aqui proponho.

Finalmente, o terceiro protagonista da resposta aos desafios é o Estado nacional sempre e quando ele optar politicamente pela globalização solidária da universidade. Sem esta opção, o Estado nacional acaba por adoptar, mais ou menos incondicionalmente, ou por ceder, mais ou menos relutantemente, às pressões da globalização neoliberal e, em qualquer caso, transformar-se-á no inimigo da universidade pública por mais proclamações que faça em contrário. Dada a relação de proximidade e de amor-ódio que o Estado manteve com a universidade ao longo do século XX, as opções tendem a ser dramatizadas.

Para além destes três protagonistas há nos países semiperiféricos e periféricos um quarto grupo que, não tendo, em geral, condições para ser protagonista da reforma que aqui proponho, pode, no entanto, integrar o contrato social que dará legitimidade e sustentatibilidade à reforma. Trata-se do capital nacional. É certo que os sectores mais dinâmicos do capital nacional – os sectores potencialmente mais eficazes na construção do contrato social – estão transnacionalizados e, portanto, integrados na globalização neoliberal hostil ao contrato social. No entanto, o processo de transnacionalização destes sectores nos países periféricos e semiperifericos não ocorre sem contradições e a busca de condições que melhorem a sua inserção na economia global depende de conhecimento científico, tecnológico ou gerencial produzido nas universidades.

Nesta medida podem ter interesse em associar-se a uma reforma que defenda a universidade pública, sobretudo nos casos em que não há alternativas extra-universitárias de produção de conhecimento de excelência. Desta posição geral sobre a reforma da universidade pública e seus protagonistas decorrem os seguintes princípios orientadores.

Enfrentar o novo com o novo

As transformações da última década foram muito profundas e, apesar de terem sido dominadas pela mercadorização da educação superior, não se reduziram isso. Envolveram transformações nos processos de conhecimento e na contextualização social do conhecimento. Em face disso, não se pode enfrentar o novo contrapondo-lhe o que existiu antes. Em primeiro lugar, porque as mudanças são irreversíveis. Em segundo lugar, porque o que existiu antes não foi uma idade de ouro ou, se o foi, foi-o para a universidade sem o ter sido para o resto da sociedade, e, no seio da própria universidade, foi-o para alguns e não para outros. A resistência tem de envolver a promoção de alternativas de pesquisa, de formação, de extensão e de organização que apontem para a democratização do bem público universitário, ou seja, para o contributo específico da universidade na definição e solução colectivas dos problemas sociais, nacionais e globais.

PELA MÃO DE ALICE. O SOCIAL E O POLÍTICO NA PÓS-MODERNIDADE   385

Lutar pela definição da crise

Para sair da sua posição defensiva, a universidade tem de estar segura que a reforma não é feita contra ela[142]. A ideia de contrato educacional é aqui crucial porque não há contrato quando há imposições ou resistências inegociáveis. Para que tal não suceda, é necessário conhecer em que condições e para quê a universidade deve sair da posição defensiva. Para isso, é necessário revisitar os conceitos de crise de hegemonia e de legitimidade. O ataque à universidade por parte dos Estados rendidos ao neoliberalismo foi de tal maneira maciço que é hoje difícil definir os termos da crise que não em termos neoliberais. Aliás, reside aqui a primeira manifestação da perda de hegemonia da universidade. A universidade perdeu a capacidade de definir a crise hegemonicamente, isto é, com autonomia mas de modo que a sociedade se reveja nela. Aliás, é esta perda que justifica a nível mais profundo a dominância de posições defensivas. É por isso crucial definir e sustentar uma definição contra-hegemónica da crise.

Nestes últimos vinte anos, a universidade sofreu uma erosão talvez irreparável na sua hegemonia decorrente das transformações na produção do conhecimento, com a transição, em curso, do conhecimento universitário convencional para o conhecimento pluriversitário, transdisciplinar, contextualizado, interactivo, produzido, distribuído e consumido com base nas novas tecnologias de comunicação e de informação que alteraram as relações entre conhecimento e informação, por um lado, e formação e cidadania, por outro. A universidade não pôde, até agora, tirar proveito destas transformações e por isso adaptou-se mal a elas quando não as hostilizou[143]. Como vimos, isso deveu-se a uma pluralidade de factores: crise financeira, rigidez institucional, muitas vezes exigida pelo mesmo Estado que proclama flexibilidade; uma concepção de liberdade académica e de *expertise* que impediu de trazer para a universidade novos perfis profissionais capazes de lidar criativamente com as transformações; incapacidade de articular a preciosa experiência de interacção presencial com a interacção à distância; uma cultura institucional de perenidade que desvaloriza as mudanças. As reformas devem partir da constatação da perda de hegemonia e concentrar-se na questão da legitimidade.

---

[142] Com isto quero tão só dizer que o espírito da reforma não pode ser o de privatizar a universidade pública. Obviamente que a reforma terá de ir contra tudo aquilo que na universidade pública resiste à sua transformação num sentido progressista e democrático.

[143] Isto não significa que muitas universidades não tenham usado criativamente as novas tecnologias de informação e comunicação para democratizar o acesso ao conhecimento e, sobretudo, para estreitar as relações com a sociedade. O texto refere-se à tendência geral.

Lutar pela definição de universidade

Há uma questão de hegemonia que deve ser resolvida, uma questão que, parecendo residual, é central, dela dependendo o modo como a universidade poderá lutar pela sua legitimidade: é a questão da definição da universidade. O grande problema da universidade neste domínio tem sido o facto de passar facilmente por universidade áquilo que o não é. Isto foi possível devido à acumulação indiscriminada de funções atribuídas à universidade ao longo do século XX. Como elas foram adicionadas sem articulação lógica, o mercado do ensino superior pôde auto-designar o seu produto como universidade sem ter de assumir todas as funções desta, seleccionando as que se lhe afiguraram fonte de lucro e concentrando-se nelas.

As reformas devem partir do pressuposto que no século XXI só há universidade quando há formação graduada e pós-graduada, pesquisa e extensão. Sem qualquer destes, há ensino superior, não há universidade. Isto significa que, em muitos países, a esmagadora maioria das universidades privadas e mesmo parte das universidades públicas não são universidades porque lhes falta a pesquisa ou a pós-graduação. A reforma deve, pois, distinguir, mais claramente do que até aqui, entre universidade e ensino superior[144]. No que respeita às universidades públicas que o não são verdadeiramente, o problema deve ser resolvido no âmbito da criação de uma rede universitária pública, proposta adiante, que possibilite às universidades que não podem ter pesquisa ou cursos de pós-graduação autónomos fazê-lo em parceria com outras universidades no âmbito da rede nacional ou mesmo transnacional. Não é sustentável e muito menos recomendável, do ponto de vista de um projecto nacional educacional, um sistema universitário em que as pós-graduações e a pesquisa estejam concentradas numa pequena minoria de universidades. No que respeita às universidades privadas – no caso de estas quererem manter o estatuto e a designação de universidades – o seu licenciamento deve estar sujeito à existência de programas de pós-graduação, pesquisa e extensão sujeitos a frequente e exigente monitorização. Tal como acontece com as universidades públicas, se as universidades privadas não puderem sustentar autonomamente tais programas, devem fazê-lo através de parcerias, quer com outras universidades privadas, quer com universidades

---

[144] Este texto aborda exclusivamente a questão da universidade e só por isso não trato do papel do ensino superior não universitário. Atribuo a este último grande importância e apenas me parece que a sua distinção em relação à universidade deve ser clara para que o ensino superior não universitário não caia na tentação de dedicar energias a tentar passar por aquilo que não é.

PELA MÃO DE ALICE. O SOCIAL E O POLÍTICO NA PÓS-MODERNIDADE 387

públicas. A definição do que é universidade é crucial para que a universidade possa ser protegida da concorrência predatória e para que a sociedade não seja vítima de práticas de consumo fraudulento. A luta pela definição de universidade permite dar à universidade pública um campo mínimo de manobra para poder conduzir com eficácia a luta pela legitimidade.

Reconquistar a legitimidade
Afectada irremediavelmente a hegemonia, a legitimidade é simultaneamente mais premente e mais difícil. A luta pela legitimidade vai assim ser cada vez mais exigente e a reforma da universidade deve centrar-se nela.

São cinco as áreas de acção neste domínio: acesso; extensão; pesquisa-acção; ecologia de saberes; universidade e escola pública. As duas primeiras são as mais convencionais, mas terão de ser profundamente revistas; a terceira tem sido praticada em algumas universidades latino-americanas e africanas durante alguns períodos de maior responsabilidade social por parte da universidade; a quarta constitui uma decisiva inovação na construção de uma universidade póscolonial; a quinta é uma área de acção que teve no passado uma grande presença mas que tem de ser hoje totalmente reinventada.

Acesso
Na área do acesso, a maior frustração da última década foi que o objectivo de democratização do acesso não foi conseguido. Na maioria dos países os factores de discriminação, sejam eles a classe, a raça, sexo ou etnia, continuaram a fazer do acesso uma mistura de mérito e privilégio. Em vez de democratização, houve massificação e depois, já no período da alegada pós massificação, uma forte segmentação do ensino superior com práticas de autêntico *dumping social* de diplomas e diplomados, sem que nenhumas medidas *anti-dumping* eficazes tenham sido tomadas. As universidades dos segmentos mais altos poucas iniciativas tomaram, para além de defenderem os seus critérios de acesso, invocando o facto, muitas vezes verdadeiro, que as mais persistentes discriminações ocorrem a montante da universidade, a nível de educação primária e secundária. É de prever que a transnacionalização dos serviços de educação superior agrave o fenómeno da segmentação porque o transnacionaliza. Alguns fornecedores estrangeiros dirigem a sua oferta para os melhores alunos vindos das escolas secundárias mais elitistas ou vindos da graduação das melhores universidades nacionais. Num sistema transnacionalizado, as melhores universidades dos países periféricos e semiperiféricos, que ocupam o topo da segmentação nacional,

BOAVENTURA DE SOUSA SANTOS

passarão a ocupar os escalões inferiores da segmentação global. Das quatro formas de serviços transnacionalizados, o consumo no estrangeiro é um dos mais responsáveis pelo novo *brain drain*, particularmente evidente na Índia, mas também presente nalguns países africanos, como por exemplo no Quénia e no Gana. Entre as ideias-mestras por que se deve pautar a área de acesso, distingo as seguintes:

1. Nos países onde a discriminação no acesso à universidade assenta, em boa parte, nos bloqueios ao nível do ensino básico e médio, a reforma progressista da universidade, por contraposição à proposta pelo Banco Mundial, deve dar incentivos à universidade para promover parcerias activas, no domínio pedagógico e científico, com as escolas públicas[145].

2. A universidade pública deve permanecer gratuita e aos estudantes das classes trabalhadoras devem ser concedidas bolsas de manutenção e não empréstimos[146]. Se não for controlado, o endividamento dos estudantes universitários será a prazo uma bomba relógio. Estamos a lançar num mercado de trabalho, cada vez mais incerto, uma população onerada pela certeza de uma dívida que pode levar 20 anos a saldar. As bolsas devem ser concedidas mediante contrapartidas de trabalho nas actividades universitárias no campus ou fora do campus. Por exemplo, estudantes de licenciaturas poderiam oferecer algumas horas semanais em escolas públicas, como tutores, ajudando alunos com dificuldades de aprendizagem.

3. Nas sociedades multinacionais e pluri-culturais, onde o racismo, assumido ou não, é um facto, as discriminações raciais ou étnicas devem ser confrontadas enquanto tal com programas de acção afirmativa (cotas e outras medidas) que devem visar, não só o acesso, como também o acompanhamento, sobretudo durante os primeiros anos onde são por vezes altas as taxas de abandono. Sem dúvida que a discriminação racial ou étnica ocorre em conjunção com a discrimi-

---

[145] Em vários países há experiências concretas de colaboração entre as universidades e instituições de ensino médio e básico. Em Portugal, por exemplo, várias faculdades e centros de investigação "adoptam" algumas instituições para parcerias mais intensas de colaboração pedagógica e de divulgação científica. O Programa "Ciência Viva" criado em 1996 tem feito um bom trabalho de intermediação entre as universidades e o ensino médio e básico. Ver adiante a secção sobre universidade e escola pública.

[146] Talvez seja mais correcto designar a área do acesso como acesso/permanência ou mesmo acesso/permanência/sucesso, uma vez que o que está em causa é garantir, não só o acesso, mas também a permanência e o sucesso dos estudantes oriundos de classes ou grupos sociais discriminados.

PELA MÃO DE ALICE. O SOCIAL E O POLÍTICO NA PÓS-MODERNIDADE 389

nação de classe, mas não pode ser reduzida a esta e deve ser objecto de medidas específicas. Na Índia, a discriminação de casta é objecto de acção afirmativa, apesar de actuar em conjunção com a discriminação de classe e de sexo. Na África do Sul, a discriminação racial é objecto de acção afirmativa, apesar de actuar em conjunção com a discriminação de classe. A reforma da universidade deve dar uma centralidade muito específica às acções contra a discriminação racial. Tal como acontece na Índia e na África do Sul, tais acções devem estar articuladas com medidas em outras esferas, como o acesso a empregos públicos e, em geral, ao mercado de trabalho, vinculando-se ao projecto do país e dando testemunho dele.

No Brasil, as políticas de acção afirmativa assumem hoje grande destaque e merecem uma referência especial. Em resposta à crescente pressão de movimentos sociais pela democratização do acesso ao ensino superior, especialmente do movimento negro, o Governo Lula lançou no primeiro semestre de 2004 o programa "Universidade para Todos" (PROUNI) que preconiza uma acção afirmativa baseada em critérios raciais e sócioeconómicos. Dois projectos de lei elaborados pelo Ministério da Educação e já encaminhados ao Congresso Nacional definem o escopo e os instrumentos dessa nova política de inclusão social no ensino superior. O primeiro projecto prevê bolsa de estudo integral para alunos de baixa renda a conceder pelas próprias instituições privadas de ensino superior em troca da manutenção de isenções fiscais e previdenciárias já concedidos pelo Estado[147]. De acordo com a proposta do Executivo, as instituições que aderirem ao programa deverão destinar pelo menos 10% das suas vagas para estudantes de baixa renda e professores da rede pública de educação básica. A segunda proposta legislativa determina que as instituições públicas federais de educação superior deverão destinar pelo menos 50% das suas vagas para estudantes das escolas públicas. Estas vagas, por sua vez, deverão ser distribuídas de forma a reflectir a composição étnica de cada unidade da Federação, cabendo às respectivas instituições de educação superior fixar o percentual de vagas a serem preenchidas por estudantes negros e indígenas. Em consonância

---

[147] Os incentivos fiscais concedidos pelo governo federal às instituições privadas filantrópicas representam R$ 839,7 milhões ao ano. Este montante refere-se à renúncia fiscal. De acordo com a legislação brasileira, as instituições filantrópicas são isentas do recolhimento da contribuição previdenciária patronal e outros tributos federais. Além dos incentivos fiscais, o ensino superior privado conta neste ano com uma dotação de R$ 829 milhões para o programa de Financiamento Estudantil. Desde a sua instituição, em 1999, o Fies já beneficiou cerca de 218 mil estudantes (*Folha de S. Paulo*, 12/04/2004).

BOAVENTURA DE SOUSA SANTOS

com o princípio da autonomia universitária, o projecto garante latitude para que cada instituição determine os critérios de distribuição e de selecção para o preenchimento das vagas reservadas a estudantes de baixa renda e grupos raciais sub-representados no ensino superior. Estas propostas representam um esforço meritório no sentido de combater o tradicional o elitismo social da universidade pública, em parte responsável pela perda de legitimidade social desta, sendo, por isso, de saudar. Têm, no entanto, enfrentado muita resistência. O debate tem incidido no tema convencional da contraposição entre democratização do acesso e a meritocracia mas também em temas novos, como o do método da reserva de vagas e as dificuldades em aplicar o critério racial numa sociedade altamente miscigenada[148]. Algumas das universidades públicas mais prestigiadas e competitivas, como a Universidade de São Paulo (USP), têm resistido à pressão social em prol de políticas de acção afirmativa, a despeito do acumulo de provas quanto ao seu carácter elitista[149]e têm proposto medidas alternativas de inclusão social que preservem o critério de mérito para ingresso no ensino superior[150].

4. A avaliação crítica do acesso e, portanto, dos obstáculos ao acesso – como, de resto a discussão das áreas da extensão e da ecologia de saberes – deve incluir explicitamente o carácter colonial da universidade moderna. A universidade não só participou na exclusão social das raças e etnias ditas inferiores, como teorizou a sua inferioridade, uma inferioridade que estendeu aos conhecimentos produzidos pelos grupos excluídos em nome da prioridade epistemológica concedida à ciência. As tarefas da democratização do acesso são, assim, particularmente exigentes porque questionam a universidade no seu todo, não só quem a frequenta, como os conhecimentos que são transmitidos a quem a frequenta.

---

[148] Quanto ao tema do critério racial, o projecto do governo propõe o critério de autodeclaração.

[149] Um estudo recente revelou, por exemplo, que apenas uma rua, a Bela Cintra, localizada na região afluente dos Jardins, concentra mais ingressantes no vestibular da USP de 2004 do que 74 bairros periféricos da zona sul. Os bairros da elite de São Paulo, que representam 19,5% da população total do município, respondem por 70,3% dos ingresssantes da USP, enquanto os bairros periféricos, que concentram 80,5% da população, ocupam apenas 29,7% das vagas da universidade (Folha de S. Paulo, 30/5/2004). O estudo foi realizado pelo Núcleo de Apoio a Estudos da Graduação (Naeg), vinculado ao Instituto de Matemática e Estatística da USP. Os resultados completos estão disponíveis na página do Naeg (www.naeg.prg.usp.br).

[150] É o caso da USP que, em vez de facilitar o acesso, se propõe "reforçar a competitividade dos jovens pobres". Para isso, está abrindo cursos preparatórios para o vestibular destinados a alunos de escolas públicas e expandindo a isenção da taxa de inscrição no vestibular para alunos com carências económicas (*Folha de S. Paulo*, 30/5/2004).

Extensão

A área de extensão vai ter no futuro próximo um significado muito especial. No momento em que o capitalismo global pretende funcionalizar a universidade e, de facto, transformá-la numa vasta agência de extensão ao seu serviço, a reforma da universidade deve conferir uma nova centralidade às actividades de extensão (com implicações no *curriculum* e nas carreiras dos docentes) e concebê-las de modo alternativo ao capitalismo global, atribuindo às universidades uma participação activa na construção da coesão social, no aprofundamento da democracia, na luta contra a exclusão social e a degradação ambiental, na defesa da diversidade cultural. Esta é uma área que, para ser levada a cabo com êxito, exige cooperação intergovernamental entre, por exemplo, Ministros da Educação, do Ensino Superior e Tecnologia, da Cultura e das Áreas Sociais. A extensão envolve uma vasta área de prestação de serviços e os seus destinatários são variados: grupos sociais populares e suas organizações; movimentos sociais; comunidades locais ou regionais; governos locais; o sector público; o sector privado. Para além de serviços prestados a destinatários bem definidos, há também toda uma outra área de prestação de serviços que tem a sociedade em geral como destinatária. A título de exemplo: "incubação" da inovação; promoção da cultura científica e técnica; actividades culturais no domínio das artes e da literatura.

Para que a extensão cumpra este papel é preciso evitar que ela seja orientada para actividades rentáveis com o intuito de arrecadar recursos extra orçamentários[151].

Nesse caso, estaremos perante uma privatização discreta (ou não tão discreta) da universidade pública. Para evitar isso, as actividades de extensão devem ter como objectivo prioritário, sufragado democraticamente no interior da universidade, o apoio solidário na resolução dos problemas da exclusão e da discriminação sociais e de tal modo que nele se dê voz aos grupos excluídos e discriminados.

Pesquisa-acção

A pesquisa-acção e a ecologia de saberes são áreas de legitimação da universidade que transcendem a extensão uma vez que tanto actuam ao nível desta como ao nível da pesquisa e da formação. A pesquisa-acção consiste na definição e execução participativa de projectos de pesquisa, envolvendo as comunidades

---

[151] É isto o que está a acontecer no Brasil com muitas das actividades de extensão das fundações das universidades.

e organizações sociais populares a braços com problemas cuja solução pode beneficiar dos resultados da pesquisa. Os interesses sociais são articulados com os interesses científicos dos pesquisadores e a produção do conhecimento científico ocorre assim estreitamente ligada à satisfação de necessidades dos grupos sociais que não têm poder para pôr o conhecimento técnico e especializado ao seu serviço pela via mercantil. A pesquisa-acção, que não é de modo nenhum específica das ciências sociais, não tem sido, em geral, uma prioridade para a universidade. Tem, no entanto, uma longa tradição na América Latina, apesar de ter sido mais forte nos anos 1960 e 1970 do que é hoje. Tal como acontece com as actividades de extensão, a nova centralidade a conceder à pesquisa-acção deve-se ao facto de a transnacionalização da educação superior trazer no seu bojo o projecto de transformar a universidade num centro de pesquisa-acção ao serviço do capitalismo global. Também aqui, como em geral, a luta contra esta funcionalização só é possível através da construção de uma alternativa que marque socialmente a utilidade social da universidade, mas formule essa utilidade de modo contra-hegemónico.

Ecologia de saberes

A ecologia de saberes é um aprofundamento da pesquisa-acção. É algo que implica uma revolução epistemológica no seio da universidade e, como tal, não pode ser decretada por lei. A reforma deve apenas criar espaços institucionais que facilitem e incentivem a sua ocorrência. A ecologia de saberes é, por assim dizer, uma forma de extensão ao contrário, de fora da universidade para dentro da universidade. Consiste na promoção de diálogos entre o saber científico ou humanístico, que a universidade produz, e saberes leigos, populares, tradicionais, urbanos, camponeses, provindos de culturas não ocidentais (indígenas, de origem africana, oriental, etc.) que circulam na sociedade. De par com a euforia tecnológica, ocorre hoje uma situação de falta de confiança epistemológica na ciência que deriva da crescente visibilidade das consequências perversas de alguns progressos científicos e do facto de muitas das promessas sociais da ciência moderna não se terem cumprido. Começa a ser socialmente perceptível que a universidade, ao especializar-se no conhecimento científico e ao considerá-lo a única forma de conhecimento válido, contribuiu activamente para a desqualificação e mesmo destruição de muito conhecimento não-científico e que, com isso, contribuiu para a marginalização dos grupos sociais que só tinham ao seu dispor essas formas de conhecimento. Ou seja, a injustiça social contém no seu âmago uma injustiça cognitiva. Isto é particularmente óbvio à escala global

PELA MÃO DE ALICE. O SOCIAL E O POLÍTICO NA PÓS-MODERNIDADE 393

já que os países periféricos, ricos em saberes não científicos, mas pobres em conhecimento científico, viram este último, sob a forma da ciência económica, destruir as suas formas de sociabilidade, as suas economias, as suas comunidades indígenas e camponesas, o seu meio ambiente[152]. Sob formas muito diferentes, algo semelhante se passa nos países centrais onde os impactos negativos ambientais e sociais do desenvolvimento científico começam a entrar nos debates no espaço público, forçando o conhecimento científico a confrontar-se com outros conhecimentos, leigos, filosóficos, de senso comum, éticos e mesmo religiosos. Por esta confrontação passam alguns dos processos de promoção da cidadania activa crítica. A ecologia de saberes são conjuntos de práticas que promovem uma nova convivência activa de saberes no pressuposto que todos eles, incluindo o saber científico, se podem enriquecer nesse diálogo. Implica uma vasta gama de acções de valorização, tanto do conhecimento científico, como de outros conhecimentos práticos, considerados úteis, cuja partilha por pesquisadores, estudantes e grupos de cidadãos serve de base à criação de comunidades epistémicas mais amplas que convertem a universidade num espaço público de interconhecimento onde os cidadãos e os grupos sociais podem intervir sem ser exclusivamente na posição de aprendizes. Quer a pesquisa-acção, quer a ecologia de saberes situam-se na procura de uma reorientação solidária da relação universidade-sociedade. É este o caso das "oficinas de ciência" (*science shops*). Com base nas experiências de pesquisa-acção e de activismo de cientistas e estudantes nos anos 1970, foram criadas as oficinas de ciência que viriam a constituir um movimento com algum dinamismo em vários países europeus. Depois de um período de relativo declínio, o movimento está hoje a ressurgir na Europa, com o apoio de programas da Comissão Europeia, e também noutras partes do mundo. Nos EUA, um movimento próximo, ainda que com outras características, é o da "pesquisa comunitária" (*community-based research*). Este movimento, já organizado internacionalmente na rede "conhecimento vivo" (*living knowledge*), visa criar um espaço público de saberes onde a universidade possa confrontar a injustiça cognitiva através da reorientação solidária das suas

---

[152] A vinculação recíproca entre injustiça social e injustiça cognitiva será uma das ideias que mais resistência encontrará no seio da universidade uma vez que esta foi historicamente o grande agente do epistemicídio cometido contra os saberes locais, leigos, indígenas, populares em nome da ciência moderna. No Brasil, a resistência será quiçá maior uma vez que a elite universitária se deixou facilmente iludir pela ideia auto-congratulatória do país novo, país sem história, como se no Brasil só houvesse descendentes de imigrantes europeus dos séculos XIX e XX e não, portanto, também povos ancestrais, indígenas e descendentes de escravos.

funções. As oficinas de ciência são um híbrido onde se combina a pesquisa-
-acção e a ecologia de saberes. Uma oficina de ciência é uma unidade que pode
estar ligada a uma universidade e, dentro desta, a um departamento ou unidade
orgânica específica, e que responde a solicitações de cidadãos ou de grupos de
cidadãos, de associações ou movimentos cívicos ou de organizações do terceiro
sector e, em certos casos, empresas do sector privado para o desenvolvimento
de projectos que sejam claramente de interesse público (identificação e proposta de resolução de problemas sociais, ambientais, nas áreas do emprego, do
consumo, da saúde pública, da energia, etc., etc.; facilitação da constituição de
organizações e associações de interesse social comunitário; promoção de debates
públicos, etc.). A solicitação é estudada em conjunto através de procedimentos
participativos em que intervêm todos os interessados e os responsáveis da oficina de ciência. Estes últimos contactam os departamentos ou especialistas da
universidade em causa ou, eventualmente, da rede interuniversitária de oficinas
de ciência potencialmente interessados em integrar o projecto. Constitui-se
então uma equipa, que inclui todos os interessados, e que desenha o projecto e
a metodologia participativa de intervenção[153]. Em universidades de alguns países
(Dinamarca, por exemplo), as oficinas de ciência são integradas nas actividades
curriculares de diferentes cursos. São oferecidos seminários de formação para
os estudantes que desejem participar em oficinas de ciência e os trabalhos de
fim de curso podem incidir sobre os resultados dessa participação. O mesmo se
passa com a realização de teses de pós-graduação, que poderão consistir num
projecto que responde à solicitação de uma oficina de ciência. As oficinas de
ciência são uma interessante experiência de democratização da ciência e de
orientação solidária da actividade universitária. Embora algumas delas – sob a
pressão da busca de receitas no mercado – tenham evoluído no sentido de se
transformarem em unidades de prestação remunerada de serviços, os modelos
solidários continuam a ter um forte potencial de criação de nichos de orientação cívica e solidária na formação de estudantes e na relação das universidades
com a sociedade, e de funcionarem como "incubadoras" de solidariedade e de
cidadania activa[154].

---

[153] A participação só é genuína na medida em que condiciona efectivamente os resultados
e os meios e métodos para chegar a ele. Sob o nome de participação e de outros similares,
como, por exemplo, consulta, são hoje conduzidos projectos de "assistência" Norte-Sul indis-
farçavelmente neocoloniais.
[154] Uma análise das oficinas de ciência pode ler-se em Wachelder, 2003.

PELA MÃO DE ALICE. O SOCIAL E O POLÍTICO NA PÓS-MODERNIDADE   395

As oficinas de ciência são apenas um entre vários exemplos de como a universidade, enquanto instituição pública, poderá assumir uma orientação solidária tanto na formação dos seus estudantes como nas suas actividades de pesquisa e de extensão. Para além das oficinas de ciência, outras iniciativas estão em curso que visam a contextualização do conhecimento científico. Têm em comum a reconceptualização dos processos e prioridades de pesquisa a partir dos utilizadores e a transformação destes em co-produtores de conhecimento. Veja-se, por exemplo, a contribuição dos doentes de AIDS no desenvolvimento de ensaios clínicos e da própria orientação da agenda de pesquisa da cura da doença, no caso do Brasil e da África do Sul.

Universidade e Escola Pública[155]

Ao tratar o tema do acesso referi a necessidade de vincular a universidade à educação básica e secundária. Esta vinculação merece um tratamento separado por se me afigurar ser uma área fundamental na reconquista da legitimidade da universidade. É uma área muito vasta pelo que neste texto me concentro num tema específico: o saber pedagógico. Este tema abrange três sub-temas: produção e difusão de saber pedagógico; pesquisa educacional; e formação dos docentes da escola pública. É um tema de importância crescente, avidamente cobiçado pelo mercado educacional, onde a universidade já teve uma intervenção hegemónica que entretanto perdeu. Este facto é hoje responsável pelo afastamento da universidade em relação à escola pública – a separação entre o mundo académico e o mundo da escola – um afastamento que, a manter-se, minará qualquer esforço sério no sentido de relegitimar socialmente a universidade.

Sob a égide da globalização neoliberal, organismos internacionais, organizações não-governamentais e uma plêiade de fundações e institutos privados têm vindo a assumir algumas das funções da universidade pública no desenvolvimento da educação pública, em especial no campo da pesquisa educacional aplicada. Esta mudança na titularidade das funções repercute-se no conteúdo do seu desempenho. Essa mudança manifesta-se na primazia das metodologias quantitativas, na ênfase em estudos de carácter avaliativo e de diagnóstico informados pela racionalidade económica, baseada na análise custo-benefício, e, finalmente, na preocupação obsessiva com a medição dos resultados da aprendizagem através da aplicação periódica de testes padronizados. Temas como eficiência, competição, performance, *choice* e *accountability* ganharam centrali-

---

[155] Esta secção deve muito aos meus diálogos com Paulino Motter.

dade na agenda educacional. As pesquisas produzidas fora das universidades, patrocinadas e financiadas por organismos internacionais e fundações privadas, passaram a ter uma enorme influência sobre as políticas públicas de educação, condicionando as escolhas dos gestores dos sistemas públicos de ensino. Excluída do debate e frequentemente acusada de defender o *status quo* das corporações do ensino público e de opor-se às reformas, a universidade recolheu-se ao papel de questionar o discurso dominante sobre a crise da escola pública e não se esforçou em formular alternativas. Daí que os educadores e gestores escolares comprometidos com projectos progressistas e contra-hegemónicos se queixem da falta de envolvimento e apoio da universidade pública. Igualmente, na área da formação, as reformas educacionais das últimas décadas revelam uma estratégia deliberada de desqualificação da universidade como *locus* de formação docente. A marginalização da universidade corre de par com a exigência da qualificação terciária dos professores de todos os níveis de ensino[156], do que resulta a progressiva privatização dos programas de capacitação para professores. O "treinamento e capacitação de professores" tornou-se um dos segmentos mais prósperos do emergente mercado educacional, testemunhado pela proliferação de instituições privadas que oferecem cursos de capacitação de professores para as redes de ensino. O fosso cavado entre a universidade pública e o saber pedagógico é prejudicial, tanto para a escola pública, como para a universidade. A resistência desta última ao novo receituário educacional não pode reduzir-se à crítica já que a crítica, num contexto de crise de legitimidade da universidade, acaba por vincar o isolamento social desta. Para dar um exemplo, a crítica produzida nas faculdades de educação tem reforçado a percepção de que a universidade está sobretudo empenhada na defesa do *status quo*. Romper com esta percepção deve ser um dos objectivos centrais de uma reforma universitária progressista e democrática[157]. O princípio a ser afirmado é o compromisso da universidade com a escola pública. A partir daí, trata-se de estabelecer mecanismos institucionais

---

[156] É este o caso do Brasil onde a nova lei de directrizes de bases da educação nacional (LDB, 1996) estabelece que a partir de 2007 todos os professores da educação básica devem ter formação de nível superior.

[157] Experiências inovadoras de integração entre universidades públicas e sistemas de ensino devem servir como referência prática. Por exemplo, no Brasil, algumas universidades federais responderam criativamente às novas exigências estabelecidas pela LDB, criando licenciaturas especialmente desenhadas para atender professores das redes estaduais e municipais de ensino que não possuem formação profissional académica. Uma experiência bem-sucedida tem sido desenvolvida pela Universidade Federal de Pelotas (comunicação pessoal de Paulino Motter).

PELA MÃO DE ALICE. O SOCIAL E O POLÍTICO NA PÓS-MODERNIDADE   397

de colaboração através dos quais seja construída uma integração efectiva entre a formação profissional e a prática de ensino. Entre outras directrizes, a reforma aqui defendida deve propugnar:

1) Valorização da formação inicial e sua articulação com os programas deformação continuada; 2) Reestruturação dos cursos de licenciatura de forma a assegurar a integração curricular entre a formação profissional e formação académica; 3) Colaboração entre pesquisadores universitários e professores das escolas públicas na produção e difusão do saber pedagógico, mediante reconhecimento e estímulo da pesquisa-ação. 4) Criação de redes regionais e nacionais de universidades públicas para desenvolvimento de programas de formação continuada em parceria com os sistemas públicos de ensino.

Universidade e indústria
As áreas de conquista de legitimidade que acabei de referir são áreas que devem ser particularmente incentivadas, porque estão globalmente em risco. São também as áreas mais consistentemente articuladas com um projecto de reforma progressista. Há, no entanto, uma área de legitimação e de responsabilização social que tem vindo a assumir nos últimos vinte anos uma premência sem precedentes. Trata-se da relação entre a universidade e o sector capitalista privado enquanto consumidor ou destinatário de serviços prestados pela universidade. Como vimos, este sector surge hoje crescentemente como produtor de serviços educacionais e universitários. Aqui refiro-me a ele enquanto consumidor. A popularidade com que circulam hoje, sobretudo nos países centrais, os conceitos de "sociedade de conhecimento" e de "economia baseada no conhecimento" é reveladora da pressão que tem sido exercida sobre a universidade para produzir o conhecimento necessário ao desenvolvimento tecnológico que torne possível os ganhos de produtividade e de competitividade das empresas. A pressão é tão forte que vai muito para além das áreas de extensão, já que procura definir à imagem dos seus interesses, o que conta como pesquisa relevante, o modo como deve ser conduzida e apropriada. Nesta redefinição colapsa não só a distinção entre extensão e produção de conhecimento, como a distinção entre pesquisa fundamental e pesquisa aplicada.

Nos Estados centrais, e sobretudo nos EUA, a relação entre o Estado e a universidade tem vindo a ser dominada pelo imperativo central neste domínio: a contribuição da universidade para a competitividade económica e também para a supremacia militar. As políticas de pesquisa têm sido orientadas de modo a privilegiar a pesquisa nas áreas que interessam às empresas e à comercialização dos resultados da pesquisa. Os cortes no financiamento público da universidade são vistos como "incentivos" a que a universidade procure financiamentos privados, entre em parcerias com a indústria, patenteie os seus resultados e desenvolva actividades de comercialização incluindo a comercialização da sua própria marca.

A resposta a esta pressão assume algum dramatismo e é o domínio que mais dificuldades levanta à universidade. Por quatro razões principais: porque é o domínio em que é maior a disjunção entre o modelo institucional tradicional da universidade e o modelo novo que está implícito nos desempenhos exigidos; porque nele a universidade entra em concorrência directa com outras instituições e actores que emergiram do modelo novo com objectivos muito distintos dos da universidade; porque é aqui que os modelos de gestão pública da universidade são mais directamente postos em causa e comparados negativamente com os modelos privados de gestão; porque torna mais evidente que a legitimação e responsabilização da universidade em relação a certos interesses e aos grupos sociais que os sustentam pode significar a deslegitimação e a desresponsabilização da universidade em relação a outros interesses e outros grupos sociais subalternos, populares. É neste domínio que ocorre a transformação do conhecimento como bem público em bem privado ou privatizável, transaccionável no mercado. A universidade é pressionada para transformar o conhecimento e os seus recursos humanos em produtos que devem ser explorados comercialmente. A posição no mercado passa a ser crucial e, nos processos mais avançados, é a própria universidade que se transforma em marca.

Neste domínio, a reforma progressista da universidade como bem público deve pautar-se pelas seguintes ideias:

1. É crucial que a comunidade científica não perca o controlo da agenda de pesquisa científica. Para isso, é necessário antes de mais que a asfixia financeira não obrigue a universidade pública a recorrer à privatização das suas funções para compensar os cortes orçamentais. É crucial que a abertura ao exterior não se reduza à abertura ao mercado e que a universidade possa desenvolver espaços de intervenção que, de algum modo, equilibram os interesses múltiplos e mesmo contraditórios que circulam na sociedade e que, com maior ou menor poder de convocação, interpelam a universidade. Mesmo nos EUA, onde a empresarialização do conhecimento avançou mais, é hoje defendido que a liderança tecnológica deste país assenta num certo equilíbrio entre a pesquisa fundamental, realizada, sem directo interesse comercial, nas universidades, e a pesquisa aplicada sujeita ao ritmo e ao risco empresarial.

PELA MÃO DE ALICE. O SOCIAL E O POLÍTICO NA PÓS-MODERNIDADE 399

2. As agências públicas de financiamento da pesquisa devem regular – mas sem eliminar – o controlo da agenda por parte da comunidade universitária em nome de interesses sociais considerados relevantes e que obviamente estão longe de ser apenas os que são relevantes para a actividade empresarial. O recurso crescente aos concursos para a chamada pesquisa direccionada (*targeted research*) tem de ser moderado por concursos gerais, em que a comunidade científica, sobretudo a mais jovem, tenha a possibilidade de desenvolver criativa e livremente novas áreas de pesquisa que, por enquanto, não suscitam nenhum interesse por parte do capital ou do Estado. A pesquisa direccionada centra-se no que é importante hoje para quem tem o poder de definir o que é importante. Com base nela, não é possível pensar o longo prazo e, como referi, é este talvez o único nicho de hegemonia que resta à universidade. Por outro lado, a pesquisa direccionada e, muito mais ainda, a pesquisa comercialmente contratualizada e a consultoria impõem ritmos de pesquisa acelerados impelidos pela sede de resultados úteis. Estes ritmos impedem a maturação normal dos processos de pesquisa e de discussão de resultados, quando não atropelam os protocolos de pesquisa e os critérios de avaliação dos resultados.

Não se exclui a utilidade para a própria universidade de uma interacção com o meio empresarial em termos de identificação de novos temas de pesquisa e de aplicação tecnológica e de análises de impacto. O importante é que a universidade esteja em condições de explorar esse potencial e para isso não pode ser posta numa posição de dependência e muito menos de dependência ao nível da sobrevivência em relação aos contratos comerciais. O tema mais polémico nesta área é a do patenteamento do conhecimento. Nos países centrais a luta por patentes, sobretudo em áreas comercialmente mais atractivas como, por exemplo, as da biotecnologia, está a transformar por completo os processos de pesquisa e as relações no interior da comunidade científica, uma vez que bloqueia a colegialidade dos processos de pesquisa e a discussão livre e aberta dos resultados. Segundo muitos, põe em causa o próprio avanço da ciência, para além de provocar uma distorção fatal nas prioridades da pesquisa. O problema do patenteamento é um dos que melhor revela a segmentação global da produção de conhecimento. Ele só é relevante nos poucos países em que há grande capacidade de absorção comercial do conhecimento produzido.

O reforço da responsabilidade social da universidade
Reconheço que o que acabo de propor é um vasto programa de responsabilização social da universidade. Julgo, no entanto, que só através dele a universidade

BOAVENTURA DE SOUSA SANTOS

pública pode lutar eficazmente pela sua legitimidade. A universidade tem de entender que a produção de conhecimento epistemológica e socialmente privilegiado e a formação de elites deixaram de poder assegurar por si só a legitimidade da universidade a partir do momento em que perdeu a hegemonia mesmo no desempenho destas funções e teve de as passar a desempenhar num contexto competitivo. A luta pela legitimidade permite ampliar o potencial destas funções, complementando-as com outras onde o vínculo social seja mais transparente. Mas para que isso ocorra, a universidade tem de ser dotada das condições adequadas tanto financeiras como institucionais. Ao contrário do que o capitalismo educacional faz crer, as deficiências no desempenho da responsabilidade social da universidade não decorrem do excesso de autonomia, mas, pelo contrário, da falta dela e dos meios financeiros adequados. O Estado e a sociedade não podem reclamar da universidade novas funções quando a asfixia financeira não lhe permite sequer desempenhar as funções mais tradicionais[158].

Uma vez criadas as condições, a universidade deve ser incentivada a assumir formas mais densas de responsabilidade social, mas não deve ser funcionalizada nesse sentido. A responsabilidade social da universidade tem de ser assumida pela universidade, aceitando ser permeável às demandas sociais, sobretudo àquelas oriundas de grupos sociais que não têm poder para as impor. A autonomia universitária e a liberdade académica – que, no passado, foram esgrimidas para desresponsabilizar socialmente a universidade – assumem agora uma nova premência, uma vez que só elas podem garantir uma resposta empenhada e criativa aos desafios da responsabilidade social. Porque a sociedade não é uma abstracção, esses desafios são contextuais em função da região, ou do local e, portanto, não podem ser enfrentados com medidas gerais e rígidas.

Criar uma nova institucionalidade

A quinta grande área da reforma democrática e emancipatória da universidade pública diz respeito ao domínio institucional. Disse acima que a virulência e saliência da crise institucional residem no facto de ela ter condensado o aprofundamento das crises de hegemonia e de legitimidade. Por isso me centrei até

---

[158] A gravidade da asfixia financeira é potenciada pelo facto de a universidade, em geral, não administrar bem os recursos financeiros e humanos de que actualmente dispõe. Um dos aspectos centrais da reforma será a aposta na maximização desses recursos. Por exemplo, porque é que em Portugal são raras as universidades públicas que oferecem cursos nocturnos enquanto nas privadas isso é prática corrente?

PELA MÃO DE ALICE. O SOCIAL E O POLÍTICO NA PÓS-MODERNIDADE   401

agora nestas duas crises. Tenho vindo a defender que a reforma da universidade deve centrar-se na questão da legitimidade. De facto, a perda de hegemonia parece irremediável, não só pelo surgimento de muitas outras instituições, como também pelo incremento da segmentação interna da rede de universidades, quer a nível nacional, quer a nível global. A universidade não é hoje a organização única que já foi e a sua heterogeneidade torna ainda mais difícil identificar o que é[159]. Os processos de globalização tornam mais visível essa heterogeneidade e intensificam-na. O que resta da hegemonia da universidade é o ser um espaço público onde o debate e a crítica sobre o longo prazo das sociedades se pode realizar com muito menos restrições do que é comum no resto da sociedade. Este cerne de hegemonia é demasiado irrelevante nas sociedades capitalistas de hoje para poder sustentar a legitimidade da universidade. É por isso que a reforma institucional se tem de centrar nesta última. A reforma institucional que aqui proponho visa fortalecer a legitimidade da universidade pública num contexto da globalização neoliberal da educação e com vista a fortalecer a possibilidade de uma globalização alternativa. As suas áreas principais podem resumir-se nas seguintes ideias: rede, democratização interna e externa, avaliação participativa.

Rede
A primeira ideia é a de rede nacional de universidades públicas. Em quase todos os países há associações de universidades, mas tais associações estão longe de constituir uma rede. Na maior parte dos casos, são meros grupos de pressão que reivindicam colectivamente benefícios de que só individualmente se apropriam. Muito para além disso, proponho que o bem público da universidade passe a ser produzido em rede, o que significa que nenhum dos nós da rede pode assegurar por si qualquer das funções em que se traduz esse bem, seja ele a produção de conhecimento, a formação graduada e pós-graduada ou a extensão. Isto implica uma revolução institucional e uma revolução nas mentalidades[160]. As universidades foram desenhadas institucionalmente para funcionar como entidades autónomas e auto-suficientes. A cultura da autonomia universitária e da liberdade académica, apesar de esgrimida publicamente em nome da universidade contra actores externos, tem sido frequentemente usada, no interior do sistema

---

[159] Daí a importância da luta pela definição da universidade que referi acima.
[160] Talvez, por isso, seja de programar processos de transição que garantam uma passagem inter-geracional, pois é de prever que as gerações mais velhas (e hoje com mais poder) resistam a qualquer mudança neste sentido.

universitário, para contrapor universidade contra universidade. Onde existe, a competição pelo *ranking* incentiva à separação e, como é feita a partir das desigualdades existentes num dado momento e sem nenhuma medida compensatória, tende a aguçar ainda mais o topo da pirâmide e, com isso, a aprofundar a segmentação e a heterogeneidade[161]. Se a reforma é feita, como proponho, no sentido de fortalecer a universidade pública no seu conjunto de modo a qualificá--la para discutir os termos da sua inserção na globalização da universidade, a construção da massa crítica é uma precondição e essa só é obtível na grande maioria dos países quando se põem recursos em conjunto, se buscam sinergias e se maximiza o desempenho funcional a partir dos contributos diferenciados que os diferentes nós da rede podem dar. Assim, a construção da rede pública implica a partilha de recursos e de equipamentos, a mobilidade de docentes e estudantes no interior da rede e uma padronização mínima de planos de cursos, de organização do ano escolar, dos sistemas de avaliação. Nada disto tem de eliminar as especificidades com que cada universidade pretende responder ao contexto local ou regional em que se insere. Pelo contrário, essa especificidade, ao ser mantida, pode ser valorizada no interior da rede. Por exemplo, no Brasil, tenho-me apercebido de experiências riquíssimas de extensão nas universidades do Norte e do Nordeste que são totalmente desconhecidas ou desvalorizadas no Centro-sul e Sul. E estou seguro que o inverso também ocorre. A rede visa, pois, fortalecer a universidade no seu conjunto ao criar mais polivalência e descentralização. Não se trata de levar as universidades de excelência a partilhar de tal modo os seus recursos que possa pôr em causa essa mesma excelência. Trata-se antes de multiplicar o número de universidades de excelência, dando a cada uma a possibilidade de desenvolver o seu potencial de nicho com a ajuda das demais. Ao contrário do que é corrente pensar-se, num contexto de globalização neoliberal, a concentração da pesquisa e da pós-graduação em poucas universidades ou centros de excelência expõe a universidade pública a grande vulnerabilidades, sobretudo nos países periféricos e semiperiféricos. Como referi acima, essas universidades, mesmo as melhores, são presa fácil das universidades globais dos países centrais, e sê-lo-ão tanto mais quanto mais isoladas estiverem. A reforma com vista a uma globalização solidária da universidade como bem público tem de partir da solidariedade e da cooperação no interior da rede

---

[161] A ideia de estabelecer rankings não é, em si, negativa. Tudo depende dos critérios que o definem e do modo, transparente ou não, como são aplicados. No quadro da reforma que proponho, as hierarquias deveriam servir sobretudo para a aferir o desempenho das redes.

PELA MÃO DE ALICE. O SOCIAL E O POLÍTICO NA PÓS-MODERNIDADE   403

nacional de universidades. Mas, como referirei adiante, esta rede nacional deve estar à partida transnacionalizada, isto é, deve integrar universidades estrangeiras apostadas em formas de transnacionalização não mercantil. Obviamente que essas relações – ditas hoje "relações internacionais" – já existem. Só que têm de ser intensificadas até ao ponto de serem tão constitutivas da rede que deixam de ser consideradas exteriores ou apendiculares.

A reforma deve incentivar a constituição da rede, mas a rede não se decreta. É preciso criar uma cultura de rede nas universidades, o que não é tarefa fácil, pois nem sequer no interior da mesma universidade tem sido possível criar redes. Tal cultura não se cria de um momento para o outro. Talvez se crie de uma geração para a outra e penso que o impulso para ela advirá em boa medida da percepção de que, sem rede, a universidade pública sucumbirá ingloriamente ao mercado e à transnacionalização do comércio da educação superior. Quando a rede for uma questão de sobrevivência a universidade saberá transformá-la numa questão de princípio. Uma vez criada a rede, o seu desenvolvimento está sujeito a três princípios da acção básicos: densificar, democratizar, qualificar. A teoria das redes fornece hoje pistas organizacionais preciosas. Podem ser multinível e multiescalares, devem fomentar a formação de nódulos (*clusters*) e, em geral, promover o crescimento da multiconectividade entre as universidades, os centros de pesquisa e de extensão, os programas de divulgação e publicação do conhecimento.

Penso que na constituição da rede poderá ser útil ter em mente o exemplo dos países europeus[162]. Como referi atrás, a política universitária europeia visa a criação de uma rede universitária europeia que prepare as universidades europeias no seu conjunto para a transnacionalização da educação superior. Ainda que não concorde com a excessiva ênfase no lado mercantil da transnacionalização, penso que é uma estratégia correcta porque parte da verificação de que as relações entre as universidades europeias se pautaram até há pouco pela heterogeneidade institucional, a enorme segmentação, o quase total isolamento recíproco, ou seja, condições que à partida enfraquecem a inserção das universidades europeias no contexto globalizado da educação superior. O que os países europeus estão a fazer a nível supra-nacional é certamente uma tarefa mais difícil da que é exigida a nível nacional. E se uma região central do

---

[162] Mas atente-se também na rede AUGM (Associação de Universidades do Grupo Montevideo) que congrega 15 universidades públicas do Mercosul (comunicação pessoal de Denise Leite).

sistema mundial conclui pela sua vulnerabilidade à escala global neste domínio e decide preparar-se ao longo de mais de uma década para a remediar, através da constituição de uma rede de universidades – bem na lógica do que tem ocorrido noutras áreas do comércio mundial –, não me parece que menos do que isso se deva esperar, sobretudo dos grandes países semiperiféricos, como o Brasil, dado, por um lado, o potencial de desenvolvimento que têm e, por outro, a fragilidade desse potencial se não for correctamente aproveitado. A organização das universidades no interior da rede deve ser orientada para viabilizar e incentivar a prossecução das quatro áreas de legitimação: acesso, extensão, pesquisa-acção e ecologia de saberes. Mas, para além disso, deve facilitar a adaptação da universidade às transformações que estão a ocorrer na produção do conhecimento. O modelo de institucionalidade que hoje domina foi moldado pelo conhecimento universitário e não se adequa ao conhecimento pluriversitário. A passagem, como vimos, é de conhecimento disciplinar para conhecimento transdisciplinar; de circuitos fechados de produção para circuitos abertos; de homogeneidade dos lugares e actores para a heterogeneidade; da descontextualização social para a contextualização; da aplicação técnica à disjunção entre aplicação comercial e aplicação edificante ou solidária. Esta passagem é mais evidente nos países centrais mas é já detectável nos países semiperiféricos ou periféricos, ainda que nestes últimos a passagem não seja autónoma e antes heterónoma e, no pior dos casos, resultado de imposições das agências financeiras internacionais. Na fase de transição em que nos encontramos os dois tipos de conhecimento coexistem e o desenho institucional tem de ser suficientemente dúctil para os albergar a ambos e para possibilitar que o conhecimento pluriversitário não seja contextualizado apenas pelo mercado e, pelo contrário, seja posto ao serviço do interesse público, da cidadania activa e da construção de alternativas solidárias e de longo prazo. As mudanças institucionais não vão ser fáceis mas elas são o único meio de resistir com êxito às enormes pressões para alinhar a organização e a gestão das universidades com o modelo neoliberal de sociedade. O pressuposto das reformas que proponho é que o Estado reformista pretenda dar condições à universidade para resistir a tais pressões. Claro que se for o próprio Estado a fazer pressão para a empresarialização da universidade então compete a esta resistir à reforma do Estado. É o que tem vindo a acontecer em Espanha, na luta dos reitores e professores da universidade pública contra a tentativa de reforma conservadora da universidade, na Itália especificamente na luta contra a precarização do vínculo contratual dos docentes, ou em França na luta contra a desresponsabilização do Estado na área da ciência e da cultura.

PELA MÃO DE ALICE. O SOCIAL E O POLÍTICO NA PÓS-MODERNIDADE   405

O modelo de conhecimento universitário convencional domina ainda hoje os cursos de graduação mas sofre uma crescente interferência do conhecimento pluriversitário ao nível da pós-graduação e da pesquisa. O facto de as unidades orgânicas tradicionais terem sido moldadas pelo modelo universitário explica em boa parte a resistência destas a concederem à pós-graduação e à pesquisa a centralidade que devem ter nas próximas décadas. Há, pois, que criar outras unidades orgânicas transfacultárias e transdepartamentais que, aliás, podem estar ancoradas na rede e não exclusivamente em nenhuma das universidades que a integram. A maior integração entre as pós-graduações e os programas de pesquisa deve ser um dos outros objectivos centrais das novas unidades.

Democracia interna e externa
Para além da criação da rede, a nova institucionalidade deve ter por objectivo o aprofundamento da democracia interna e externa da universidade. Quando se fala da democratização da universidade tem-se normalmente em mente a questão do acesso e o fim das discriminações que o limitam. Mas a democratização da universidade tem outras dimensões. Em tempos recentes, a democratização externa da universidade tem sido um importante tema de debate. A ideia da democratização externa confunde-se com a responsabilização social da universidade, pois o que está em causa é a criação de um vínculo político orgânico entre a universidade e a sociedade que ponha fim ao isolamento da universidade que nos últimos anos se tornou anátema, considerado manifestação de elitismo, de corporativismo, de encerramento na torre de marfim, etc. O apelo à democracia externa é ambíguo porque é feito por grupos sociais diferentes com interesses contraditórios. Por um lado, o apelo vem do mercado educacional que invoca o défice democrático da universidade ou para justificar a necessidade de ampliar o acesso à universidade, o que só é possível mediante a privatização da universidade, ou para defender a maior aproximação da universidade à indústria. Em ambos os casos, a democratização externa implica uma nova relação da universidade com o mundo dos negócios e, em última instância, a transformação da universidade num negócio. Mas, por outro lado, o apelo à democratização externa provém das forças sociais progressistas que estão por detrás das transformações em curso na passagem do modelo universitário para o modelo pluriversitário; provém sobretudo de grupos historicamente excluídos que reivindicam hoje a democratização da universidade pública. O modelo pluriversitário, ao assumir a contextualização do conhecimento e a participação dos cidadãos ou comunidades enquanto utilizadores e mesmo co-produtores de conhecimento, leva

a que essa contextualização e participação sejam sujeitas a regras que tornem transparentes as relações entre a universidade e o seu meio social e legitimem as decisões tomadas no seu âmbito. Este segundo apelo à democracia externa visa, de facto, neutralizar o primeiro, o apelo da privatização da universidade. O apelo à privatização teve na última década um impacto enorme nas universidades de muitos países, ao ponto de os investigadores universitários terem perdido muito do controle que tinham sobre as agendas de pesquisa. O caso mais gritante é o modo como se definem hoje as prioridades de pesquisa no domínio da saúde, onde as grandes doenças que afectam a grande parte da população do mundo (malária, tuberculose, HIVSIDA) não têm lugar nas prioridades de pesquisa[163]. A partir do momento em que os mecanismos de auto-regulação da comunidade científica passam a estar dependentes dos centros de poder económico, só uma pressão democrática externa poderá levar a que os temas sem interesse comercial, mas de grande impacto social, entrem nas agendas de pesquisa. A necessidade de uma nova institucionalidade de democracia externa é fundamental para tornar transparentes, mensuráveis, reguláveis e compatíveis as pressões sociais sobre as funções da universidade. E sobretudo para as debater no espaço público da universidade e torná-las objecto de decisões democráticas. Esta é uma das vias de democracia participativa para o novo patamar de legitimidade da universidade pública. Articulada com a democracia externa está a democracia interna. Este é um tema que adquiriu nos países centrais um grande destaque na década de 1960 e todos os países que passaram por períodos de ditadura na segunda metade do século XX introduziram formas de governo democrático da universidade logo que a ditadura foi derrubada. A pressão empresarial sobre a universidade tem vindo a fazer um ataque sistemático a essa democracia interna. A razão é óbvia: a funcionalização da universidade ao serviço do capital exige a proletarização de docentes e pesquisadores, a qual não pode ocorrer enquanto os mecanismos de democracia interna estiverem activos, pois são eles que sustentam a liberdade académica que barra a passagem à proletarização. Esta só é atingível a partir de um modelo de gestão e de organização empresarial, com profissionalização de funções e uma estrita separação entre administração, por um lado, e docência e pesquisa pelo outro. A democracia externa proposta pelo

---

[163] A malária tem uma incidência exclusiva nos países do Sul; a tuberculose tem uma incidência treze vezes superior no Sul que no Norte; a SIDA tem também uma incidência maior no Sul que no Norte mas é suficientemente perturbadora no Norte para justificar que na vacina da SIDA se invista sete vezes mais que na vacina da malária. Ver Archibugi e Bizzarri, 2004.

capital é, assim, fortemente hostil à democracia interna. Já o mesmo não sucede com a democracia externa de origem comunitária ou solidária. Pelo contrário, a democracia interna pode potenciar a democracia externa e vice-versa. Em face disto, a reforma da universidade como bem público deve defender a democracia interna da universidade pelo valor dela em si mesma, mas também para evitar que a democracia externa seja reduzida às relações universidade-indústria. A democracia externa pode ser concretizada, por exemplo, através de conselhos sociais, social e culturalmente diversos, com participação assente na relevância social e não nas contribuições financeiras, definida em base territorial (local regional), sectorial, classista, racial, sexual. A participação nos órgãos de democracia interna deverá assim ser informada pelos princípios da acção afirmativa, trazendo para os Conselhos os grupos e os interesses sociais até agora mais distantes da universidade[164]. O importante é que os conselhos não sejam uma mera fachada e, para isso, para além das suas funções consultivas, devem ter participação nos processos de democracia participativa que forem adoptados no interior da universidade.

Avaliação participativa
Finalmente, a nova institucionalidade deve incluir um novo sistema de avaliação que abranja cada uma das universidades e a rede universitária no seu conjunto. Para ambos os casos devem ser adoptados mecanismos de auto-avaliação e de hetero-avaliação. Os critérios de avaliação devem ser congruentes com os objectivos da reforma indicados anteriormente, nomeadamente com as tarefas de legitimação e com a valorização das transformações na produção e na distribuição do conhecimento e suas ligações às novas alternativas pedagógicas. Isto significa que o desempenho dos professores e das unidades orgânicas tem de ser visto à luz destes critérios. Também aqui há que tomar opções entre uma avaliação tecnocrática e uma avaliação tecno-democrática ou participativa. A primeira é hoje fortemente recomendada pelo capital educacional transnacional. Trata-se de uma avaliação quantitativa, externa, quer do trabalho de docência, quer do trabalho de pesquisa, deixando-se de fora o desempenho de quaisquer

---

[164] No Brasil, onde essa distância é enorme, o êxito da articulação entre democracia interna e democracia externa depende da vontade política e da eficácia que presidirem às medidas no domínio do acesso, da pesquisa-acção, da extensão e da ecologia dos saberes. Os diferentes grupos sociais só serão convencidos das vantagens da participação no governo da universidade se esta tiver um retorno bem concreto.

BOAVENTURA DE SOUSA SANTOS

outras funções, nomeadamente as de extensão por mais relevantes que sejam no plano social. No caso da pesquisa, centra-se no que é mais facilmente contabilizável através de técnicas bibliométricas que diferenciam tipos e locais de publicação ou o impacto das publicações medido por índices de citação. Nas áreas de extensão, menos facilmente quantificáveis, pouca avaliação tem sido feita e quando ocorre tende a privilegiar as relações universidade-indústria e a centrar-se em critérios quantitativos, como, por exemplo, o número de patentes. A fixação dos critérios através dos mecanismos de democracia interna e externa é fundamental uma vez que são eles que definem o valor do retorno das diferentes actividades universitárias. A universidade não deve promover modelos idênticos à actividade docente, mas sim modelos diferenciados que valorizem as competências específicas de cada grupo de docentes, garantindo uma qualidade mínima dentro de cada modelo ou vertente. Isto permite ampliar o retorno social da universidade e a introduzir incentivos internos para novas actividades, serve como escudo contra a pressão unilateral dos incentivos mercantis. Os modelos de avaliação participativa tornam possível a emergência de critérios de avaliação interna suficientemente robustos para se medirem pelos critérios de avaliação externa. Os princípios de auto-gestão, auto-legislação e auto-vigilância tornam possível que os processos de avaliação sejam também processos de aprendizagem política e de construção de autonomias dos actores e das instituições. Só estes princípios garantem que a auto-avaliação participativa não se transforme em auto-contemplação narcisista ou em trocas de favores avaliativos.

Regular o sector universitário privado
A reforma da universidade como bem público que acabei de delinear não terá qualquer viabilidade se os princípios que a norteiam não forem complementados por duas decisões políticas: uma tem a ver com a regulação do ensino superior privado e a outra, com a posição dos governos face ao GATS no domínio da educação transnacionalizada. Passo a tratar brevemente cada uma delas.

A universidade privada
Quanto à universidade privada, e partindo do princípio que a universidade é um bem público, a grande questão é saber se e em que condições pode um bem público ser produzido por uma entidade privada. Tratei acima o sector privado como consumidor de serviços universitários. Passo agora a centrar-me no sector privado como produtor. É um sector internamente muito diferenciado.

PELA MÃO DE ALICE. O SOCIAL E O POLÍTICO NA PÓS-MODERNIDADE   409

Alguns produtores de serviços são muito antigos, enquanto outros, a maioria, surgiram nas duas últimas décadas. Alguns têm objectivos cooperativos ou solidários, não lucrativos, enquanto a esmagadora maioria busca fins lucrativos. Algumas são verdadeiras universidades, a maioria não o é e, nos casos piores, são meras fabriquetas de diplomas-lixo. Algumas são universidades com excelência em áreas de pós-graduação e pesquisa e enquanto outras chegam a estar sob suspeita de serem fachadas para lavagem de dinheiro ou tráfico de armas. O modo como se constituiu este sector privado de ensino superior diverge de país para país. Mas nos países periféricos e semiperiféricos, em que havia um sector público universitário, o desenvolvimento do sector privado lucrativo assentou em três decisões políticas: estancar a expansão do sector público através da crise financeira; degradar os salários dos professores universitários a fim de os forçar a buscar emprego parcial no sector privado[165]; actuar com uma negligência benigna e premeditada na regulação do sector privado, permitindo-lhe que ele se desenvolvesse com um mínimo de constrangimentos. Deste modo, o sector privado foi dispensado de formar os seus próprios quadros e aproveitar-se de todo o conhecimento e formação produzidos na universidade pública. Isto significou uma maciça transferência de recursos da universidade pública para as novas universidades privadas, uma transferência de tal montante e tão selvagem que é legítimo concebê-la como um processo de acumulação primitiva por parte do capital universitário com a consequente descapitalização e desarticulação da universidade pública. Como disse, tratou-se de uma opção política e países diferentes tomaram opções diferentes. Portugal é um caso paradigmático do que acabei de descrever. A Espanha é um caso parcialmente diferente[166]. Por um lado, a autonomia regional levou a que cada comunidade autónoma quisesse criar a sua universidade, o que produziu uma enorme expansão da universidade pública. Por outro lado, as tentativas do ex-Primeiro Ministro José Maria Aznar (1996-2004) de equiparar o tratamento das universidades públicas e privadas e facilitar a transferência de recursos das primeiras para as segundas foram parcialmente frustradas pela forte oposição da comunidade universitária. Mesmo assim, as universidades privadas têm vindo a crescer em Espanha e, em Madrid, são já maioritárias, ainda que a maioria dos estudantes frequente universidades

---

[165] No caso do Brasil, outro factor foi permitir a aposentadoria precoce, com salário integral, das universidades públicas.
[166] Devo as informações sobre o caso espanhol a Juan Carlos Monedero.

públicas[167]. É evidente que o caso brasileiro se aproxima mais do caso português do que do caso espanhol[168]. Assim sendo, o primeiro sinal do verdadeiro objectivo de uma reforma da universidade pública será dado pelo modo como nessa reforma (ou fora dela) o Estado se posicionar perante as universidades privadas. Se o Estado assumir uma atitude cúmplice com o que se passa nestas últimas, as universidades públicas poderão concluir sem mais que a reforma é feita contra elas, devendo tirar daí as devidas ilações. Naturalmente os adeptos do credo neoliberal exigirão igualdade entre o sector público e sector privado, uma exigência que obviamente não fizeram quando se criou o sector privado. O tratamento preferencial que a reforma deve dar à universidade pública não assenta apenas no facto de a universidade pública realizar funções de interesse público que, por definição, não podem ser realizadas no mercado de diplomas universitários. Assenta ainda na necessidade de corrigir alguns dos efeitos da concorrência desleal e da apropriação indevida de recursos de que a universidade pública foi vítima nas duas últimas décadas. Em face disto, a reforma da universidade como bem público tem de pautar-se por este princípio: compete ao Estado fomentar a universidade pública, não lhe compete fomentar a universidade privada; a relação do Estado com esta última deve ser qualitativamente diferente: uma relação de regulação e fiscalização. Num período de austeridade financeira, não se justifica que fundos públicos sejam canalizados para o sector privado. Por sua vez, a regulação da universidade privada deve ser tanto indirecta como directa. A regulação indirecta decorre da expansão e da qualificação da universidade pública de modo a fazer subir o patamar do negócio universitário rentável. A situação diverge de país para país mas, em geral, com a excepção dos Estados Unidos da América, o sector universitário privado ocupa a base da pirâmide da qualidade, não o topo. A regulação directa do mercado universitário faz-se a montante, com as condições de licenciamento e certificação, e a jusante, com a avaliação dos resultados. O licenciamento deve estar sujeito a renovação e a avaliação deve seguir os critérios de avaliação das universidades públicas.

---

[167] Em Espanha, tal como em Portugal, há dois tipos de universidades privadas, as universidades católicas, que, em Espanha, estão muito ligadas ao Opus Dei, e as universidades-negócio que surgiram sobretudo na década de 1990. Um tema não abordado neste texto é a emergência de um novo tipo de universidades vinculadas a igrejas protestantes de várias denominações, um fenómeno sobretudo evidente na América Latina mas também presente em África.

[168] No Brasil, o primeiro impulso ao sector universitário privado deu-se na ditadura, na década de 1970. Mas a verdadeira expansão e consolidação do mercado educacional ocorreu no governo de Fernando Henrique Cardoso (1995-2002).

PELA MÃO DE ALICE. O SOCIAL E O POLÍTICO NA PÓS-MODERNIDADE   411

Tem de se evitar a todo o custo o *dumping* social da formação universitária, uma situação iminente em sectores do mercado saturado (por exemplo, cursos de direito ou de gestão) e quase sempre concentrados nas regiões de maior densidade populacional.

A regulação estatal do mercado universitário é um tema polémico e politicamente sensível por duas razões principais. Em primeiro lugar, o sector privado cresceu descontroladamente e tem hoje um poder político muito excessivo em relação ao que poderia decorrer da qualidade dos serviços que presta. Este poder político é potenciado pela acção das agências internacionais que promovem a transnacionalização dos serviços de educação superior, já que ela própria assenta num mercado que se quer desregulado. Em segundo lugar, o sector privado, quando ocupa a base da pirâmide da qualidade, tende a prestar serviços aos filhos das classes trabalhadoras e grupos sociais discriminados[169]. Estes facilmente se transformam numa arma de arremesso contra a exigência regulatória. A maneira de avançar é através de um contrato social, sempre e quando os actores em causa aceitarem os princípios políticos que orientam a contratualização. Trata-se de um contrato diferente daquele que é estabelecido com as universidades públicas. No caso das universidades privadas com fins lucrativos, o contrato é exigido pela natureza dos serviços prestados e o carácter mercantil da sua prestação. No caso das universidades privadas comprovadamente sem fins lucrativos, o contrato social educacional tem de ser diferente, tanto do que vigora no sector público, como do que vigora no sector privado lucrativo.

O Estado e a transnacionalização do mercado da educação superior

O último princípio da reforma da universidade como bem público decorre da análise que fiz sobre a polarização entre globalizações contrapostas que hoje caracteriza as relações transnacionais. Consiste em fomentar e intensificar as formas de cooperação transnacional que já existem e multiplicá-las no quadro de acordos bilaterais ou multilaterais segundo princípios de benefício mútuo e fora do quadro dos regimes comerciais. É este o sentido da globalização alternativa na área da universidade. Por razões diversas, os exemplos mencionados acima da Europa e da África do Sul merecem meditação. Nos países periféricos e semiperiféricos há que procurar sinergias regionais por ser a esta escala que

---

[169] O caso brasileiro apresenta alguma particularidade neste domínio na medida em que as instituições privadas também são frequentadas por um expressivo estrato de classe média, em geral pessoas já empregadas, com um nível relativamente elevado de renda.

a densificação das redes é mais fácil e mais eficaz na luta contra a globalização neoliberal da universidade. No caso dos países de língua oficial portuguesa, a Comunidade dos Países de Língua Portuguesa (CPLP) é um espaço multilateral com um enorme potencial para a transnacionalização cooperativa e solidária da universidade. Aos países semiperiféricos deste espaço, Brasil e Portugal, cabe a iniciativa de dar os primeiros passos nessa direcção: cursos de graduação e de pós-graduação em rede, circulação fácil e estimulada de professores, estudantes, livros e informações, bibliotecas *on line*, centros transnacionais de pesquisa sobre temas e problemas de interesse específico para a região, sistema de bolsas de estudos e linhas de financiamento de pesquisa destinados aos estudantes e professores interessados em estudar ou pesquisar em qualquer país da região, etc. Este espaço regional deve articular-se com o MERCOSUL e, em geral, com a América Latina, cabendo a Portugal e ao Brasil articular-se com a Espanha, os países latino-americanos e africanos na realização deste projecto. É uma alternativa exigente mas realista fora da qual não será possível a nenhum país desta região resistir individualmente à avalanche da mercadorização global da universidade[170].

Conclusão

A universidade no século XXI será certamente menos hegemónica, mas não menos necessária que o foi nos séculos anteriores. A sua especificidade enquanto bem público reside em ser ela a instituição que liga o presente ao médio e longo prazo pelos conhecimentos e pela formação que produz e pelo espaço público privilegiado de discussão aberta e crítica que constitui. Por estas duas razões, é um bem público sem aliados fortes. A muitos não lhes interessa o longo prazo

---

170 No caso da Comunidade de Países de Língua (CPLP) foi criado em 2004 o espaço de ensino superior da CPLP (Declaração de Fortaleza) com objectivos semelhantes ao do espaço de ensino superior europeu criado pelo processo de Bolonha. Pouco se avançou nesse projecto até hoje. Entretanto em Abril de 2008 o Ministro das Relações Exteriores do Brasil anunciou a criação da Universidade da CPLP, no Nordeste do Brasil, na cidade de Redenção. Quanto a este e outros projectos no interior da CPLP há que avaliá-los à luz das relações de intercâmbio universitário que lhes subjazem. A tentação neocolonialista, não apenas por parte de Portugal (o que não surpreende por ter sido a potência colonizadora neste espaço) mas também por parte do Brasil (uma ex-colónia com mais poder económico que o ex-colonizador) deve ser combatida. Fundamentalmente trata-se de saber se o poder de concepção e de gestão destas iniciativas é distribuído segundo regras acordadas pelos países sem interferência do poder financeiro de cada um deles. Na medida em que tal interferência existir, haverá muito possivelmente neocolonialismo.

e outros têm poder suficiente para pôr sob suspeita quem ousa suspeitar deles, criticando os seus interesses. A universidade pública é, pois, um bem público permanentemente ameaçado, mas não se pense que a ameaça provém apenas do exterior; provém também do interior. É possível que, neste texto, eu tenha salientado mais a ameaça externa que a ameaça interna. Ao contrário, no meu primeiro trabalho sobre a universidade, mencionado no prefácio, dei mais atenção à ameaça interna. A razão desta inflexão de ênfase deve-se ao facto de os factores da ameaça interna, antes identificados, estarem hoje a ser potenciados através de uma perversa interacção, que escapa a muitos, com os factores da ameaça externa. Estou mais consciente do que nunca que uma universidade socialmente ostracizada pelo seu elitismo e corporativismo e paralisada pela incapacidade de se auto-interrogar no mesmo processo em que interroga a sociedade, é presa fácil dos prosélitos da globalização neoliberal. É por isso que a emergência de um mercado universitário, primeiro nacional e agora transnacionalizado, ao tornar mais evidentes as vulnerabilidades da universidade pública, constitui uma tão profunda ameaça ao bem público que ela produz ou devia produzir. A conjunção entre factores de ameaça interna e factores de ameaça externa está bem patente na avaliação da capacidade da universidade pensar o longo prazo, talvez a sua característica mais distintiva. Quem trabalha hoje na universidade sabe que as tarefas universitárias estão dominadas pelo curto prazo, pelas urgências do orçamento, da competição entre faculdades, do emprego dos licenciados, etc. Na gestão destas urgências florescem tipos de professores e de condutas que pouco préstimo ou relevância teriam se, em vez de urgências, fosse necessário identificar e potenciar as emergências onde se anuncia o longo prazo. Este estado de coisas, que se deve certamente a uma pluralidade de factores, não pode, contudo deixar de ser pensado em conjunção com os sinais que poderosos actores sociais vão dando do exterior à universidade. Qual é o retorno social de pensar o longo prazo, de dispor de espaços públicos de pensamento crítico ou mesmo de produção de conhecimento para além daquele que é exigido pelo mercado? Na lógica do Banco Mundial, a resposta é óbvia: o retorno é nulo, se existisse, seria perigoso e, se não fosse perigoso, não seria sustentável, pois estaria sujeito à concorrência dos países centrais que têm neste domínio vantagens comparativas inequívocas. Se esta lógica global e externa não encontrasse o terreno propício para ser apropriada local e internamente, não seria por certo tão perigosa. A proposta que apresentei neste texto está nos antípodas desta lógica global e externa e procura criar as condições para que ela não encontre um terreno acolhedor que facilite a sua apropriação interna e local em cada universidade, e em cada uma a seu modo. A universidade é um bem público intimamente ligado ao projecto de país. O sentido político e cultural deste projecto e a sua viabilidade dependem da capacidade nacional para negociar de forma qualificada a inserção da universidade nos contextos de transnacionalização. No caso da universidade e da educação em geral, essa qualificação é a condição necessária para não transformar a negociação em acto de rendição e, com ele, o fim da universidade tal como a conhecemos. Só não haverá rendição se houver condições para uma globalização solidária e cooperativa da universidade. Porque os aliados são poucos e porque os interesses hostis ao florescimento da universidade pública têm já hoje muito poder no interior do Estado, quer sob a forma dos actores mercantis nacionais e transnacionais, quer sob a forma de agências internacionais ao serviço de uns e de outros, a reforma da universidade como bem público tem um significado que transcende em muito a universidade. É verdadeiramente um teste aos níveis de controlo público do Estado e aos caminhos da reforma democrática do Estado. Como procurei mostrar, a universidade enquanto bem público é hoje um campo de enorme disputa. Mas o mesmo sucede com o Estado. A direcção em que for a reforma da universidade é a direcção em que está a ir a reforma do Estado. De facto, a disputa é uma só, algo que os universitários e os responsáveis políticos devem ter sempre presente.

CAPÍTULO 12
A ENCRUZILHADA DA UNIVERSIDADE EUROPEIA[171]

Ao refletirmos sobre a universidade europeia, ou mesmo sobre a universidade a nível mundial, este é um momento em que é tão importante olhar para o passado como para o futuro. No caso da Europa, encontramo-nos atualmente bem no meio do processo de Bolonha. É um período propenso a flutuações intensas entre avaliações positivas e negativas, entre os entimento de que é ou demasiado tarde ou demasiado cedo para alcançar os resultados almejados. Na minha perspetiva, essas flutuações intensas na análise e na avaliação constituem um sinal de que tudo permanece em aberto, de que o fracasso e o sucesso pairam igualmente no horizonte e de que depende de nós fazer com que um ou o outro aconteçam. O grande filósofo Ernst Bloch escreveu que, para toda a esperança, há sempre um caixão: *Heil* e *Unheil*.

Apesar de o nosso objetivo principal ser refletir fundamentalmente sobre a universidade europeia, seria pouco inteligente pensar que os desafios que a universidade europeia enfrenta hoje em dia não estão presentes em todos os continentes, por mais diferentes que possam ser as razões, os argumentos e as soluções propostas.

Em geral, podemos afirmar que a universidade está a atravessar – tal como o resto das sociedades contemporâneas – um período de transição paradigmática. Esta transição pode ser caracterizada da seguinte forma: enfrentamos problemas modernos para os quais não temos soluções modernas. Muito sucintamente: os nossos problemas modernos residem na prossecução dos ideais da Revolução Francesa – liberdade, igualdade, fraternidade. Nos últimos dois séculos não fomos capazes de alcançar esses ideais, nem na Europa, nem muito menos no resto do mundo. As soluções encontradas não conseguiram concretizar os objectivos maiores pelos quais se combateu arduamente. Quando falo em soluções, refiro-me ao progresso científico e tecnológico, à racionalidade formal e instrumental, ao Estado burocrático moderno, ao reconhecimento das divisões e discriminações de classe, raça e género e à institucionalização dos conflitos sociais

---

[171] Conferência proferida no colóquio realizado por ocasião do XXII Aniversário da Magna ChartaUniversitatum, que teve lugar na Universidade de Bolonha, em 16 de setembro de 2010.

suscitados por elas através de processos democráticos, ao desenvolvimento de culturas e identidades nacionais, ao secularismo e ao laicismo, e assim por diante.

A universidade moderna, particularmente a partir de meados do século XIX, foi uma componente fundamental dessas soluções. Na verdade, foi à luz delas que a autonomia institucional, a liberdade académica e a responsabilidade social foram originalmente concebidas. A crise generalizada das soluções modernas arrastou consigo a crise da universidade. Nos últimos quarenta anos, por razões diferentes, mas convergentes, em diferentes partes do mundo, em vez de uma solução para os problemas societais, a universidade tornou-se um problema adicional. Depois da Segunda Guerra Mundial, o início da década de 1970 foi um período de impulsos reformistas intensos em todo o mundo. Na maioria dos casos, foram motivados pelos movimentos estudantis dos finais dos anos 1960 e do início dos anos 1970.

No que diz respeito à universidade, o problema pode ser formulado desta maneira: a universidade está a ser confrontada com perguntas fortes, para as quais não forneceu, até ao momento, mais do que respostas fracas. As perguntas fortes são perguntas que atingem as raízes da própria identidade histórica e da vocação da universidade, de modo a interrogar não tanto os pormenores do seu futuro, mas antes se a universidade, tal como a conhecemos, terá realmente um futuro. São, por isso, perguntas que suscitam um tipo particular de perplexidade.

As respostas fracas tomam o futuro da universidade por garantido. As reformas a que apelam acabam por ser um convite ao imobilismo. As respostas fracas não atenuam a perplexidade suscitada pelas perguntas fortes, podendo, pelo contrário, aumentá-la. Na realidade, estas respostas fracas partem do princípio de que a perplexidade é inútil.

Como proponho e aprofundo mais adiante, devemos aproveitar as perguntas fortes e transformar a perplexidade que estas provocam em energia positiva de modo a aprofundar e reorientar o movimento reformista. A perplexidade resulta do facto de nos encontrarmos perante um campo aberto de contradições, no qual existe uma competição inacabada e desregulada entre diferentes possibilidades. Mostrando a magnitude do que está em causa, estas possibilidades abrem espaço para a inovação política e institucional.

Perguntas fortes

Apresento seguidamente alguns exemplos das perguntas fortes com que se confronta a universidade no início do século XXI. Sem pretender ser exaustivo, seleciono doze destas perguntas.

PELA MÃO DE ALICE. O SOCIAL E O POLÍTICO NA PÓS-MODERNIDADE   417

Primeira pergunta forte: dado o facto de a universidade ter funcionado como elemento constitutivo do edifício do Estado-Nação moderno – formando as respetivas elites e burocracia e fornecendo o conhecimento e a ideologia subjacentes ao projeto nacional – como pode a missão da universidade ser refundada em um mundo globalizado, um mundo no qual a soberania do Estado é, cada vez mais, uma soberania partilhada ou simplesmente uma escolha entre tipos diferentes de dependência, e na qual a própria ideia de um projecto nacional se tornou um obstáculo para as conceções dominantes de desenvolvimento global? Será a universidade global uma resposta possível? Nesse caso, quantas dessas universidades globais seriam viáveis? O que aconteceria ao grande número das universidades restantes? Se se pretendesse que as elites globais fossem formadas nas universidades globais, onde se encontrariam, na sociedade, os aliados e a base social para as universidades não globais? Que tipo de relações haveria entre universidades globais e não globais? Poderá a atenção focalizada nos rankings contribuir para a coesão do espaço do ensino superior europeu ou, pelo contrário, para a sua segmentação através de uma concorrência injusta e do crescimento do internacionalismo comercial?

Uma segunda pergunta forte pode ser formulada assim: a ideia de uma sociedade do conhecimento implica que o conhecimento está em todo o lado; qual é o impacto desta ideia numa universidade moderna criada sobre o pressuposto de que constituía uma ilha de saber numa sociedade de ignorância? Qual é o lugar ou a especificidade da universidade como um centro de produção e difusão do conhecimento numa sociedade com muitos outros centros de produção e difusão do conhecimento? Ou, pelo contrário, poderão as novas tecnologias de produção e disseminação do conhecimento (internet ebook, ejournal, elibraries, etc.) minar as práticas tradicionais e elitistas de gate-keeping na publicação de livros e revistas científicas e académicas, possibilitando novas práticas de peer reviewing, mais equalitárias, culturalmente sensíveis e paradigmaticamente liberais? Continuará a avaliação do trabalho académico a ser feita com base em critérios monoculturais e muitas vezes antiquados de boa escrita científica, rigor metodológico ou solidez teórica, aplicados frequentemente por colegas ressentidos, concorrentes ou com conflitos de interesses?

Terceira pergunta forte: No seu melhor, a universidade moderna foi um lugar de pensamento livre e independente e de celebração da diversidade, mesmo se sujeita aos limites estreitos das disciplinas, quer nas ciências, quer nas humanidades. Tendo em conta que, nos últimos trinta anos, a tendência para transformar o valor do conhecimento no valor de mercado do conhecimento se tornou cada vez mais forte, poderá haver algum futuro para um conhecimento não-conformista, crítico, heterodoxo, não mercantilizável, bem como para os professores, investigadores e estudantes que desenvolverem este tipo de conhecimento? Se sim, qual seria o seu impacto sobre os critérios de excelência e de competitividade interuniversitária? Se não, poderemos continuar a chamar universidade a uma instituição que produza apenas conformistas competentes, e jamais rebeldes competentes, e que considere o conhecimento exclusivamente como uma mercadoria e nunca como um bem público?

Quarta pergunta forte: A universidade moderna foi, desde o início, uma instituição transnacional ao serviço de sociedades nacionais. No seu melhor, a universidade moderna é um modelo pioneiro dos fluxos internacionais de ideias, professores, estudantes e livros. Vivemos num mundo globalizado, mas não num mundo homogeneamente globalizado. Existem não apenas lógicas diferentes que determinam o movimento dos fluxos globalizados, mas também diferentes relações de poder por detrás da distribuição dos custos e dos benefícios da globalização. De par com a ganância transnacional existe uma solidariedade transnacional. De que lado estará a universidade? Tornar-se-á numa empresa transnacional ou numa cooperativa ou organização sem fins lucrativos transnacional? Existe alguma contradição entre a nossa ênfase no desenvolvimento cultural e social e a ênfase de alguns políticos europeus e de think-tanks poderosos no desenvolvimento económico e a contribuição da universidade para a competitividade global dos negócios europeus? Que razão levou a que alguns dos melhores esforços reformistas fora da Europa (por exemplo, no Brasil) a adotarem o slogan: "Nem Bolonha nem Harvard"?

Quinta pergunta forte: A longo prazo, a ideia da Europa só será sustentável como a Europa das ideias. Ora, a universidade tem sido historicamente um dos pilares da Europa das ideias, por mais questionáveis que essas ideias possam ter sido. Isto foi possível através da concessão à universidade de um grau de autonomia inimaginável em qualquer outra instituição estatal. O lado negativo desta autonomia foi o isolacionismo social, a falta de transparência, a ineficiência organizacional, um prestígio social desligado das realizações académicas. Segundo o seu desígnio original, o processo de Bolonha devia ter posto fim a este lado negativo sem afetar significativamente a autonomia da universidade. Será que este desígnio tem sido levado a cabo sem resultados perversos? Será que o processo de Bolonha é uma rutura com os aspetos negativos da universidade tradicional, ou, pelo contrário, um brilhante exercício de reordenação de inércias e reciclagem de antigos vícios? Será possível estandardizar procedimentos

PELA MÃO DE ALICE. O SOCIAL E O POLÍTICO NA PÓS-MODERNIDADE   419

e critérios abrangendo tantas culturas universitárias diferentes sem aniquilar a diversidade e a inovação? Será possível promover a transparência, a mobilidade e o reconhecimento mútuo, preservando a diversidade institucional e cultural? Por que razão as boas ideias e os ideais nobres são tão facilmente cooptados pelos burocratas?

Sexta pergunta forte: o prestígio do emprego vai de par com a qualificação e escassez do mesmo. A universidade moderna tem estado no cerne da produção social de elevadas qualificações de emprego. Se os rankings conseguirem fragmentar o sistema universitário europeu e o futuro sistema universitário global, que empregos e que qualificações serão gerados por que universidades? O sistema mundial está construído sobre uma hierarquia integrada de países do centro, países periféricos e países semiperiféricos. A presente crise financeira e económica tem mostrado que a mesma hierarquia existe na Europa e, como tal, a coesão social tem revelado o seu lado negativo: existe na condição de não afetar a hierarquia estrutural, de que os países se mantenham centrais, periféricos ou semiperiféricos, sem ascenderem nem descerem na hierarquia. Será que teremos universidades periféricas, semiperiféricas e centrais, mesmo que estas não coincidam necessariamente com a localização na hierarquia dos países nos quais se situam? Será que o processo de Bolonha vai tornar essas hierarquias mais rígidas ou mais fluidas? Dependendo da distribuição geopolítica dos rankings, será que a hierarquia entre as universidades contribuirá para acentuar ou atenuar as hierarquias entre países europeus?

Sétima pergunta forte: À medida que a universidade diversifica os graus de qualificação – primeiro, segundo e terceiro ciclos e graus de pós-doutoramento – a iliteracia social aumenta nos graus inferiores, justificando assim o maior valor dos graus mais elevados. De facto, trata-se de um movimento em espiral. Terá já esgotado o seu potencial de desenvolvimento? Quantos ciclos mais teremos no futuro? Estaremos a criar iliteracia infinita no mesmo processo em que criamos conhecimento infinito? Será que as universidades periféricas e semiperiféricas ficarão encarregadas de resolver o problema da iliteracia, ficando o monopólio do conhecimento altamente qualificado reservado às universidades centrais?

Oitava pergunta forte: Será que a universidade poderá preservar a sua especificidade e a sua autonomia relativa, sendo governada por imperativos de mercado e pelas exigências do mercado de trabalho? Tendo em conta a validade altamente problemática da análise custo-benefício no domínio da investigação e desenvolvimento, será que a universidade terá a possibilidade de assumir custos certos na expectativa de lucros incertos, tal como sempre fez no passado? O que acontecerá ao saber que não tem e não deve ter valor de mercado? No que diz respeito ao conhecimento comercializável, qual o impacto que será exercido sobre ele se esse conhecimento for avaliado exclusivamente segundo o respetivo valor de mercado? Qual será o futuro da responsabilidade social se a extensão universitária for reduzida a um expediente ou a um fardo para angariar recursos financeiros? O que acontecerá ao imperativo de tornar a universidade relevante para as necessidades da sociedade, partindo do princípio de que essas necessidades não se reduzem às do mercado e podem até contradizê-las?

Nona pergunta forte: A universidade (ou pelo menos a universidade pública) inseriu-se historicamente nos três pilares da regulação social moderna – o Estado, o mercado e a sociedade civil. Contudo, o equilíbrio da presença destes pilares na estrutura e funcionamento da universidade foi variando ao longo do tempo. Na verdade, a universidade europeia moderna começou em Bolonha, como uma iniciativa da sociedade civil. Mais tarde, o Estado reforçou a sua presença, que se tornou dominante a partir de meados do século XIX, e nas colónias, particularmente depois de se tornarem independentes. Nos últimos trinta anos, o mercado assumiu o controlo na estruturação da vida universitária. Em poucas décadas, a universidade deixou apenas de produzir conhecimento e profissionais para o mercado, para se tornar ela própria um mercado, o mercado da educação terciária, e finalmente, pelo menos de acordo com visionários poderosos, para passar a ser gerida como uma organização de mercado, uma organização comercial. Desde então, as preocupações da sociedade civil têm sido facilmente confundidas com os imperativos de mercado ou subordinadas a eles, e o Estado tem usado frequentemente o seu poder coercivo para impor imperativos de mercado às universidades relutantes. Será que o processo de Bolonha é uma resposta criativa a exigências neo-liberais, unidimensionais ou, pelo contrário, uma maneira de as impor através de um processo europeu transnacional que neutralize a resistência nacional?

Décima pergunta forte: as universidades europeias e muitas outras universidades no resto do mundo que seguiram o modelo europeu foram instrumentais na disseminação de uma mundivisão eurocêntrica, uma visão suficientemente poderosa (tanto em termos intelectuais como militares) para reivindicar uma validade universal. Esta reivindicação não implicava ignorar as diferenças culturais, sociais e espirituais do mundo não-europeu. Pelo contrário, pressupunha o conhecimento dessas diferenças, mesmo que sujeito a objetivos eurocêntricos, fossem eles a celebração romântica do Outro ou a subjugação colonial e destruição desse Outro. Em ambos os casos, o conhecimento do Outro tinha como função demonstrar a superioridade e, por conseguinte, a universalidade da cultura europeia. Era imprescindível um conhecimento detalhado, colonial ou imperial do Outro. Por exemplo, a minha universidade, a Universidade de Coimbra, fundada em 1290, contribuiu de forma determinante para o desenvolvimento de um conhecimento empenhado na empresa colonial. A qualidade e a intensidade do trabalho preparatório desenvolvido pelos missionários antes do embarque para além-mar é impressionante, e ainda mais admirável quando comparado com o trabalho preparatório dos executivos do Banco Mundial e do Fundo Monetário Internacional quando evangelizam o mundo com a ortodoxia neoliberal nas cabeças e nas algibeiras. Do conhecimento que estes pretendem ter não se pode dizer aquilo que o grande líder dos movimentos de libertação africanos, Amílcar Cabral, afirmou sobre o conhecimento colonial: «A procura desse conhecimento, apesar do seu cariz unilateral, subjetivo e muitas vezes injusto, contribui de facto para enriquecer as ciências humanas e sociais em geral».

A décima primeira questão é a seguinte: Estará a universidade preparada para reconhecer que a compreensão do mundo vai muito além da compreensão ocidental do mundo? Será que a universidade está preparada para refundar a ideia de universalismo numa nova base intercultural? Vivemos num mundo de normas em conflito e muitas delas têm conduzido à guerra e à violência. As diferenças culturais, as identidades coletivas novas e velhas, as conceções e convicções políticas, religiosas e morais antagonísticas são hoje mais visíveis do que nunca, tanto fora como dentro da Europa. Não há nenhuma alternativa à violência que não passe pela disponibilidade para aceitar a incompletude de todas as culturas e identidades, incluindo a nossa, por negociações árduas, e por um diálogo intercultural credível. Se a Europa, contra o seu próprio passado, se quiser tornar um farol da paz, do respeito pela diversidade e pelo diálogo intercultural, a universidade terá certamente um papel fundamental a desempenhar. Será que as universidades europeias submetidas atualmente a processos de reforma têm em mente esse papel como um objetivo estratégico do seu futuro?

A décima segunda pergunta, provavelmente a mais forte de todas, é a seguinte: as universidades modernas têm sido simultaneamente produtos e produtoras de modelos específicos de desenvolvimento. Quando o processo de Bolonha se iniciou havia mais certezas sobre o projeto de desenvolvimento europeu do que há atualmente. O efeito cumulativo de crises múltiplas – a crise económica e financeira, a crise ambiental e energética, a crise do modelo social europeu, a crise das migrações, a crise da segurança – aponta para uma crise civilizacional ou para uma mudança paradigmática. A pergunta é: num período tão tumultuoso, será que é possível a universidade manter-se serena? E, se for possível, será que é desejável? Será que o processo de Bolonha está a capacitar a universidade para entrar no debate sobre modelos de desenvolvimento e paradigmas civilizacionais, ou, pelo contrário, estará a moldá-la para servir de um modo tão acrítico e eficiente quanto possível o modelo dominante decidido pelos poderes instituídos e avaliado pelos novos supervisores da produção universitária, a mando dos mesmos poderes?

A nível internacional, dado o conflito entre conceções locais de desenvolvimento autónomo e o modelo de desenvolvimento global imposto pelas regras da Organização Mundial do Comércio, e tendo em conta o facto de os estados europeus serem estados doadores, será que a universidade poderá contribuir para um diálogo entre modelos diferentes de desenvolvimento? Ou, pelo contrário, será que a universidade fornecerá legitimidade intelectual a imposições unilaterais dos estados doadores, tal como acontecia no período colonial?

O presente como o passado do futuro

Na minha perspetiva, até agora, uma década depois do início do processo de Bolonha, não conseguimos fazer mais do que dar respostas fracas a estas perguntas fortes. As mais fracas de todas são as não-respostas, os silêncios, o assumir do novo senso comum sobre a missão da universidade como um pressuposto definitivo. Esta é uma situação que devemos ultrapassar o mais rapidamente possível. O perigo é mascararmos conquistas realmente medíocres para parecerem brilhantes saltos em frente, disfarçarmos a resignação sob a máscara do consenso, orientarmos a universidade no sentido de um futuro em que não há futuro para a universidade. Creio que nos encontramos numa encruzilhada que os nossos cientistas da complexidade caracterizariam como uma situação de bifurcação. Movimentos mínimos numa direção ou noutra podem produzir alterações significativas e irreversíveis. Tal é a magnitude da nossa responsabilidade. Sabemos que nunca agimos sobre o futuro; agimos sobre o presente à luz das nossas previsões ou visões do que será o futuro. As perguntas fortes indicam que não há uma previsão única ou visão consensual que se possa considerar garantida, e é por isso que estas questões nos convidam para uma reflexão profunda.

Penso que nos encontramos perante duas visões alternativas e que a sua copresença é a fonte das tensões que atravessam o nosso sistema universitário atualmente. Suscitam duas visões imaginárias opostas de uma avaliação retrospetiva das reformas em curso. Isto é, olham para o presente a partir do futuro.

PELA MÃO DE ALICE. O SOCIAL E O POLÍTICO NA PÓS-MODERNIDADE   423

Segundo uma delas, os nossos esforços de reforma constituíram, de facto, uma verdadeira reforma, na medida em que conseguiram preparar a universidade para enfrentar com eficiência os desafios do século XXI – diversificando a sua missão, sem prescindir da sua autenticidade, reforçando a autonomia institucional, a liberdade académica e a responsabilidade social no quadro das condições novas e muito complexas da Europa e do mundo em geral. Assim, a universidade europeia foi capaz de refundar o seu ideal humanista de um modo internacionalista, solidário e intercultural.

Segundo a outra visão retrospetiva imaginária, o processo de Bolonha foi, pelo contrário, uma contrarreforma, na medida em que bloqueou as reformas que as universidades, em diferentes países europeus, estavam a levar a cabo individualmente, e cada uma segundo as respectivas condições específicas, no sentido de enfrentarem os desafios acima mencionados. Mais: o processo de Bolonha forçou uma convergência para lá de um nível razoável, com o que retirou à universidade os mecanismos que lhe permitiriam resistir aos imperativos do mercado e dos negócios da mesma maneira que, no passado, resistira aos imperativos da religião e, mais tarde, do Estado.

De modo a não finalizar com uma nota pessimista, vou começar por descrever detalhadamente a segunda visão retrospetiva, e passar seguidamente à primeira. A segunda visão, a visão da contrarreforma, coloca-nos perante um cenário distópico com as características seguintes:

Agora que a crise financeira permitiu ver os perigos de criar uma moeda única sem unificar as políticas públicas, a fiscalidade e os orçamentos do Estado, pode suceder que, a prazo, o processo de Bolonha se transforme no euro das universidades europeias. As consequências previsíveis serão estas: abandonam-se os princípios do internacionalismo universitário solidário e do respeito pela diversidade cultural e institucional em nome da eficiência do mercado universitário europeu e da competitividade; as universidades mais débeis (concentradas nos países mais débeis) são lançadas pelas agências de rating universitário no caixote do lixo do ranking, tão supostamente rigoroso quanto realmente arbitrário e subjetivo, e sofrerão as consequências do desinvestimento público acelerado; muitas universidades encerrarão e, tal como já está a acontecer a outros níveis de ensino, os estudantes ricos e seus pais vaguearão pelos países em busca da melhor ratio qualidade/preço, tal como já fazem nos centros comerciais em que as universidades entretanto se terão transformado, enquanto os estudantes pobres e os seus pais se verão limitados às universidades pobres existentes nos respetivos países ou bairros pobres. O impacto interno será avassalador: a relação investigação/docência, tão proclamada por Bolonha, será o paraíso para as universidades no topo do ranking (uma pequeníssima minoria) e o inferno para a esmagadora maioria das universidades e respetivos académicos. Os critérios de mercantilização reduzirão o valor das diferentes áreas de conhecimento ao seu preço de mercado e o latim, a poesia ou a filosofia só serão mantidos se algum macdonald informático vir neles utilidade. Os gestores universitários serão os primeiros a interiorizar a orgia classificatória, objectivomaníaca e indicemaníaca; tornar-se-ão exímios em criar receitas próprias por expropriação das famílias ou pilhagem do descanso e da vida pessoal dos docentes, exercendo toda a sua criatividade na destruição da criatividade e da diversidade universitárias, normalizando tudo o que é normalizável e destruindo tudo o que o não é. Os professores serão proletarizados por aquilo de que supostamente são donos – o ensino, a avaliação e a investigação – zombies de formulários, objetivos, avaliações impecáveis no rigor formal e necessariamente fraudulentas na substância, workpackages, deliverables, milestones, negócios de citação recíproca para melhorar os índices, comparações entre o publicas-onde-não-me-interessa-o-quê, carreiras imaginadas como exaltantes e sempre paradas nos andares de baixo. Para os docentes mais jovens, a liberdade académica não passará de uma piada cruel. Os estudantes serão donos da sua aprendizagem e do seu endividamento para o resto da vida, em permanente deslize da cultura estudantil para cultura do consumo estudantil, autónomos nas escolhas de que não conhecem a lógica nem os limites, personalizadamente orientados para as saídas de uma alternativa massificada de emprego ou de desemprego profissional.

O serviço da educação terciária estará finalmente liberalizado e conforme às regras da Organização Mundial do Comércio. Como já disse, nada do que acabei de descrever tem de acontecer. Há uma outra visão retrospetiva que, nos nossos corações e nas nossas mentes, temos muita esperança que venha a prevalecer. Porém, para que tal aconteça, temos de começar por reconhecer e denunciar que a suposta nova normalidade do estado de coisas da descrição acima constitui, de facto, uma aberração moral, e implicará o fim da universidade, tal como a conhecemos.

Consideremos agora a outra visão retrospetiva, aquela que, olhando para o nosso presente a partir do futuro, avalia o processo de Bolonha como uma verdadeira reforma que alterou a universidade europeia profundamente e para melhor. Esta visão enfatizará as seguintes características dos nossos esforços atuais.

Em primeiro lugar, o processo de Bolonha foi capaz de identificar e resolver a maioria dos problemas de que a universidade pré-Bolonha sofria e que era

PELA MÃO DE ALICE. O SOCIAL E O POLÍTICO NA PÓS-MODERNIDADE   425

incapaz de defrontar, tais como: inércias estabelecidas que paralisavam todo e qualquer esforço reformista; preferências endogâmicas que criavam aversão à inovação e ao desafio; autoritarismo institucional disfarçado de autoridade académica; nepotismo disfarçado de mérito; elitismo disfarçado de excelência; controlo político disfarçado de participação democrática; neofeudalismo disfarçado de autonomia departamental ou de faculdade; temor da avaliação disfarçado de liberdade académica; baixa produção científica disfarçada de resistência heróica a termos de referência estúpidos ou a comentários ignorantes de avaliadores; ineficiência administrativa generalizada sob o disfarce de respeito pela tradição.

Em segundo lugar, desta maneira, o processo de Bolonha, em vez de ter desacreditado e atirado borda fora os esforços de autoavaliação e de reforma que estavam a ser levados a cabo pelos professores e administradores mais dedicados e inovadores, forneceu-lhes um novo quadro e um apoio institucional forte, na medida em que o processo de Bolonha se converteu numa energia endógena, em vez de constituir uma imposição externa. De modo a conseguir tudo isto, o processo de Bolonha foi capaz de combinar convergência com diversidade e diferença, e desenvolveu mecanismos de discriminação positiva para permitir aos diferentes sistemas universitários nacionais cooperar e competir entre si em termos justos.

Em terceiro lugar, o processo de Bolonha nunca se deixou dominar pelos chamados peritos internacionais do ensino terciário com a capacidade de transformar preferências subjetivas e arbitrárias em verdades autoevidentes e políticas públicas inevitáveis. Nesta visão, o processo de Bolonha manteve em vista duas perspetivas intelectuais poderosas da missão da universidade produzidas nos primeiros anos do século passado e, inequivocamente, tomou partido entre as duas. Uma foi formulada por Ortega y Gasset e Bertrand Russel, dois intelectuais com ideias políticas muito diferentes, mas que convergiram na denúncia da instrumentalização política da universidade. A outra, formulada por Martin Heidegger na sua aula inaugural como reitor da Universidade de Freiburg im Breisgau em 1933, exortava a universidade a contribuir para preservar a força alemã da terra e do sangue. O processo de Bolonha adotou inequivocamente a primeira e recusou a segunda.

Em quarto lugar, os reformistas nunca confundiram o mercado com a sociedade civil ou com a comunidade e lutaram para que a universidade mantivesse uma conceção alargada de responsabilidade social, encorajando a investigação-ação, bem como os projetos de extensão com o objetivo de melhorar as vidas dos grupos sociais mais vulneráveis, presos nas armadilhas da desigualdade e da discriminação social sistémicas, tais como as mulheres, os desempregados, os jovens e os idosos, os trabalhadores migrantes, as minorias étnicas e religiosas, etc.

Quinto, o processo de reforma tornou muito claro que as universidades são centros de produção de conhecimento no sentido mais alargado possível. Neste sentido, promoveu a interculturalidade, a heterodoxia e o empenhamento crítico da melhor tradição liberal que a universidade pré-Bolonha havia abandonado em nome do política ou economicamente correto. Na mesma linha, encorajou o pluralismo científico interno e, o que é ainda mais importante, garantiu dignidade e importância iguais ao conhecimento com valor de mercado e ao conhecimento sem qualquer possível valor de mercado. Para além disso, os reformistas sabiam claramente, durante todo o processo, que, no domínio da investigação e desenvolvimento, a análise custo / benefício é um instrumento muito grosseiro que pode matar a inovação em vez de a promover. De facto, a história da tecnologia mostra amplamente que as inovações com maior valor instrumental se tornaram possíveis porque não houve preocupação com cálculos de custo / benefício.

Sexto, o processo de Bolonha conseguiu reforçar a relação entre docência e investigação e, ao mesmo tempo que premiava a excelência, garantiu que a comunidade de professores universitários não seria dividida entre dois segmentos estratificados: um pequeno grupo de cidadãos universitários de primeira classe, com dinheiro em abundância, cargas de serviço docente muito leves e outras boas condições para fazer investigação, por um lado, e, por outro lado, um grande grupo de cidadãos universitários de segunda classe escravizados por longas horas de docência e tutoria, com escasso acesso a fundos de investigação, apenas porque foram contratados pelas universidades erradas ou se interessavam por assuntos supostamente errados. Conseguiu combinar uma seletividade mais elevada no recrutamento e uma prestação de contas rigorosa no uso do tempo de docência e dos fundos de investigação com uma preocupação real pela igualdade de oportunidades. Compreendeu os rankings como o sal na comida: a menos, torna-a intragável; a mais, mata todos os sabores. Para além disso, num dado momento, decidiu que aquilo que acontecera nos rankings internacionais de outras áreas também podia ser aplicado ao sistema universitário. Por isso, tal como o PIB coexiste com o índice de desenvolvimento humano do PNUD, o processo de Bolonha foi capaz de introduzir pluralidade interna nos sistemas de ranking.

Sétimo, o processo de Bolonha acabou por abandonar o conceito de capital humano, outrora em voga, depois de ter concluído que as universidades deviam formar seres humanos e cidadãos completos e não um mero capital humano sujeito às flutuações do mercado tal como qualquer outro tipo de capital. Isto teve um impacto decisivo nos curricula e na avaliação das atividades. Mais: o processo de Bolonha conseguiu convencer a União Europeia e os estados europeus de que deviam ser mais generosos financeiramente com as universidades públicas, não devido a pressões corporativistas, mas antes porque o investimento num sistema universitário público de excelência é provavelmente a melhor maneira de investir no futuro de uma Europa das ideias, a única maneira de a Europa permanecer verdadeiramente europeia.

Finalmente, o processo de Bolonha expandiu exponencialmente a internacionalização da universidade europeia, mas teve o cuidado de promover outras formas de internacionalismo, em vez do internacionalismo comercial. Desta maneira, o espaço europeu do ensino superior deixou de ser uma ameaça à liberdade académica e à autonomia intelectual das universidades em todo o mundo para se tornar um aliado leal e político na manutenção das ideias de liberdade académica, autonomia institucional e diversidade de conhecimento bem vivas e saudáveis num mundo ameaçado pelo pensamento único dos imperativos de mercado.

Acabei de vos apresentar duas visões alternativas do nosso futuro. Não tenho qualquer dúvida de que todos nós desejamos que este venha a ser moldado pela segunda visão retrospetiva. Está nas nossas mãos concretizar esse objetivo.

BIBLIOGRAFIA

Abel-Smith, B., *et al.* (1973). *Legal Problems and the Citizen*. Londres: Heinemann.

Abel, R. (org.) (1982). *The Politics of Informal Justice*. Nova Iorque: Academic Press.

Abercrombie, N.; Hill, Stephen; Turner, Bryan (1984). *The Dominant Ideology Thesis*. Londres: Allen and Unwin.

Adler, Max (1922). *Die Staatsauffassung des Marxismus*. Viena: Verlag der Wiener Volksbuchhandlung.

Adorno, Theodor *et al.* (1972). *Der Positivismustreit in der deutschen Soziologie*. Darmstadt: Luchterhand.

Adorno, Theodor W. (1981). *Asthetische Theorie*. Frankfurt: Suhrkamp Verlag.

Agarwal, B. (org.) (1988). *Structures of Patriarchy: State, Community and Household in Modernizing Asia*, Nova Delhi: Kali for Women.

Aglietta, Michel (1976). *Régulation et Crises du Capitalisme: l'experience des États--Unis*. Paris: Calmann-Lévy.

Aglietta, Michel; Brender, Anton (1984). *Les Métamorphoses de la Société Salarial: la Fraude en project*. Paris: Calmann-Lévy.

Aguiar e Silva, Vítor (1984). *Teoria da Literatura*. Coimbra: Almedina.

Albers, Detlev *et al.* (1979). *Otto Bauer und der "Dritte" Weg*. Frankfurt: Campus Verlag.

Almada Negreiros, José (1971). *Obras Completas*. Lisboa: Estampa.

Almeida, João Ferreira (1986). *Classes sociais nos campos: camponeses parciais na região do Noroeste*. Lisboa: Instituto de Ciências Sociais.

Almeida, João Ferreira *et al.* (1992). *Exclusão Social: Factores e Tipos de Pobreza em Portugal*. Oeiras: Celta Editora

Almeida, M. H.; Sorj, B. (orgs.) (1988). *Sociedade e Política no Brasil Pós-64*. São Paulo: Brasiliense.

Althusser, Louis (1965). *Pour Marx*. Paris: Maspero.

Althusser, Louis (1972). *Lénine et la Philosophie: suivi de Marx et Lenine devant Hegel*. Paris: Maspero.

Althusser, Louis (1970). *Livre le Capital*. Paris: Maspero.

Andrade, Oswald de (1990). *Pau-Brasil*. Fixação de textos e notas de Haroldo de Campos. S. Paulo: Globo.

Apel, Karl-Otto (1984). "The Situation of Humanity as an Ethical Problem", *Praxis International*, 4: 250.

Arac, Jonathan (org.) (1986). *Postmodernism and Politics*. Manchester: Manchester University Press.

Aranowitz, Stanley (1981). *The Crisis in Historical Materialism*. Nova Iorque: Praeger.

Arato, A. e J. Cohen (1984). "Social Movements, Civil Society and the Problem of Sovereignty", *Praxis International*, 4: 266.

Archibugi, Daniele; Bizzarri, Kim (2004). "Committing to Vaccine R&D: A global science policy priority", *SPRU Electronic Working Paper Series*, 112, http://www.sussex.ac.uk/spru/publications/imprint/sewps/sewp112/sewp112.pdf

Asmal, Kader (2003). "Implications of the General Agreement on Trade in Services (GATS) on Higher Education", Presentation by the Minister of Education, Kader Asmal, to the Portfolio Committee on Trade and Industry (4 Março 2003), *Kagisano Issue*, 3 Outono 2003, p.47-53.

Auerbach, Erich (1968). *Mimesis. The Representation of Reality in Western Literature*. Princeton: Princeton University Press.

Avineri, Shlomo (org.) (1969). *Karl Marx on Colonialism and Modernization*. Garden City, N.J.: Anchor Books.

Avritzer, Leonardo (2002). *A crise da universidade*. Belo Horizonte, *mimeo*.

Bakhtin, M. (1981). *The Dialogic Imagination: four essays*. Austin: University of Texas Press.

Bakhtin, M. (1984). *Problems of Dostoevsky's Poetics*. Manchester: Manchester University Press.

Ballé, C., *et al.* (1981). *Le Changement dans L'Institution Judiciaire*. Paris: Ministério da Justiça.

Banco Mundial (2002). *World Bank Higher Education in Brazil: Challenges and Options*. Nova Iorque: World Bank, Março 2002.

Barbalet, J. M. (1988). *Citizenship*. Milton Keynes: Open University Press.

Barcellon, P. (org.). (1973). *L'Uso Alternativo del Diritto*. Bari: Laterza.

Barrett, Michele (1980). *Women's Oppression Today*. Londres: New Left Books.

Bauer, Otto (1924). *Die Nationalitätenfrage und die Sozialdemokratie*. Viena: Verlag der Wiener Volksbuchhandlung.

Bayen, Maurice (1978). *Historia de las Universidades*. Barcelona: Oikos-tau.

Bell, Daniel (1965). *The End of Ideology*. Nova Iorque: Free Press.

Bell, Daniel (1973). *The Coming of Post-Industrial Society: A Venture in Social Forecasting*. Londres: Heinemann.

Bell, Daniel (1976). *The Cultural Contradictions of Capitalism*. Nova Iorque: Basic Books.

Bell, Daniel (1978). "Modernism and Capitalism", *Partisan Review*, 46: 206.

Benaria, Lourdes; Sen, G. (1981). "Accumulatiom Reproduction and Women's Role in Economic Development: Boserup Revisited", *Sins*, 7 (2): 279-298.

Bentham, J. (1823). *Essais de J. Bentham sur la situation politique d'Espagne, sur la Constitution et sur le nouveau code espagnol, sur la Constitution du Portugal*. Paris.

Benveniste, Guy (1985). "New Politics of Higher Education: Hidden and Complex", *Higher Education*, 14: 175.

Bernal, Martin (1987). *Black Athena: Afroasiatic Roots of Classical Civilization*. Londres: Free Association.

Bernstein, Edward (1965). *Evolutionary Marxism: a Criticism and Affirmation*. Nova Iorque: Schocken Books.

Bernstein, Richard (org.) (1985). *Habermas and Modernity*. Oxford: Polity Press.

Bickel, A. (1963). *The Least Dangerous Branch*. Indianapolis: Bobbs-Merrill.

Bienaymé, Alain (1986). *L'enseignement superieur et l'idée d'université*. Paris: Economica.

Billet, L. (1975). «Political Order and Economic Development: Reflections on Adam Smith's *Wealth of Nations* ", *Political Studies*, 23: 430.

Blankenburg, E. (org.) (1980). *Innovations in Legal Services*. Cambridge, Mass.: O. G. H. Publishers.

Blau, P. (1955). *The Dynamics of Bureaucracy*. Chicago: University of Chicago Press.

Bloom, Harold (1973). *The Anxiety of Influence*. Nova Iorque: Oxford University Press.

Bloom, Harold (1988). *Poetics of Influence*. New Haven, Conn: Henry R. Schwab.

Bohannan, P. (1957). *Justice and Judgement among the Tiv*. Londres: Oxford University Press.

Bok, Derek (1982). *Beyond the Ivory Tower*. Cambridge, Mass.: Harvard University Press.

Boserup, Esther (1970). *Women's Role in Economic Development*. Londres: Allen and Unwin.

Bottomore, Tom (1983). "Sociology", in McLellan, David (org.), *Marx. The First 100 years*. Londres: Fontana, 103-141.

Bottomore, Tom; Goode, Patrick (orgs.) (1978). *Austro-Marxism*. Oxford: Oxford University Press.

Boulding, Kenneth (1964). *The Meaning of the Twentieth Century*. Londres: Allen and Unwin.

432 BOAVENTURA DE SOUSA SANTOS

Bourdieu, Pierre (1970). *Esquisse d'une Theorie de la Pratique*. Genebra: Droz.

Bourdieu, Pierre; Passeron, J. C. (1970). *La Reproduction*. Paris: Minuit.

Boyer, Robert (1986a). *La Théorie de la Régulation: une analyse critique*. Paris: Éditions de la Découverte.

Boyer, Robert (1986b). *Capitalisme Fin de Siècle*. Paris: Presses Universitaires de France.

Brand, Karl-Werner (1990). "Cyclical Aspects of New Social Movements: Waves of Cultural Criticism and Mobilization Cycles of New Middle-Class Radicalism", *in* Dalton, Russel J. e Kuechler, Manfred (orgs.), *Challeging the Political Order: New Social and Political Movements in Western Democracies*. Nova Iorque, Oxford: Polity Press, 23-42.

Braudel, Fernand (1983). *O mediterrâneo e o mundo mediterrânico na época de Filipe II*. Lisboa: Dom Quixote.

Braudel, Fernand (1992). *Civilização material, Economia e Capitalismo*. Lisboa: Dom Quixote.

Braverman, Harry (1974). *Labor and Monopoly Capital*. Nova Iorque: Monthly Review.

Brown, Lester *et al.* (1990). *State of the World*, Nova Iorque.

Brunkhorst, Hauke (1987). "Romanticism and Cultural Criticism", *Praxis International*, 6: 397.

Bruto da Costa, A. *et al.* (1986). *A pobreza em Portugal*. Lisboa: Cáritas.

Buarque, Cristovam (1986). *Uma Ideia de Universidade*. Brasília: Editora Universidade de Brasília.

Buarque, Cristovam (1994). *A Aventura da Universidade*. São Paulo: UNESP/Paz e Terra.

Bürger, Peter (1984). *Theory of the Avant-Garde*. Manchester: Manchester University Press.

Cahn; Cahn (1964). "The War on Poverty: a Civilian Perspective", *Yale Law Journal*, 73: 1317.

Calamandrei, P. (1956). *Procedure and Democracy*. Nova Iorque: New York University Press.

Caldeira, Isabel (1993). "O afro-americano e o cabo-verdiano: identidade étnica e identidade nacional", *in* Boaventura de Sousa Santos (org.), *Portugal: um retrato singular*. Porto: Afrontamento, 591-628.

Calera, N., *et al.* (1978). *Sobre el Uso del Derecho*. Valencia: Fernando Torres.

Caplowitz, D. (1963). *The Poor Pay More*. Nova Iorque: Free Press.

Cappelletti, M. (1969). *Processo e Ideologia*. Bolonha: II Mulino.

PELA MÃO DE ALICE. O SOCIAL E O POLÍTICO NA PÓS-MODERNIDADE   433

Cappelletti, M.; Garth, B. (orgs.) (1978). *Access to Justice*. Milão: Giuffrè.

Cardoso, Fernando Henrique *et al.* (1979). *Dependência e Desenvolvimento na América Latina: Ensaio e Interpretação Sociológica*. Rio de Janeiro: Zahar Editores.

Cardoso, Ruth (1983). "Movimentos Sociais Urbanos: um balanço crítico", *in* Almeida, M.H.T e Sorj, B. (orgs.) *Sociedade e política no Brasil pós-64*. São Paulo: Brasiliense, 215-239.

Carew, Jan (1988). "Columbus and the Origins of Racism in the Americas: Part One", *Race and Class*, 29.

Carlin, J.; Howard, J. (1965). "Legal Representation and Class Justice", *U.C.L.A. Law Review*, 12: 381.

Carrilho, Manuel M. (org.) (1991). *Dicionário do Pensamento Contemporâneo*. Lisboa: Dom Quixote

Casper, J. (1976). "The Supreme Court and National Policy Making", *American Political Science Review*, 70: 50.

Cassirer, Ernst (1960). *The Philosophy of the Enlightenment*, Boston: Beacon Press.

Cassirer, Ernst (1963). *The Individual and the Cosmos in Renaissance Philosophy*, Oxford: Blackwell.

Catroga, Fernando (1985). "Nacionalismo e ecumenismo. A questão ibérica na 2ª metade do século XIX". Separata de *Cultura — História e Filosofia*, volume IV: 419463.

Catroga, Fernando (1988). *A militância laica e a descristianização da morte em Portugal (18651911)*. Coimbra: Faculdade de Letras.

Chase-Dunn, Christopher (1991). *Global Formation. Structures of the World-Economy*, Cambridge, Mass.: Blackwell.

Chauí, Marilena (2003)."A universidade pública sob nova perspectiva", Conferência de abertura da 26ª reunião Anual da ANPED, Poço de Caldas, 5 de Outubro de 2003.

Chaui, Marilena; Giannotti, José A. (1987). "Marilena e Giannotti debatem rumos da Universidade", *Folha de São Paulo*, 4 de Janeiro.

Clegg, S.; Dunkerley, D. (1980). *Organization, Class and Control*. Londres: Routledge and Keagan Paul.

Cohen, G. A. (1978). *Karl Marx's Theory of History. A Defence*. Princeton: Princeton University Press.

Conference Proceedings (1964). *The Extension of Legal Services to the Poor*. Washington DC: U. S. Government Printing Office.

Connor, A.I.; Wylie, J.; Young, A. (1986). "Academic-industry liaison in the United Kingdom: economic perspectives", *Higher Education*, 15: 407.

BOAVENTURA DE SOUSA SANTOS

Correia, Natália (1988). *Somos Todos Hispanos*. Lisboa: O Jornal.

Courtois, Gérard (1988). "De l'École à l'Université. L'injustice toujours recommencée", *Le Monde Diplomatique*, 416.

Crozier, M. (1963). *Le Phénomène Bureaucratique*. Paris: Seuil.

Curso de Extensão Universitária à Distância (1990). *O Direito Achado na Rua*. Brasília: Editora Universidade de Brasília.

Dahl, R. (1967). "Decision-Making in a Democracy: The Supreme Court as a National Policy Maker", *Journal of Public Law*, 6: 279.

Dahrendorf, R. (1961). "Deutsche Richter. Ein Beitrag zur Soziologie der Oberschicht", *in Dahrendorf, Gesellschaft und Freiheit*. Munique, 176-196

Dalton, Russel; Kuechler, M. (orgs.) (1990). *Challenging the Political Order: New Social and Political Movements in Western Democracies*. Oxford: Polity Press.

Demolins (1909). "Classificação das Sociedades", *in* Leon Poinsard, *O Estudo dos Agrupamentos Sociais*. Coimbra: Imprensa Académica.

Denti, V. (1971). *Processo Civile e Giustizia Sociale*. Milão: Edizioni di Comunità.

Derlugian, Georguii (1992a). "State Cohesion", *Trajectory fo the World-System 1945-1990* Working Papers, 35.

Derlugian, Georguii (1992b). "Religion", *Trajectory for the World-System 1945-1990* Working Papers, 37.

Descartes, René (1972). *Le discours de la méthode*. Ed. J. M. Fatand. Paris: Bordas.

Di Federico (1968). *Il Recrutamento dei Magistrati*. Bari: Laterza.

Dias, Jorge (1971). *Estudos do Carácter Nacional*. Lisboa: Junta de Investigações do Ultramar.

Diaz, E. (1978). *Legalidad-Legitimidad en el Socialismo Democrático*. Madrid: Civitas.

Dicey, A.V. (1948). *Law and Public Opinion in England*. Londres: MacMillan.

Durkheim, E. (1977). *A Divisão do Trabalho Social*. Lisboa: Presença.

Easton, D. (1965). *Framework for Political Analysis*. Englewood Cliffs: Prentice-Hall.

Ehrlich, E. (1929). *Grundlegung der Sociologie des Rechts*. Berlim: Duncker e Humblot.

Ehrlich, E. (1967). *Recht und Leben*. Berlim: Duncker e Humblot.

Elster, Jon (1985). *Making Sense of Marx*. Cambridge: Cambridge University Press.

Enzensberger, Hans Magnus (1987). "As Virtudes Arcaicas dos Portugueses" *Diário de Notícias*, 22 de Fevereiro.

Estanque, Elísio; Nunes, João Arriscado (2003). "Dilemas e Desafios da Universidade: recomposição social e expectativas dos estudantes na Universidade de Coimbra", *Revista Crítica de Ciências Sociais*, 66, 5-44.

PELA MÃO DE ALICE. O SOCIAL E O POLÍTICO NA PÓS-MODERNIDADE 435

Etzkowitz, Henry (1983). "Entrepreneurial Scientists and Entrepreneurial Universities in American Academic Science", *Minerva*, 21: 198.

Evans-Pritchard, E. (1969). *The Nuer*. Nova Iorque: Oxford University Press.

Evans, Peter (1979). *Dependent Development: The Alliance of Multinational State and Local Capital in Brazil*. Princeton: Princeton University Press.

Evans, Peter; Rueschemeyer, D.; Skocpol, T. (orgs.) (1985). *Bringing the State Back In*. Cambridge: Cambridge University Press.

Falcão, Joaquim A. (org.) (1984). *Conflito de Direito de Propriedade. Invasões Urbanas*. Rio de Janeiro: Forense.

Fano, E. *et al.* (orgs.) (1983). *Trasformazioni e Crisi del Welfare State*. Regione Piemonte: De Donato.

Fanon, Frantz (1974). *Les damnés de la terre*, Paris: Maspero.

Feher, F.; Heller, A.; Markus, G. (1984). *Dictatorship over Needs*. Londres: Blackwell.

Ferrari, V. (1983). "Sociologia del Diritto e Riforma del Processo", *Studi in Honore de Renato Treves*. Milão: Giuffrè.

Ferro, António (1933a). *Prefácio da República Espanhola*. Lisboa: Empresa Nacional de Publicidade.

Ferro, António (1933b). *Salazar*. Lisboa: Empresa Nacional de Publicidade.

Figueiredo, Fidelino de (1935). *Pyrenne. Ponto de vista para uma Introdução à História Comparada das Literaturas Portuguesa e Espanhola*. Lisboa: Empresa Nacional de Publicidade.

Fontenelle, Bernard de Bouvier (1955). *Entretiens Sur la Pluralite' des Mondes. Digressions Sur les Anciens et les Modernes*, Edited by Robert Shackleton, Oxford: Clarendon Press.

Fortuna, Carlos (1987). "Desenvolvimento e Sociologia Histórica: acerca da Teoria do Sistema Mundial Capitalista e da Semiperiferia", *Sociologia. Problemas e Práticas*, 3: 163.

Fortuna, Carlos (1992). *O fio da meada. O algodão de Moçambique, Portugal e a economia mundo (1860-1960)*. Porto: Afrontamento.

Foucault, Michel (1975). *Surveiller et Punir*. Paris: Gallimard.

Foucault, Michel (1976). *La Volonté de Savoir*. Paris: Gallimard.

Foucault, Michel (1980). *Power/Knowledge*. Nova Iorque: Pantheon.

Fourier, Charles (1967). *Théorie des Quatres Mouvements et des Destinées Générales*, Paris: Jean-Jacques Pauvert, Éditeur.

Frank, André G.; Fuentes, M. (1989). "Dez Teses Acerca dos Movimentos Sociais", *Lua Nova*, 17: 19.

Frank, Manfred (1985). *Das individuelle Allgemeine*. Frankfurt/M.: Suhrkamp.

Frank, Manfred; Raulet, G.; van Reijen, W. (orgs.) (1988). *Die Frage nach dem Subjekt*. Frankfurt/M.: Suhrkamp.

Fukuyama, Francis (1992). *The End of History and the Last Man*. Nova Iorque: Free Press.

Gamble, Andrew (1982). *An Introduction to Modern Social and Political Thought*. Londres: MacMillan.

Gasset, Ortega y (1982). *Mission de la Universidad*. Madrid: Alianza Editorial.

Gay, Peter (1952). *The Dilemma of Democratic Socialism*. Nova Iorque: Colombia University Press.

Gellner, Ernest (1986). *Relativism and the Social Sciences*. Cambridge: Cambridge University Press.

Giannotti, José Arthur (1987). *A Universidade em Ritmo de Barbárie*. São Paulo: Brasiliense.

Gibbons, Michael *et al.* (1994). *The New Production of Knowledge*. Londres: Sage.

Giddens, Anthony (1981). *A Contemporary Critique of Historical Materialism*. Berkeley: University of California Press.

Giner, Salvador (1985). "The Withering away of Civil Society?", *Praxis International*, 5: 247.

Gluckman, M. (1955). *The Judicial Process among the Barotse of Northern Rhodesia*. Manchester: Manchester University Press.

Godelier, Maurice (1974). *Rationalité et Irrationalité en Economie*. Paris: Maspero.

Godelier, Maurice (1984). *L'Idéel et le materiel: pensée, economies, societés*. Paris: Fayard.

Goldmann, Lucien (1970). *Marxism et Sciences Humaines*. Paris: Gallimard.

Goldschmidt, Dietrich (1984). «The University as an Institution: Present Problems and Future Trends», *Higher Education in Europe*, IX, 4: 65.

Gouldner, Alvin (1970). *The Coming Crisis of Western Sociology*. Londres: Heineman.

Graff, Gerald (1985). "The University and the Prevention of Culture", *in* Graff, Gerald e Gibbons, Reginald (orgs.), *Criticism in the University*. Evaston: Northwestern University Press, 62-82.

Graff, Gerald; Gibbons, R. (orgs.) (1985). *Criticism in the University*. Evanston: Northwestern University Press.

Gramsci, Antonio (1971). *Selections from the Prison Notebooks*. Nova Iorque: International Publishers.

Grossman, J.; Wells, R. (orgs.) (1980). *Constitucional Law and Judicial Policy Making*. Nova Iorque: John Wiley.

Grotius, Hugo (1925). *De jure belli ac pacis*. Oxford: Clarendon Press.

Guha, Ranajit (org.) (1989). *Subaltern Studies VI: Writings on South Asian History and Society*. Deli: Oxford University Press.

Gulliver, P. (1963). *Social Control in an African Society. A Study of the Arusha: Agricultural Masai of Northern Tanganyika*. Londres: Routledge and Kegan Paul.

Habermas, Jürgen (1971a). *Theorie und Praxis*. Frankfurt: Suhrkamp Verlag.

Habermas, Jürgen (1971b). *Zur Logik der Sozialwissenschaften*. Frankfurt: Suhrkamp Verlag.

Habermas, Jürgen (1973). *Legitimationsprobleme in Spätkapitalismus*. Frankfurt: Suhrkamp.

Habermas, Jürgen (1978). *Zur Rekonstruktion des Historischen Materialismus*. Frankfurt: Suhrkamp.

Habermas, Jürgen (1981). "New Social Movements", *Telos*, 49: 33.

Habermas, Jürgen (1982). *Theorie des Kommunikativen Handelns*. Frankfurt/M.: Suhrkamp.

Habermas, Jürgen (1985a). *Der Philosophische Diskurs der Moderne*. Frankfurt: Suhrkamp.

Habermas, Jürgen (1985 b). "Neoconservative Culture Criticism in the United States and West Germany: an Intellectual Movement in Two Political Cultures" *in* Bernstein, Richard J. (org.), Habermas and Modernity. Oxford: Polity Press, 78-94.

Hall, Stuart e M. Jacques (orgs.) (1983). *The Politics of Thatcherism*. Londres: Lawrence and Wishart.

Handler, J. (1978). *Social Movements and the Legal System*. Nova Iorque: Academic Press.

Hassan, Ihab (1987). *The Postmodern Turn*. Ohio: Ohio State University Press.

Hayek, F. A. (1979). *Law, Legislation and Liberty*. Chicago: University of Chicago Press.

Hegel, G. (1981). *Grundlinien der Philosophie des Rechts oder Naturrecht und Staatswissenschaft im Grundrisse*. Berlim: Akademie Verlag.

Heller, Agnes (1984). *Radical Philosophy*. Oxford: Blackwell.

Heller, Agnes (1987). "The Human Condition", *Thesis Eleven*, 16: 4.

Heydebrand, W. (1977). "The Context of Public Bureaucracies: An Organizational Analysis of Federal District Courts", *Law and Society Review*, 11: 759.

Heydebrand, W. (1979). "The Technocratic Administration of Justice", in Spitzer, Steven (org.), *Research in Law and Sociology*. 2 volumes. Greenwich, Co.: Jai Press, 29-64.

438 BOAVENTURA DE SOUSA SANTOS

Hilferding, Rudolf (1981). *Finance Capital: A Study of the Latest Phase of Capitalist Development*. Londres: Routledge and Kegan Paul.

Hirschman, Albert (1977). *The Passions and the Interests*. Princeton: Princeton University Press.

Hirtt, Nico (2003). "Au Nord comme au Sud, l'offensive des marchés sur l'université", *Alternatives Sud*, X, 3, pp. 9-31.

Hobsbawm, Eric (1979). *A Era do Capital*. Lisboa: Presença.

Hobsbawm, Eric (1982). *A Era das Revoluções*. Lisboa: Presença.

Hobsbawm, Eric (1987). *The Age of Empire: 1875-1914*. Londres: Weidenfeld & Nicholson.

Hogarth, J. (1971). *Sentencing as a Human Process*. Toronto: University of Toronto Press.

Horkheimer, Max; Adorno, Theodor (1969). *Dialektik der Aufklärung: Philosophische Fragmente*. Frankfurt: S. Fischer Verlag.

Huyssen, Andreas (1986). *After the Great Divide*. Bloomington: Indiana University Press.

Ihonvebere, Julius O. (1992). "The Third World and the New World Order in the 1990s", *Futures*, Dezembro: 987-1002.

Ikeda, Satoshi (1992). "TNCS", *Trajectory of the World-System 1945-1990* Working Papers, 21.

Inglehar, Ronald (1990). "Values, Ideology, and Cognitive Mobilization in New Social Movements", *in* Dalton, Russel J. e Kuechler, Manfred (orgs.), *Challenging the Political Order: New Social and Political Movements in Western Democracies*. Nova Iorque, Oxford: Polity Press, 43-66.

Irwan, Alex (1992). "Loci of World Production", *Trajectory fo the World-System 1945-1990*, Working Papers, 22.

Jacob, H. (org.) (1967). *Law Politics and the Federal Courts*. Boston: Little Brown.

Jacobi, Pedro (1987). "Movimentos Sociais: Teoria e Prática em Questão", *in* Scherer-Warren, Ilse e Krischke, Paulo, J. (orgs.), *Uma revolução no cotidiano? Os novos movimentos sociais na America do Sul*. São Paulo: Brasiliense, 246-275.

Jacquemin, A.; Remiche, B. (orgs.) (1984). *Les Magistrateurs Économiques et la Crise*. Bruxelas: CRISP.

James, William (1969). *Pragmatism*. Cleveland: Meridian Books.

Jameson, Fredric (1988). *The Ideologies of Theory. Essays 1971-1986*. Minneapolis: University of Minnesota Press.

Janicke, Martin (1980). "Zur Theorie des Staatsversagens", in Grottian, Peter (org.), Folgen reduzierten Wachstums für Politikfelder. PVS – SH 11, 132-145.

Jaspers, Karl (1965). *The Idea of the University*. Londres: Peter Owen.

Jay, Martin (1973). *The Dialectical Imagination*. Londres: Heinemann.

Jay, Martin (1985). "Habermas and Modernism", in Bernstein, Richard J. (org.), *Habermas and Modernity*. Oxford: Polity Press: 125-139.

Jencks, Charles (1987). *Post-Modernism*. Londres: Academy Editions.

Jorge, Ricardo (1922). *A Intercultura de Portugal e da Espanha no Passado e no Futuro*. Coimbra: Imprensa da Universidade.

Kajibanga, Victor (2000). "Ensino Superior e Dimensão Cultural de Desenvolvimento: reflexos sobre o papel do ensino superior em Angola", *Africana Studia*, 3, 137-151.

Kalven Jr., H.; Zeisel, Z. (1966). *The American Jury*. Boston: Little Brown.

Kant, Immanuel (1970). *Projet de Paix Perpétuelle*. Paris: J. Vrin.

Kärner, Hartmut (1987). "Movimentos Sociais: revolução no cotidiano", in Scherer-Warren, Ilse e Krischke, Paulo, J. (orgs.), *Uma revolução no cotidiano? Os novos movimentos sociais na America do Sul.*São Paulo: Brasiliense, 19-34.

Keane, John (org.) (1988). *Civil Society and the State*. Londres: Verso.

Kellner, Douglas (org.) (1989). *Postmodernism, Jameson Critique*. Washington D.C.: Maisonneuve Press.

Kelly, Noel; Shaw, Robin (1987). "Strategic planning by academic institutions-following the corporate path?", *Higher Education*, 16: 319.

Kelsen, Hans (1962). *Teoria Pura do Direito*. Coimbra: Arnado.

Kennedy, Paul (1993). *Preparing for the Twentieth First Century*. Nova Iorque: Random House.

Kerr, Clark (1982). *The Uses of the University*. Cambridge, Mass.: Harvard University Press.

Klein, F. (1958). *Zeit und Geistesströmmungen in Prozesse*. Frankfurt: Klostermann.

Kloppenburg, J. R. (1988). *First the Seed: The Political Economy of Plant Biotechnology*. Cambridge: Harward University Press.

Knight, Jane (2003). "Trade in Higher Education Services: the implications of GATS", *Kagisano Issue*, 3, pp. 5-37.

Kolakowski, Leszek (1978). *Main Currents of Marxism*. Oxford: Clarendon Press.

Korpi, Walter (1982). *The Democratic Class Struggle*. Londres: Routledge.

Korsch, Karl (1966). *Marxismus und Philosophie*. Frankfurt: Europaische Verlagsanstalt.

Krischke, Paulo (1987). "Movimentos Sociais e transição política: contribuições da democracia de base", *in* Scherer-Warren, Ilse e Krischke, Paulo, J. (orgs.), *Uma revolução no cotidiano? Os novos movimentos sociais na America do Sul.*São Paulo: Brasiliense, 276-297.

Kropotkin, Petr (1955). *Mutual Aid. A Factor of Evolution*. Boston: Extending Horizons Books.

Kuechler, M.; Dalton (1990). "New Social Movements and the Political Order: Inducing Change for long-term Stability?", *in* Dalton, Russel J. e Kuechler, Manfred (orgs.), *Challenging the Political Order: New Social and Political Movements in Western Democracies*. Nova Iorque: Oxford University Press, 277-300.

Kuhn, Thomas (1970). *The Structure of Scientific Revolutions*. Chicago: University of Chicago Press.

Kuspit, Donald (1988). *The New Subjectivism. Art in the 1980s*. Ann Arbor: U.M.I. Research Press.

Laclau, Ernesto; Mouffe, C. de (1985). *Hegemony and Socialist Strategy. Towards a Radical Democratic Politics*. Londres: Verso.

Larangeira, Sônia (org.) (1990). *Classes e Movimentos Sociais na América Latina*. São Paulo: Hucitec.

Lash, Scott; Urry, John (1987). *The End of Organized Capitalism*. Oxford: Polity Press.

Lazerson, M. (1982). "In the Halls of Justice, the Only Justice is in the Halls", *in* Abel, Richard L. (org.), *The politics of informal Justice*. 1º volume. Nova Iorque: Academic Press, 119-163.

Leão, Duarte Nunes (1983). *Ortografia e origem da língua portuguesa*. Edição a cargo de Maria Leonor Carvalhão Buescu. Lisboa: Imprensa Nacional-Casa da Moeda.

Levi-Strauss, Claude (1965). *Le Totémisme Aujourd'hui*. 2ª edição. Paris: PUF.

Levi-Strauss, Claude (1967). *Structural Anthropology*. Nova Iorque: Doubleday.

Lipietz, Alain (1988). "Building an Alternative Movement in France", *Rethinking Marxism* 1, 3: 80.

Lourenço, Eduardo (1982). *O Labirinto da Saudade*. Lisboa: Dom Quixote.

Lourenço, Eduardo (1988). *Nós e a Europa ou as Duas Raízes*. Lisboa: Imprensa Nacional - Casa da Moeda.

Lowenstein, Daniel; Waggoner, Michael (1967). "Neighborhood Law Offices: The New Wave in the Legal Services for the Poor", *Harvard Law Review*, 80: 805.

Luckham, R. (org.). (1981). *Law and Social Enquiry: Case Studies of Research*. Upsala: Skandinavian Institute of African Studies.

Lukacs, Gyorgy (1971). *History and Class Consciousness*. Londres: Merlin Press.

Lukacs, Georg (1972). *Studies in European Realism*. Londres: Merlin Press.

Macauly, S. (1966). *Law and the Balance of Power: The Automobile Manufacturers and their Dealers*. Nova Iorque: Sage.

PELA MÃO DE ALICE. O SOCIAL E O POLÍTICO NA PÓS-MODERNIDADE   441

Mann, Michael (1987). *The Sources of Social Power*. Cambridge: Cambridge University Press.

March, J.; Simon, H. (1958). *Organizations*. Nova Iorque: John Wiley.

Marcuse, Herbert (1964). *One-Dimensional Man: Studies in the Ideology of Advanced Industrial Society*. Boston: Beacon.

Marcuse, Herbert (1966). *Eros and Civilization: A Philosophical Enquiry into Freud*. Boston: Beacon.

Marcuse, Herbert (1969). *An Essay on Liberation*. Boston: Beacon.

Marcuse, Herbert (1970). *One-Dimensional Man: Studies in the Ideology of Advanced Industrial Society*. Boston: Beacon Press.

Marshall, T. H. (1950). *Citizenship and Social Class and Other Essays*. Cambridge: Cambridge University Press.

Martins, Oliveira (1923). *Dispersos I*. Lisboa: Oficinas Gráficas da Biblioteca Nacional.

Marx, Karl (1970). *Capital*. Nova Iorque: International Publishers.

Marx, Karl (1975). "On the Jewish Question" *in Early Writings*. Harmondsworth: Penguin.

Marx, Karl; Engels, Friedrich (1973). *Werke*. Berlim: Dietz Verlag.

Mascarenhas, Manuela (1980). "A Questão Ibérica, 1850-1870", *Bracara Augusta* XXXIV, Julho-Dezembro.

McLellan, David (org.) (1983). *Marx. The First 100 Years*. Londres: Fontana.

Mehta, Lyla (2001). "The World Bank and its emerging knowledge empire", *Human Organization*, 60, 2, 189-196.

Melucci, Alberto (1988). "Social Movements and the democratization of everyday life", *in* Keane, John (org.), Civil society and the State. Londres: Verso, 245-260.

Meneses, Maria Paula (2005). "A questão da 'Universidade Pública' em Moçambique e o desafio da abertura à pluralidade de saberes", in Cruz e Silva, 106 T., Araújo, M. G.; Cardoso, C. (org.), *Lusofonia em África: história, democracia e a interrogação africana*. Dakar: Codesria, 45-66.

Merton, Robert (1968). *Social Theory and Social Structure*. Nova Iorque: Free Press.

Michels, R. (1982). *Sociologia dos Partidos Políticos*. Brasília: Editora da Universidade de Brasília.

Miliband, Ralph (1977a). *The State in Capitalist Society*. Londres: Quartet Books.

Miliband, Ralph (1977b). *Marxism and Politics*. Oxford: Oxford University Press.

Miliband, Ralph (1983). *Class Power and State Power*. Londres: Verso.

Mill, John S. (1921). *Principles of Political Economy*. Londres: Longman Green and Co.

Millett, John (1977). *The Academic Community*. Westport: Greenwood Press.

Mills, C. Wright (1956). *The Power Elite*. Oxford: Oxford University Press.

Mintz, Sidney (1985). *Sweetness and Power: The Place of Sugar in Modern History*. Nova Iorque: Viking.

Mitchell, Angela (1989). "Dollars and Sense". *The Village Voice*, 25 de Abril.

Montaigne (1950). *Essais* (texto fixado por Albert Thibaudet), Paris: Gallimard.

Montesquieu, C. (1950-1961). *L'Esprit des Lois*. Paris: Société Des Belles Lettres.

Moore, Barrington (1966). *Social Origins of Dictatorship and Democracy*. Boston: Beacon Press.

Moore, S. (1970). "Politics, Procedure and Normes in Changing Chagga Law", *África*, 40: 321.

Moriondo, E. (1967). *L'Ideologia della Magistratura Italiana*. Bari: Laterza.

Moscati, Roberto (1983). *Università: fine o trasformazione del mito?* Bolonha: Il Mulino.

Mota, Carlos Guilherme; Novaes, Fernando (1982). *O processo político da independência do Brasil*. São Paulo: Editora Moderna.

Mouzelis, Nicos (1968). *Organization and Bureaucracy*. Nova Iorque: Aldine.

Mouzelis, Nicos (1986). *Politics in the Semi-Periphery*. Londres: MacMillan.

Mouzelis, Nicos (1990). *Post-Marxist Alternatives*. Londres: MacMillan.

Nagel, S. (1969). *The Legal Process from a Behavioral Perspective*. Homewood: The Dorsey Press.

Nozick, R. (1974). *Anarchy, State and Utopia*. Oxford: Blackwell.

O'Connor, James (1991a). "Socialism and Ecology", *Capitalism Nature and Socialism*, 8: 1-12.

O'Connor, James (1991b). "The Second Contradiction of Capitalism: Causes and Consequences". *CES/CNS Pamphlet*, 1.

Oberschall, A. (1973). *Social Conflict and Social Movements*. Englewood Cliffs: Prentice-Hall.

OCDE (1984). *Industry and University. New Forms of Co-operation and Communication*. Paris.

OCDE (1987). *Universities under Scrutiny*. Paris.

OCDE (1988). *Science Policy Outlook*. Paris, 12.

Offe, Claus (1972). "Political Authority and Class Structures: an Analysis of Late Capitalist Societies", *International Journal of Sociology II*, 1.

Offe, Claus (1977). *Strukturprobleme des Kapitalistischen Staates*, 4ª edição. Frankfurt: Suhrkamp.

Offe, Claus (1984). *Contradictions of the Welfare State*. Londres: Hutchinson.

Offe, Claus (1985a). *Disorganized Capitalism*. Oxford: Polity Press.

PELA MÃO DE ALICE. O SOCIAL E O POLÍTICO NA PÓS-MODERNIDADE   443

Offe, Claus (1985b). "New Social Movements: Challenging the Boundaries of Institutional Politics", *Social Research*, 52: 817.

Offe, Claus (1987). "The Utopia of the Zero-Option: Modernity and Modernization as Normative Political Criteria", *Praxis International*, 7: 1.

Oliva, A. Bonito (1988). "Neo-America", *Flash Art, 138*.

Ong, Walter (1982). *Orality and Literacy*. Londres: Methuen.

Pagani, A. (1969). *La Professione del Judice*. Milão: Einaudi.

Pateman, Carole (1985). *The Problem of Political Obligation*. Oxford: Polity Press.

Pelizzon, Sheila (1992). "Food and Nutrition", *Trajectory of the World-System 1945-1990* Working Papers, 32. A

Pereira, João Martins (1983). *No Reino dos Falsos Avestruzes*. Lisboa: Regra do Jogo.

Pessoa, Fernando (1923). *Entrevista na Revista Portuguesa*, 13 de Outubro.

Pessoa, Fernando (1980). *Textos de crítica e de intervenção*. Lisboa: Ática.

Pinto, José Madureira (1985). *Estruturas sociais e práticas simbólico-ideológicas nos campos: elementos de teoria e de pesquisa empírica*. Porto: Afrontamento.

Piven, F.; Cloward, R. (1971). *Regulating the Poor: The Function of Public Welfare*. Nova Iorque: Random.

Piven, F.; Cloward, R. (1977). *Poor Peoples Movements*. Nova Iorque: Random.

Podgorecky, A. *et al.* (1973). *Knowledge and Opinion about Law*. Londres: Martin Robertson.

Polanyi, Karl (1944). *The Great Transformation*. Boston: Beacon Press.

Polsby e Greenstein (orgs.) (1975). *Handbook of Political Science*. Reading, Mass.: Addison-Wesley.

Ponte, Victor M. D. (1990). "Estruturas e Sujeitos na Análise da América Latina", in Laranjeira, Sonia (org.) Classes e Movimentos Sociais na America Latina. São Paulo: Hucitec, 270-285.

Poulantzas, Nicos (1968a). *Pouvoir Politique et Classes Sociales*. Paris: Maspero.

Poulantzas, Nicos (1968b). *Political Power and Social Classes*. Londres: New Left Books.

Poulantzas, Nicos (1978). *State Power and Socialism*. Londres: New Left Books.

Pound, R. (1911-1912)."The Scope and Purpose of Sociological Jurisprudence", *Harvard Law Review*, 24: 591; 25: 440.

Price, Geoffrey (1984/5). "Universities today: between the corporate state and the market", *Culture Education and Society*, 39: 43.

Przeworski, Adam (1985). *Capitalism and Social Democracy*. Cambridge: Cambridge University Press.

Quadros, António (1986). *Portugal: Razão e Mistério*. Lisboa: Guimarães Editores.

Quental, Antero de (1982). *Prosas Sócio-Políticas*. Lisboa: Imprensa Nacional.

Radnoti, Sandor (1987). "A Critical Theory of Communication: Agnes Heller's Confession to Philosophy", *Thesis Eleven*.

Rai, Milan (1993). "Columbus in Ireland", *Race and Class*, 34: 4.

Rao, Brinda (1991). "Dominant Constructions of Women and Nature in Social Science Literature", *CES/ CNS Pamphlet*, 2.

Raulet, Gérard (1988). "Die Neue Utopie. Die soziologische und philosophische Bedeutung der neuen Kommunikationstechnologien", in Frank, Manfred, Raulet, Gérard e van Reijen, Willem (orgs.) *Die Frage nach dem Subjekt*. Frankfurt Main: Suhrkamp, 283-316.

Rawls, J. (1972). *A Theory of Justice*. Oxford: Oxford University Press.

Reifner, U. (1978). *Gewerkschaften und Rechtshilfe um die Jahrundertwende in Deutschland*. Berlim: Wissenschaftszentrum.

Renner, Karl (1976). *The Institutions of Private Law and their Social Functions*. Londres: Routledge and Kegan Paul.

Resta, E. (1977). *Conflitti Sociali e Giustizia*. Bari: De Donato.

Rheinstein, M. (org.) (1967). *Marx Weber on Law in Economy and Society*. Nova Iorque: Simon e Schuster.

Ribeiro, António Sousa (1988a). "Modernismo e Pós-Modernismo - O ponto da situação", *Revista Crítica de Ciências Sociais*, 24: 23.

Ribeiro, António Sousa (1988b). "Para uma Arqueologia do Pós-Modernismo: A 'Viena 1900'", *Revista de Comunicação e Linguagens*, 6-7: 137.

Richter, W. (1960). "Die Richter der Oberlandesgerichte der Bundesrepublik. Eine Berufs-sozialstatische Analyse", *Hamburger Jahrbuch für Wirtschafts und Gesellschaftspolitik* V.

Rolston, Bill (1993). "The Training Ground: Ireland, Conquest and Decolonisation", *Race and Class*, 34: 4.

Rostow, W. W. (1960). *The Stages of economics Growth: a non-communist manifesto*. Cambridge: Cambridge University Press.

Rousseau, Jean Jacques (1968). *Do Contrato Social*. Lisboa: Portugalia.

Rousseau, Jean-Jacques (1971). *Oeuvres Complètes*, Volume 2. Paris:Seuil.

Ruivo, F.; Leitão Marques, M. (1982). "Comunidade e Antropologia Jurídica em Jorge Dias: Vilarinho da Furna e Rio de Onor", *Revista Crítica de Ciências Sociais*, 10: 41.

Saint-Simon, Henri (1977). *Oeuvres*. Volume 2. Genebra: Slatkima Reprints.

Samuels, Warren (1979). "The State, Law and Economic Organization", in Spitzer, Steven (org.), *Research in Law and Sociology*. *2 volumes*. Greenwich, Co.: Jai Press, 65-99.

PELA MÃO DE ALICE. O SOCIAL E O POLÍTICO NA PÓS-MODERNIDADE   445

Santos, Boaventura de Sousa (1974). *Law against Law: Legal Reasoning in Pasargada Law.* Cuernavaca: CIDOC.

Santos, Boaventura de Sousa (1975). *Democratizar a Universidade.* Coimbra: Centelha.

Santos, Boaventura de Sousa (1977). "The Law of the Oppressed: the Construction and Reproduction of Legality in Pasargada ", *Law and Society Review*, 12: 5.

Santos, Boaventura de Sousa (1978). "Da Sociologia da Ciência à Política Científica", *Revista Crítica de Ciências Sociais*, 1: 11.

Santos, Boaventura de Sousa (1980). "O Discurso e o Poder. Ensaios sobre a Sociologia da Retórica Jurídica", *Boletim da Faculdade de Direito de Coimbra* (Número Especial).

Santos, Boaventura de Sousa (1981). "Science and Politics: Doing Research in Rio's Squatter Settlements", in Luckham (org.), *Law and Social Enquiry: Case Studies Research.* Uppsala: Skandinavian Institute of African Studies, 261-289..

Santos, Boaventura de Sousa (1982a). "O Estado, o Direito e a Questão Urbana", *Revista Crítica de Ciências Sociais*, 9: 9.

Santos, Boaventura de Sousa (1982b). "O Direito e a Comunidade: As Transformações Recentes da Natureza do Poder do Estado nos Países Capitalistas Avançados", *Revista Crítica de Ciências Sociais*, 10: 9.

Santos, Boaventura de Sousa (1982c). *Law State and Urban Struggles in Recife, Brazil.* Madison: University of Madison.

Santos, Boaventura de Sousa (1982d) "A Participação Popular na Administração da Justiça", in *Sindicato dos Magistrados do M. P.*: 83.

Santos, Boaventura de Sousa (1983). "Os Conflitos Urbanos no Recife: O Caso do Skylab", *Revista Crítica de Ciências Sociais*, 1: 9.

Santos, Boaventura de Sousa (1984). *A Justiça Popular em Cabo Verde. Estudo Sociológico.* Coimbra: Centro de Estudos Sociais.

Santos, Boaventura de Sousa (1985). "A crise do Estado e a Aliança Povo/MFA em 1974-75", in V.V.A.A., *25 de Abril - 10 Anos Depois.* Lisboa: Associação 25 de Abril.

Santos, Boaventura de Sousa (1985a). "On Modes of Production of Law and Social Power", *International Journal of Sociology of Law*, 13: 299.

Santos, Boaventura de Sousa (1985b) "Estado e Sociedade na Semiperiferia do Sistema Mundial: o caso português", *Análise Social*, 87-89: 869.

Santos, Boaventura de Sousa (1987a). *Um Discurso Sobre as Ciências.* Porto: Afrontamento.

Santos, Boaventura de Sousa (1987b). "O Estado, a Sociedade e as Políticas Sociais: o Caso das Políticas de Saúde", *Revista Crítica de Ciências Sociais*, 23: 13.

Santos, Boaventura de Sousa (1989a). "Os Direitos Humanos na Pós-Modernidade", *Oficina do Centro de Estudos Sociais*, 10.

Santos, Boaventura de Sousa (1989b). *Introdução a uma Ciência Pós-Moderna*. Porto: Afrontamento.

Santos, Boaventura de Sousa (1990). *O Estado e a Sociedade em Portugal (1974-1988)*. Porto: Afrontamento.

Santos, Boaventura de Sousa (1991). "Ciência", in Manuel M. Carrilho (org.): Dicionário do Pensamento contemporâneo. Lisboa: Dom Quixote, 23-44

Santos, Boaventura de Sousa (1993). "O Estado, as Relações Salariais e o Bem--Estar Social na Semiperiferia: o Caso Português", *in* Boaventura de Sousa Santos (org.), *Portugal: um retrato singular*. Porto: Afrontamento, 15-56.

Santos, Boaventura de Sousa (2000). *A Crítica da Razão Indolente. Contra o Desperdício da Experiência*. Porto: Edições Afrontamento.

Santos, Boaventura de Sousa (org.) (2001). *Globalização: Fatalidade ou Utopia?* Porto: Edições Afrontamento.

Santos, Boaventura de Sousa (org.) (2003a). *Democratizar a Democracia. Os Caminhos da Democracia Participativa*. Porto: Edições Afrontamento.

Santos, Boaventura de Sousa (org.) (2003b). *Produzir para Viver. Os Caminhos da Produção Não Capitalista*. Porto: Edições Afrontamento.

Santos, Boaventura de Sousa (org.) (2004). *Reconhecer para Libertar. Os Caminhos do Cosmopolitismo Multicultural*. Porto: Edições Afrontamento.

Saraiva, António José (1985). *A cultura em Portugal*. Lisboa: Bertrand.

Sardinha, António (1924). *A Aliança Peninsular*. Porto: Livraria Civilização.

Savigny, F. C. von. (1840). *Von Beruf unserer Zeit für Gesetzgebung und Rechtswissenschaft*. Heidelberg: Mohr.

Scherer-Warren, Ilse; Krischke, P. (orgs.) (1987). *Uma Revolução no Quotidiano? Os Novos Movimentos Sociais na América do Sul*. São Paulo: Brasiliense.

Schiller, Friedrich (1967). *On the Aesthetic Education of Man*. Oxford: Clarendon Press.

Schon, Juliet (1991). *The Overworked American. The Unexpected Decline of Leisure*. Nova Iorque: Basic Books.

Schubert, G. (1960). *Constitutional Politics: The political Behavior of Supreme Court Justices and the Constitutional Policies that they make*. Nova Iorque: Holt, Rinehart e Winston.

Schubert, G. (1964). *Judicial Behavior: A Reader in Theory and Research*. Chicago: Rand McNally.

Schubert, G. (1965). *The Judicial Mind: The Attitudes and Ideologies of Supreme Court Justices, 1946-1963*. Evanston: Northwestern University Press.

PELA MÃO DE ALICE. O SOCIAL E O POLÍTICO NA PÓS-MODERNIDADE   447

Schubert, G. (org.) (1963). *Judicial Decision-Making*. Nova Iorque: Free Press.
Schulte-Sasse, Jochen (1984). "Foreword: Theory of Modernism *versus* Theory of the Avant-Garde", *in* Bürger, Peter, *Theory of the Avant- Grade*. Manchester: Manchester University Press, 7-47.
Schumpeter, Joseph (1981). *Capitalism Socialism and Democracy*. Nova Iorque: George Allen and Unwin.
Schwengel, Hermann (1988). "Nach dem Subjekt oder nach der Politik Fragen? Politisch-soziologische Randgänge", *in* Frank, Manfred, Raulet, Gérard e van Reijen, Willem (orgs.) *Die Frage nach dem Subjekt*. Frankfurt Main: Suhrkamp 317-345.
Scott, Alan (1990). *Ideology and the New Social Movements*. Londres: Unwin Hyman.
Selznick, P. (1949). *TVA and the Grass Roots*. Berkeley: University of Chicago Press.
Shapiro, M. (1975). "Courts", *in* Polsby, Nelson e Greenstein, Fred I. (orgs.), *Handbook of Political Science: Governmental Institutions and Processes*, vol 5. Reading, Mass: Addison- Wesley. 321-372.
Silva, Agostinho da (1988). *Considerações e Outros Textos*. Lisboa: Assírio e Alvim.
Silva, Manuela *et al.* (1989). *Pobreza Urbana em Portugal*. Lisboa: Cáritas
Simpson, William (1985). "Revitalizing the Role of Values and Objectives in Institutions of Higher Education: Difficulties Encountered and the Possible Contribution of External Evaluation", *Higher Education*, 14: 535.
Sindicato dos Magistrados do M. P. (1982). *A Participação Popular na Administração da Justiça*. Lisboa: Livros Horizonte.
Sklair, Leslie (1991). *Sociology of the Global System*. Nova Iorque: Harvester Wheatsheaf.
Skocpol, Theda (1979). *States and Social Revolution*. Cambridge: Cambridge University Press.
Smelser, Neil (1991). *Social Paralysis and Social Change: British Working-Class Education in the Nineteenth Century*. Berkeley: University of California Press.
Smith, Adam (1937). *An Inquiry into the Nature and Causes of the Wealth of Nations*. Nova Iorque: Modern Library.
Smith, Anthony (1988). *The Ethnic Origins of Nations*. Oxford: Blackwell.
Sontag, Susan (1987). "The Pleasure of the Image", *Art in America*, November.
Spitzer, S. (org.) (1979). *Research in Law and Sociology: A Research Annual*, 2 volumes. Greenwich, Co.: Jai Press.
Swart, K.W. (1949). *Sale of Offices in the Seventeenth Century*. Haia: Nijhoff.
Swingewood, Alan (1975). *The Novel and Revolution*. Londres: MacMillan.

Swingewood, Alan (1986). *Sociological Poetics and Aesthetic Theory*. Londres: MacMillan.

Taylor, Arthur J. (1972). *Laissez Faire and State Intervention in Nineteenth Century Britain*. Londres: MacMillan.

Therborn, Goran (1978). *What Does the Ruling Class Do When it Rules?* Londres: New Left Books.

Therborn, Goran (1982). *The Power of Ideology and the Ideology of Power*. Londres: New Left Books.

Thompson, E. P. (1968). *The Making of the English Working Class*. Harmondsworth: Penguin.

Toharia, J. (1974). *Cambio Social y Vida Jurídica en España*. Madrid: Cuadernos Para el Dialogo.

Toharia, J. (1975). *El Juez Español. Un Analisis Sociológico*. Madrid: Tecnos.

Touraine, Alain (1965). *Sociologie de l'Action*. Paris: Seuil.

Touraine, Alain (1973). *Production de la Societé*. Paris: Seuil.

Touraine, Alain (1974). *The Pos-Industrial Society*. Londres: Wildwood.

Touraine, Alain (1978). *La Voix et le Regard*. Paris: Seuil.

Treves, R. (1960). *Introduzione alla Sociologia del Diritto*. Milão: Einaudi.

Treves, R. (1975). *Giustizia e Giudici nella Sociatà Italiana*. Bari: Laterza.

Trindade, Hélgio (org.) (1999). *Universidade em Ruínas na República dos Professores*. Petrópolis: Editora Vozes.

Trubek, D. *et al.* (1980). "Legal Services and the Administrative State: From Public Interest Law to Public Advocacy", *in* Blankenburg, Erhard (org.), *Innovations in the Legal Services*. Cambridge, Mass.: O. G. H. Publishers, 131-160.

Turner, Brian (1986). *Citizenship and Capitalism*. Londres: Allen & Unwin.

Ulmer, S. (1962). "The Political Party Variable in the Michigan Supreme Court", *Journal of Public Law*, 11: 352.

Ulmer, S. (1979). "Researching the Supreme Court in a Democratic Pluralist System: Some Thoughts on New Direction", *Law and Policy Quarterly*, 1: 53.

Van Velsen (1964). *The Politics of Kinship*. Manchester: Manchester University Press.

Vaz, Pessoa (1976). *Poderes e Deveres do Juiz na Conciliação Judicial*. Coimbra.

Vico, Giambattista (1953). *Opere*. Milão: Ricardi.

Vigevani, Tullo (1989). "Movimentos Sociais na Transição Brasileira: A Dificuldade de Elaboração do Projecto", *Lua Nova*, 17: 93.

Viner, Jacob (1927). "Adam Smith and Laissez Faire", *The Journal of Political Economy*, 35: 198.

PELA MÃO DE ALICE. O SOCIAL E O POLÍTICO NA PÓS-MODERNIDADE 449

Virilio, Paul (1988). "Interview with Paul Virilio", *Flash Art*, 138.

Vitoria, Francisco (1991). *Political Writings*. Ed. Anthony Padgen and Jeremy Lawrence. Cambridge: Cambridge University Press.

Wachelder, Joseph (2003), "Democratizing Science: Various routes and visions of Dutch Science Shops", *Science, Technology & Human Values*, 28(2), 244-273.

Wallerstein, Immanuel (1969). *University in Turmoil*. Nova Iorque: Atheneum.

Wallerstein, Immanuel (1974). *The Modern World System: Capitalist Agriculture and the Origins of the European World-Economy in the Sixteenth Century*. Nova Iorque: Academic Press.

Wallerstein, Immanuel (1979). *The Capitalist World-Economy*. Cambridge: Cambridge University Press.

Wallerstein, Immanuel (1980a). *The Modern World-System: Mercantilism and the Consolidation of the European World-Economy, 1600-1750*. Nova Iorque: Academic Press.

Wallerstein, Immanuel (1980b). "The Withering Away of the States", *International Journal of Sociology of Law*, 8: 369.

Wallerstein, Immanuel (1983), *Historical Capitalism*, Londres: Verso.

Wallerstein, Immanuel (1989). "1968, Revolution in the World-System", *Theory and Society*, 18: 431.

Wallerstein, Immanuel; Starr, Paul (orgs.) (1971). *The University Crisis Reader*. Nova Iorque: Random House.

Wallerstein, Immanuel; Balibar, Etienne (1991). *Race, Nation, Class: Ambiguous Identities*. Londres: Verso.

Wamba dia Wamba, Ernest (1991), "Some Remarks on Culture_ Development and Revolution", *Journal of Historical Sociology*, 4: 219-235.

Weber, Max (1964). *Wirtschaft und Gesellschaft*. Colónia: Kiepenheuer e Witsch.

Weber, Max (1978). *Economy and Society*. Berkeley: University of California Press.

Weisbrod, B. *et al.* (org.) (1977). *Public interest Law*. Berkeley: University of Chicago Press.

Wellmer, Albrecht (1971). *Critical Theory of Society*. Nova Iorque: Herder and Herder.

Williams, Raymond (1958). *Culture and Society*. Londres: Chatto and Windus.

Williams, Raymond (1977). *Marxism and Literature*. Oxford: Oxford University Press.

Winckler, H.A. (org.) (1974). *Organizierter Kapitalismus: Voraussetzungen und Anfänge*. Göttingen: Vandenhoeck and Ruprecht.

Wood, E. Meiksins (1981). "The Separation of the Economic and the Political in Capitalism", *New Left Review*, 127: 66.

World Resources 1990-1991 (1990). Nova Iorque: World Resources Institute and International Institute for Environment Development.

Wright, Erik O. (1978). *Class Crisis and the State*. Londres: New Left Books.

Wright, Erik O. *et al.* (1989). *Debate on Classes*. Londres: Verso.

Wright, Erik O. *et al.* (1992). "The Non-Effects of Class on the Gender Division of Labor in the Home: A Comparative Study of Sweden and United States", *Gender and Society*, 6(2): 252-282.

Wright, Erik O.; Levine, A.; Sober, E. (1992). *Reconstructing Marxism*. Londres: Verso.

Young, Iris (1990). *Justice and the Politics of Difference*. Princeton: Princeton University Press.